Populophobie

Du même auteur

Les Sept Scénarios de l'Apocalypse, Flammarion, 2000 ; J'ai lu, 2002.

Le Zombie et le Fanatique, Flammarion, 2002.

Toute l'histoire du monde (avec Jean-Claude Barreau), Fayard, 2005 ; Le Livre de poche, 2007.

Le jour où la France tremblera. Terrorisme islamique : les vrais risques pour l'Hexagone (avec Stéphane Berthomet), Ramsay, 2005.

Toute la géographie du monde (avec Jean-Claude Barreau, Fayard), 2007.

La Trahison des chefs, Fayard, 2013.

Bienvenue dans le pire des mondes (avec le Comité Orwell et Natacha Polony), Plon, 2016 ; J'ai lu, 2018.

Guillaume Bigot

Populophobie

Pourquoi il faut remplacer
la classe dirigeante française

Esta qu'il ne faut pas surtout
reensemencer la société elle même

PLON
www.plon.fr

92, avenue de France
75013 Paris
Tél. : 01 44 16 09 00
Fax : 01 44 16 09 01
www.plon.fr
www.lisez.com

Mise en pages : Graphic Hainaut
Dépôt légal : septembre 2020
ISBN : 978-2-259-27749-5

Introduction

Une colère française

En ce premier quart de XXIe siècle, les classes dirigeantes entendent prospérer sans frontière et jouir sans entrave.

Partout, cette extravagante prétention suscite la colère des peuples se sentant lésés, abandonnés, voire trahis.

Partout, la persistance du fait national est dénoncée comme une montée du populisme.

Partout, les sommets stigmatisent la bêtise, l'égoïsme et la bassesse de la base.

Partout, la question sociale et l'enjeu identitaire sont désormais inextricablement imbriqués.

Depuis la fin de la guerre froide, de soi-disant élites s'efforcent de jeter par-dessus bord la notion de bien commun.

En France, ce phénomène s'était traduit par le rejet du traité constitutionnel européen et par la montée constante de l'abstention et du vote contestataire. Cette frustration teintée de ressentiment à l'égard de la classe dirigeante a également revêtu une forme spécifique avec l'explosion de colère de Français modestes, que l'on a appelée la crise des Gilets jaunes.

Une crise que les milieux dirigeants ont interprétée comme trahissant l'agressivité d'une plèbe peu instruite et aigrie.

Les foules qui manifestaient chaque samedi furent accusées d'exprimer leur jalousie à l'égard d'une France de gagnants, décomplexée et ouverte.

Au paroxysme de cette crise, la colère « d'en bas » a enflé et paru un temps difficile à contenir.

La *Revue des Deux Mondes* a titré l'un de ses numéros consacrés aux Gilets jaunes : « Une haine française ». Par haine française, il fallait comprendre celle des ronds-points contre les conseils d'administration, des sans-manches, descendants des sans-culottes, contre les importants et les bien nés.

Foin de toute naïveté, la colère d'une partie de la population est bien réelle et parfois féroce. Certains sont prêts à en découdre. Voilà qui semble justifier cette expression de haine française. On accuse le peuple de haïr ses élites.

Cette accusation masque un incroyable déni.

La jacquerie des ronds-points a surpris. Comme si ce courroux était une génération spontanée, comme s'il ne succédait pas à des décennies de casse sociale, d'indifférence et souvent de mépris décomplexé pour le peuple.

La démocratie n'est pas une cour de récréation. Cependant, la question de savoir qui a commencé n'est pas sans intérêt. La chronologie est une logique.

La dénonciation du populisme dissimule une *populophobie*, qui n'a cessé de se renforcer au cours des quarante dernières années.

Dès le départ, la mondialisation contenait en germe une tendance au séparatisme des « élites ». David Goodhart a analysé le phénomène avec brio, distinguant les auteurs et bénéficiaires du processus de mondialisation – qu'il appelle les *anywhere* – et ses victimes – les *somewhere*. Seuls les seconds revendiquent d'être enracinés dans un lieu du globe, qu'ils nomment leur patrie parce qu'elle est, en général, celle de leurs pères.

En 449 av. J.-C., la plèbe romaine écrasée par des taxes, criblée de dettes, décida de faire sécession. Cela donna lieu à une retraite des citoyens les plus pauvres sur le mont Aventin (d'où l'expression : « Se retirer sur l'Aventin »). Les patriciens durent composer avec le peuple et lui accorder des concessions juridiques et politiques, dont la principale fut de lui permettre d'élire des magistrats pour les représenter.

La mondialisation, la gouvernance d'entreprise, le poids des multinationales dans les mécanismes de décision mondiaux et, plus généralement, le débordement des États-nations révèlent qu'aujourd'hui c'est la classe dominante des pays riches qui a fait sécession. Il ne se passe pas une journée sans que les plus fortunés exigent : « Baissez nos impôts, sinon nous partirons sous des cieux fiscalement plus cléments. » Les chefs d'entreprise exercent un chantage à l'égard des élus : « Ne prenez pas telle mesure ou, au contraire, accordez-nous telle subvention, sinon nous délocaliserons. » Les chefs d'État se sont, de bonne grâce, transformés en super-VRP chargés de vendre leur marque pays, entendre par là : tenter de sauver les meubles.

Un demi-siècle après que le général de Gaulle eut refusé de recevoir le Premier ministre japonais – qu'il qualifiait de vendeur de transistors –, les présidents français sont devenus des hommes-sandwichs. Plus le patronat et les marchés ignorent les intérêts publics, plus les politiques se prosternent devant la Corbeille.

La communauté de destin entre la classe dirigeante et le gros de la population n'est plus une communauté des acquêts, à peine une communauté réduite aux acquis, et de moins en moins une communauté tout court.

Les richesses sont censées être arrachées par des chefs d'entreprise héroïques et des fonds d'investissement audacieux, envers et contre les innombrables obstacles bureaucratiques, fiscaux, et contre l'hostilité de peuples paresseux et jaloux, qui chercheraient à préserver leur niveau de vie. Désormais, cette engeance mondialisée et ses relais médiatiques ne se cachent plus pour flétrir le patriotisme et stigmatiser la démocratie.

Ainsi le populisme est-il une conséquence, et non une cause, de la défiance du haut pour le bas de la société. Et ce n'est que récemment que cette majorité fragilisée a nourri un sentiment d'hostilité à l'égard de la minorité nantie.

Si le divorce des dominants et le dépit des dominés s'observe partout, il revêt une intensité et une nature particulières en France.

Les origines de cette exception française puisent leurs racines dans notre histoire.

S'il existe depuis toujours une haine française, ce n'est pas celle que l'on croit. Le haineusement correct hexagonal est celui qu'exprime depuis toujours une classe dirigeante qui semble éprouver une gêne à appartenir à un peuple si peu respectueux des hiérarchies et si peu admiratif de ses mérites.

Première partie

LE PRÉSENT

Le nouveau tiers état

La leçon de Sieyès

« Qu'est-ce que le tiers état ? Tout. Qu'a-t-il été jusqu'à présent dans l'ordre politique ? Rien. Que demande-t-il ? À devenir quelque chose. »

Ces questions fameuses firent la gloire, en 1789, d'un pamphlet et de son auteur, l'abbé Sieyès, l'oracle de la Révolution.

Deux cent trente et un ans plus tard, une question brûle les lèvres : et si les citoyens de base en colère étaient le nouveau tiers état ?

1

Le roi

Depuis 1962, la France a retrouvé un roi. Ce monarque est consacré par l'onction du suffrage universel, le saint chrême moderne. Une différence essentielle distingue les présidents de la Ve République des descendants de Saint-Louis. Bien que disposant de plus de pouvoirs que les anciens rois, nos chefs d'État élus ne sont pas souverains. La souveraineté appartient désormais à la nation. Depuis que le citoyen Capet a été coupé en deux, le peuple français n'accepte aucune autorité au-dessus de lui. Sur son territoire, nul ne peut décider qu'en son nom.

Les rois de France faisaient plus qu'incarner le pouvoir, ils *étaient* le pouvoir. Ici-bas, ils ne dépendaient d'aucune autorité supérieure. Ce n'est que dans le silence de leur conscience que les monarques pouvaient recevoir des instructions divines. Le peuple français, lui, peut exprimer bruyamment son désaccord. Il peut répondre à un président qui l'incite à venir le chercher.

Deux ans avant son élection, Emmanuel Macron soulignait le besoin, pour le chef de l'État, d'assumer la dimension monarchique de sa fonction :

> La Terreur a creusé un vide émotionnel, imaginaire, collectif : le roi n'est plus là ! On a essayé ensuite de réinvestir ce vide, d'y placer d'autres figures : ce sont les moments napoléonien et gaulliste, notamment. Le reste du temps, la démocratie française ne remplit pas l'espace. Pourtant, ce qu'on attend du président de la République, c'est qu'il occupe cette fonction. Tout s'est construit sur ce malentendu[1].

En dépit ou peut-être à cause de sa volonté de remplir ce vide, un malentendu va s'installer entre le jeune président et « son » peuple, comme il aime à le dire. Ce personnage ambitieux n'a pas réussi à combler cette béance, il l'a creusée. Emmanuel Macron a trop bien joué au monarque.

Macron, la princesse de Clèves à l'envers

Mme de Lafayette décrit admirablement ce coup de foudre qu'éprouve le duc de Nemours en découvrant la princesse de Clèves, ce processus permettant aux sentiments amoureux de se condenser et se déposer sur un seul être. C'est ce que Stendhal appellera la « cristallisation » dans *De l'amour*.

Le sixième président de la Ve République a cristallisé sur sa personne ce qu'une majorité des Français, rejettent depuis quarante ans : le capitalisme financier, la morgue technocratique, la démagogie politicienne, l'arrogance du Tout-Paris, l'indulgence pour le communautarisme et l'européisme béat.

Le pays des premiers de cordée n'est pas celui des premiers de corvée. La patrie du diesel pas celle des trottinettes. Le peuple des jambons-beurre n'est pas celui du quinoa. Pourtant, en 2017, 15 % des voix de la France périphérique

1. « Macron, un philosophe en politique », *Le 1*, 8 juillet 2015.

se porteront sur Macron au premier tour. Sans eux, il aurait été impossible au fondateur d'En Marche ! d'accéder à la magistrature suprême.

Le président honni de la hausse des taxes sur les carburants est-il si différent de celui qui a été élu un an plus tôt ? Pourquoi le chef de l'État est-il devenu le bouc émissaire de toute une élite rejetée ? Durant la tempête populaire qui a balayé l'Hexagone en 2018-2019, Emmanuel Macron a été l'unique homme politique dont le nom a été systématiquement conspué[1].

En arrivant aux affaires, le Rastignac de l'inspection des finances a mis en œuvre son programme à grandes enjambées. Trop sûr de lui, le quadragénaire a mal mesuré la faible épaisseur de son électorat et, partant, de sa légitimité. Plus attentiste, François Hollande disposait d'un socle de premier tour un peu plus large que celui d'Emmanuel Macron (24 % des voix au premier tour, quand Hollande en avait obtenu 28 %).

On peut considérer qu'il y a eu tromperie. Macron est resté longtemps discret sur son programme. Suivant l'exemple de Ségolène Royal, il a organisé des réunions Tupperware, lançant ses marcheurs aux quatre coins de l'Hexagone pour recueillir les suggestions des citoyens. Puis les Français se sont aperçus que le candidat disposait déjà d'un programme tout fait. Ils ont compris que ce projet correspondait à l'agenda des réformes exigées par l'Union européenne.

D'aucuns estiment que l'ex-banquier s'est fait élire sur la promesse qu'il exercerait ses responsabilités différemment de ses prédécesseurs. Cette intention a certes été déçue, mais elle était équilibrée par un engagement en faveur d'une présidence énergique et verticale.

1. Florence Aubenas, « Journal de bord », *Le Monde*, 17 décembre 2018.

D'autres[1] soulignent les effets délétères du naufrage des partis classiques. Du coup, la distance entre un pouvoir exercé par une microélite parisienne et une « base » provinciale, privée de médiation, se serait accrue.

Il est difficile d'imaginer que les électeurs aient été choqués du tour pendable joué par Macron à ceux que le général de Gaulle appelait les « politichiens ». Le successeur de François Hollande a pratiqué un dégagisme dont rêvaient les ronds-points. Ce n'est donc pas ce que l'on a appelé le casse électoral du siècle qui a valu à l'ex-banquier d'être détesté.

La mise en scène d'un commandement jupitérien n'a-t-elle pas rendu sa présidence exaspérante ? Là encore, cet avis mérite d'être nuancé. Si les Français n'ont guère été séduits par son programme, ils ont été accrochés par sa promesse de rompre avec l'inertie, la démagogie et la facilité. Ce n'est pas son énergie ou son caractère impérieux qui ont rendu le chef de l'État impopulaire. Au contraire, son audace a commencé par séduire. Tout avait plutôt bien commencé.

Tout avait si bien commencé

Emmanuel Macron a eu de la chance. Mais la chance compte moins que l'aptitude à s'en saisir au moment adéquat. C'est ce qu'il a fait.

François Hollande ne se représente pas. Les primaires socialistes désignent un outsider clivant : Benoît Hamon. François Fillon explose en vol. Marine Le Pen semble avoir bu avant son débat. À l'Assemblée, ce ne sont plus des godillots, mais des adeptes qui ânonnent ses éléments de langage.

1. Cf. « Gilets jaunes : nous sommes bien face à une révolution ! », par Baudouin Eschapasse, www.lepoint.fr, 15 décembre 2018.

Composant habilement son gouvernement, il nomme un inconnu qui lui doit tout. Il recycle les rivaux de Wauquiez. Il met les écolos dans sa poche avec Hulot. La seule figure de l'ancien monde, occupant son créneau centriste, sera rattrapée par les affaires. Avec le départ de François Bayrou du gouvernement, c'est la sortie du dernier cacique qui pouvait encore s'adresser à l'opinion. En quelques mois, le premier marcheur est devenu le *deus ex machina* du jeu politique.

Les partis de gouvernement sont à terre. Déconsidérés, ses opposants populistes se détestent plus encore qu'ils ne le détestent. Un joueur qui n'avait jamais mis les pieds sur un parquet enchaîne les strikes.

Sur la scène internationale, la même chance indécente se couche aux pieds du nouveau président. Outre-Manche, Theresa May est écrasée par un Brexit interminable. Outre-Atlantique, Donald Trump est un novice sulfureux. Outre-Rhin, Angela Merkel, qui a fait entrer en Allemagne plus d'un million de réfugiés, débute, affaiblie, la dernière partie de son mandat. Au moment où il prend ses fonctions, Macron reste quasi seul sur la scène internationale, avec le doyen Poutine. Il peut espérer prendre la tête de l'Europe contre les démocratures.

Est-ce cette baraka qui a ulcéré les Gilets jaunes ? Eux qui, au lieu de multiplier les occasions, combinent souvent les handicaps (accident de santé, divorce, licenciement). Est-ce qu'en détestant Macron le peuple des ronds-points exprime la jalousie des perdants, de ceux qui ne sont rien contre celui à qui tout réussit ? Ce serait instruire un faux procès aux Français, dont les ancêtres ont respecté le Roi-Soleil, adulé le petit tondu et admiré le grand Charles. Contrairement à une idée ancrée dans la classe dirigeante, le talent, le succès et la réussite ne révulsent pas nos compatriotes. Au contraire, lorsqu'un personnage de l'histoire de France est grand et admiré du reste du monde, le peuple se sent fier.

Même ceux qui n'avaient pas voté pour lui lui surent gré de représenter dignement la France. Macron a commencé en fanfare son mandat en faisant défiler nos chars devant les yeux ébahis d'un Trump jamais sorti de l'enfance, ou en faisant traverser la galerie des Batailles au tsar Poutine.

Nos compatriotes ont été agréablement surpris d'être représentés par un homme jeune plein d'allant et semblant prendre très au sérieux ses fonctions. Après le président fripé, et casqué comme un livreur de pizza, le nouvel élu avait fière allure. Après Sarkozy, le président bonimenteur, au style sautillant d'éternel adolescent. Après Chirac, le président devenu roi fainéant. Après Mitterrand, le président crépusculaire, rongé par l'âge et la maladie, cela faisait presque quarante ans que la France n'avait pas été présidée. Macron a bénéficié plus que d'un effet de grâce : d'un effet de contraste. La volonté initiale d'Emmanuel Macron de restaurer le lustre de la fonction a joué en sa faveur.

Dans les pas des rois de France

Le jeune président a voulu s'inscrire dans la filiation des Capétiens. Nous sommes en 2016. Macron vient d'annoncer sa candidature et va se recueillir dans la basilique de Saint-Denis. Une fois élu, il y retourne le 5 avril 2018.

Le Président s'attarde devant la sépulture de François Ier. Emmanuel Macron effectue plusieurs visites dans le château favori du roi à la salamandre à Villers-Cotterêts. Il a fêté son quarantième anniversaire à Chambord, le palais du souverain renaissant. Il profite de son séjour pour réhabiliter les « chasses présidentielles » qui s'inscrivent dans la lignée des « chasses royales ».

C'est dans la cour du Louvre, autre haut lieu de la mémoire monarchique, qu'Emmanuel Macron a prononcé son allocution de victoire.

Le Président a investi, à plusieurs reprises le château de Versailles. En plus d'y prononcer ses deux discours devant le Congrès (juillet 2017 et juillet 2018), il y reçoit Vladimir Poutine (mai 2017), puis l'empereur Naruhito (septembre 2018) et il utilise le palais pour promouvoir l'attractivité de l'Hexagone devant 150 grands patrons français et étrangers.

Cette réhabilitation des symboles de la monarchie a commencé avant son élection. Ministre de l'Économie, il prononce, le 8 mai 2016, un discours dans lequel il rappelle :

> Notre République ne commence pas avec la République, elle commence bien avant. Elle s'ancre dans cette histoire millénaire avec laquelle nous devons avoir renoué, du sacre de Reims à la fête de la Fédération[1].

En plein confinement, il multiplie les déplacements à l'improviste, apparaissant là où on ne l'attend pas pour montrer qu'il est le maître des horloges. Après ses premières visites dans un hôpital, son entourage fait savoir au journal *L'Opinion*[2] que le monarque faisait bénéficier les malades de sa « présence thaumaturgique ». Lors de certaines de ses visites, à Pantin[3] ou à La Courneuve, les règles de distanciation sociale sont bafouées et les risques de contagion multipliés. Pour justifier cette mise en scène contre-productive, Sibeth Ndiaye confie :

---

1. Discours d'hommage à Jeanne d'Arc, Orléans, 8 mai 2016.
2. Jean-Dominique Merchet, « Confinement ou pas, le président Macron continue de se déplacer en "chef de guerre" », *L'Opinion*, 25 mars 2020.
3. Nathalie Revenu, « Dans les coulisses de la visite controversée de Macron à Pantin », *Le Parisien*, 8 avril 2020.

« Le Président a besoin d'aller au contact, c'est important pour lui. »

Une synthèse gaullienne

Cette synthèse entre tradition monarchique et républicaine, Macron la reprend du général de Gaulle : « Je suis un monarchiste, dira l'homme du 18 Juin, la république n'est pas le régime qu'il faut à la France. » Une fois Président, Macron citera souvent le plus illustre des Français. Sa propension à prendre la pose du héros en bravant l'anachronisme et le ridicule s'est manifestée pendant la crise sanitaire. Je fais la guerre, a-t-il gravement expliqué aux Français lors de ses allocutions. Apparaissant masqué devant des tentes militaires à Mulhouse, il appelle ses compatriotes à serrer les rangs autour de lui et à cesser les critiques comme si le virus était un ennemi et écoutait. De nouveau, ses proches pousseront la comparaison jusqu'à l'absurde expliquant que Macron, comme le Tigre jadis, « allait dans les tranchées[1] ». Un député LREM affirmera dans *Challenges* que le Président s'était « imposé comme le père de la nation[2] ». Dans *Le Fil de l'épée*, le fondateur de la Ve République rédigea une ode aux chefs, où il laissait paraître son ambition : « Puissent être hantés d'une telle ardeur les ambitieux de premier rang – artistes de l'effort et levain de la pâte – qui [...] ne rêvent qu'à la houle de l'Histoire. » Macron, lui, n'hésitera pas à confier à son entourage : « Je ne suis pas un président pour

1. « Coronavirus : quand l'entourage de Macron évoque sans rire sa "présence thaumaturge" », *Valeurs actuelles*, 26 mars 2020.
2. Rémi Clément, « Visioconférence, téléphone... comment les politiques s'adaptent à l'épidémie de coronavirus », *Challenges*, 19 mars 2020.

temps calmes. » Comme le Général qui, dans une conférence de presse, confiait que toutes les institutions reposent sur les épaules du président Macron veut être la clé de voûte du pouvoir. C'est ainsi qu'il faut comprendre certaines de ses sorties, notamment l'improbable harangue qu'il prononce devant ses partisans, à la Maison de l'Amérique latine, au moment de l'affaire Benalla : « [Le] seul responsable, c'est moi [...]. Qu'ils viennent me chercher ! » Le « responsable, c'est moi » ; on croirait entendre dans un lointain écho la fameuse exclamation de Louis XIV : « L'État, c'est moi. » Que l'on songe aussi à la réponse du Président aux généraux furieux de la baisse de leur budget en juillet 2017 : « Je suis votre chef. »

Ciblé par des officiers qui tentèrent de l'abattre (lui, mais aussi son épouse), le Général n'a jamais jugé utile de rappeler qu'il était le chef. L'autorité, explique Hannah Arendt, se mesure à l'aune de deux critères : le premier est de ne pas avoir besoin de se justifier, le second de ne pas avoir besoin de contrainte pour s'exercer. Des dizaines de morts, des centaines de blessés graves, des milliers d'heures d'interminables palabres plus tard, Emmanuel Macron, de tous les présidents de la Ve République, est celui dont d'autorité est la plus faible. Tentons de cerner les raisons de cette *capitis deminutio*.

De Gaulle avait compris que sa légitimité dépendait du peuple, seul souverain. Sa responsabilité sera plusieurs fois engagée, et pas seulement scénarisée comme chez Macron. Le plus illustre des marcheurs n'est qu'à 35 % d'opinions favorables[1]. De Gaulle a quitté ses fonctions avec 47,5 % de voix en sa faveur, au lendemain du référendum de 1969.

De Gaulle passe pour le plus monarchiste de nos présidents, ce fut le plus respectueux de la volonté populaire. En tenant ensemble les deux affirmations de Hegel : « Rien de grand dans

1. Sondage mensuel Odoxa-*Le Point*, 25 mai 2020.

le monde ne se fait sans passion » et « Il n'y a pas de grand homme pour son majordome », on comprend que l'ambition dévorante peut servir de ruse à l'histoire. Les hôpitaux psychiatriques sont pleins de gens qui se prennent pour Napoléon, mais Napoléon lui-même se prenait pour Napoléon, expliquait le psychanalyste Jacques Lacan. Si l'orgueil incommensurable d'un Bonaparte a pu imprimer sa marque aux événements et façonner l'histoire, c'est que le Corse concevait son action comme servant un idéal qui le dépassait et garantissait son autorité. Comme l'avait résumé Mme de Staël : Bonaparte, c'était « Robespierre à cheval ».

Macron, lui, semble servir au-delà des intérêts des puissants à l'intérieur du pays. Pire encore, il paraît se placer à la remorque de l'étranger. En cela, il va complètement à l'opposé de l'action des grands hommes de notre histoire.

Le mépris du tiers état

C'est une marque constante du pouvoir en France de défendre les petits contre les gros. De prendre le parti du peuple contre celui des puissants. L'un des rites de la monarchie consistait à recevoir les pauvres et à s'agenouiller devant eux pour leur laver les pieds. Les rois de France, même le Roi-Soleil, prirent toujours soin des plus humbles. L'architecture de Paris porte les marques de cette tradition avec les hôpitaux que le grand Louis avait fait édifier pour les prostituées (la Pitié-Salpêtrière), les soldats blessés (les Invalides) et les orphelins (l'Hôtel-Dieu).

Les Français découvrent que le ton comminatoire sur lequel le chef de l'État s'adresse aux corps intermédiaires n'exprime pas la supériorité de l'intérêt général face aux intérêts particuliers, mais son arrogance. Le Président est aussi cassant avec les « petits ». Il est capable de parler aussi brutalement à un simple citoyen qu'à son chef d'état-major. De la part de ce président, censé peser au trébuchet chacune de ses paroles, l'emploi de mots si souvent blessants ne peut être le fruit du hasard.

Fraîchement élu, en juillet 2017, il déclare lors de l'inauguration de la Station F : « Une gare, c'est un lieu où on croise des gens qui réussissent et des gens qui ne sont rien. » Les dérapages du Président ne sont pas sans rappeler l'odieuse expression de « sans-dents » que Valérie Trierweiler prêtait à François Hollande. Le 8 septembre 2017, en Grèce, Macron affirme sa volonté de réformer le droit du travail et prévient : « Je ne céderai rien, ni aux fainéants, ni aux cyniques, ni aux extrêmes. » Qui sont ces « fainéants » ? Vantant le modèle nordique de « flexisécurité », à l'occasion d'une visite au Danemark le 29 août 2018, Macron révèle le fond de sa pensée :

> Il ne s'agit pas d'être naïf, ce qui est possible est lié à une culture, un peuple marqué par son histoire. Ce peuple luthérien, qui a vécu les transformations de ces dernières années, n'est pas exactement le Gaulois réfractaire au changement !

Le fainéant, c'est donc ce « Gaulois réfractaire » refusant le détricotage d'un système social qui lui bénéficie. Le 15 septembre, lors des Journées du patrimoine, Macron lance à un jeune ouvrier horticole, désespéré de ne pas trouver d'emploi :

> Vous allez à Montparnasse, vous faites une rue avec tous les cafés et les restaurants, franchement, je suis sûr qu'il y en a un sur deux qui recrute en ce moment.

Plus tôt dans la même année, le 12 juin 2018, dans une vidéo tweetée par Sibeth Ndiaye, le chef de l'État constate :

> On met trop de pognon, on déresponsabilise et on est dans le curatif. Toute notre politique sociale, c'est qu'on doit

> mieux prévenir – ça nous coûtera moins, ensemble – et mieux responsabiliser tous les acteurs. [...] On met un pognon de dingue dans les minima sociaux et les gens sont quand même pauvres.

Emmanuel Macron est en déplacement en Corrèze. À ses côtés, le président de région, Alain Rousset, évoque les difficultés à recruter d'une entreprise à Ussel. Le chef de l'État répond : « Certains, au lieu de foutre le bordel, feraient mieux d'aller regarder s'ils ne peuvent pas avoir des postes là-bas, parce qu'il y en a qui ont les qualifications pour le faire, et ce n'est pas loin de chez eux. »

Rien, pas même la crise des Gilets jaunes, ne semble en mesure de faire taire cette condescendance à l'égard de la France d'en bas.

Participant en Norvège à une conférence sur le climat, le chef de l'État affiche un incroyable dédain, et, sans évoquer la colère qui gronde en France, y fait allusion. Emmanuel Macron explique aux journalistes : « Si je dis aux gens, vous avez un chèque climat, ils ne comprennent pas; ce que les gens comprennent, c'est leur problème de chaudière. »

La crise n'a pas atteint son paroxysme lorsque le patron des députés de La République en marche, qui ne prononce pas une phrase sans avoir préalablement fait valider ses éléments de langage au Château, déclare : « Nous sommes trop intelligents, les gens ne comprennent pas ce que nous essayons de faire. » Même disposé à descendre au peuple – pardon, à aller à la rencontre de la France qui souffre –, l'ancien banquier d'affaires ne peut s'empêcher de décocher de petites phrases trempées dans le mépris. Mardi 15 janvier 2019, tandis qu'il est en chemin pour débattre avec 6000 maires normands, il traverse la commune de Gasny et lance : « On va davantage les responsabiliser car il y en a qui font bien et il y en a qui déconnent. » Quatre jours plus tôt, devant des boulangers reçus à l'Élysée, le chef de l'État avait affirmé : « Les troubles que notre société traverse sont aussi parfois dus, liés au fait que beaucoup trop de nos concitoyens pensent qu'on peut obtenir sans que cet effort soit apporté. » Pendant la pandémie de Covid-19, alors que les stocks de masques ont été détruits, que des mesures restrictives sont prises pour les réserver aux soignants et que les mensonges sur leur inefficacité supposée ont entamé le crédit du gouvernement, Emmanuel Macron a l'outrecuidance d'affirmer : « La France n'a jamais été en rupture de masques. » Si ce n'est pas une marque de mépris pour l'opinion publique, cela y ressemble.

François Mitterrand se départait rarement d'une morgue glaçante. Secrétaire général du PS à la fin des années 1970, en déplacement dans le Loir-et-Cher, des militants le reconnaissent et lui demandent s'ils peuvent le tutoyer. Et Mitterrand de répondre : « Comme vous voulez... ». Le même homme, une fois élu président, eut la sagesse de reconnaître, en 1994 :

> Il faut que le chef de l'État aime les Français, et il faut que les Français sentent qu'il les aime. Tout le reste, on ne dira pas que c'est de la littérature, c'est important, mais s'il n'y a pas cette relation affective, il n'y a rien.

Le numéro larmoyant que tentera le président de la République, lors de sa conférence de presse du 10 décembre 2018, illustre plus sûrement la géniale description que fit Denis Diderot du paradoxe du comédien qu'une véritable empathie :

> Le comédien excellent, moins il sent ce qu'il dit, mieux il rend les signes extérieurs du sentiment. S'il envoie du feu, c'est qu'il est comme la glace. Les cris de sa douleur sont notés dans son oreille. Il sait quand il tirera son mouchoir, quand les larmes couleront. Ce tremblement de la voix, ces mots suspendus,

> ces sons étouffés ou traînés, ces frémissements des membres, ces vacillements des genoux, ces évanouissements, ces fureurs... Pure imitation, grimace pathétique, singerie sublime[1].

Conformément aux clichés de la classe dirigeante, le Président a cru bon d'opposer les exclus aux inclus et de se concentrer sur les premiers, alors que les Gilets jaunes se révélaient être des *working-poors*, des inclus fragilisés. Le chef de l'État assimile les manifestants aux assistés qui profitent des aides sociales. Cette confusion était frappante lors de la conférence de presse de Macron, où il a annoncé une revalorisation du smic. Philippe d'Iribarne relève ce contresens :

> Ce qui m'a frappé dans son intervention télévisée, c'est la faible place qu'il donne aux problèmes des gens. Au début, il a grondé, et à la fin, il a martelé « Je veux ». Il parle des colères, mais il insiste trop sur les problèmes des gens en détresse, les gens qui ne joignent pas les deux bouts ou les handicapés, et pas assez sur les gens qui travaillent, arrivent à vivre, mais se sentent lésés. Il n'a pas parlé des artisans par exemple, des tout petits entrepreneurs, des gens qui sont actifs et qui payent leurs impôts. Il y a beaucoup de Gilets jaunes dans cette situation. Il a juste eu un petit mot sur les ouvriers qui se lèvent tôt et vivent dignement de leur travail. Il a effleuré le sujet.

Un panneau brandi lors d'une manifestation des Gilets jaunes, un samedi, dit tout de cette fierté blessée. Sur cette pancarte, on pouvait lire : « Nous ne sommes pas des gueux ! »

Depuis le début de son quinquennat, le Président donne l'impression qu'il n'a aucune considération pour la France périphérique, quand il semble en avoir pour des gens qui ne la méritent pas. En octobre 2018, lors de son voyage à Saint-Martin, Macron a dû se réfugier dans un bâtiment, où il a

1. Denis Diderot, *Paradoxe sur le comédien* [1773].

fait la connaissance de deux jeunes hommes (dont un ancien braqueur). Un selfie est pris : les deux jeunes, torse nu, entourent le Président, tout sourire, l'un d'eux fait un doigt d'honneur. L'extraordinaire compréhension dont Macron fait preuve à l'égard d'un repris de justice, qui le tutoie et pose avec lui torse nu, tranche avec la façon dont il a sèchement remis en place un lycéen irrespectueux. Les Français s'interrogent : pourquoi ces deux poids deux mesures ? L'un était un adolescent provocateur, l'autre sortait de prison pour trafic de cocaïne. S'agirait-il d'un aveuglement, pire d'une stratégie de provocation ? Le choix de l'humoriste très controversé Yassine Belattar pour le conseiller sur les banlieues semble confirmer que la religion antiassimilationniste du Président est faite.

L'unité nationale réalisée par les rois fut une unité linguistique et culturelle. La culture française est l'un des ciments de notre unité. En février 2017, en pleine campagne électorale, le candidat Macron déclarait pourtant : « Il n'y a pas de culture française. Il y a une culture en France. Elle est diverse[1]. »

Lors de la fête de la Musique 2018. Des platines sont installées sur le perron du Château, des DJ y jouent de la musique électro (notamment le DJ Kiddy Smile, qui porte un tee-shirt « Fils d'immigrés, noir et pédé ») et des danseurs (court vêtus) suivent une chorégraphie pour le moins explicite. Une photo immortalise le chef de l'État et son épouse, entourés d'une faune sortie d'un night-club de San Francisco[2]. L'organisation d'une sorte de mini-Gay Pride au cœur de l'État, avec force drag queens, est-elle destinée à montrer le sens de l'ouverture du président de la République ? Ce happening baroque est-il,

1. Meeting à Lyon, 4 février 2017.
2. http://www.leparisien.fr/politique/l-etonnante-photo-du-couple-macron-lors-de-la-fete-de-la-musique-a-l-elysee-22-06-2018-7787934.php

à la manière de l'art contemporain, destiné à choquer le bon peuple afin qu'il exprime son intolérance atavique ? La France des beaux quartiers est outrée. Celle des Gilets jaunes écœurée. En transformant en lieu de kermesse décadente la présidence de la République, Emmanuel Macron vient dilapider son seul atout. En une soirée funky, le marcheur a ruiné son capital symbolique. Samson s'est rasé la tête. En abaissant la fonction : il a blessé les Français. Le grand prêtre a renversé le tabernacle.

L'affaire Benalla va accentuer l'autodésacralisation de la fonction présidentielle. Elle va créer dans l'opinion la détestable impression que le chef de l'État, exigeant à l'égard des Français, peut faire preuve d'une incroyable mansuétude à l'égard de son entourage.

Emmanuel Macron a par exemple, poussé un chef d'état-major respecté à la démission pour avoir osé manifester son désaccord sur la baisse du budget des armées. Or, le président protège un garde du corps qui piétine les règles juridiques et déontologiques, et usurpe l'autorité de l'État. Voilà qui paraît incompréhensible. Les sanctions, les fausses déclarations sous serment, l'autobus des Bleus, les perquisitions éventées, les armes et les passeports diplomatiques illégalement détenus, tout transpire le règne du bon plaisir. On tombe de l'Olympe à la cour du roi Pétaud.

Les Gilets jaunes qui roulent parfois la boule au ventre, sans avoir effectué un contrôle technique ou en dépassant les 80 km/h, ne comprennent pas qu'un gamin d'une vingtaine d'années, qui joue avec des armes et enfreint les lois, nargue la représentation nationale. On apprendra que de hauts fonctionnaires ont été incités à mentir pour couvrir le protégé de l'Élysée. Emmanuel Macron se défendra même d'être son amant. On croit rêver. Le chef de l'État ajoutera crânement :

« S'ils cherchent un responsable, le seul responsable, c'est moi et moi seul. [...] Qu'ils viennent me chercher ! »

En prononçant ces mots, le Président sait que la Constitution organise son impunité. Le toréador pique à l'abri derrière les barrières. Macron semble ignorer que ce n'est pas sa personne physique qui est défendue, mais son corps symbolique. Macron ne retient finalement de l'exercice monarchique du pouvoir que le bon plaisir et l'impunité du souverain.

Le Président est aussi capable de récompenser ouvertement la flagonerie. Rappelons-nous la nomination de l'écrivain Philippe Besson au consulat de Los Angeles, en août 2018, due aux viles flatteries auxquelles ce dernier s'était livré dans *Un personnage de roman*[1].

Résister aux puissants du royaume

L'unification du territoire a été imposée par les rois aux dépens des « importants ». Saint Louis, par exemple, a instauré un système de justice (« fontaine de justice » ou « chêne de justice ») qui, court-circuitant les cours locales, va tendre à unifier le droit. Philippe le Bel crée l'État fiscal qui prive les seigneurs et l'Église du privilège de l'impôt. Plus tard, Henri IV visera à préserver l'unité nationale, contre le sectarisme des grands du royaume. La politique d'Emmanuel Macron heurte cette tradition. C'est ce qu'ont ressenti les Gilets jaunes en constatant que le pouvoir alourdissait la fiscalité des petits, alors qu'il venait d'alléger celle des gros.

Les Français en général et les Gilets jaunes en particulier connaissaient l'orientation libérale du nouveau président. Ils savaient que, en matière d'austérité, Emmanuel Macron

1. Éditions Julliard, 2017.

irait plus loin, plus vite et plus fort que ses prédécesseurs. Quelques-uns étaient sans doute prêts à consentir de nouveaux sacrifices, mais à trois conditions. La première était que la part du fardeau soit également répartie. La deuxième, c'était d'être traité avec respect. La troisième, que ces efforts profitent à la France, pas à l'Europe, encore moins à une minorité. Aucune de ces conditions n'a été respectée.

Ce qui a paru insupportable aux Français, c'est qu'on noue de lourds fardeaux sur les épaules des plus vulnérables, pour alléger les premiers de cordée. C'est aussi de ne pas montrer l'exemple.

En arrivant au Palais, Emmanuel Macron a laissé filer les dépenses. Selon *Le Canard enchaîné*, l'Élysée aurait cherché à camoufler la décision prise par le couple présidentiel de renouveler la vaisselle : 500 000 euros, soit plus de 400 euros par assiette[1]. L'ex-Mme Trogneux a décidé de changer la tapisserie d'une partie du Palais : 300 000 euros de travaux.

Interrogé par un passant sur la piscine qu'il a décidé d'installer à Brégançon, Emmanuel Macron lui fait cette confidence : « Je préfère mille fois la mer, elle est bonne, c'est magnifique. » Le palais présidentiel avait justifié cette décision en affirmant qu'elle allait permettre des économies sur la surveillance de la petite plage privée, au pied du fort.

En 2018, Macron a dû puiser dans les réserves pour combler le déficit de 3,8 millions d'euros du budget de l'Élysée (contre 10 000 euros en 2017). Dans le même temps, le chef de l'État dénonce un « pognon de dingue » consacré aux aides sociales et demande aux Français de comprendre que l'on ne saurait dépenser plus que ce que l'on gagne. Cruel contraste.

Dix jours avant le confinement, Emmanuel et Brigitte Macron se rendent au théâtre : « La vie continue. Il n'y a

1. *Le Canard enchaîné*, 13 juin 2018.

aucune raison, mis à part pour les populations fragilisées, de modifier nos habitudes de sortie. » Une « sortie » qui témoigne de l'incapacité pour le couple présidentiel – Brigitte Macron étant une personne à risques face au Covid-19 – à se situer sur le même plan que le commun des mortels. Dimanche 16 mars, veille du confinement général, alors qu'elle se promène avec ses gardes du corps sur les quais de Seine, l'épouse du Président se dit choquée par l'imprudence des Parisiens qui profitent aussi des rayons du soleil[1].

Un Louis XVI *bis*

Franz-Olivier Giesbert évoque un chef de l'État qui a « des airs de Louis XVI, impénétrable, incompris, loin du peuple, injustement vomi par beaucoup de ses contemporains[2] ».

Il est vrai que, en dépit des difficultés dans lesquelles se débattait les paysans et des appels au redressement des finances publiques, le roi et la Cour ont continué à vivre dans le faste. Le budget de la Cour a augmenté, pour finir porté à 18 % de celui de la monarchie.

Dans la décennie qui précède la Révolution, la France connaît une série de mauvaises récoltes. L'année 1788 est particulièrement rude pour l'agriculture (sécheresse, grêle, hiver difficile), ce qui déclenche une grave crise alimentaire. Le prix du blé grimpe en flèche (+ 75 % entre janvier 1787 et juillet 1789). Le pain devenu inabordable, ajouté à la pression fiscale exercée sur le Tiers détériorent la situation des plus pauvres. Les conditions de vie des paysans (85 %

1. « Brigitte Macron choquée par les Parisiens qui se promenaient sur les quais », Le HuffPost, 16 mars 2020.
2. *Ibid.*

du tiers état) et des artisans (7 % du tiers état) étaient déjà mauvaises, elles deviennent déplorables. Dans la capitale, sur 600 000 Parisiens, on recense 120 000 « indigents ».

Des états généraux au « grand débat » : la mascarade des doléances

Face au mécontentement, Louis XVI rédige une lettre qui sera lue dans les églises, dans le but de convoquer les états généraux. La missive royale commence ainsi :

> Nous avons besoin du concours de nos fidèles sujets pour nous aider à surmonter toutes les difficultés où nous nous trouvons, relativement à l'état de nos finances, et pour établir, suivant nos vœux, un ordre constant et invariable dans toutes les parties du gouvernement qui intéressent le bonheur de nos sujets et la prospérité de notre royaume. Ces grands motifs nous ont déterminés à convoquer l'assemblée des états de toutes les provinces de notre obéissance, tant pour nous conseiller et nous assister dans toutes les choses qui nous seront mises sous les yeux que pour faire connaître les souhaits et les doléances de nos peuples[1].

Institués par Philippe le Bel pour renforcer sa position face aux grands seigneurs du royaume, les états généraux n'avaient plus été réunis depuis 1615. Les cahiers de doléances ouverts en 1484 par Charles VIII étaient destinés à déterminer l'ordre du jour des états généraux. Les cahiers offraient au monarque un moyen de court-circuiter les grandes familles, en étant directement relié à ses sujets.

En 1789, le contexte est tout autre. Louis XVI renoue avec cette pratique afin de désamorcer la contestation mais aussi

1. Lettre du roi, 24 janvier 1789.

afin de lever de nouveaux impôts. La démarche de Macron est analogue. En plein mouvement des Gilets jaunes, le 18 décembre 2018 il annonce la tenue d'un « grand débat national » dans une « Lettre aux Français » :

> Afin que les espérances dominent les peurs, il est nécessaire et légitime que nous nous reposions ensemble les grandes questions de notre avenir[1].

Faire croire aux « citoyens périphériques » que, soucieux de leur condition, le monarque cherche à l'améliorer en les consultant, l'initiative rappelle celle de Louis XVI. Autre analogie : lancé le 15 janvier 2019, l'organisation du grand débat évoque celle des états généraux. Des « doléances » pourront être déposées par les citoyens en mairie (ou sur Internet) ; des assemblées locales se tiendront ; les revendications seront synthétisées et portées par des représentants qui rencontreront le Président à l'occasion de conférences nationales.

En 1789, les cahiers de doléances avaient suscité un vif engouement : 60 000 cahiers avaient été rassemblés en un peu plus de trois mois. Il en ira de même en 2019. L'Association des maires ruraux de France organise des « journées portes ouvertes » afin que les citoyens remplissent les « cahiers ». Au total, on dénombrera 2 millions de contributions en ligne, 10 000 réunions locales, 16 000 communes ayant ouvert des cahiers de doléances et 27 000 courriers. En 1789, les thèmes les plus récurrents étaient la justice sociale et fiscale (en particulier les privilèges du clergé et de la noblesse concernant l'impôt). On retrouve en 2019 des préoccupations très proches : les trois thèmes qui arrivent largement en tête sont la justice sociale, la justice fiscale et l'organisation politique et

1. Emmanuel Macron, « Lettre aux Français », 13 janvier 2019.

territoriale[1]. Cependant, les sujets ont été cadrés par le pouvoir, tandis que la sociologie des participants sera peu représentative. Une étude du chercheur Martial Foucault montre que la majorité des participants étaient âgés (43 % de plus de 65 ans), diplômés du supérieur (65 %) et propriétaires (76 %)[2].

Les cahiers de doléances avaient été, sinon expurgés, du moins édulcorés rappelle l'historien François-Guillaume Lorrain :

> A-t-on fait droit aux plaintes des paysans, qui représentaient plus des trois quarts de la population ? Le bilan est nuancé, reflet de l'élaboration complexe de ces cahiers. Des modèles, rédigés par des hommes de loi, furent distribués dans les campagnes. Au sein des communautés d'habitants (ancêtres des communes), on convoqua les paysans par affichage, par annonce du curé en chaire ou au son de la caisse. Qui tenait la plume ? Un juge seigneurial, un notaire, un curé, un maître d'école... [...] Après une consignation et une rédaction qui amènent à amender ou à ajouter un supplément au cahier de doléances modèle, le texte est apporté au chef-lieu de bailliage où il est confronté à d'autres cahiers. Une synthèse sera présentée à chaque député à Versailles. [...] Dans les campagnes, selon la proportion de grands propriétaires ou de métayers, le poids du président de séance fut donc plus ou moins prépondérant. [...] Sur certaines listes, très peu ont signé de leurs noms et, pour les autres, on rajoute une formule collective, preuve que la parole a été confisquée. [...] Un ouvrage de Jean Boutier analyse la situation du Limousin. Les cahiers sont très modérés. Or, après 1789, on assiste à une incroyable explosion de violence. Signe que la parole contestataire a été aseptisée[3].

1. « Grand débat : les "cahiers de doléances" remis aux préfets avant analyse », *Le Figaro*, 21 février 2019.

2. « Un public éloigné des traits sociologiques des Gilets jaunes », *Libération*, 14 mars 2019.

3. François-Guillaume Lorrain, « Quand le peuple prenait la parole », *Le Point*, 17 janvier 2019.

La restitution du grand débat n'est pas plus représentative que ne le furent les synthèses de l'Ancien Régime. L'expression populaire a été filtrée. France Info révèle le 12 avril, seule la moitié des contributions papier a été prise en compte par le cabinet Roland Berger, chargé de l'expertise. Cette officine justifie un tel escamotage par un charabia grotesque :

> On considère que la volumétrie des documents traités assure la quasi-stabilité du référentiel de propositions obtenues[1].

Emmanuel Macron a répondu aux revendications une dizaine de jours plus tard, le 26 avril. L'exécutif a réagi avant d'avoir pu matériellement disposer de synthèses fiables.

Le manager de la République prépare sa fusion

En dévoilant, le 7 décembre 2018, son projet de débat, le Président avait promis : « Pas de totem ni de tabou. Nous parlerons de tout », même de l'immigration, avait-il ajouté dans une sorte d'aveu. Aussitôt le processus lancé, les Français comprennent qu'ils sont invités à tout aborder sauf… la clé de voûte du projet macronien. Ce sujet interdit constitue le cœur de la stratégie de la classe dirigeante française depuis 1992. Depuis près d'une génération, ce cap est poursuivi par nos « élites » avec une obstination que rien, pas même le référendum perdu de 2005, n'est venu démentir. Ce grand dessein, c'est la construction européenne. Ce projet étrange, qui est le dernier enthousiasme collectif de nos élites (transférer le pouvoir de Paris à Bruxelles), est évacué de la consultation populaire.

---

1. Jérôme Jadot, « Nombre de participants gonflé, approximations, analyse partielle… les petits arrangements du grand débat », France Info, 12 avril 2019.

L'escamotage est d'autant plus grossier que la hausse des taxes, qui avait mis le feu aux poudres, faisait partie d'un train de mesures destinées à maintenir l'Hexagone dans les marges budgétaires bruxelloises. Et l'esquive d'autant plus troublante qu'aucune des revendications des Jaunes ne pouvait aboutir tant que notre pays restait attaché à ce lit de Procuste qu'est l'UE.

Lorsqu'un chef d'entreprise doit faire accepter à ses salariés une décision impopulaire, telle une vague de licenciements (que la novlangue managériale, dans son sabir édulcorant, appelle un « plan de sauvegarde de l'emploi »), comment va-t-il procéder ? Missionner un cabinet, qui va organiser une grande consultation afin de noter les desiderata du personnel. Cette méthode a été mise au jour, aux États-Unis dans les années 1930, par le sociologue Elton Mayo. En réalisant des entretiens avec les ouvrières dans des ateliers de confection de câbles électriques, le professeur Mayo s'est rendu compte que celles qui avaient été interrogées sur leurs conditions de travail mettaient ensuite plus d'ardeur à la tâche que celles qui n'avaient pas été questionnées. Les « sciences managériales » appellent cela l'effet Mayo. Une sorte de placebo sociologique, permettant d'obtenir une hausse de la productivité des salariés, en les faisant parler. Dans les entreprises où ce genre de technique est mis en œuvre, la solution de la direction – déjà actée – n'est nullement destinée à être infléchie par cette consultation. C'est la méthode « Cause toujours, tu m'intéresses ». « Dites-nous ce que vous pensez, non seulement nous n'en ferons rien, mais votre avis ne nous intéresse pas. Ce qui nous intéresse, c'est de vous donner l'occasion de vous épancher. » Il s'agit d'un type d'écoute particulier que les psychanalystes appellent « l'attention flottante ».

Parler, c'est se soulager. Emmanuel Macron a tablé sur la *cure talk*, comme le disent les psychanalystes.

Mais, même armé de cette intention discutable de laisser les Français vider leur sac, notre monarque ne pourra s'empêcher de parler. Il va détourner le débat de son objectif en rejouant inlassablement son grand oral de l'ENA – lors de ses rencontres avec les maires, il va assomer ses interlocuteurs en leur infligeant jusqu'à sept heures de quasi-monologue. Il récidivera en organisant une rencontre avec de « grands intellectuels » (un grand président ne méritait pas moins), durant laquelle il donnera la parole quelques minutes à un universitaire qui a travaillé une vie durant son sujet, pour avoir l'occasion d'étaler son talent rhétorique.

Dans cette crise, le Président a réagi comme un manager de transition, non comme un chef d'État. À la manière de tout P-DG qui se respecte, Macron doit obéir à ses actionnaires, non à ses salariés, encore moins à ses salariés. Pour Emmanuel Macron, l'actionnaire, c'est à la fois Bruxelles, le CAC 40 et, plus généralement, « les marchés », garants du fonctionnement fluide et pacifique de la gouvernance mondiale. La mission qui lui incombe est double : redresser les comptes de la *business unit* France, si possible relancer la marque, mais surtout mener à bien une fusion. Notre manager de la République a dévoilé son *business plan* dans son discours de la Sorbonne. Il veut vite bâtir un État européen avec armée, justice, parlement élu hors des cadres nationaux, politique étrangère, budget, le tout fondé sur la finance et le sacro-saint marché.

Cette mission revient à transformer l'entreprise France en filiale de l'Union européenne. Le CEO de l'Europe n'est pas Macron, mais la présidente de la Commission européenne. La Commission en est l'organe exécutif, le comité de direction (le « comex »). Et le Conseil européen des États son conseil d'administration (le « board »). Dans ce schéma, le Parlement européen représente, disons, l'assemblée générale des actionnaires. L'ex-cadre applique ce qu'on lui a enseigné chez Rothschild : les FUSAC (FUSion-ACquisition), rachats et cessions, afin de réaliser des économies d'échelle.

La première étape de la FUSAC que Macron a en tête, depuis son élection, passe par Berlin. C'est le sens du traité d'Aix-la-Chapelle. Prudent, ce dernier ne déclare pas de but en blanc la fusion des deux peuples et des deux institutions, mais jette les bases d'un processus qui doit y conduire. Avant de créer un gouvernement commun, on autorise un membre du gouvernement partenaire à pénétrer dans le saint des saints : le Conseil des ministres. On ne partage pas son siège au Conseil de sécurité, mais on s'engage à coordonner son utilisation avec l'autre partie. On partage son fichier clients. On tente une greffe régionale pour coller les deux pays, en créant des districts européens de part et d'autre de la frontière.

Contrairement à ce qui se produit dans la vie des affaires, la fusion est cette fois suggérée par le petit au gros qui n'affiche qu'un enthousiasme de façade.

Le locataire de l'Élysée sait sa politique d'offre vouée à l'échec, si un plan drastique d'austérité est mis en œuvre dans l'entreprise France. De son point de vue technocrate-libéral, la seule voie possible pour la préserver est la fusion. Hors de l'euro, de l'Europe et même, à court terme, de ce collé-serré avec l'Allemagne, la France, croit-il, sera balayée par la concurrence. Le P-DG Macron n'a aucun état d'âme. Il est irrité de devoir perdre du temps à convaincre les récalcitrants. Aux yeux du monarque, le vrai souverain n'est plus le peuple, mais l'euro. Or, la figure du roi de France est indissociable de l'indépendance et de l'unité nationale. Son rôle historique, son prestige politique viennent de la résistance que la couronne a traditionnellement opposée aux pressions des puissances étrangères.

Résister aux puissances étrangères

Le roi de France est celui qui résiste au pape : c'est le gallicanisme, qui remonte au conflit entre Philippe le Bel et Boniface VIII. En 1289, le souverain français annonça que l'Église de France était désormais placée sous sa responsabilité. Cette résistance posa la première pierre de l'indépendance française. Le roi de France « ne reconnaissait point de supérieur sur la terre [...]. Une tradition de la monarchie et de l'État s'était formée[1] ».

En réaction, promulgant la bulle *Unam sanctam* (1302), le souverain pontife déclare : « L'Église nous enseigne qu'il y a deux glaives, le glaive spirituel et le glaive temporel. Les deux glaives sont au pouvoir de l'Église. » Philippe le Bel ne céda pas et, l'année suivante, fit arrêter le pape à Rome. Si le souverain pontife fut finalement libéré, la royauté avait affirmé son pouvoir contre celui de l'Église.

En tenant tête au descendant de saint Pierre, le roi de France faisait savoir qu'il était désormais « empereur en son royaume » et n'acceptait aucune autorité au-dessus de lui.

Ce gallicanisme a été enterré par Maastricht. L'Union européenne a succédé à Rome et au Saint Empire romain germanique comme nostalgie de l'Empire et énième fantasme de réunification du Vieux Continent.

Il ne faut pas compter sur l'eurolâtre Macron pour renouer avec notre tradition pluriséculaire d'indépendance. L'entrée en scène du président le soir de l'élection s'est faite sous les accents de l'*Hymne à la joie*. Ce détail symbolisait la soumission

1. Jacques Bainville, *Histoire de France* [1924], Tallandier, 1994, p. 79-80.

de Paris à Bruxelles, mis en avant dans le discours de la Sorbonne :

> L'Europe seule peut, en un mot, assurer une souveraineté réelle, c'est-à-dire notre capacité à exister dans le monde actuel pour y défendre nos valeurs et nos intérêts. Il y a une souveraineté européenne à construire, et il y a la nécessité de la construire[1].

Se réinventer ?

Dans un entretien au *Financial Times* du 16 avril 2020, il se flatte de n'avoir pas cédé à la tentation de fermer les frontières avec l'Italie, alors que c'était l'un des pays du monde les plus touchés par le coronavirus.

Alors qu'avec le respect de la distanciation sociale, l'utilisation des masques, et l'isolement des personnes fragiles, la fermeture des frontières constituait la seule mesure efficace pour limiter le nombre de victimes du Covid-19, Emmanuel Macron n'y consentira qu'une fois le pic pandémique passé. Dans son discours du 12 mars 2020, il déclarait :

> Nous aurons sans doute des mesures de contrôle, des fermetures de frontières à prendre, mais il faudra les prendre quand elles seront pertinentes, et il faudra les prendre en Européens, à l'échelle européenne, car c'est à cette échelle-là que nous avons construit nos libertés et nos protections.

La souveraineté européenne, le terme n'est pas un énième oxymore relevant d'une pensée pseudo-complexe qui associe démagogiquement des contraires pour masquer un vide politique, c'est un terme qui renvoie au seul élément sincère du

1. Discours de la Sorbonne, 26 septembre 2017.

macronisme. Pour le comprendre revenons au discours de la Sorbonne :

> Nous avons besoin de convergence et de stabilité par les réformes nationales, mais aussi par une coordination de nos politiques économiques et un budget commun. [...] Un État ne peut pas seul faire face à une crise lorsqu'il ne décide plus de sa politique monétaire. Et donc pour toutes ces raisons, oui, nous avons besoin d'un budget plus fort au cœur de l'Europe, au cœur de la zone euro.

Cette réforme de la zone euro, si essentielle à ses yeux, ne semble pas du goût de Berlin.

Dans un arrêt du 5 mai 2020, le tribunal constitutionnel de Karlsruhe a défendu les intérêts des épargnants allemands en appelant la Banque centrale européenne à respecter l'ordolibéralisme des traités visant ainsi sa politique monétaire accommodante. Cette politique, initiée par Mario Draghi, avait été accélérée pendant la crise sanitaire qui a vu nombre de pays « cigales » de l'Europe aggraver leur endettement par des mesures de soutien à l'économie. Paris, Rome et Madrid avaient proposé d'émettre des coronabonds, mais les capitales « fourmis » du nord s'opposèrent à ce projet dispendieux. Puis il y eut la « divine surprise », pour les européistes, de l'annonce par le couple franco-allemand d'un projet d'emprunt réalisé par la Commission de Bruxelles et permettant de réinjecter 500 milliards d'euros dans l'économie d'un vieux continent affaibli par la pandémie. Emmanuel Macron et les europhiles auraient pourtant tort de se réjouir trop vite d'avoir ainsi rallié Berlin à la cause de Paris qui aspire à créer un budget européen. 500 milliards d'euros, cela correspond à trois fois le montant du budget annuel de l'Union européenne. Mais un budget est récurrent et annuel tandis que ce financement sera ponctuel.

Alors que les Français ont repoussé à près de 55 % le saut fédéral du TCE en 2005 et alors que ce rejet serait bien plus fort si un nouveau référendum était organisé, Emmanuel Macron nous force la main dans un engrenage fédéraliste qui ne dit pas son nom.

Pour l'instant, aucun mécanisme au sein de la zone euro ne permet de redistribuer *a minima* les gains gigantesques générés par l'euro au bénéfice exclusif de l'Allemagne. Ainsi, Emmanuel Macron a-t-il réalisé l'exploit d'enfermer la France dans une logique fédérale (si ce projet d'emprunt se concrétise) sans obtenir de contrepartie avantageuse ou durable. Au-delà de concessions purement formelles d'une chancelière sur le départ, la France n'a récolté que des *Nein* et des demandes humiliantes comme celle de la CDU consistant à transférer le siège de membre permanent de la France à l'ONU, supprimer le siège du Parlement à Strasbourg, etc.[1].

Emmanuel Macron n'est pas seulement soumis aux dogmes maastrichtiens, mais aussi à Berlin. Son acquiescement aux exigences de l'Allemagne révèle l'usurpation d'un homme qui veut se présenter dans la lignée des rois de France.

La figure du monarque français est celle qui tient tête à n'importe quelle puissance étrangère, voire à toutes. La guerre de Neuf Ans (1688-1697), menée par Louis XIV contre la Ligue d'Augsbourg, offre l'un des exemples les plus éclatants de cette résistance.

En opposition à cette tradition, la politique macronienne est un abandon face aux pressions étrangères. Rappelons par exemple ses propos relatifs à la colonisation française en Algérie :

1. Édouard Husson, Thibault Launay, « Allemagne, Europe : l'étrange soumission de l'élite française », Atlantico, 1er juin 2019.

> C'est un crime, c'est un crime contre l'humanité, c'est une vraie barbarie. Et ça fait partie de ce passé que nous devons regarder en face, en présentant nos excuses à l'égard de celles et ceux envers lesquels nous avons commis ces gestes[1].

Une fois élu, Emmanuel Macron a réitéré son acte de contrition, en réaffirmant la nature criminelle de l'Empire français[2].

La vente d'Alstom à General Electric a offert une autre preuve de soumission aux pressions étrangères. Alstom a été bâti sur commande publique. En 2013, selon la logique d'extraterritorialité du droit américain, les États-Unis ont poursuivi Alstom pour une affaire de corruption en Indonésie. Dans le cadre de cette enquête, Frédéric Pierucci (un cadre d'Alstom Power) a été incarcéré aux États-Unis. Les Américains réclamaient au groupe une amende exorbitante. La manœuvre consistait à exercer un chantage : affaiblir Alstom pour préparer un rachat de la branche Énergie par General Electric. Conscient de l'importance de ce qui se tramait, le ministre Montebourg s'est efforcé d'empêcher la cession. Il est alors remplacé par Emmanuel Macron qui, quelques mois après son entrée en fonctions (novembre 2014), autorise le rachat. Loin de raviver la figure royale liée à l'indépendance de la France, le futur président a bradé notre patrimoine industriel et technologique.

Le scandale de la cession (notamment à un investisseur américain : Global Infrastructure Partners) de 50,6 % des parts de l'État dans les Aéroports de Paris relève de la même logique.

Même illustration de l'écrasement de toute volonté nationale : le double camouflet essuyé à un mois d'intervalle par le

---

1. Interview pour Echorouk News, 15 février 2017.
2. Discours de Ouagadougou, 28 novembre 2018.

chef de l'État français de la part de Paul Hudson, le P-DG du groupe Sanofi. Ce groupe avait expliqué au printemps qu'il réservait au marché américain un éventuel vaccin contre le Covid-19. Quelques semaines plus tard, Emmanuel Macron, tout à son projet de relancer la « souveraineté économique et sanitaire », décide d'octroyer 200 millions d'aide à ce géant pharmaceutique majoritairement détenu par des capitaux anglo-saxons. Nullement gêné d'avoir reçu 200 millions de la poche des contribuables français, Paul Hudson s'empresse d'annoncer la suppression de 1 700 postes dans l'Hexagone.

Si le septième président de la Ve République semble s'inscrire dans une tradition monarchique, il s'agit d'un vulgaire *storytelling*. Macron ne peut plus être le roi, car il ne veut plus détenir le pouvoir suprême et déclare qu'il y a au-dessus du peuple Bruxelles, Berlin ou Washington.

Selon Brice Couturier, la prétention du Marcheur ne se résume pas à l'histoire de France :

> Il est encore plus ambitieux qu'on le croit, car il se juge capable d'infléchir le sens de l'histoire, non seulement en France, où il exerce le pouvoir, mais en Europe[1].

Le chef de l'État se projette dans une histoire postnationale. Pour autant, on aurait tort de réduire son intérêt pour le passé de l'histoire de France à une pure manipulation. Pour lui, la France, son passé et son présent forment une sorte de matériau. La pensée de Macron a été façonnée au contact du philosophe Paul Ricœur. Dans une interview sur l'influence de Ricœur sur Macron, François Dosse avançait la piste suivante :

> L'ancrage ricœurien est multiple et la première source d'inspiration est bien évidemment sa conception de l'histoire nationale

---

1. Brice Couturier, *Macron, un président philosophe*, Éditions de l'Observatoire, 2017.

et de ses rapports avec les mémoires. Rappelons que Macron a aidé Ricœur à la finalisation de *La Mémoire, l'Histoire, l'Oubli*. Il en tire l'idée d'une identité nationale changeante, non éternelle, ancienne, mais toujours en transformation selon les aléas de ce que Ricœur appelle « l'identité narrative », toujours exposée à l'altérité et aux changements du temps[1].

Pour l'élève de Ricœur, l'identité nationale n'est pas une identité donnée, elle est fluctuante, en perpétuelle évolution. La revendication de la tradition monarchique est empreinte de cette conscience de l'histoire longue. Refusant, d'un côté, tout roman national, mais conscient, de l'autre, qu'il ne peut se forger de stature durable qu'en s'inscrivant dans une filiation historique suffisamment profonde, Emmanuel Macron assume un rapport au passé à la fois décomplexé et éclectique, dans un souci permanent de conciliation et de modération conforme à sa philosophie. Sans doute ne voit-il pas de contradiction entre fait de se penser le successeur des rois et celui de préparer l'effacement de la France au profit du grand tout européen.

Cette idée d'une identité narrative s'inscrit dans un certain «progressisme téléologique» de Ricœur, qui se revendique de l'héritage des Lumières. Plus particulièrement, dans l'article «Éthique et politique», le philosophe se réclamait de *Vers la paix perpétuelle*, fameux ouvrage kantien posant les jalons du cosmopolitisme moderne. En voici un extrait :

> Le fait est qu'il n'existe pas d'État mondial, plus précisément pas d'État de droit mondial. Cela reste pour nous un problème de savoir si des transferts progressifs de souveraineté à une instance internationale seront susceptibles de transférer sur elle le monopole de la violence légitime qui appartient à la définition de l'État. Cela reste pour nous un idéal, pour longtemps

1. «Que reste-t-il de Paul Ricœur chez Emmanuel Macron?», *L'Humanité*, 1er décembre 2017.

hors de portée, de mondialiser la non-violence comme a été mondialisée l'organisation moderne du travail.

Dans le même article, Ricœur utilise l'argument catastrophiste du risque nucléaire pour justifier le transfert de souveraineté du national vers le supranational.

Macron et Louis-Philippe

Si Macron n'est pas un « monarque républicain » à la manière de De Gaulle, dans les pas de quel prédécesseur s'inscrit-il ? Pour Charles Palomba, la comparaison avec Louis-Philippe s'impose :

> Au concours de la meilleure analogie, la monarchie de Juillet (1830-1848), régime mal connu et mal aimé des Français, partage avec la pratique du pouvoir, telle que conçue par Emmanuel Macron, bien plus de caractéristiques qu'aucun autre régime. Obsédé, lui aussi, par l'idée de réconcilier les Français autour d'une histoire apaisée, organisé autour de la notion de « juste milieu » jusque dans l'articulation même de ses institutions, le règne de Louis-Philippe fait étrangement écho au culte du dépassement des clivages professé par l'actuel chef de l'État[1].

Le « en même temps » de Macron résonne comme l'écho du « juste milieu » du roi bourgeois. Hier comme aujourd'hui, ce programme tiède plaît aux milieux d'affaires. Un sondage Opinion Way paru en avril 2017 faisait ainsi d'Emmanuel Macron le candidat préféré (32 %) d'un panel de patrons, devançant même l'ultralibéral François Fillon (27 %) et

1. Charles Palomba, « La monarchie de Mai », *Le Débat*, avril 2018, p. 22-23.

Marine Le Pen (16 %). Le début de l'aventure d'En Marche! doit beaucoup au soutien d'Henry Hermand, ancien magnat de la grande distribution et proche de la gauche mendésiste. L'orléanisme, qui est « ce que la politique française au XIXe siècle comporte de plus conforme à la doctrine libérale », rejoint le macronisme dans la place faite à l'initiative individuelle en matière économique.

Le parallèle entre la philosophie de Guizot, le plus célèbre ministre de Louis-Philippe, et celle de Macron semble frappant. Guizot refuse de réduire la politique à un système, afin de donner un maximum de latitude à l'« action » :

> Selon François Guizot : « Il existe dans toute société une certaine somme d'idées justes [...] dispersées dans les individus qui composent la société et inégalement réparties entre eux. » Dans son discours au Congrès, Emmanuel Macron fait écho au ministre orléaniste : « Je souhaite que ce renouvellement scelle le retour du débat que n'aveuglent pas les dogmes, du partage d'idées que ne dénature pas le caporalisme » [Discours Congrès, 3 juillet 2017][1].

Les souvenirs laissés par Guizot et par Louis-Philippe seront ceux d'un gouvernant de bon sens et d'un roi débonnaire, l'un et l'autre au service du *statu quo*. Ce programme que la monarchie de Juillet présentait comme un « en même temps » monarchiste et libéral fut essentiellement conservateur.

Le célèbre « Enrichissez-vous » de Guizot se traduirait par un « Fondez des start-up ». La recherche d'équilibre se concrétise de part et d'autre par un maniement habile des références historiques. Roi bourgeois par nécessité politique autant que par style, Louis-Philippe ne répugne pas à user des symboles de la

---

1. Brice Couturier, *Macron, un président philosophe*, *op. cit.*, « Le spectre de la guerre civile ».

grandeur nationale pour consolider son prestige. Le retour des cendres de Napoléon en 1840 lui permet d'associer à son règne l'éclat de l'Empire. L'Arc de triomphe est achevé en 1836. Le château de Versailles devient en 1837 le musée officiel de l'histoire de France, dédié « à toutes les gloires du pays ».

Comme son lointain prédécesseur, l'actuel président conçoit l'histoire de France comme une bande-annonce valorisante pour sa propre action. Or, si l'histoire de France possède une singularité, c'est la recherche de l'indépendance au nom d'un bien commun imposé à l'intérieur comme à l'extérieur. La monarchie de Juillet servira à rassurer les puissances européennes, redoutant un nouvel embrasement révolutionnaire après les Trois Glorieuses de 1830. Ne poussons pas l'analogie jusqu'à l'anachronisme, le congrès de Vienne n'est pas le traité de Maastricht et les puissances ne sont pas les marchés mais, au cœur de l'action d'Emmanuel Macron, on trouve la même volonté de préserver coûte que coûte le *statu quo*. La politique du chef de l'État n'est pas plus équilibrée que celle de Guizot. Mitterrand dévoile la direction suivie par cette apparente ligne de crête : « Le centre n'est ni de gauche, ni de gauche. » Les citoyens d'aujourd'hui semblent éprouver la même colère face à ce centrisme probusiness que le Christ qui tonnait contre les pharisiens : « Les tièdes, je les vomis ! »

L'article de Charles Palomba rapprochant la présidence Macron de la monarchie de Juillet se conclut en ces termes :

> Aucun pouvoir n'avait depuis 1848 autant mis l'accent sur les capacités et les compétences, ni autant exalté la culture du résultat. Mais aucun pouvoir n'avait non plus autant dissous la politique dans l'apologie du « bon sens » et la négation de la conflictualité. Dans un tel contexte, difficile de ne pas rapprocher la dégradation du climat démocratique en 1848 de l'agacement croissant de l'opinion devant la multiplication des

réformes au nom d'un apolitisme de moins en moins populaire. Né d'une révolution et déposé par une révolution, le régime de Juillet illustre, mieux qu'aucun autre, les risques qu'une politique fondée sur la synthèse fait courir à un pouvoir lorsque celui-ci repose, de surcroît, sur une base électorale fragile[1].

Au plus fort de la crise, le 8 novembre 2018, l'Élysée avait organisé la « fuite de Varennes » (20 et 21 juin 1791) du roi Macron : un hélicoptère était prêt, dit-on[2], à l'exfiltrer du Palais.

---

1. Charles Palomba, « La monarchie de Mai », art. cit., p. 29.
2. Propos du colonel de gendarmerie à la tête du PC sécurité de l'Élysée.

2

La noblesse

Dans la France de ce début du XXIe siècle, le principe de prestige permettant de classer les hommes ne se mesure plus en quartiers de noblesse mais en portefeuilles d'actions. Ce n'est plus la capacité à tirer l'épée mais la fortune qui étalonne la « noblesse ». La valeur militaire a été remplacée par la valeur économique. Au principe héréditaire se sont substitués l'héritage, le concours ou l'astuce dans les affaires.

Comme leurs ancêtres d'Ancien Régime, les nobles actuels sont fortement hiérarchisés. C'est le classement des plus grandes fortunes de France par le magazine *Challenge*, ou par *Forbes*, qui indique son rang à l'aristocratie d'argent, tandis que le classement de sortie des grandes écoles détermine le capital symbolique de la noblesse de robe. Au pinacle des grandes écoles, l'ENA.

Au firmament des robins, l'Inspection générale des finances, la crème de la crème de l'énarchie.

Au faîte de la noblesse d'épée, de ceux qui guerroient sur les marchés mondiaux, les patrons du CAC 40, les grandes fortunes, les principaux actionnaires et déposants des banques et des fonds de gestion de patrimoine.

Ces deux noblesses, surtout la seconde, tendent à devenir héréditaires. Autre trait commun avec l'Ancien Régime finissant, les sommets de la noblesse de concours et ceux de la noblesse d'argent tendent à fusionner. Les préjugés qui les lient ne servent pas seulement à justifier leur intérêt matériel, ces « valeurs », font aussi d'eux les meilleurs et les distinguent du commun.

L'américanisation des classes dirigeantes françaises et leur conversion aux dogmes de l'ordolibéralisme consacrent dans les deux dernières décennies du XXe siècle une échelle de valeur fondée sur la richesse et sa capacité à l'amasser. Cette transformation profonde de la psychologie et des mœurs des « élites » françaises va rompre avec une tradition nationale teintée de mépris pour l'argent héritée du catholicisme et de l'imitation des Anciens par la Révolution, un double legs amplifié par le socialisme. Des générations de dirigeants français furent ainsi édifiées dans les pages du célèbre manuel *Malet et Isaac* par l'exemple du sénateur Curius Dentatus rejetant les ennemis de Rome venus le corrompre : « Dites à ceux qui vous envoient qu'un Romain préfère commander à ceux qui ont de l'or plutôt que d'en avoir ! » Dans les années 1980-1990, un renversement va s'opérer. À partir des privatisations et de la réhabilitation de l'entreprise par la gauche, les hauts fonctionnaires eux-mêmes vont commencer à considérer que l'argent représente l'acmé de la réussite sociale. Comme l'écrit Vincent Jauvert[1] : « fascinés par le train de vie toujours plus flamboyant des P-DG du CAC 40, encouragés par l'exemple des gouvernants qui ont fait fortune dans le privé, nos élites politiques et administratives se sont engagées dans une course effrénée à l'argent ».

Ces nouveaux ci-devant vivent à part. Ne croyant plus aux frontières, ils bondissent, en jet ou en first, d'une métropole à une autre. Leur esprit cosmopolite rappelle celui de la noblesse

1. Vincent Jauvert, *Les Voraces*, Robert Laffont, 2020.

européenne de la fin du XVIIIe. Milliardaires de tous pays, unissez-vous, défiscalisez-vous, payez le moins d'impôts possible, proclament-ils. Cette nouvelle noblesse soudée par un mépris pour ceux qui n'en sont pas, se sent investie d'une haute mission : le bon plaisir individuel. Ce droit de s'enrichir et de jouir sans entrave, de s'épanouir pleinement, cette néoaristocratie estime que seuls quelques élus peuvent y accéder (la notion de mérite existe encore pour elle, mais restreinte au service de soi), car seule une poignée est intelligente, travailleuse, prend soin de son corps, accède à la chirurgie esthétique et est... détachée des soucis matériels. C'est le sentiment de sa valeur individuelle qui lui donne le ressort d'agir. À sa façon, elle œuvre pour l'humanité qu'elle veut débarrassée de la pauvreté, de la faim, des guerres, du cancer, comme le lui promet la Silicon Valley. Les droits de l'homme (surtout pas ceux du citoyen, concept ringard à l'heure de la bonne gouvernance) et ceux de la planète lui servent de boussole. Bourrée de bons sentiments, cette surclasse abhorre les extrêmes, gauche et droite confondues.

Il existe une petite noblesse, désargentée, qui vit avec le tiers état, comme jadis les nobliaux de Vendée partageaient le destin de leurs paysans. Ce sont les patrons de PME, qui souvent éprouvent les difficultés de la base. Ces derniers appartiennent tout de même à la noblesse de ceux qui entreprennent, prennent des risques, bref vivent d'un capital qu'ils font tant bien que mal fructifier.

Une proportion inchangée

Si l'on cherche à évaluer la proportion de néoaristocrates dans la population française actuelle et à la rapporter à celle de la noblesse sous l'Ancien Régime, on réalise que la couche sociologique de l'une et de l'autre sont comparables. François Bluche, historien de la noblesse, estime à 140000 leur nombre en 1789[1]. Si l'on prend les données de Jacques Dupâquier, la population française comptait alors 28,6 millions d'âmes[2]. La part de nobles dans la population était d'environ 0,38 %. Dans la France contemporaine, notre nouvelle aristocratie n'est pas proportionnellement plus nombreuse.

Commençons par la noblesse de robe. En 2018, l'ENA dénombrait 7161 anciens élèves français[3]. Aux anciens élèves de l'École nationale d'administration, il convient d'ajouter des alumnis d'autres établissements hautement sélectifs.

L'École polytechnique, par exemple, annonçait 21055 anciens élèves en 2010[4]. L'ENS-Ulm donne le chiffre de 11500 pour son réseau d'anciens diplômés. Si l'on considère la triade élitiste républicaine ENA-X-ENS, on arrive à 40000 anciens.

HEC affiche 60000 diplômés[5]. Sciences Po Alumni revendique une communauté de 65000 alumni[6]. Le nombre cumulatif des anciens des – très – grandes écoles (c'est-à-dire ENA-X-ENS-HEC-Sciences Po) avoisine les 100000 de la population française.

Les anciens de ces – très – grandes écoles sont surreprésentés dans les cabinets ministériels. Ils sont omniprésents au sommet de l'État. Sur les 8 présidents de la Ve République, 5 provenaient de ces grands corps administratifs. Ces robins sont archimajoritaires à la tête des grandes entreprises du

---

1. François Bluche, *La Noblesse française au XVIIIe siècle*, Fayard, 1995.
2. Jacques Dupâquier, *Histoire de la population française*, PUF, 1988.
3. Site officiel de l'ENA : https://www.ena.fr/L-ENA-se-presente/ressources-ena/ena-chiffres
4. Site officiel de Polytechnique : https://gargantua.polytechnique.fr/siatel-web/linkto/mICYYYSHwrY6/ (voir p. 15.)
5. Site officiel HEC : https://www.hec.edu/fr/en-bref/qui-sommes-nous
6. https://www.sciencespo.fr/international/fr/content/alumni

CAC 40. En 2018, la plupart des dirigeants des 40 plus grandes sociétés cotées à la Bourse de Paris sortait de ces rangs[1] : 7 avaient fait Polytechnique, 6 l'ENA, 8 HEC, 4 les Mines, 3 Sciences Po, 1 ENS-Ulm, certains ayant effectué un double cursus (par exemple : Paul Hermelin, de Capgemini, X-ENA, Stéphane Richard, d'Orange, HEC-ENA, Pierre-André de Chalendar, de Saint-Gobain, Essec-ENA, Frédéric Oudéa, de la Société Générale, X-ENA). Les trois quarts d'entre eux sont issus de neuf écoles[2].

Cette noblesse de concours vit en osmose avec celle du capital. Une première définition *stricto sensu* de la noblesse d'argent tend à confondre ses membres avec les propriétaires et patrons actionnaires d'entreprises. Pour appréhender plus finement la part de la population française qui appartient à cette nouvelle noblesse, on peut se concentrer sur le nombre de foyers soumis à l'ex impôt de solidarité sur la fortune. Emmanuel Macron a remplacé l'ISF par l'impôt sur la fortune immobilière, l'IFI, qui concerne 120000 foyers[3]. Nous pouvons estimer que la France compte entre 120000 et 140000 nobles d'argent. Si nous ajoutons les 100000 anciens élèves des très grandes écoles, on constate que la proportion de « nobles » n'a pas fondamentalement changé depuis Sieyès. La France compte désormais 67 millions d'habitants et la néoaristocratie représente 0,35 % de la population totale.

La meilleure illustration de la porosité, de la consanguinité et de la fusion d'intérêts entre les sommets de l'aristocratie de concours et cette aristocratie d'argent est offerte par

1. « Le diplôme idéal pour devenir patron du CAC 40 », *Le Figaro étudiant*, 29 août 2018.
2. *Ibid.*
3. https://www.capital.fr/votre-argent/impot-sur-la-fortune-immobiliere-3-fois-moins-d-assujettis-et-4-fois-moins-de-recettes-que-l-isf-1301325

Emmanuel Macron. Sa trajectoire présente un exemple archétypal de l'inspecteur des finances qui, grâce à son « pantouflage[1] » dans la banque, va accéder à la fortune, puis qui, propulsé par un réseau où convergent la haute administration, la finance et les milliardaires, se retrouve en situation de briguer la présidence de la République.

Notre roi républicain habite un palais. C'est en son « château » que nous croiserons les héritiers de l'ancienne noblesse. Ce sont les aristocrates d'argent les plus titrés du royaume qui ont favorisé son ascension. Emmanuel Macron incarne plus que la collusion entre la haute fonction publique et les milieux d'affaires. Il personnifie cette inversion de prestige entre un service public dévalorisé au profit de celui des actionnaires. L'élection d'Emmanuel Macron a ceci d'ironique que le fondateur d'En Marche ! s'est toujours réclamé de la pensée de Ricœur. Or, dans une préface qu'il rédigea pour un ouvrage intitulé *La Presse, le Pouvoir et l'Argent*[2], le philosophe écrit : « Le danger, aujourd'hui, est que la direction des affaires soit accaparée par des dizaines de compétents [...] associés aux puissances d'argent. » L'élection à la magistrature suprême de son ancien assistant semble avoir fini de sceller la fusion entre « l'oligarchie des compétents et les puissances d'argent... » Comme le note Vincent Jauvert, « il n'y a jamais eu autant de millionnaires dans un gouvernement que sous Macron ». Le journaliste de *L'Obs* relève aussi : « Pour la première fois dans l'histoire, les quatre patrons de l'exécutif à l'Élysée et à Matignon sont eux-mêmes des pantoufleurs ou des rétropantoufleurs. » Tous sont de très

1. On désigne par « pantouflage » le fait, pour un énarque ou un polytechnicien, de se faire embaucher dans le privé.
2. Jean Schwœbel, *La Presse, le Pouvoir et l'Argent*, Éditions du Seuil, 1968.

hauts fonctionnaires ayant fait des allers-retours entre public et privé. Emmanuel Macron à la banque Rothschild, Édouard Philippe chez Areva et dans un cabinet d'avocats, Alexis Kohler chez STX France et Benoît Ribadeau-Dumas dans une filiale de Safran. Dès lors, comment s'étonner avec Vincent Jauvert[1] que, dans les dix-huit mois qui ont suivi l'installation de ces quatre personnalités au pouvoir, pas moins de quarante conseillers ministériels, s'inspirant de leur modèle, aient demandé à rejoindre le secteur privé ? Le monarque Macron, le meilleur d'entre eux, a réalisé l'amalgame entre élite politique, administrative et économique.

Le meilleur d'entre eux

Lorsque l'ex-banquier d'affaires se présente à la présidentielle, il n'a encore jamais été confronté au suffrage universel. S'il est parvenu à imposer sa candidature, c'est qu'il a pu compter sur des soutiens efficaces.

Comme au temps de Sieyès, le peuple sent que les « politiciens » exécutent les volontés d'une poignée d'importants. Les citoyens n'aperçoivent que les liens les plus visibles unissant les riches et les puissants aux dirigeants politiques. L'électeur ne connaît pas les coulisses ni les rouages de ce pouvoir élitaire, et mesure mal le dévouement des gouvernants aux intérêts des oligarques. Dans *Crépuscule*, Juan Branco décortique les réseaux qui ont fait élire Macron[2]. Une caste qui résulte de la fusion entre le microcosme des affaires et l'énarchie pantouflarde lui a clairement fait la courte échelle.

1. Vincent Jauvert, *Les Voraces, op. cit.*
2. Juan Branco, *Crépuscule*, Au diable Vauvert, 2019.

Xavier Niel

Xavier Niel est l'un de ces « grands du royaume » qui ont aidé Emmanuel Macron dans son ascension. Dès 2014, le fondateur des écoles 42 se targuait de correspondre avec « le futur président de la République », note Juan Branco[1]. Pourquoi un entrepreneur à succès comme Xavier Niel dépenserait-il son temps et son argent à faire élire un Rastignac de l'Inspection des finances ? Branco répond sans ambages : pour favoriser ses affaires.

En se lançant, comme nombre d'hommes d'affaires puissants, de longue date dans une stratégie de diversification et de microacquisitions de journaux, Xavier Niel a tissé une toile serrée d'obligés médiatiques : « Quand les journalistes m'emmerdent, je prends une participation dans leur canard et après ils me foutent la paix[2] », explique Niel. On imagine sans peine que les titres dans lesquels Xavier Niel avait des parts ne se sont guère montrés critiques à l'égard du jeune Emmanuel.

Dans un livre intitulé *Mimi*[3], trois journalistes relatent la manière dont Niel aurait introduit Michèle Marchand auprès du couple Macron. « Mimi » correspond à cette catégorie d'aventuriers de « basse extraction » qui, sous l'Ancien Régime, savaient se rendre indispensables auprès des aristocrates, grâce à un mélange d'astuce et d'audace. Michèle Marchand, qui fut jadis interpellée au volant d'un camion transportant

1. Juan Branco, *Crépuscule*, *op. cit.*

2. Cité par Pierre Rimbert, « Comment *Le Monde* fut vendu », *Le Monde diplomatique*, juin 2011.

3. Jean-Michel Décugis, Pauline Guena, Michel Leplongeon, *Mimi*, Grasset, 2018.

500 kilos de haschisch, est devenue une faiseuse non de rois, mais de couvertures de magazines « pipoles ». Cette femme sulfureuse, marchande de secrets et dealeuse de scoops, va jouer un rôle déterminant dans la mise en branle de la machine médiatique qui rendra possible l'élection du candidat Macron :

> L'opération [...] a été un succès, puisqu'elle fut directement à l'origine de près de quarante unes dithyrambiques que *Paris Match* et consorts offrirent à Emmanuel Macron et à sa femme en un laps de temps record. [...] Succès, il ne fut pas que relatif, puisque la couverture médiatique du candidat dépasse, en intensité, l'ensemble des autres réunis. Donnant le *la*, s'appuyant sur de fausses paparazzades, les œuvres de Mimi Marchand enclenchent une boulimie que le *JDD*, qui n'offre pas moins de quatre unes dans les huit semaines entourant le lancement d'En Marche !, *L'Obs*, appartenant à Xavier Niel, *L'Express*, dirigé alors par un ami de Macron, puis le reste de la presse *mainstream* suivent, créant une béante disproportion avec l'intérêt initial que Macron suscitait[1].

C'est « Mimi » qui posera derrière le bureau du Président, signant triomphalement du « V » de la victoire un cliché publié dans *Le Point*[2].

Arnaud Lagardère

Un milliardaire et une ex-dealeuse ne suffisent pas à faire élire un candidat à la tête de la cinquième puissance mondiale. Un autre grand-duc parisien, Arnaud Lagardère, va jouer

1. Juan Branco, *Crépuscule*, *op. cit.*, p. 150.
2. « Mimi Marchand, la reine des paparazzis, au cœur du pouvoir », *Le Point*, 7 mai 2018.

un rôle dans la mise sur le marché du wonderboy d'Amiens. Si sa fortune n'est pas aussi conséquente que celle de Xavier Niel, son influence est indéniable : celui que Nicolas Sarkozy considère comme un « frère[1] » possède *Europe 1, Paris Match* et *Le Journal du dimanche*. Ces derniers médias compteront parmi ceux qui encenseront le plus le candidat d'En Marche. Arnaud Lagardère a été le client d'Emmanuel Macron lorsque ce dernier était associé chez Rothschild. « L'homme de main de M. Lagardère dans les médias, un certain Ramzy Khiroun, prêtera main-forte à Emmanuel Macron dès sa nomination en tant que ministre de l'Économie, afin de l'aider à organiser sa communication par la grâce et l'intermédiation d'un certain Ismaël Emelien[2] ».

Bernard Arnault

Un troisième oligarque va donner un coup de pouce au plus illustre des marcheurs. Il s'agit de Bernard Arnault, première fortune d'Europe, passé tout récemment (juillet 2019) deuxième fortune mondiale avec 103,2 milliards de dollars. Bernard Arnault est tout à fait connecté aux réseaux d'influence que nous avons décrits plus haut :

> Xavier Niel vit avec Delphine Arnault, fille et héritière de Bernard Arnault[3].

Propriétaire de nombreux médias et premier annonceur du pays, Bernard Arnault bénéficie lui aussi d'une large force de frappe médiatique. Que l'on se souvienne du scandale lié à

1. « Arnaud est plus qu'un ami, un frère », séminaire du groupe Lagardère, avril 2005.
2. Juan Branco, *Crépuscule*, *op. cit.*, p. 152.
3. *Idem.*, p. 179-180.

sa demande de la nationalité belge, en 2012. *Libération* ayant titré « Casse-toi riche con ! », Arnault avait alors retiré toutes ses publicités dans ce quotidien. Résultat : un manque à gagner allant de 150 000 à 700 000 euros[1].

Pensons à la suppression de l'ISF et à l'inefficacité du CICE (Crédit d'impôt pour la compétitivité et l'emploi – impulsé par Macron lorsqu'il était secrétaire général de l'Élysée) sur l'emploi. Ces mesures ont particulièrement bénéficié aux premières fortunes du pays ; et celle de M. Arnault a triplé en trois ans. Comme l'a fait remarquer Jean-Jacques Bourdin au président le 15 avril 2018, le fait qu'Arnault soit « un ami » a peut-être compté dans cette décision. Le chef de l'État se voudra cinglant mais, par son caractère excessif, sa réplique sonnera comme un aveu : « Je n'ai pas d'ami. » Bernard Arnault avait pourtant pris parti pendant la campagne, en publiant une tribune dans *Les Échos*[2].

Patrick Drahi

On ne peut conclure cette description du système néo-aristocratique ayant propulsé Emmanuel Macron sans évoquer Patrick Drahi. L'homme d'affaires résident suisse, qui détient une société immatriculée à Guernesey, et est à la tête d'une fortune estimée à 7 milliards de dollars, a lui aussi bénéficié des faveurs du pouvoir. Lorsque, en 2014, Vivendi a annoncé la vente de sa filiale SFR, deux entreprises ont candidaté au rachat : Bouygues et Altice. Le ministre de l'économie de l'époque, Arnaud Montebourg, s'est inquiété de l'éventuelle acquisition de SFR par le businessman franco-israélien :

---

1. « Lourdes pertes publicitaires pour *Libération* après sa une sur Bernard Arnault », *Le Monde*, 13 septembre 2012.
2. Bernard Arnault, *Les Échos*, 5 mai 2017.

> Numericable [c'est-à-dire Altice] a une holding au Luxembourg, son entreprise est cotée à la Bourse d'Amsterdam, sa participation personnelle est à Guernesey dans un paradis fiscal de Sa Majesté la reine d'Angleterre, et lui-même est résident suisse ! Il va falloir que M. Drahi rapatrie l'ensemble de ses possessions et biens à Paris, en France. Nous avons des questions fiscales à lui poser[1] !

Le 26 août de la même année, Emmanuel Macron remplaçait Arnaud Montebourg à Bercy. Le 28 octobre, il donnait son feu vert au rachat de SFR par Altice, rachat par un certain Bernard Mourad, protégé de Patrick Drahi et ami de Xavier Niel. Placé à la tête d'Altice en 2015 par Drahi, ce monsieur coordonne un petit empire médiatique : *Libération*, *L'Express*, *BFM*, *RMC*, etc. L'homme de confiance de Drahi a également joué un rôle capital dans la cession de la branche Énergie d'Alstom à General Electric (autorisée par Macron en novembre 2014), lorsqu'il était banquier chez Morgan Stanley. Bernard Mourad semble être l'intermédiaire privilégié entre Macron et Drahi. Il s'est aussi targué, dans *Vanity Fair*, de parler *cash* au Président[2].

Lorsque les oligarques tremblent

Cette « élite » ne doit pas seulement son succès à sa capacité à prendre des risques. Les « titres » de ces milliardaires sont parfois tirés de rentes captées grâce à leur proximité avec l'État. Cette consanguinité entre la haute fonction politique et le capitalisme était déjà dénoncée par Marc Bloch

1. Arnaud Montebourg, 14 mars 2014.
2. « Bernard Mourad, le banquier qui n'épargne rien à Emmanuel Macron », *Vanity Fair*, 22 novembre 2018.

dans son *Étrange Défaite*[1] : « Une démocratie tombe en faiblesse, pour le plus grand mal des intérêts communs, si ses hauts fonctionnaires, formés à la mépriser et, par nécessité de fortune, issus des classes mêmes dont elle a prétendu abolir l'empire, ne la servent qu'à contrecœur. »

Un jugement sévère qui rappelle celui de Sieyès à propos de la noblesse :

> C'est véritablement un peuple à part, mais un faux peuple qui, ne pouvant à défaut d'organes utiles exister par lui-même, s'attache à une nation réelle comme ces tumeurs végétales qui ne peuvent vivre que de la sève des plantes qu'elles fatiguent et qu'elles dessèchent[2].

Ces oligarques se présentent comme d'admirables créateurs d'entreprises et de richesses qui profitent à la France. Mais comme la noblesse de l'Ancien Régime finissant, qui ne tirait plus l'épée pour protéger la veuve et l'orphelin, la néo-aristocratie déclinante ne croit plus que « noblesse oblige ».

Noblesse d'argent n'oblige plus

Les grandes entreprises tendent à dénouer leurs attaches avec le pays. En 2010, les sociétés du CAC 40 employaient près de 40 % de leurs salariés dans l'Hexagone. En 2017, la part de la France dans l'effectif salarié des firmes du CAC était passée à 26 % : soit un peu moins d'un million d'employés dans le pays[3]. En sept ans, tandis que l'effectif mondial augmentait, les

1. Marc Bloch, *L'Étrange Défaite*, Gallimard, « Folio », 1990.
2. Emmanuel Sieyès, *Qu'est-ce que le tiers état ?*, Éditions du Boucher, 2002, p. 6.
3. « Le véritable bilan annuel des grandes entreprises françaises », Observatoire des multinationales, 2018, p. 16.

effectifs français diminuaient de 20 %. L'Observatoire des multinationales précisait :

> Seules neuf entreprises du CAC sur quarante ont vu leur effectif en France augmenter sur la période. Le phénomène paraît particulièrement accentué dans le secteur de l'industrie. Renault a vu son chiffre d'affaires augmenter de 51 % entre 2010 et 2017, son effectif mondial croître de 48 %, mais son effectif français baisser de 12 %. Même constat chez Michelin qui a vu son chiffre d'affaires croître de 22 %, et son effectif en France décroître dans les mêmes proportions (avec un effectif mondial en légère augmentation). Danone a vu son chiffre d'affaires augmenter de 45 % sur la période, avec un effectif mondial en légère hausse de 3,8 %, mais son effectif en France a baissé de 9 %[1].

Les délocalisations seules ne témoignent pas de ce déracinement. « Nos » très grandes entreprises gagnent de moins en moins d'argent sur notre territoire. Les taux d'exportation montrent que les firmes du CAC 40 sont loin de faire la majorité de leurs profits dans l'Hexagone. En 2017, seul un quart de leur chiffre était réalisé en France[2]. Certaines de ces sociétés sont indépendantes du marché national qui, par exemple, représentait 10 % du chiffre d'affaires de Total en 2018[3]. Et cette part ne monte qu'à 30 % pour des firmes comme L'Oréal et LVMH[4]. Le marché intérieur, qu'il s'agisse de production ou de consommation, pèse de moins en moins lourd pour ces mastodontes.

---

1. *Ibid.*
2. https://www.lci.fr/economie/cac-40-le-quart-du-chiffre-d-affaires-fait-en-france-2091446.html
3. https://www.centralcharts.com/fr/gm/1-apprendre/10-dossier-economique/37-analyse-actualite/901-le-cac40-deconnecte-de-l-economie-francaise
4. *Ibid.*

Employant de moins en moins de Français, réalisant une part toujours plus limitée de leurs opérations sur le marché domestique, bien des groupes sont vendus à l'encan à des capitaux étrangers.

Il en est ainsi de Veolia, dont la banque d'investissement Goldman Sachs est devenue l'actionnaire principal (l'État ne détient plus que 4,62 % des parts). En 2015, l'ancienne Compagnie générale des eaux a économisé un demi-milliard d'impôts en France, en localisant le siège de ses holdings aux Pays-Bas[1].

Schneider Electric, vieille société française spécialisée dans l'énergie, offre un autre exemple édifiant. Son chiffre d'affaires global en 2018 s'élevait à 25,8 milliards de dollars, dont un peu plus de 10 % effectué dans notre pays. Les salariés basés en France représentent 14 % de l'effectif. Et son actionnaire majoritaire est un fonds américain.

On peut aussi penser au déménagement du groupe Lafarge en Suisse, après sa fusion avec Holcim, en 2015.

Cette désaffiliation s'accompagne d'un exil fiscal. Les « Paradise Papers » ont révélé des stratégies pour échapper à l'impôt de la part de plusieurs grands groupes français : Dassault, Total, Engie, LVMH. Les « Malta Files » ont, quant à eux, mis au jour l'exil fiscal des groupes Renault, PSA et Auchan. Le groupe de luxe Kering est l'objet d'une enquête fiscale en Italie. Les centrales de trésorerie des groupes EDF, Orange, Engie, Carrefour et Sanofi sont localisées en Belgique[2].

On peut se demander en quoi ces grandes entreprises françaises restent « françaises ». C'est la question que posait un

1. http://extranet.greens-efa-service.eu/public/media/file/1/5371

2. Pour toutes ces données : « Le véritable bilan annuel des grandes entreprises françaises », *loc. cit.*, p. 19-20.

rapport de l'iFRAP (Fondation pour la recherche sur les administrations et les politiques publiques) en février dernier :

> Le groupe Michelin est-il encore une entreprise française ? Oui par son histoire, ses dirigeants, sa localisation principale et celle de sa recherche et de ses actifs immatériels. Mais le financement passe par une société suisse, le CA n'est d'origine française qu'à 16 %, l'actionnariat est entre les mains des actionnaires institutionnels étrangers (fonds de pension) pour 60 % (25 % pour les investisseurs français), et les effectifs ne sont français qu'à hauteur de 16,9 % (19000 employés)[1].

Lorsque l'on s'intéresse à certains secteurs, la désaffiliation nationale des grandes boîtes françaises révèle que ces oligarques ne font pas qu'ignorer la France, ils l'appauvrissent. Ils mordent les mamelles flétries de Marianne pour en extraire jusqu'à la dernière goutte.

L'Observatoire des multinationales rappelait qu'un quart des 462000 agriculteurs français n'arrivent pas à vivre décemment de leur travail. Les paysans ne perçoivent aujourd'hui que 6 % de la valeur ajoutée de leur production. Le secteur agroalimentaire se caractérise par une double concentration, au niveau de l'industrie et de la grande distribution (6 groupes contrôlent plus de 90 % du marché, et 60 % des dépenses alimentaires)[2]. Les prix agricoles ont été divisés par deux entre 1980 et 2015. La marge des distributeurs de lait a augmenté de 100 % depuis 2001, de 50 % pour les industriels et de… 0 % pour les agriculteurs[3] ! En 2017, un article de *L'Humanité* révélait que 40 % des fruits et légumes

1. « Les grandes entreprises continuent à se développer prioritairement hors de France », iFRAP, 21 février 2019.
2. « Le véritable bilan annuel des grandes entreprises françaises », *loc. cit.*, p. 17.
3. *Ibid.*

consommés dans notre pays étaient désormais importés, « alors que nous étions autosuffisants il y a trente ans[1] ». Cette hausse des importations uniquement due aux grands distributeurs se fait au détriment des producteurs nationaux. L'article révélait également :

> Ainsi, la place des fruits et légumes produits en France dans les rayons de la grande distribution est en train de suivre la même voie que celle des produits industriels manufacturés. Selon Luc Barbier, ces derniers ne comptent plus que pour 5 % dans les rayons, suite aux incessantes délocalisations industrielles[2].

Le secteur du luxe se caractérise par le même désintérêt pour le marché français. Le taux moyen d'export dans la filière de la mode et du luxe était de 86 % en 2017, et même de 90 % pour certaines entreprises[3]. Encore conviendrait-il de déduire la part, vraisemblablement massive, de la consommation nationale réalisée par des touristes. Un Chinois qui visite la France dépense en moyenne 1 800 euros.

On épargnera au lecteur les considérations d'usage sur « l'irrésistible pression concurrentielle du marché mondial, qui oblige à... ». Dans les années 1990, ces entreprises étaient protégées de la concurrence internationale et dégageaient déjà de gras profits. Aujourd'hui, elles en réalisent bien plus, mais pour qui ? Derrière les délocalisations, les défiscalisations et les stratégies globales, il y a des hommes et des femmes à la tête de ces entreprises qui disposent de passeports français, ont été formés dans nos grandes écoles (souvent aux frais

1. « La France importe 40 % de ses fruits et légumes », *L'Humanité*, 10 octobre 2017.
2. *Ibid.*
3. https://www.entreprises.gouv.fr/secteurs-professionnels/textile-mode-et-luxe

du contribuable), recrutent dans ces établissements leurs cadres supérieurs, bénéficient des subventions françaises, utilisent leurs carnets d'adresses français et, parfois, vont jusqu'à faire de l'origine française de leur produit un argument de vente. Mais qui, pour beaucoup, ne veulent plus rien avoir à faire avec le pays.

Beaucoup de grandes entreprises ont profité du coronavirus pour redorer leur blason. Certaines se sont spontanément mobilisées. LVMH a fabriqué du gel hydroalcoolique, Michelin s'est lancé dans la confection de masques, etc. Il est aussi arrivé que des fleurons du CAC 40 refusent tout net d'exprimer la moindre solidarité. Ainsi, contrairement au Crédit Agricole, à la Société générale ou à BNP, Axa a choisi de verser ses dividendes[1]. L'assureur n'a pas brillé par son respect des contrats. Cette multinationale qui pèse 32 milliards d'euros a été condamnée le 22 mai par le tribunal de commerce de Paris pour avoir refusé d'honorer ses contrats, en indemnisant de petits restaurateurs[2] frappés par la pandémie. D'autres groupes français ont mis à profit la crise sanitaire pour dégraisser. Renault a annoncé 4600 licenciements[3]. Arcelor-Mittal a utilisé le Covid pour fermer son site de Sérémange-Erzange[4]. Air France emboîte le pas. Airbus avec 5000 destructions d'emplois dans l'Hexagone ne sera pas en reste.

---

1. https://www.argusdelassurance.com/juriscope/decryptages/axa-fait-de-la-resistance-sur-ses-dividendes.163421

2. https://www.latribune.fr/entreprises-finance/banques-finance/coronavirus-ce-qu-il-faut-retenir-de-la-condamnation-d-axa-france-848569.html

3. https://www.lepoint.fr/economie/renault-le-plan-de-la-derniere-chance-29-05-2020-2377436_28.php

4. https://www.lesechos.fr/industrie-services/industrie-lourde/coronavirus-a-florange-arcelormittal-ferme-la-cokerie-et-craint-pour-lavenir-1192995

Souvent, ces néoaristocrates se contentent de penser pis que pendre de leurs compatriotes. Parfois, joignant le geste à la parole, ils s'exilent avec épargne et bagages. Ces grands patrons sont de plus en plus nombreux à ne plus habiter en France. Depuis 2011, Jean-Pascal Tricoire, directeur général de Schneider Electric, a déménagé à Hong Kong et a encouragé son directoire à le suivre. François-Henri Pinault, le patron de Kering, a un temps pensé à devenir belge puis s'est ravisé. Il est domicilié à Londres. Patrick Drahi est résident suisse. En 2014, le patron du laboratoire pharmaceutique Sanofi, Christopher Viehbacher, a déménagé à Boston. Le P-DG du groupe Essilor, Hubert Sagnières, vit au Canada. Le numéro 2 d'Air Liquide, le spécialiste des gaz industriels, Pierre Dufour, loge à Francfort. Le directeur général délégué de Danone, Bernard Hours, habite aux Pays-Bas. Margarita Louis-Dreyfus, directrice du groupe Louis-Dreyfus, multinationale de négoce, réside en Suisse. Steve Rosenblum, fondateur de Pixmania, a déménagé en Belgique en 2013. Alain Afflelou s'est installé à Londres en 2012. Paul Dubrule, fondateur du groupe Accor, a élu domicile en Suisse.

La désaffiliation de la noblesse d'argent ne concerne pas uniquement les grandes entreprises ou les patrons. L'évasion fiscale, dont on estime qu'elle constitue un manque à gagner allant de 25 à 100 milliards d'euros pour l'État[1], est le fait d'une frange de privilégiés. La population française en Belgique correspondait en 2010 à 140000 personnes, soit plus de 1 % de la population belge. Ce chiffre monterait à 160000 en 2016[2].

---

1. https://www.europe1.fr/economie/combien-la-fraude-fiscale-coute-t-elle-a-la-france-chaque-annee-3833942

2. http://www.lefigaro.fr/economie/le-scan-eco/dessous-chiffres/2016/03/22/29006-20160322ARTFIG00191-expatries-francais-en-belgique-combien-sont-ils.php

La suppression de l'ISF par Emmanuel Macron a certes ralenti le flux des départs mais n'a pas inversé le mouvement.

Cette néo-noblesse constitue une contre-société dont l'idéologie semble hostile à l'idée même de société. Rappelons-nous les paroles de Thatcher : « *There is no such thing as society*[1]. » Après Christopher Lasch et avec David Goodhart, Christophe Guilluy diagnostique, lui aussi, une sécession des élites :

> En rompant le lien entre le haut et le bas, qui conditionne l'existence même de la société, les classes dominantes et supérieures ne cherchent plus à faire société, mais sécession. Libérée de ses obligations, la bourgeoisie déserte.

Comme le note Jacques Julliard, nous sommes entrés dans « un système où la démocratie s'exerce sans le peuple[2] ». Précisons, sans le peuple mais aussi, de plus en plus souvent, contre lui.

Nos oligarques ont rompu les amarres s'agissant de leurs devoirs mais on peut compter sur eux pour user de leurs droits. Alliée à la noblesse de robe, soutenue par des médias qu'elle a achetés, la néoaristocratie d'argent impose au tiers état une politique qui l'avantage et qui rogne ses droits. La mondialisation et son pilotage automatique, *via* l'adhésion à l'Union européenne lèsent gravement les plus modestes.

« Les robins se sabordent » : s'asservir pour se servir

Cette néoaristocratie prospère grâce à la complaisance des hauts fonctionnaires. Dans un cours consacré à l'État,

1. Interview pour le magazine *Woman's Own*, septembre 1987.
2. Jacques Julliard, « Populisme, Europe et démocratie », *Le Figaro*, 3 juin 2018.

Bourdieu rappelait que, sous l'Ancien Régime, la noblesse de robe était déjà écartelée entre deux impératifs :

> Le livre de Françoise Autrand [*Naissance d'un grand corps de l'État*[1]] sur l'histoire de la noblesse de robe aux XIVe et XVe siècles est passionnant : on y voit comment la noblesse de robe est partagée en quelque sorte entre les intérêts collectifs de corps et les intérêts privés, les intérêts collectifs portant la noblesse de robe à affirmer sa différence par rapport à la noblesse de sang et les intérêts privés portant la noblesse de robe à se fondre dans la noblesse de sang par alliance[2].

Aujourd'hui, la noblesse d'État doit également choisir entre la défense de son intégrité professionnelle (ce que font encore d'honnêtes énarques) et la défense des intérêts d'une oligarchie dont elle fait partie. La devise de l'ENA, « Servir sans s'asservir », s'est inversée. S'asservir aux intérêts du marché pour servir ses intérêts privés. Voici le nouveau motto.

En mettant au jour la dépendance de notre économie aux importations, la crise pandémique a servi de révélateur à l'efficacité du travail de sape productif auquel s'est adonnée la néoaristocratie pendant plus de trente ans.

La conversion de la haute fonction publique à la gestion managériale a mis à l'os des pans entiers du service public, notamment hospitalier, au prétexte de rationaliser, de fermer des lits et des établissements de santé.

Cette soi-disant chasse au gaspi a entraîné une explosion des coûts liée au recrutement d'une bureaucratie managériale qui a pris le contrôle des hôpitaux, évinçant les médecins des directions pour y implanter des gestionnaires de *business unit*

1. Publications de la Sorbonne. Série N S Recherche (n° 46), 1994.
2. Pierre Bourdieu, *Sur l'État. Cours au Collège de France 1989-1992*, Éditions du Seuil, 2012, p. 420-421.

qui ont bloqué les salaires et jeté l'argent public par les fenêtres, faisant appel à des cabinets de vampires (chasseurs de tête, agence de com, cabinets de stratégie et de consulting).

À force de délocaliser, notre économie s'est réveillée en découvrant que nous devions tout importer : masques, tests, respirateurs et que nous ne fabriquions plus rien dans l'Hexagone.

En raison de la pandémie, les échanges de biens se sont effondrés, les chaînes de production se sont mises à l'arrêt tandis que la demande mondiale de certains biens (masques bien sûr, mais aussi Doliprane, curare, etc.) a explosé. Nos soignants ont redécouvert ce que le terme pénurie signifiait. Tandis que les plus hautes autorités de l'État mentaient sur l'utilité et la disponibilité des masques, certaines infirmières devaient s'équiper de sacs-poubelles pour soigner les malades.

L'obsession de la maîtrise des dépenses publiques gravées dans le marbre des traités européens est directement responsable de la non-reconstitution des stocks de masques par exemple. L'idéologie managériale considère le stock comme un ennemi. C'est le culte de l'optimisation, du flux tendu, du *just in time*, du *yield*. Seule des nations comme Taïwan, Israël et la Corée du Sud qui sont techniquement en situation de guerre surent maintenir des stocks, c'est-à-dire anticiper que tout peut arriver. Cet état d'esprit qui était encore le nôtre durant la guerre froide a été abandonné par des élites converties aux dividendes de la paix.

Cette capacité à affronter l'inconnu, à s'y préparer est l'exact opposé du principe de précaution craintif qui cherche à se couvrir.

Le principe de précaution est la traduction juridique de la lâcheté. Il permet aux dirigeants de s'exonérer de leur responsabilité. Pendant la crise du coronavirus, une telle attitude a pu s'observer lorsque l'État a refusé d'importer des masques qui ne répondaient pas à des normes ultra-contraignantes. Une réaction absurde, il valait mieux disposer de masques n'offrant pas toutes les garanties plutôt qu'aucun. Mais nos dirigeants ne règlent leurs « actions » que d'après leurs propres intérêts. Importer des masques qui ne répondent pas aux normes en vigueur, c'était courir le risque de voir leur responsabilité individuelle engagée.

Personne n'ira contrôler chaque masque livré par la Chine dans des containers mais les critères de qualité sont garantis par contrat et « tamponnés » ; les autorités pouvaient s'exonérer en cas de problèmes.

C'est ce type de dilemme qui a conduit à écarter la célèbre chloroquine proposée par le professeur Raoult.

L'énarque terminal

Toute une littérature s'est indignée de la mainmise des énarques sur la vie politique. Ces derniers utilisent leur statut de hauts fonctionnaires pour intégrer un cabinet ministériel, généralement au service d'un autre énarque devenu ministre, puis en profitent pour se faire parachuter dans une circonscription ou dans une mairie. Ce type de parcours est dépassé. C'était le temps de la marine à voile, celui de la conquête des « places » politiques.

Les énarques et les polytechniciens, n'ayant pas de perspectives de carrière administrative motivante ou qui voulaient gagner de l'argent, pantouflaient, c'est-à-dire se faisaient embaucher par le secteur privé.

Jusqu'ici, les deux voies de sortie offertes aux membres de l'aristocratie de robe (la voie des affaires et celle de la politique) étaient exclusives. Il existait une sorte de Muraille de Chine entre le privé et le public. Le pantouflage n'était pas la voie royale pour accéder au pouvoir d'État. Après un revers électoral, les énarques trouvaient parfois des sinécures dans le privé, mais revenait rarement dans l'arène politique.

Les privatisations de la fin des années 1980 vont élargir les perspectives. La conversion des robins à la culture d'entreprise et à la mondialisation fera le reste. Les énarques, dans les ministères chargés de privatiser les actifs de l'État, vont favoriser leurs contacts et, parfois, se distribuer à eux-mêmes les prébendes. Les hauts fonctionnaires ne vont plus se contenter de monnayer leur carnet d'adresses aux entreprises, ils vont eux-mêmes devenir capitalistes, s'autoenrichir, c'est-à-dire s'autoanoblir. On n'est jamais mieux servi que par soi-même.

La banque, la finance, l'énergie, les cabinets d'affaires et d'audit sont les secteurs privilégiés de cette autoappropriation des postes de commande de l'économie par d'anciens serviteurs de l'État.

À présent, les grandes banques hexagonales sont toutes dirigées par des membres des grands corps. Et ces derniers cooptent d'autres membres de leurs corps au sein de leur état-major ou de leur conseil d'administration. Si l'on songe à l'influence qu'une banque systémique à l'échelle mondiale peut exercer, on réalise que ces ex-robins ne sont pas devenus de simples chevaliers, mais des comtes, des seigneurs de l'aristocratie d'argent. Durant trente ans, ces ex-hauts fonctionnaires ont vécu en symbiose avec le milieu des affaires, qui a tendu à devenir leur univers mental, leur fournissant leurs références, leurs solidarités, doublant leurs réseaux d'anciens élèves par la fréquentation du gotha de l'argent. Souvent, cette acculturation a produit des mariages et des enfants. L'influence autrefois exercée par l'État sur la sphère économique en France s'est muée en influence des milieux d'affaires sur l'État. Dans le même temps, grâce au rachat en masse des médias par une poignée d'oligarques, la société française s'est mise à célébrer la mondialisation et la culture managériale anglo-saxonne.

Le pantouflage n'est pas nouveau. Sous le Second Empire, les inspecteurs des finances se précipitaient déjà dans les banques pour y faire fortune. Plus récemment, l'exemple de Georges Pompidou, passé comme Macron par la maison Rothschild, montre que le monde des affaires n'a pas attendu la mondialisation pour utiliser les grandes écoles comme un vivier de collaborateurs. Sauf que ce phénomène a changé de nature, à la fois en raison du niveau de responsabilité auquel ont accédé ces hauts fonctionnaires, mais aussi à cause de la délégitimation du service public. Dans la tête des classes dirigeantes, le préjugé s'est installé que privé était synonyme d'efficacité et de rentabilité et public synonyme de gabegie. Le fait, pour un ancien énarque, de pantoufler n'a plus été vu comme une preuve de déchéance mais comme une marque de succès. Un inspecteur des finances ne s'éternise plus dans la fonction publique, il passe rapidement dans le privé, noue des contacts, amasse de l'argent. Puis plus qu'un titre de noblesse, il se forge un duché, un comté, une baronnie. Fort de cette position, il revient dans le secteur public, voire se lance en politique. Laurent Mauduit explique, dans un entretien au magazine en ligne *Le Média pour tous* :

> Plus récemment, certains de ces anciens hauts fonctionnaires qui étaient passés dans le privé sont revenus dans le public, et on a assisté à une sorte de privatisation des postes clefs de la République. Observez que le gouverneur de la Banque de France vient de BNP-Paribas ; le patron de la Caisse des Dépôts de l'assureur italien Generali ; le directeur de cabinet du ministre des Finances de la banque italienne Mediobanca ; le secrétaire général de l'Élysée du transporteur maritime MSC ; et Macron lui-même est emblématique de cela puisque,

inspecteur des finances, il est passé par la banque Rothschild avant de revenir vers la sphère publique. C'est donc cela, la Caste : une petite oligarchie de hauts fonctionnaires qui a mis la main sur une partie de la vie des affaires, et qui, avec Macron, a maintenant aussi pris le pouvoir en France[1].

Alliée à la noblesse de concours, depuis toujours proche de l'État, la noblesse d'argent française n'a pas adopté les contre-pouvoirs ni la transparence, qui gendarment la City ou Wall Street.

Dans *La Caste*, Mauduit parle d'un « capitalisme par la barbichette ». Cette expression serait cocasse si le phénomène qu'elle dénonce n'était grave. Comme en 1789, lorsque les « petits » se soulèvent, les oligarques tremblent. En pleine crise des Gilets jaunes, la journaliste Irène Inchauspé témoignait de la fragilité de cette nouvelle noblesse. En évoquant, dans l'émission d'Yves Calvi du 23 décembre 2018, la raison fondamentale des primes exceptionnelles octroyées par les grands patrons à la demande de Macron, voici ce qu'affirmait cette chroniqueuse dans *L'Opinion* : « Ils vont distribuer des primes, parce qu'ils ont vraiment eu peur, à un moment, d'avoir leurs têtes sur des pics. Ah oui, vous savez, quand il y a eu le samedi terrible avec toutes les dégradations, ils ont appelé le patron du Medef en lui disant : "Tu lâches tout", parce que sinon ils se sentaient menacés physiquement [...]. Ils envoyaient des textos en disant : "Tu lâches sur le smic, il faut qu'on distribue des primes, tu lâches tout." Alors là, ils distribuent des primes, mais ce n'est pas compliqué non plus : ils ont 80 % de leurs salariés qui sont à l'étranger, alors ça ne leur coûte pas cher, puisque ça ne concerne que la France. Ça va concerner quelques dizaines de milliers de salariés, donc ça ne va pas

1. https://lemediapourtous.fr/laurent-mauduit-une-caste-dissout-letat-de-linterieur-au-profit-des-interets-prives-entretien/

leur coûter très cher. Mais ils le font, donc ce sont les bons élèves et ça leur évite d'avoir la tête tranchée[1]. »

Avec l'avènement de l'énarque terminal qu'est Macron, l'involution de la classe dirigeante française semble proche d'être arrivée à son terme.

1. Irène Inchauspé, « L'info du vrai », Canal+, 23 décembre 2018.

3

Le clergé

Comme Thorstein Veblen l'a analysé, il existe, au sein de chaque société, une couche de la population qui donne le ton aux autres. C'est le rôle de notre nouveau clergé qui produit du supplément d'âme, du sens et aussi de la farce pour faire tenir l'ensemble. Une différence importante avec l'époque ayant précédé l'éclatement de la Révolution française, c'est que la quasi-totalité du néoclergé demeure solidaire de la noblesse. Comme ceux de l'Ancien Régime, nos clercs sont séparés entre haut et bas clergé.

Le haut clergé, ce sont les journalistes mais aussi les scientifiques, les intellectuels (sauf une minorité en rupture de ban et qui est conspuée sous l'appellation de « nouveaux réacs », pour crime de solidarité avec le tiers état), les artistes, les « pipoles » plus, et plus généralement ceux que l'on voit à la télé et qui forment la Haute Église.

En dessous, les milieux culturels ce sont les abbés. Ils forment une sorte de bas clergé socioculturel : universitaires, professeurs, artistes, éducateurs, intermittents du spectacle. Les cadres supérieurs, les professions libérales et autres manipulateurs de symboles sont mieux assis financièrement, mais disposent de moins et d'autorité religieuse. Ceux qui œuvrent pour l'exportation, travaillent pour le CAC 40 et, par exemple, dans le marketing, le luxe, la mode ou la publicité, sont l'équivalent des moines. Ils prient, mais ne se prononcent pas sur les articles de la foi.

Les clercs sont faiblement exposés au risque de déclassement. Ils ignorent le chômage de longue durée et ne risquent pas de tomber dans les trappes à pauvreté. C'est l'une des raisons qui explique que l'écrasante majorité des membres du clergé, tout en reconnaissant quelques défauts à la globalisation, chantent ses louanges. Son rôle est aussi d'implorer la sacro-sainte « tolérance », sœur jumelle de la non moins consacrée « ouverture ». Contrairement à la noblesse, les membres du clergé sont salariés et ne sont pas propriétaires de leurs moyens de production (sinon ils seraient anoblis). Ces prieurs de la société ouverte habitent les centres-ville. Ils ont fait des études supérieures.

Faire bande à part

Les membres du clergé ne forment pas une microcaste, comme les néoaristocrates, mais une partie non négligeable de la population (20 à 30 %). Cette forte minorité se sent de plus en plus étrangère à la détresse de la majorité assignée à résidence dans les petites et moyennes villes, ou les communes rurales en voie de désertification. Paris forme le cœur battant de ce néoclergé, qui cultive un communautarisme cool. Le recensement INSEE, paru le 31 décembre 2018, révélait que la part d'ouvriers et d'employés dans la population active de Paris, qui dépassait 50 % en 1980, n'était plus que de 34,3 % en 2015. Jérôme Fourquet confirme, dans une note pour la Fondation Jean-Jaurès, cette autoségrégation sociale et géographique :

> Dans l'Ouest francilien (en particulier, dans toute une série de communes des Hauts-de-Seine et des Yvelines) et dans l'Ouest parisien, les cadres, les professions intellectuelles et les chefs d'entreprise sont majoritaires. Ce sont des niveaux de concentration qui relèvent du jamais vu, et cela sur des territoires très vastes, ce qui permet de fonctionner en vase clos. Tout un écosystème s'est mis en place pour permettre de répondre à toutes les attentes de cette population. Ce faisant, elle s'est éloignée. Elle n'est plus autant arrimée que par le passé au reste de la population[1].

Il y a toujours eu des lieux de résidence huppés et des quartiers populaires, mais jamais les habitants des premiers n'ont aussi peu côtoyé ceux des seconds. L'école, le service national ou les colonies de vacances ne servent plus de lieux de brassage social. Les travaux de Christophe Guilluy montrent comment cette élite cherche à faire bande à part :

> Derrière le mythe de la société ouverte et égalitaire des métropoles cosmopolites, nous assistons donc au retour des citadelles médiévales, de la ville fermée, et à la consolidation d'un modèle inégalitaire de type anglo-saxon. Cette réalité est occultée grâce à la fabrication d'un discours consensuel et positif sur les bienfaits de la métropolisation (c'est-à-dire l'organisation du territoire autour d'une quinzaine de grandes villes), la société ouverte, le réseau. Les classes dominantes n'hésitent pas, tout en installant un modèle inégalitaire, à chanter les vertus de la « mixité sociale ». Une posture qui permet opportunément de dissimuler le grégarisme social des gagnants de la mondialisation, la radicalité d'un conflit de classes qui ne dit pas son nom, les tensions culturelles inhérentes à l'émergence d'une société mondialisée et multiculturelle[2].

---

1. Jérôme Fourquet, note de la Fondation Jean-Jaurès, « 1985-2017 : quand les classes favorisées ont fait sécession ».

2. Christophe Guilluy, *Le Crépuscule de la France d'en haut*, Flammarion, 2016, p. 15.

Les individus qui constituent cette « France de *Télérama* » – croquée par Emmanuel Todd[1] – ont profité de la massification de l'enseignement supérieur pour s'assurer une position dominante dans la hiérarchie sociale, sans pour autant réussir de brillantes études. Ils dînent dans leurs restaurants, lisent leur presse, se rendent dans leurs lieux de villégiature, regardent leurs séries, etc. Quoi qu'il arrive, ils votent pour le parti de l'ordre, qu'il soit de centre gauche ou de centre droit, et depuis les municipales de 2020 pour les Verts[2], simplement animés par la défense de leurs intérêts, et souhaitent que rien ne change.

Les membres du nouveau clergé regroupent les individus qui bénéficient de la « société ouverte », définie par Karl Popper. Très semblables aux *anywhere* décrits par David Goodhart dans *The Road to Somewhere*[3], ces bénéficiaires de la mondialisation sont plus diplômés que la moyenne nationale.

La population constituant le clergé est peu ancrée dans les valeurs de sa culture d'origine. Son capital social lui permet de passer aisément d'un pays à l'autre. L'identité de ce clergé est portative.

Tout comme celui de l'Ancien Régime, le nouveau clergé possède ses croyances, ses mystiques, ses pratiquants, sa vision du paradis, ses hérétiques… Il a remplacé la morale et la foi dans le Dieu transcendantal par un prêche perpétuel en faveur de l'ouverture, de l'accueil des migrants, de la lutte contre le réchauffement climatique, des comportements écocitoyens, etc. Ceux qui ont l'outrecuidance de ne pas souscrire à leur foi sont considérés comme hérétiques et

1. Emmanuel Todd, *Après la démocratie*, Gallimard, 2010.
2. Guillaume Bigot, « Les écolos, idiots utiles de la mondialisation », Global Geo News, 6 juillet 2020.
3. C Hurst & Co Publishers Ltd, 2017.

pécheurs. On le voit à propos de la question européenne tant le « grand dessin » ressemble aujourd'hui à un messianisme faisant la jonction entre la ferveur chrétienne (l'empire de la Grâce) et l'empire de la Raison (la technocratie, la démocratie représentative...), comme l'a très bien analysé Régis Debray dans *L'Europe fantôme*[1].

La question écologique cristallise également la ferveur religieuse, ainsi que le montre l'effervescence délirante autour de Greta Thunberg. La lutte contre les blasphémateurs accusés de « climatoscepticisme » exige pour le nouveau clergé une prédication toujours plus radicale, jouant sur les peurs d'un effondrement lié à la pollution et à la surpopulation. Cette prédication en vient à justifier la mise en place de politiques qui réhabilitent un malthusianisme hard (défense d'une mortalité humaine massive, à l'image de l'écologiste américain William Aiken) ou soft (laisser mourir certains malades, ne pas soigner les vieillards, promouvoir le fait de ne pas avoir d'enfants) afin de sauver la planète. À l'image du couple princier Meghan Markle et le prince Harry, qui plaident la cause environnementale sur Instagram[2], ou encore de l'actrice britannique Helen Mirren qui a choisi de « ne pas avoir eu d'enfants, parce que les enfants consomment de l'électricité, des piles, du soda, du papier... toutes les ressources de la planète[3] ! ». Les « pipoles » montrent l'exemple. Bien qu'un certain nombre de préoccupations environnementalistes soit parfaitement légitimes – à commencer par l'aggravation des pollutions et l'épuisement des réserves naturelles –, ce discours

1. Gallimard, 2019.
2. http://madame.lefigaro.fr/celebrites/prince-harry-et-meghan-markle-defense-environnement-sur-instagram-220419-164824
3. https://www.purepeople.com/article/helen-mirren-son-geste-ecolo-ne-pas-avoir-d-enfants_a79275/1

apocalyptique provoque des effets délétères. La croisade verte engendre une jeunesse paniquée et dépressive (l'heuristique de la peur défendue par Hans Jonas n'est pas loin !) et pousse certains extrémistes à passer à l'acte. Le terroriste de Christchurch, Brenton Tarrant, et le tueur d'El Paso, Patrick Crusius, se revendiquaient de l'éco-fascisme, justifiant leurs crimes par les dangers de la surpopulation et la destruction de l'environnement[1]. Les médias se sont bien gardés de le mentionner.

La confusion entre religion et politique pratiquée par le nouveau clergé se vérifie sur le terrain de l'immigration. Celui-ci voit l'arrivée massive de migrants comme une occasion de régénérer une Europe fatiguée. Pour paraphraser Chesterton, les anciennes vertus chrétiennes sont devenues folles et l'immigration de masse, en plus d'être une chance pour le Capital, permettrait au Vieux Continent de se racheter une conscience. Et tant pis si le patriotisme doit devenir honteux, si l'idée de transmission est criminalisée et si les fractures nationales prospèrent.

Quatre jours après le vote des électeurs britanniques en faveur de la sortie de l'UE, Anne Hidalgo, la maire de Paris, et Sadiq Khan, son homologue de Londres, cosignaient une tribune dans *Le Parisien* et le *Financial Times* pour exprimer « [leurs] agendas partagés », en dépit des résultats du référendum britannique du 23 juin. Les deux édiles annonçaient vouloir « travailler ensemble plus étroitement que jamais ». Car, écrivaient-ils : « Il y a tant qui unit nos deux grandes villes. Une histoire partagée, une culture partagée, des défis partagés, et l'expérience partagée de compter parmi les quelques villes vraiment globales. » Ces deux élus estiment que le temps est venu aux « villes-mondes » d'innover pour

1. https://quillette.com/2019/08/15/the-bigotry-of-environmental pessimism/

« soutenir la croissance économique et les entreprises, lutter contre la pollution, accompagner la transition énergétique [et] faire face au défi d'une croissance démographique rapide. »

Le décalogue

Ce programme commun pour les deux mégalopoles contenait en creux un véritable décalogue global :

– La mondialisation, tu protégeras.

– La planète, tu sauveras.

– Le migrant, tu accueilleras (et aimeras plus que toi-même).

– Le lointain, tu préféreras (à ton prochain).

– La transition énergétique, tu favoriseras.

– La tolérance, tu cultiveras.

– L'ouverture, tu chériras.

– La construction européenne, tu approfondiras.

– Les minorités, tu célébreras.

– La souveraineté, tu maudiras.

Le premier article de la foi des néoclercs consiste à croire au caractère omnipotent, indépassable et invincible de la mondialisation. Nos clercs sont acquis au libéralisme dans sa dimension unitaire, c'est-à-dire comme compromis entre le libéralisme de marché et le libéralisme culturel des années 1960. Cette convergence analysée par Jean-Claude Michéa et Michel Clouscard, permet de réconcilier intérêts et valeurs. Selon eux, l'immigration de masse, la globalisation financière et le déclin des valeurs traditionnelles vont s'accélérer et il est vain d'espérer proposer une alternative. Peu importe si les sociétés humaines sont en réalité peu mobiles (seuls 3 % de la population mondiale ne vivent pas dans leur pays de naissance et cette statistique n'a guère évolué au cours des dernières années). *Vae victis!* Dans une conférence de 2005, Tony Blair résumait cette croyance impavide dans l'inéluctabilité de la mondialisation capitaliste :

> J'entends dire que nous devons tout arrêter et débattre des effets de la mondialisation. Nous pourrions aussi bien discuter de savoir si l'automne devrait suivre l'été. Ce monde changeant est indifférent à la tradition. Impitoyable à la faiblesse. Sans respect des réputations passées. Il n'a aucune coutume et pratique. Il se joue des opportunités, mais celles-ci vont seulement à ceux qui sont assez agiles pour s'adapter, peu enclins à se plaindre, ouverts, disposés et capables de changer. À moins de « décrypter le futur dans une boule de cristal », à moins que nos valeurs correspondent à un arrangement complètement honnête avec la réalité qui déferle sur nous, au prochain coup porté, nous échouerons. Et puis les valeurs auxquelles nous croyons profondément tournent à vide, nous entraînant dans la désillusion et la déception. Dans l'ère de la mondialisation rapide, il n'y a aucun mystère : la seule chose qui marche est une économie ouverte et libérale, prête constamment au changement afin de rester concurrentielle. Le nouveau monde récompense ceux qui sont ouverts à lui. L'investissement étranger améliore notre économie. Comme l'immigration[1].

Réunissant un petit quart de la population française, le clergé correspond peu ou prou à l'électorat macroniste, mais également à celui du Parti socialiste, à la tendance centre droit des Républicains et, enfin, aux écologistes. Pour eux, ceux qui votent en faveur des partis populistes sont prisonniers d'une vision dangereuse et archaïque de la société. Avec, souvent, l'excuse de ne pas comprendre la gravité de leur comportement et d'être aveuglés par leur colère. « Père, pardonne-leur car ils ne savent pas ce qu'ils font » : voilà

1. http://www.gauchetotalitaire.net/article-1034895.html

comment le clergé perçoit le vote et les valeurs de la France périphérique.

L'idéologie des néoclercs repose sur un système de croyances. Les sciences exactes sont convoquées pour étayer la thèse du réchauffement climatique, tandis que les sciences sociales valident les autres dogmes. La déesse Mère Nature, le dieu Marché, ses anges (technologies et marché), ainsi que sa sainte Église (l'Union européenne), ce panthéon forme une religion révélée.

La globalisation est assimilée à une puissance tutélaire. Ni bonne ni mauvaise, elle ne peut être stoppée. Elle doit être acceptée avec sa circulation de mœurs, de modes, ses flux financiers, ses conteneurs, et ses migrants. Certains de ses effets secondaires sont considérés comme déplorables, d'autres comme bénéfiques. Déplorable est le réchauffement climatique. Regrettable est le creusement des inégalités. En revanche, les grandes transhumances humaines, qui doivent découler de la combinaison du réchauffement, du vieillissement de certaines populations et de la mondialisation, sont regardées comme providentielles.

Les nuées de la mondialisation apportent donc le pire comme le meilleur. Le meilleur, ce sont les migrants qui payeront les retraites et nous offrent de racheter nos péchés coloniaux. Le migrant offre la nouvelle figure christique, celle de l'éternelle victime, du descendant de Spartakus. C'est le damné de la mondialisation, choisi pour régénérer le monde. C'est la figure du bon pauvre. Le bobo est un samaritain, prêt à donner son manteau… à sa femme de ménage sans-papiers ! Le néoclerc sait réaliser de bonnes affaires grâce à son grand cœur : la nounou de ses enfants, le serveur qui fait la plonge dans le restaurant de son quartier ou son revendeur de cannabis sont aussi des travailleurs non déclarés, donc bon marché.

On aurait tort de se contenter d'ironiser. Le migrant offre un prolétaire de substitution, il a pris la place laissée vacante par le prolétaire national, ce dernier étant passé de mode avec le marxisme et s'étant moralement disqualifié par son attachement atavique à la patrie. Le sans-dents se double d'un sans-cœur.

L'expression populaire « Loin des yeux, loin du cœur » éclaire les ressorts affectifs de la nouvelle religion. Les bobos des centres-ville croisent de moins en moins d'indigènes, relégués dans la France périphérique. Tandis qu'en application de la loi du « kilomètre émotion » (on est d'autant plus ému par une souffrance que l'on a sous les yeux), ils éprouvent plus d'empathie pour le sans-papiers du Zambèze qu'ils croisent en bas de chez eux que pour l'électeur RN, qu'ils ne voient plus.

À côté des bénédictions, la globalisation produit aussi son lot de calamités. Elle n'offre pas que des occasions de faire le bien, elle force le clergé à combattre le mal. Un mal invisible et sournois qui résulte de nos péchés de gourmandise, d'envie, d'orgueil et d'avarice. Polluée et menacée par notre faute, la nature se venge avec la brutalité aveugle du dieu de l'Ancien Testament. Le dérèglement climatique, selon la sainte doctrine du néoclergé, c'est notre juste rétribution. Nous avons trop péché. *Mea culpa, mea maxima culpa*, il faut expier ou périr. Si nous ne devenons pas frugaux (selon certains zélotes, il faudrait cesser immédiatement de manger de la viande et ne plus jamais prendre l'avion), les sept plaies d'Égypte s'abatteront sur nous avec la disparition des espèces (sorte d'arche de Noé à l'envers), la montée des eaux, l'élévation des températures, la multiplication des cyclones et des tornades, l'embrasement spontané des forêts, les tsunamis (le Déluge), la pollution des nappes phréatiques, l'explosion des cancers : Gaïa riposte.

Ce nouveau millénarisme promet l'Apocalypse pour la fin de la semaine (les signes sont là : la canicule, les feux de forêt ou l'épidémie de coronavirus). J'enverrai des signes mais les incrédules s'obstineront à ne pas les voir. Cette peur de la fin du monde a son prophète. Mélange de Savonarole et de Shirley Temple, Greta est la Jeanne d'Arc du CO_2 (elle n'entend pas des voix, mais voit les particules polluantes dans l'atmosphère). Cette religion a ses antéchrists : Trump, le grand Satan, et Bolsonaro, le petit Satan.

Pour ces croyants, la pandémie a offert une double confirmation. Le virus a été interprété comme un châtiment divin permettant à la planète de souffler, et les clercs de s'esbaubir face à la nature reprenant ses droits. Le Covid-19 a également confirmé que les sans-papiers, nombreux dans les rangs des premiers de corvée, volaient à notre secours.

Migrations, réchauffement : l'urgence est telle que l'on ne peut plus perdre du temps à convaincre les hérétiques qui refusent d'admettre que ces enjeux mondiaux appellent des réponses mondiales. La fin du monde approche, nous n'avons plus le temps de faire démocratie. D'ailleurs, les nostalgiques de l'État-nation ne font pas partie du problème, ils sont le problème. C'est ce que révèle leur mode de vie apocalyptique (ils fument, roulent au diesel, mangent de la viande rouge, n'aiment pas les étrangers et votent mal).

Les néoclercs ne répandent la bonne parole que pour eux-mêmes. Seuls ceux qui ont la grâce seront sauvés. Amen.

Pour finir de se convaincre que nous sommes face à un phénomène néoreligieux, écoutons Greta Thunberg, cette adolescente atteinte de troubles autistiques reçue comme un chef d'État, débiter d'une voix monocorde des extraits de rapports du GIEC avant de conclure : « *I want you to panic.* »

Examinons les propos du représentant du secrétaire général de l'ONU pour les questions d'immigration, Peter

Sutherland. Ce haut fonctionnaire international entend demander aux gouvernements :

> De reconnaître que la souveraineté est une illusion absolue qui doit être abandonnée. Le temps où les pays se cachaient derrière des frontières et des clôtures est révolu. Nous devons travailler ensemble et coopérer ensemble pour faire advenir un monde meilleur. Et cela implique que nous mettions en cause certains vieux préjugés, que nous mettions en cause des souvenirs historiques et des images de notre propre pays, et que nous reconnaissions que nous faisons partie de l'humanité.

En mai 2016, en pleine crise migratoire, le descendant de Pierre appelait à « regarder l'étranger, le migrant, celui qui appartient à une autre culture comme un sujet à écouter, considérer et apprécier », notamment car « l'identité européenne est, et a toujours été, une identité dynamique et multiculturelle »[1].

Le souverain pontife a soutenu le Pacte de Marrakech, estimant que celui-ci était un « pas en avant ». On peut noter l'admiration de Sa Sainteté pour les pères fondateurs de l'Europe, notamment pour Monnet et Schuman, « hérauts de la paix et prophètes de l'avenir » et dont les projets « ne sont pas dépassés [et qui] inspirent, aujourd'hui plus que jamais, à construire des ponts et à abattre des murs ». Le chef de l'Église catholique n'hésite pas à fustiger :

> Le souverainisme est une attitude d'isolement. Je suis préoccupé parce qu'on entend des discours qui ressemblent à ceux de Hitler en 1934. Nous d'abord. Nous... nous : ce sont des pensées qui font peur. [...] Le souverainisme est une exagération qui finit toujours mal : elle mène à la guerre[2].

---

1. https://www.lepoint.fr/europe/migrants-le-pape-critique-une-europe-qui-est-en-train-de-se-retrancher-06-05-2016-2037424_2626.php
2. www.osservatoreromano.va/vaticanresources/pdf/FRA_2019_034_2008.pdf

Dressant le portrait-robot du pape postmoderne idéal, Philippe Muray avait anticipé la figure du prélat brésilien :

> Il nous faut un pape en phase. Un pape à la botte, au pied, aux ordres, aux mots d'ordre, un pape qui file doux et qui respecte les nouveaux règlements. Les nôtres. Un pape qui lâche ses bondieuseries pour notre eau bénite et ses patenôtres transcendantes pour nos homélies multiculturelles[1].

Ce pape conciliant et pas conciliaire, ce pape d'époque, auteur de souverains poncifs est arrivé !

Le rôle de l'Église

Tout comme le haut clergé avant la Révolution, le nouveau clergé n'hésite pas à se comporter en agent du roi et de la noblesse. Concentrons-nous sur le système médiatique qui produit et diffuse le discours dominant censé légitimer le système. Dans une chronique d'août 1840 publiée dans *La Revue parisienne*, Balzac pointait le rôle considérable que la presse s'était arrogé :

> La presse est en France un quatrième pouvoir dans l'État : elle attaque tout et personne ne l'attaque. Elle blâme à tort et à travers. Elle prétend que les hommes politiques et littéraires lui appartiennent et ne veut pas qu'il y ait réciprocité.

Cette expression de « quatrième pouvoir » a fait florès et renvoie désormais au rôle que les médias devraient jouer face à l'État. Entretenant des relations incestueuses avec le pouvoir, le système médiatique s'éloigne de sa fonction

1. https://www.annebrassie.fr/la-clairvoyance-de-murray-sur-les-mensonges-mediatiques/

supposée. Ces prédicateurs à carte de presse décident ce qu'il est respectable ou non d'exprimer dans l'espace public.

Conformément à ce que Noam Chomsky a appelé « la fabrique de l'opinion », les journalistes jouent un rôle crucial dans le maintien de la tripartition sociale et la défense des intérêts et des croyances justifiant sa perpétuation. L'orthodoxie proposée par les médias est généralement en phase avec le socle idéologique sur lequel repose le capitalisme financier. Elle correspond à ce que Jean-François Kahn avait nommé, dès 1995, la « pensée unique ». Celle-ci reposait déjà sur les présupposés du néolibéralisme : se délester des structures de protection sociale mises en place à la Libération, réduire la dépense publique, mettre à contribution le travail et non le capital, ouvrir toujours davantage notre économie au monde, transférer notre souveraineté à des échelons supérieurs. Pour le nouveau clergé, imputer la montée des insécurités économiques, financières, physiques et culturelles à l'ouverture internationale serait commettre un sacrilège. Du bout des lèvres, les néoclercs concèdent que le démantèlement de toutes les barrières aux échanges de marchandises et de capitaux est bien à l'origine de quelques regrettables dysfonctionnements, mais, selon eux, la mondialisation reste belle et bonne, le libre-échange une bénédiction. Ce nouveau clergé déteste la nation, comme l'explique Emmanuel Todd dans *L'Illusion économique* :

> La nation, qui enferme les riches et les pauvres dans un réseau de solidarités, est pour les privilégiés une gêne de tous les instants. Elle est la condition d'existence d'institutions comme la Sécurité sociale qui est, en pratique, un système de redistribution nationale, incompréhensible sans l'hypothèse d'une communauté d'individus solidaires et égaux[1].

1. Emmanuel Todd, *L'Illusion économique*, Gallimard, 1997, p. 153-154.

Cet « antinationisme », cohérent avec le rejet d'une notion d'égalité concrète, est justifié par une rhétorique mettant en avant l'ouverture. Les serviteurs de la mondialisation diluent les solidarités nationales concrètes dans une solidarité universelle et abstraite, qui n'engage à rien, sinon à battre sa coulpe contre le réchauffement climatique et à tendre la main aux migrants. S'accrocher au cadre de l'État démocratique, c'est fauter. Le souverainisme n'est pas un péché véniel d'égoïsme, mais mortel car, au bout de la solidarité nationale, il y aurait rejet de l'autre, la haine entre les peuples et la guerre. Les néoprêtres parviennent ainsi à renverser l'altruisme concret et pragmatique des Évangiles, celui qui fait dire à Jésus : « Celui qui n'aime pas son frère, qu'il voit, comment peut-il aimer Dieu, qu'il ne voit pas ? »

En dépit de décennies de politiques antisociales, de promesses électorales non tenues et de délitement de la nation, le système médiatique continue de dresser les peuples contre leurs intérêts objectifs, en décrédibilisant tout mouvement alternatif (même si cela ne suffit pas toujours, comme en témoignent les réélections d'Orbán, le Brexit ou l'arrivée de Trump à la Maison Blanche). Cela s'est vérifié, au printemps 2005, pendant la campagne précédant le référendum sur le traité de Constitution européenne. À cette occasion, l'écrasante majorité des journalistes avait fait campagne en faveur du « oui », alimentant l'idée que les médias étaient devenus, pour reprendre l'expression de Paul Nizan, les « chiens de garde » de l'oligarchie.

Ces prêches anti-populistes prétendent défendre la démocratie contre le populisme, ils ignorent que la démocratie exige un minimum de pluralisme. Or, le débat public se retrouve étouffé par un extrême centre qui œuvre, sciemment ou non, au rétrécissement idéologique, en offrant au pouvoir un appui de moins en moins déguisé.

La campagne présidentielle d'Emmanuel Macron : le triomphe du journalisme bigot

Le Messie ou le divin enfant

La bondieuserie manifestée par le clergé médiatique en faveur d'Emmanuel Macron lors de la campagne de 2017 a montré, de manière spectaculaire, comment ce dernier célèbre la messe pour préserver l'ordre établi. Inconnu lorsqu'il est nommé ministre en 2014, Emmanuel Macron a été surexposé, souvent de façon dithyrambique, afin de le transformer en candidat parfait. Comme le relève le site Le Vent Se Lève :

> Macron a été, et de très loin, la personnalité politique la plus médiatisée durant les deux dernières années. Les quotidiens *Libération*, *L'Obs*, *Le Monde* et *L'Express* totalisent plus de 8 000 articles évoquant Emmanuel Macron de janvier 2015 à janvier 2017 ; à titre de comparaison, la totalité des articles évoquant Jean-Luc Mélenchon, Arnaud Montebourg et Benoît Hamon dans les mêmes quotidiens et sur la même période de temps ne s'élève qu'à 7 400[1].

En dépit de son parcours classique (défenseur convaincu du « social-libéralisme » et de l'européisme, diplômé de Sciences Po et de l'ENA, puis nommé dans un ministère après un passage dans le privé), les officiants titulaires d'une carte de presse l'ont présenté comme un candidat hors système, incarnation providentielle du renouveau politique. Au lendemain de l'annonce de sa candidature, l'un des plus célèbres prélats du royaume, Laurent Joffrin, délivrait un

1. https://lvsl.fr/medias-ont-fabrique-candidat-macron/

sermon dans *Libération* : « Emmanuel Macron respire l'optimisme et la volonté, il fait souffler un zéphyr de nouveauté sur la vie politique. » Amen.

Chacune des marches gravies par Emmanuel Macron offrira un nouveau prétexte à l'émerveillement. Son passage à la banque Rothschild & Cie, et la transaction de 9 milliards d'euros à laquelle il doit sa réussite, lui valent d'être surnommé le « Mozart de la finance ». Son DEA de philosophie et sa brève expérience d'assistant de Paul Ricœur suffisent à le consacrer préfiguration du philosophe-roi platonicien.

Dans *Macron, un président philosophe*, Brice Couturier décrit l'étudiant Macron comme le complice et presque l'égal de Paul Ricœur :

> Une photographie témoigne de leur proximité et du plaisir qu'ils éprouvaient à se trouver ensemble. Les deux hommes sont épaule contre épaule. Comme si la vieillesse soutenait la jeunesse de l'immensité de son savoir et la jeunesse la vieillesse de sa fougue et de sa vitalité[1].

Brice Couturier échaffaude un mythe romantique autour de notre banquier de province. Évoquant les écrits de jeunesse d'Emmanuel Macron, notamment son roman épique *Babylone, Babylone* (que personne n'a jamais lu si ce n'est Brigitte, ce qui est pratique pour se construire une réputation de génie littéraire méconnu !), le journaliste compare le président à Cortès :

> Lui aussi a brûlé ses vaisseaux, en quittant le gouvernement. Lui non plus « ne paie pas son tribut au système », comme il dit et cultive une image de rebelle qui lui a permis de bénéficier du courant politique actuel de rejet des élites. « Je suis un

1. Brice Couturier, *Macron, un président philosophe*, *op. cit.*

> métèque de la vie politique » (28 avril 2017). Et certains n'hésitent pas à s'amuser de ce que son prénom, Emmanuel, signifie étymologiquement « Dieu avec nous ». [...] On rappellera aussi les analyses de l'esprit du capitalisme produites au début du XXe siècle : tant Werner Sombart que Max Scheler ont insisté sur la continuité anthropologique qui relie historiquement le personnage du condottiere, du conquistador, de l'explorateur ou du corsaire au capitaine d'industrie et à l'entrepreneur modernes. Tous les deux ont opposé l'« esprit bourgeois », obsédé par la conservation de ses possessions au point d'appauvrir la vie, à l'« esprit capitaliste », entretenu par une forme de narcissisme qui nourrit un appétit de puissance débridé et se traduit par une forte intensité vitale[1].

À cette réputation de romancier contrarié, de philosophe avorté et de conquérant en TGV, s'ajoute celle de pianiste gâché, notamment en raison de son 3e prix obtenu à un concours organisé par l'école de musique d'Amiens.

Enfin, le mariage d'Emmanuel Macron avec son ancienne professeure de français, en dépit ou en raison de leur différence d'âge, lui vaut une image d'homme galant et fidèle. Les gazettes voient dans son histoire avec Brigitte une réminiscence de l'amour courtois. Le couple Macron met en scène son idylle dans les magazines « pipoles ». Des nouvelles aussi insignifiantes que ce choix d'Emmanuel de porter une barbe de trois jours deviennent prétextes à des articles louangeurs, à l'image de ce commentaire dans *Les Échos* : « La transgression n'est pas dans les mots. Elle est dans la photo[2]. »

Le triomphe du premier marcheur à l'élection présidentielle de 2017 a été décrit comme imprévisible. « Le triomphe » : l'expression médiatique consacrée mérite d'être relativisée. Emmanuel Macron n'a recueilli que 18 % des inscrits sur son

1. Brice Couturier, *Macron un président philosophe*, *op. cit.*

nom et 24 % des votants. Au premier tour, aucun de ses concurrents ne présentait une menace, soit parce que leur programme était trop clivant (Hamon, Mélenchon, Le Pen), soit car leur image était écornée (Fillon). Pourtant, les candidats de la France insoumise, du Front national et des Républicains se situeront tous à moins de quatre points du marcheur. Emmanuel Macron n'a pas survolé le premier tour. Au second tour, alors que Marine Le Pen, lestée par son patronyme, désavantagée par son style peu avenant, plombée par un programme bâclé, va littéralement se saborder lors du débat, l'abstention dépassera 25 % et le *wonderboy* de la Ve République plafonnera à 44 % des inscrits. Le second tour a pris des allures de référendum anti-Le Pen, qui n'a donné lieu à aucun raz-de-marée.

Au regard de l'océan d'images pieuses montrées au bon peuple, des 17000 articles le mentionnant dans la grande presse pendant la campagne et des reportages flatteurs diffusés à la télévision, sans oublier les homélies des grands prêtres médiatiques, son élection n'avait rien d'imprévisible. Tout a été fait pour qu'un représentant de Maastricht et de la finance globalisée soit hissé sur le pavois. Après des mois, voire des années de cathéchèse écrite, radiophonique, télévisuelle et en ligne, l'élu des clercs a finalement été élu. Oh surprise !

Lutter contre les hérétiques

Perpétuer le système en maintenant un détracteur de la nation à l'Élysée était bel et bon, du point de vue du clergé. Mais il était nécessaire de continuer à le soutenir après son élection. Les médias jouent un rôle décisif dans ces épisodes de contestation du pouvoir. Et ceux-là n'ont pas manqué.

À l'occasion de la mobilisation des Gilets jaunes, la machine médiatique s'est mobilisée pour étouffer le mécontentement, se posant en garant de l'ordre.

Lorsque ces manifestations débutent, en novembre 2018, beaucoup de commentateurs y voient l'expression d'un coup de sang passager contre la hausse des tarifs de l'essence et du contrôle technique. Deux semaines plus tard, le mouvement étant soutenu par 80 % des Français, le pouvoir tente de le faire passer pour une révolte antifiscale. Le 14 novembre, Emmanuel Macron évoque un « poujadisme contemporain ». Ce terme est repris en boucle, peu importe si le mouvement des Gilets jaunes est plus interclassiste que le poujadisme et a, dès le départ, des revendications dépassant la fiscalité. Quelques jours avant l'intervention du chef de l'État, Jean Quatremer produit cette subtile analyse sur Twitter :

> Je confirme qu'il s'agit d'un mouvement de beaufs – j'ajoute poujadiste et largement d'extrême droite –, au vu de la violence des réactions et du niveau de la « pensée » des Gilets jaunes (après les bonnets rouges : c'est curieux ce goût pour les attributs ridicules)[1].

Dans la même veine, le 22 novembre, le député de LREM Florian Bachelier alerte : « Sous beaucoup de Gilets jaunes, les chemises brunes [étaient] de plus en plus visibles[2]. »

La palme de l'esprit de finesse revient sans conteste à Bernard-Henri Lévy, archevêque du culte et grand noble d'argent, qui n'hésite pas à renvoyer aux « heures sombres » :

---

1. https://francais.rt.com/france/55350-gilets-jaunes-mouvement-beauf-largement-extreme-droite-correspondant-liberation-jean-quatremer

2. http://premium.lefigaro.fr/politique/le-scan/2018/11/22/25001-20181122ARTFIG00283-florian-bachelier-larem-des-chemises-brunes-se-cachent-sous-beaucoup-de-gilets-jaunes.php

Ce slogan « à l'Élysée ! » que nous avons entendu toute la fin de l'après-midi de samedi et qu'ont relayé en boucle les chaînes d'information, c'est, en 1879, celui des séditieux qui poussaient le général Boulanger à renverser la République. C'est celui, dix ans plus tard, des « patriotes », ou des « insurgés », qui encourageaient Paul Déroulède, autre peu recommandable personnage, à franchir le Rubicon, à abroger, lui aussi, la République – et eux furent sur le point d'y parvenir. Mais le vrai précédent, c'est le 6 février 1934 et ce cortège de Liguards, dont tout le monde sait qu'ils ont tenté d'investir l'Assemblée nationale, mais dont on a bizarrement oublié que, n'y parvenant pas, et rebroussant chemin, ils se sont dirigés vers l'Élysée et se sont proposés de l'investir avec des slogans qui n'étaient pas très différents de ceux des Gilets jaunes d'aujourd'hui[1].

Face au caractère hétéroclite des revendications et constatant que l'épithète « poujadiste » ne suffit pas à le disqualifier, les médias invoquent l'urgence climatique. Cette décision de porter le débat sur le terrain de l'écologie correspond à la stratégie du gouvernement consistant à faire passer la taxe sur les carburants pour un instrument de financement de la transition écologique. Selon leur argumentaire, il existerait une insurmontable contradiction entre conscience écologique et soutien aux Gilets jaunes. Le 23 novembre, Gérard Leclerc ose un parallèle douteux : « De même que dans les années 1930, les Français n'ont pas compris – en tout cas pas suffisamment – l'arrivée d'un danger évident, le nazisme. »

Et lorsqu'il devient difficile de faire passer ces manifestants pour une horde climatosceptique, les médias tentent de réduire le mouvement à ses composantes d'extrême droite.

1. https://laregledujeu.org/2018/11/21/34579/qui-sont-vraiment-les-gilets-jaunes-par-bhl/

Alors que l'un des mantras des néoclercs consiste à lutter contre « l'amalgame », c'est à cette tentation que les servants s'abandonnent pour discréditer les Jaunes. Le premier amalgame est tenté avec les casseurs et autres blacks blocs qui, pour exister, n'en sont pas moins ultraminoritaires et rejetés par le gros des manifestants. Cette première métonymie ne fonctionnant pas, courant février, les médias vont superposer aux images de la mobilisation un portrait de Simone Veil couvert de croix gammées, ainsi qu'une inscription « *Juden* » maculant la vitrine d'un restaurant Bagelstein. En quarante-huit heures, une nouvelle forme d'antisémitisme *sui generis* apparaît : l'antisémitisme Gilets jaunes. Cette propagande est d'autant plus grossière qu'aucun journaliste ne dispose d'informations concernant les auteurs des actes antisémites, à l'exception peut-être du cas de l'agresseur d'Alain Finkielkraut en marge de la manifestation de l'acte XIV à Paris. Après des jours d'acharnement médiatique contre les Jaunes, il n'est plus possible de nier que, loin d'être un manifestant des ronds-points, l'individu ayant invectivé le philosophe s'avère un islamiste fiché par les services de renseignements[1]. Impeccable de justesse, Alain Finkielkraut s'indigne de ce que l'attaque qu'il a subie serve de prétexte à jeter l'opprobre sur les Gilets jaunes. Aucun éditorialiste n'a cependant pris la peine de faire son *mea culpa*.

En outre, de nombreux intervenants voient dans cette opposition le concours d'une puissance étrangère – en l'occurrence la Russie –, dans la lignée des analyses produites sur le Brexit, ou de l'élection de Trump. Cette explication complotiste visant à nier toute autonomie aux manifestants

1. http://www.leparisien.fr/faits-divers/injures-contre-alain-finkielkraut-le-suspect-a-evolue-dans-la-mouvance-islamiste-radicale-17-02-2019-8014143.php

et à délégitimer leurs revendications est avancée par Emmanuel Macron en personne :

> Or, dans l'affaire Benalla comme [avec les] Gilets jaunes, la fachosphère, la gauchosphère, la russosphère représentent 90 % des mouvements sur Internet. De plus en plus, des chaînes d'information disent « ceci est important, ceci est légitime » parce qu'il y a du mouvement sur Internet. Ce mouvement est fabriqué par des groupes qui manipulent, et deux jours après, ça devient un sujet dans la presse quotidienne nationale et dans les hebdos[1].

À ces critiques on doit ajouter un leitmotiv répété sur les plateaux : « Le mouvement s'essouffle. » Pour un mouvement réputé manquer de souffle, avoir tenu 37 semaines relève de l'exploit ou révèle une erreur de jugement monumentale des commentateurs.

Le point commun de la couverture de ces manifestations réside dans la volonté d'occulter leur dimension sociale et démocratique. Les Jaunes constituent une réponse à quarante ans de paupérisation, un appel à la reconquête démocratique. Mais au lieu de percevoir le cri de détresse d'un peuple non délocalisable, qui entend demeurer lui-même, le clergé excommunie cette frange de la population.

Emmanuel Macron, ne voulant rien céder, entend conserver l'initiative. Cette démarche est facilitée par le clergé comme en témoignent les réactions à ses annonces. Lors de son discours du 10 décembre 2018, au lieu de décortiquer les solutions ambiguës que le chef d'État propose, les clercs y décèlent la marque d'un président compréhensif, ainsi que celle d'« un virage social[2] ». Cette interprétation sert à appeler

1. https://planetes360.fr/macron-appelle-les-medias-a-se-ressaisir-et-decortique-linfluence-des-russes-sur-la-frange-radicale-des-gilets-jaunes/
2. https://www.challenges.fr/monde/le-virage-social-d-emmanuel-macron-inquiete-bruxelles_631951

à la fin du mouvement et à culpabiliser les Français qui entendent continuer la lutte, dans l'espoir de voir le pouvoir rompre avec sa stratégie euro-libérale. C'est le sens des propos tenus par Éric Brunet :

> Macron a vraiment répondu aux Gilets jaunes, il n'y a plus aucune raison de bloquer les ronds-points ou d'appeler à de nouvelles manifestations [...]. Samedi, à mon avis, on ne bloque pas les ronds-points, samedi à mon avis, on n'appelle pas à l'acte V, on ne va pas manifester, bloquer dans les grandes villes et les grandes métropoles, et la capitale [...], il faut enlever les gilets jaunes et les remettre dans la boîte à gants[1].

Les références aux dérives des black blocs ou des pillards nourrissent également cette rhétorique culpabilisante. En témoigne cette interrogation de Jean-Michel Aphatie :

> Est-il légitime, responsable, démocratique, euh... un peu sensé, un peu de plomb dans la cervelle, de continuer à appeler aux manifestations samedi ? Parce que samedi on sait tous, personne ne peut se cacher derrière son petit doigt, qu'il y aura de la casse, du vandalisme et de la violence[2].

Le traitement médiatique de la crise a mis au jour la solidarité statutaire existant entre les journalistes à succès et les représentants du pouvoir qui communient dans un mépris de classe à peine voilé. La prolophobie transpire dans les propos de Christophe Barbier tenus dans l'émission « C dans l'air » :

> Moi je pense qu'il y aurait quelque chose de très populaire à faire, c'est de supprimer la redevance télé, et ça beaucoup de

1. https://rmc.bfmtv.com/emission/cette-fois-macron-a-enfin-repondu-aux-gilets-jaunes-il-n-y-a-plus-aucune-raison-de-bloquer-les-ronds-points-ou-d-appeler-a-de-nouvelles-manifestations-647998.html
2. Éditorial de la matinale d'Europe 1, 11 décembre 2018.

Gilets jaunes sont des gens qui regardent la télé, parce qu'ils n'ont pas beaucoup d'autres distractions dans la vie[1].

Ce mépris est peut-être moins grave que le paternalisme d'éditocrates comme Franz-Olivier Giesbert, qui ne voient dans le mouvement que la conséquence d'une mauvaise communication du gouvernement. Comme si les Français comprenaient mal l'action d'un pouvoir trop sophistiqué :

> Ce mouvement est gentil, ce sont des gens qui veulent juste qu'on leur parle, qu'on leur explique. [...] Les gens du gouvernement s'y prennent très mal [...]. Sur le plan de la communication, c'est très mal foutu[2].

Enfin le système médiatique n'a eu de cesse de présenter Emmanuel Macron comme le protecteur de la concorde. Brice Couturier vante :

> Son sens de la responsabilité, sa maturité politique nous ont épargné, en 2017, une victoire du Front national ou de La France insoumise. Ainsi notre pays aura-t-il évité le risque de la guerre civile. Car la conquête du pouvoir par l'un des deux populismes extrémistes rivaux n'aurait pas manqué de déclencher la fureur de tout le camp d'en face et sa résistance à un pouvoir considéré comme illégitime[3].

Dans ce livre où la neutralité le dispute à l'objectivité, Brice Couturier fustige les rares journalistes à avoir défendu les Gilets jaunes (visiblement cryptomarxistes à ses yeux) :

> Cette minorité de donneurs de leçons privilégie systématiquement les points de vue défavorables aux réformes par hostilité

---

1. https://www.agoravox.tv/actualites/medias/article/christophe-barbier-sait-comment-79527
2. https://www.telerama.fr/television/a-la-tele,-les-gilets-jaunes-sont-gentils-tout-plein,n5898866.php
3. Brice Couturier, *Macron, un président philosophe*, *op. cit.*

viscérale envers un libéralisme qu'elle ne comprend pas. On dirait que, incapables de comprendre le sens général d'une action et de la décrypter avec honnêteté, compétence et esprit critique, ses membres se contentent d'être à l'affût des prétendus « dérapages » présidentiels afin de conclure à je ne sais quelle « rupture » désirée entre le gouvernement du pays et la société.

Pendant la crise pandémique, les médias sont restés au service du roi et de la noblesse. Une dépêche de l'AFP, par exemple, a affirmé que les masques ne servaient pas à endiguer l'épidémie :

> Si cette protection est essentielle pour les personnes malades et peut être recommandée dans les régions fortement touchées par l'épidémie, le masque chirurgical n'est ni utile ni efficace pour le reste de la population, préviennent les autorités sanitaires.

Ce discours arrangeait la classe dirigeante compte tenu de la pénurie de masques. Celle-ci en a profité pour mentir aux Français, comme l'a relevé le journal *L'Humanité* :

> Gouverner, c'est prévoir. Et, sur ce sujet, le gouvernement ne peut plus se voiler la face. Depuis deux mois, il a délibérément menti pour étouffer le scandale de la pénurie. « Il n'y a pas besoin d'un masque quand on respecte la distance de protection vis-à-vis des autres », expliquait, mi-mars, la porte-parole du gouvernement, Sibeth Ndiaye, argumentant laborieusement : « Je ne sais pas utiliser un masque [...] ce sont des gestes techniques. » Des « éléments de langage » fantasques déclinés sur tous les tons. « Il faut sortir de ce fantasme autour des masques, explique également la ministre Agnès Pannier-Runacher, le 19 mars. Respecter une distance de plus d'un mètre, c'est beaucoup plus efficace qu'un masque. Et, surtout, on a des cas de contamination de gens qui portent des masques et le tripotent toute la journée. » Un raisonnement repris par le Premier ministre lui-même devant la mission d'information parlementaire, mercredi dernier. « Il n'y a pas de preuve que le

port du masque dans la population apporterait un bénéfice. Ce serait même plutôt le contraire, à cause d'une mauvaise utilisation », a osé Édouard Philippe devant les parlementaires[1].

Le pouvoir a refusé de tirer la leçon d'un rapport publié en mai 2019 par Santé publique France qui affirmait : « En cas de pandémie, le besoin en masques est d'une boîte de 50 masques par foyer, à raison de 20 millions de boîtes en cas d'atteinte de 30 % de la population. »

Emmanuel Macron a refusé d'assumer ce manque de transparence, préférant, fin mars, dénoncer « les irresponsables » qui en sont « déjà à faire des procès, alors que nous n'avons pas gagné la guerre » .

Beaucoup de grands médias, pourtant si prompts au *fact-checking*, ont manqué à tout devoir de vérification sur la question des masques.

Peut-être car le virus a été perçu comme une menace pouvant frapper toutes les catégories sociales, certains journalistes ont cette fois choisi le parti de l'esprit critique. Gérard Davet et Fabrice Lhomme ont, par exemple, signé une enquête intitulée « L'heure des comptes » tandis que *Libération* a publié un article lucide : « Masques : un fiasco et des mensonges ».

Ces médias se sont « rattrapés » sur la question de la chloroquine, en ensevelissant le professeur Didier Raoult sous un tombereau d'injures. Patrick Cohen a déclaré à propos du fondateur de l'IHU : « Le médecin qui va peut-être nous sortir de là nous aurait tués s'il avait été ministre de la Santé. »

À l'époque de l'affaire Dreyfus, tout ce que la nation comptait d'esprits forts, de brevetés d'état-major, d'académiciens, d'évêques et de gens bien nés et bien dotés avait pris fait et cause contre l'artilleur, au nom de… l'intelligence !

1. Rachel Prizac, « Pénurie de masques : chronique d'un mensonge », *L'Humanité*, 8 avril 2020.

« Le parti de l'intelligence », c'est sous cette immodeste bannière que les puissants de l'époque se mobilisèrent pour défendre l'état-major contre le traître. En réaction à cet enrégimentement des « capacités », une poignée de penseurs, d'écrivains et d'artistes (Émile Zola bien sûr mais aussi Anatole France, Octave Mirbeau, Lucien Herr, Bernard Lazare, sans oublier Charles Péguy), soutenus par quelques élus (Jean Jaurès et Georges Clemenceau) prirent le parti du doute et de la présomption d'innocence.

Face à l'outrecuidance de ceux qui prétendaient ériger l'argument d'autorité en critère de véracité, ils inventèrent « le parti des intellectuels », celui de ceux qui ne prétendent pas détenir la vérité mais la recherche face à ceux qui, du haut de leur supériorité statutaire, prétendent la détenir.

Les adversaires les plus acharnés de Didier Raoult se recrutent dans les rangs de la France des « sachants » : professeurs des universités, corps constitués, corps intermédiaires, notables, bref de ceux qui semblent n'avoir qu'une hantise : que l'on puisse les confondre avec une masse qu'ils méprisent.

Avec sa manière d'user avec gourmandise d'un jargon destiné à tenir le péquenot à bonne distance : « cinétique de la maladie, indicateur syndromique, etc. », le professeur Salomon, digne héritier des médecins de Molière, illustre bien le profil type du clerc anti-Raoult.

Après avoir reconnu s'être livré à un jugement hâtif concernant la dangerosité du Covid-19, Michel Cymes ne semble pas vacciné contre l'imprudence. Le très médiatique médecin ne perd jamais une occasion de descendre en flammes le traitement administré à l'IHU. Autre habituée des plateaux de télévisions, la médecin chef des maladies infectieuses à l'hôpital Saint-Antoine, Karine Lacombe n'a de cesse de mettre en garde les foules « contre l'hérésie de la posologie recommandée par son confrère marseillais ».

Si ce scientifique est devenu le héraut de la France d'en bas, c'est qu'il a révélé la possibilité d'un populisme surdiplômé se dressant contre les « importants ». C'est la recette éprouvée par un Emmanuel Todd qui se présente comme chercheur à Cambridge et raille la faiblesse intellectuelle des « élites ».

Le succès du Marseillais, c'est celui d'un savant « de la haute » qui entend défendre la base contre l'incurie du sommet. La popularité du virologue semble traduire en creux l'attente d'une élite populiste.

Brice Couturier n'a eu de cesse d'attaquer le virologue marseillais sur Twitter. L'éditorialiste Jean-Michel Aphatie a passé plusieurs mois à attaquer les défenseurs de Raoult. Daniel Cohn-Bendit est allé jusqu'à demander à l'un des meilleurs virologues de sa génération de « fermer sa gueule ».

Fin avril, le Premier ministre déclarait à l'Assemblée nationale : « J'ai été frappé depuis le début de cette crise par le nombre de commentateurs ayant une vision parfaitement claire de ce qu'il aurait fallu faire selon eux à chaque instant. La modernité les a souvent fait passer du café du commerce à certains plateaux de télévision ; les courbes d'audience y gagnent ce que la convivialité des bistrots y perd, mais je ne crois pas que cela grandisse le débat public. » Ce genre de déclarations est plus que mal venu dans un contexte où les libertés tendent à se déliter, comme le montre l'avocat François Sureau :

> Chaque année depuis un peu plus vingt ans, les plaques tectoniques de notre société politique se déplacent dans une mesure telle que j'ai fini, comme bien d'autres, par me demander si l'amour de la liberté, ou celui de l'État de droit qui vise à le garantir, n'était pas un simple vernis, une référence morte, un propos de fin de banquet[1].

1. François Sureau, « Nous nous sommes déjà habitués à vivre sans la liberté », *Le Monde*, 24 septembre 2019.

La France n'est que le 34e pays au classement mondial de la liberté de la presse 2020 de Reporters sans frontières (derrière l'Afrique du Sud). Le pouvoir a profité de la crise sanitaire pour tenter de faire adopter la très inquiétante loi Avia. Celle-ci visait à lutter contre les « contenus haineux » en encourageant les opérateurs privés d'Internet (les plateformes des réseaux sociaux par exemple) à la censure.

L'instrumentalisation de la mort d'Adama Traoré par un collectif incarné par la sœur de la victime est complaisamment relayée par le clergé. Il faudra le courage d'un hérétique pour exposer à l'antenne l'édifiant pedigree pénal de la fratrie Traoré. Il faudra aussi des meurtres odieux perpétrés par le même type d'individus que les frères Traoré, pour constater à quel point le clergé a intégré la vision du monde de ses maîtres de la noblesse d'argent et de robe. En moins d'un mois, Thomas, 23 ans, sera poignardé pour une cigarette, la gendarme Mélanie Lemée, 24 ans, sera écrasée par un chauffard tandis que Philippe Monguillot sera lynché parce qu'il avait demandé à quatre racailles d'acheter un billet et de porter un masque dans son autobus. Les médias se font discrets.

Alors que « son peuple » est sous le choc de ces assassinats et de l'accélération de l'ensauvagement dont ils fournissent des preuves irréfragables, le roi Macron n'en dit mot. Il vient de nommer garde des Sceaux un défenseur des droits de la défense et un chaud partisan de la séparation du parquet et du siège tuant dans l'œuf tout espoir de durcissement de la politique pénale.

L'intellectuel Mathieu Bock-Côté a bien repéré l'existence d'un mécanisme d'excommunication pratiquée par le clergé :

> En son nom, c'est le désaccord politique qu'on cherche de plus en plus ouvertement à proscrire. Une bonne partie du travail de

la gauche idéologique, à travers sa mainmise sur les sciences sociales universitaires, consiste à reconsidérer en propos haineux toute critique appuyée du régime diversitaire. On connaît la rhétorique. Qui critique l'immigration massive sera accusé de racisme. Qui fait le procès du multiculturalisme sera suspecté de xénophobie et qui rappelle la difficile intégration de l'islam en Occident sera taxé d'islamophobie. Qui s'oppose à la théorie du genre sera quant à lui suspecté de transphobie. Et ainsi de suite. La liste des haineux ne cesse de s'allonger. La lutte contre la haine autorise l'expulsion de l'espace public des contradicteurs du progressisme et inhibe les timorés, qui se réfugient dans l'autocensure[1].

L'Église réformée

La montée inexorable des violences physiques contre les personnes (1 560 faits de violences volontaires par jour en moyenne recensés en 2017, par le ministère de l'Intérieur, avec une hausse de près de 10 % en 2018 et en 2019) concerne peu le clergé. Cette montée est le signe le plus grave de la démission des classes dirigeantes.

Les pseudo-rebelles du clergé : une fausse hérésie au service de l'ordre

Certains néoclercs sont persuadés être entrés en rébellion contre un système qu'ils condamnent en paroles alors que, dans les faits, ils sont ses serviteurs les plus zélés, les plus avant-gardistes, à tout le moins. Plus ils vilipendent le système, plus ce dernier les révère pour conforter l'ordre établi.

1. Mathieu Bock-Côté, « La loi Avia, une loi néosoviétique », *Le Figaro*, 15 mai 2020.

Ainsi les vegans, les LGBT, les islamistes, les défenseurs des sans-papiers, les *no border* et autres zadistes jouent-ils le rôle d'idiots utiles permettant de disqualifier et de diviser le seul opposant : le peuple. Souvent issus de ce que Jean-Pierre Le Goff nomme le « gauchisme culturel », ils pourfendent le capitalisme. Dans des accès de transgression, il arrive aux pseudo-rebelles du clergé de juger la politique d'Emmanuel Macron réactionnaire, et ils se sentent alors à la pointe des « grands combats » progressistes de leur temps. Ils semblent toutefois incapables de comprendre la dynamique du capitalisme qui écrase l'ancien monde et dirime toute tradition. Comme l'écrit Jean-Claude Michéa dans *Impasse Adam Smith*[1] :

> De nos jours, la pire des illusions que puisse entretenir un militant de gauche, c'est de continuer à croire que le système capitaliste qu'il affirme combattre constitue par essence un ordre conservateur, autoritaire et patriarcal.

Ces néoclercs réformés ne s'attaquent jamais aux puissants. Pour s'en convaincre, il suffit d'écouter Charline Vanhoenacker, Alex Vizorek et Guillaume Meurice pour constater que leur résistance se limite à des plaisanteries éculées sur « La Manif pour tous ». N'écoutant que leur courage, ils vont jusqu'à brocarder Christine Boutin, fustiger Laurent Wauquiez ou mettre à l'Index le Rassemblement national. Le prisme moral à travers lequel ils abordent le politique et leur tendance à se positionner sur les questions sociétales arrange le système, sans déranger le Capital. Lors des rares occasions où ils s'intéressent aux questions économiques, ils se contentent de vilipender les 1 %. Comble de la transgression, ils se risquent à présenter Emmanuel Macron comme « un président de droite ». Le reste du temps, ces sociétalistes s'emploient à

1. Jean-Claude Michéa, *Impasse Adam Smith*, Flammarion, 2002.

rééduquer les masses en prêchant l'ouverture (il est intéressant de constater que le système utilise le même vocabulaire qu'eux). Pour le vérifier, il suffit de lire l'écrivain Édouard Louis, ou ses amis Geoffroy de Lagasnerie et Didier Eribon :

> Il y a tout un pan de la littérature qui se consacre à une petite fraction de la bourgeoisie culturelle, qui parle de petits problèmes de la bourgeoisie blanche, culturelle, des villes. Je me demande toujours comment on peut écrire sur cela sachant ce qu'il se passe pour les migrantes et les migrants, sachant ce qu'il se passe pour les personnes LGBT, sachant ce qu'il se passe pour les Noirs en France[1].

Nul doute que les élites de la globalisation financière, par ailleurs chantres du management inclusif, tremblent face à des charges aussi subversives. L'idéalisme et le sectarisme qu'ils manifestent dans la sauvegarde de la virginité de leurs principes les rendent inoffensifs.

Loin de proposer une rupture avec l'idéologie dominante, ces pseudo-opposants neutralisent toute opposition sérieuse. Ils constituent ceux que Philippe Muray nommait les « Mutins de Panurge ». Bossuet disait : « Dieu se moque de ceux qui rejettent les effets dont ils chérissent les causes. » Ces individus se soucient comme d'une guigne des grondements du peuple et continuent, comme si de rien n'était, à psalmodier leur catéchisme global. La défiance massive dont ils font l'objet ne les intéresse pas et ils poursuivent, sans vergogne, leur entreprise de démoralisation du populo. Dénoncer la tartufferie de cette engeance mériterait d'être décrété d'utilité publique.

---

1. https://lvsl.fr/edouard-louis-toutes-les-grandes-litteratures-ont-ete-des-litteratures-de-la-realite/

4

Le tiers sécessionniste

Nous avons vu les aristocrates larguer les amarres et le clergé changer d'allégeance en devenant citoyen du monde. D'autres habitants du pays refusent également le plébiscite de tous les jours, cher à Renan. Ils partagent peu de souvenirs avec les autres Français, ou alors des souvenirs douloureux et qu'ils sont de moins en moins disposés à « oublier ensemble » pour « bâtir un avenir commun ». Leurs intérêts économiques sont ceux du peuple, mais ils se sentent de moins en moins appartenir à la nation.

Ce tiers du tiers état a longtemps fait l'objet d'une grande générosité de la part des élites, qui prêtent une oreille attentive à ses revendications. S'il y a de moins en moins d'argent public pour les banlieues, il y a de plus en plus de compréhension pour les penchants sécessionnistes, qui s'y expriment toujours plus ouvertement. Témoins de cette évolution, les motifs du rejet par Emmanuel Macron du rapport sur les banlieues, dont il avait passé commande : « Ça n'aurait aucun sens que deux mâles blancs [lui et le rédacteur, Jean-Louis Borloo] ne vivant pas dans ces quartiers s'échangent un rapport. » Ce « peuple des quartiers » est mieux considéré symboliquement et politiquement (outre le clientélisme dont il fait l'objet, il a été mieux servi par des transferts budgétaires).

Cependant, sauf ceux qui s'adonnent aux trafics, cette minorité du Tiers est en voie de paupérisation. Sa tendance au séparatisme culturel et cultuel l'écarte des luttes du tiers état.

En 2011, les immigrés et les descendants d'immigrés représentaient 52,6 % de la population âgée de 18 à 50 ans des zones urbaines sensibles (ZUS), alors qu'ils ne représentaient que 20 % de la population totale métropolitaine : 28,3 % des habitants des ZUS étaient des immigrés et 24,3 % des descendants d'immigrés[1].

L'appellation de « zone urbaine sensible » a disparu, mais la réalité demeure. Aujourd'hui, 4,8 millions de personnes (dont beaucoup de jeunes, de familles nombreuses et d'étrangers[2]) vivent dans les quartiers définis comme prioritaires par l'État. L'Île-de-France rassemble un quart du total, avec 1,3 million habitants de l'une des 157 zones urbaines sensibles de la région (soit 11 % de la population régionale[3]). Dans cette région, une trentaine de « zones urbaines » sont officiellement considérées comme rongées par la criminalité, la délinquance et l'islamisme[4].

L'INSEE renouvelle rarement ses données sur l'immigration. Les dernières disponibles remontent à 2015. Selon celles-ci, 6,2 millions d'immigrés vivent en France, ce qui représente 9,3 % de la population française ; 39 % d'entre eux, soit 2,4 millions, ont acquis la nationalité française. Si l'on additionne les immigrés et leurs descendants directs nés en France, on dénombrait 12,5 millions de personnes en 2013,

1. http://www.ville.gouv.fr/IMG/pdf/onzus_synthese_2011.pdf
2. https://www.inegalites.fr/Portrait-des-quartiers-en-difficulte
3. https://www.lemonde.fr/les-decodeurs/article/2015/10/20/10-graphes-sur-les-zones-urbaines-sensibles-reservoirs-de-chomage-et-de-pauvrete_4793293_4355770.html
4. https://www.linternaute.com/actualite/societe/1280178-les-30-quartiers-les-plus-sensibles-de-france/

c'est-à-dire 19,3 % de la population. Inférieure à 6 % jusqu'à la fin des années 1960, la proportion d'immigrés dans la population totale ne cesse de croître depuis. Contrairement à la propagande déversée sur les ondes par le clergé, l'arrivée d'étrangers sur le territoire se poursuit. En dix ans, de 2007 à 2017, la quantité de premiers titres de séjour délivrés[1] est passée de 171 000 à 262 000 par an. Le nombre de demandeurs d'asile a explosé. Moins d'un tiers des personnes sollicitant le statut de réfugié ou de demandeur d'asile l'obtiennent. Une infime minorité est reconduite à la frontière (les frontières terrestres ont d'ailleurs disparu). Après être entrés dans l'un des pays signataires de la convention de Schengen, certains migrants rejoignent la France et y restent. Concernant le nombre d'étrangers en situation irrégulière, nous ne disposons que de bribes d'informations. En novembre 2017, le ministre de l'Intérieur, Gérard Collomb, l'avait estimé à 300 000, soit 0,5 % de la population. En 2015, 310 000 personnes bénéficiaient de l'aide médicale d'État, ce qui offre une évaluation basse du nombre de clandestins.

Des intérêts économiques globalement similaires à ceux du peuple des Gilets jaunes

Sans être identique à celle de la France périphérique, la situation des habitants de banlieues en voie de ghettoïsation n'en présente pas moins certaines analogies. Ces deux catégories de la population font généralement l'expérience de la précarité, exercent souvent des activités peu valorisées et mal

1. http://premium.lefigaro.fr/actualite-france/2018/06/19/01016-20180619ARTFIG00310-les-chiffres-de-l-immigration-en-france.php

rémunérées. Le rapport 2018 de l'Observatoire national de la politique de la ville[1] montre que les « quartiers prioritaires » (expression ayant remplacé « zone urbaine sensible » depuis 2014) souffrent de pauvreté. Trente ans de politique de la ville n'auront pas suffi à améliorer le quotidien des cités. Entre 2005 et 2015[2], le plan Borloo[3] aura coûté 42 milliards d'euros aux contribuables. Institué en 1995, le pacte de relance pour la ville, qui exonère de charges les entreprises implantées dans les zones franches et de redynamisation urbaine, représentait 700 millions d'euros en 2019. Le programme de rénovation urbaine, lancé en 2003 et destiné à démolir et reconstruire de grands ensembles, sera doté de 12 milliards d'euros. Christophe Guilluy rappelle que ces transferts budgétaires ont facilité l'émergence d'une classe moyenne dans ces territoires difficiles. Mais à quel prix ! Les 90 milliards d'euros qui y ont été injectés au cours des deux dernières décennies n'ont pas suffi à empêcher la dérive des banlieues hors du giron national. Sur un plan économique et social autant que sécuritaire, le bilan de cette politique est globalement décevant. Guilluy rappelle que ces « quartiers » furent bien plus aidés que la France périphérique, suscitant un sentiment grandissant d'injustice et une impression de deux poids deux mesures.

En dépit des immenses efforts financiers de la nation, le rapport sur la politique de la ville remarque que les jeunes des « quartiers populaires » éprouvent toujours plus de difficultés

1. http://www.onpv.fr/uploads/media_items/synthese_rapport-onpv2018.original.pdf

2. https://www.atlantico.fr/decryptage/1056856/90-milliards-en-40-ans-et-quelle-efficacite--un-bilan-des-politiques-de-la-ville-camille-bedin-et-renaud-epstein

3. Du nom de Jean-Louis Borloo, qui fut ministre de la Ville sous Jacques Chirac, entre 2002 et 2004, et sera son concepteur.

que leurs pairs à trouver leur place dans la vie professionnelle : « Trois ans après leur sortie de formation initiale, 37 % des jeunes au moins bacheliers issus des QPV ne travaillent pas, contre 22 % de leurs homologues des autres quartiers urbains[1]. » Ils mettent plus de temps à décrocher un premier emploi. Les trois quarts des jeunes des « quartiers populaires » interrompant leur scolarité avant le bac sont au chômage, contre 58 % des jeunes urbains. Le taux de chômage des zones prioritaires de la politique de la ville est 2,5 fois supérieur à celui des quartiers environnants. Dans les « quartiers prioritaires », les jobs sont moins qualifiés qu'ailleurs :

> Près de trois quarts du 1,3 million d'actifs en emploi résidant en QPV sont employés ou ouvriers (72,7 %, contre 42,0 % dans les autres quartiers des unités urbaines englobantes) [...]. À niveau de formation comparable, les habitants des QPV occupent souvent un emploi moins qualifié que les habitants du reste des agglomérations englobantes[2].

Les banlieues concentrent une part importante de la pauvreté métropolitaine. Sur 100 Français pauvres dans l'Hexagone, 34 habitent ces quartiers. Selon la catéchèse journalistique, l'image dégradée des cités serait une caricature anxiogène, forgée par la fachosphère. Leurs habitants (on ne parle curieusement pas de citoyens, encore moins de Français) y vivraient paisibles et fiers. La jeunesse qui y est majoritaire formerait l'avenir du pays. Elle serait une chance pour la France comme l'a rappelé Christiane Taubira. La messe médiatique ne manque jamais de célébrer l'extraordinaire énergie de ces territoires, de bénir le travail admirable des associations (de grands frères ou de femmes, c'est selon),

---

1. http://www.onpv.fr/uploads/media_items/synthèse_rapport-onpv2018.original.pdf
2. *Ibid.*

et le sermon se clôt invariablement par la communion du « vivre-ensemble ». L'ennui, c'est que cette vision irénique ne coïncide pas avec le réel. Ce type d'homélie ne rend pas compte de l'exil des *indigènes* français et des immigrés assimilés. Ce genre de « bonnes paroles » contredit surtout l'opinion des principaux intéressés. Face caméra, certains banlieusards (que de nombreux journalistes ont une fâcheuse tendance à confondre avec des représentants de quelques tribus primitives) défendent leurs quartiers. Lorsqu'ils sont invités à exprimer, objectivement, ce qu'ils pensent de leur cadre de vie, les clichés s'effondrent.

Les habitants des ex-« zones urbaines sensibles » confirment pâtir de la mauvaise réputation de leur cité, mais aussi d'un cadre de vie dégradé[1]. Les riverains de ces quartiers subissent une pression quotidienne de la part de criminels et des délinquants, qui est sans commune mesure avec celle que rencontrent les autres Français.

Les Français musulmans, surreprésentés dans ces zones, rencontrent davantage de problèmes sociaux que leurs pairs non musulmans. Une note de 2016 de l'Institut Montaigne consacrée à l'islam de France révèle une polarisation paradoxale au sein de la population musulmane, marquée par un large accès à l'enseignement supérieur, ainsi que par une marginalisation scolaire non moins marquée :

> Alors que leur position sociale d'origine est très modeste, les musulmans de France se hissent à des niveaux de qualification qui se rapprochent de la moyenne nationale. Les personnes titulaires d'un diplôme de niveau BAC + 2 représentent

1. En raison de conditions de vie dans les « quartiers populaires » jugées généralement difficiles, leurs habitants sont bien plus mécontents de leur cadre de vie que leurs homologues urbains – données tirées du cours de Julien Damon sur la pauvreté, à Sciences Po.

> environ 12 % de l'échantillon, les titulaires de diplômes plus élevés 20 % – dont la moitié possède un titre de niveau BAC +5. Cependant, près de 15 % ne possèdent aucun diplôme et environ 25 % ont un niveau inférieur au BAC[1].

Face à de telles difficultés, les revendications des Gilets jaunes avaient tout pour séduire les « quartiers ». Comme les manifestants des ronds-points, les habitants des cités aspirent à une amélioration de leurs conditions matérielles, et demandent plus de protection face à une délinquance et à un système économique qui engendrent chômage et précarité. Une hausse du smic, une plus grande justice fiscale ou un retour des services publics leur bénéficieraient grandement. Ils n'aspirent pas moins que les Gilets jaunes à rompre avec un système qui plonge des familles entières dans des conditions de vie indignes. En outre, la France des quartiers populaires éprouve un sentiment de défiance à l'égard des politiques, qui n'a rien à envier à celui exprimé par celle des ronds-points. À l'instar des Français périphériques, les Français de l'autre côté du périphérique sont de plus en plus nombreux à ne plus voter. Lors des européennes, l'abstention a dépassé 60 % des inscrits en Seine-Saint-Denis.

Pourtant, à l'exception de quelques descentes ponctuelles de casseurs et de pillards, les habitants de ces zones urbaines dites sensibles furent peu nombreux dans les manifestations de Gilets jaunes, voire invisibles. Toutes origines ethniques et géographiques confondues, les jeunes furent sous-représentés par rapport aux seniors dans les cortèges. Mais ce constat est surtout vrai pour les étudiants, les lycéens et les moins de 20 ans, moins pour les 25-30 ans, qui furent présents. Dans leur écrasante majorité, les jeunes salariés qui participèrent

1. https://www.institutmontaigne.org/ressources/pdfs/publications/rapport-un-islam-francais-est_-possible.pdf

à cette Grande Jacquerie du début du siècle venaient du monde périurbain. Bien que déprimant, le constat ne peut être ignoré : il n'y a pas eu plus de Français des quartiers sur les ronds-points qu'il n'y en avait eu pour *Charlie*.

L'engagement limité des banlieusards ne s'explique pas par des situations matérielles diamétralement opposées, même si les « quartiers » sont moins isolés des métropoles dynamiques. La très faible participation des habitants des cités au mouvement des Gilets jaunes laisse transparaître une désaffiliation culturelle, une rupture d'avec le peuple *indigène* et une crispation autour des questions identitaires (euphémisme dont usent les clercs pour évoquer l'obsession pour les enjeux confessionnels ou raciaux). En dépit des incantations sur le vivre-ensemble, celui-ci existe de moins en moins. Jérôme Fourquet le montre, chiffres à l'appui :

> Selon cette enquête, seulement 7 % des Français pensent que les communautés et les classes sociales se fréquentent et se côtoient sans problème. 48 % des sondés pensent qu'elles vivent séparées, mais sans tensions, tandis que 45 % pensent que les groupes sociaux ou communautaires vivent séparément, et que cela crée des tensions[1].

Cette étude semble corroborer les propos tenus par François Hollande, dans le livre d'entretiens *Un président ne devrait pas dire ça…*[2]. L'ancien chef de l'État, qui a fait sa carrière à l'ombre du politiquement correct le plus confit, expliquait : « Comment peut-on éviter la partition ? Car c'est quand même ce qui est en train de se produire. Le patron du renseignement intérieur, Patrick Calvar avouait devant la

1. http://www.lefigaro.fr/politique/2018/05/21/01002-20180521ART-FIG00140-jerome-fourquet-la-banlieue-est-percue-comme-l-incarnation-d-un-phenomene-de-secession.php

2. Gérard Davet, Fabrice Lhomme, Stock, 2016.

représentation nationale redouter une guerre civile. Il contestera avoir utilisé le terme, mais la partie de sa communication qui a fait l'objet d'un verbatim[1] ne souffre guère d'ambiguïtés : « Vous rappeliez que je tenais toujours un langage direct ; eh bien, cette confrontation, je pense qu'elle va avoir lieu. Encore un ou deux attentats et elle adviendra. » Au sein du tiers du Tiers, cette mentalité sécessionniste gagne chaque jour du terrain, ce qui fait croître le risque d'un affrontement avec les Français se sentant français. En quittant la place Beauvau en octobre 2018, Gérard Collomb avait, lui aussi, exprimé son inquiétude : « Aujourd'hui, les Français vivent côte à côte ; demain, ils pourraient vivre face à face. » En plus d'empêcher la constitution d'un bloc populaire réunissant les électeurs modestes, l'autoghettoïsation menace la concorde.

Il n'y a pas qu'une fracture entre le peuple et les élites composées d'un souverain, d'une cour et d'une cléricature. Le tiers état est lui-même éclaté. Entre le tiers état et ce tiers du Tiers, chacun semble vivre dans son coin et ne plus appartenir à un même peuple. Intéressons-nous aux raisons de cette dérive sécessionniste.

Le tiers du Tiers, un peuple dans le peuple : les manifestations de la séparation culturelle

L'islamisation des quartiers populaires et leur repli communautariste

L'expansion rapide d'un islam rigoriste sur des pans entiers du territoire constitue le premier facteur qui alimente

1. Audition du 10 mai 2016 devant la Commission de la défense de l'Assemblée nationale.

cette dynamique centripète. Selon l'étude de 2016 déjà citée de l'Institut Montaigne, les musulmans français représentent 5,6 % de la population en métropole, et plus de 10 % des moins de 25 ans. Ces proportions correspondent à une fourchette basse. Si l'on se fie aux travaux du Pew Research Center[1], 5,7 millions de musulmans vivaient France en 2016 et ils seront entre 8,6 et 13,5 millions en 2050. D'après l'Institut Montaigne, même s'ils « rejettent très clairement le niqab et la polygamie et acceptent la laïcité[2] », 25 % des mahométans de France n'adhèrent pas complètement aux mœurs françaises. Très pieux (la charia revêt une grande importante pour eux, sans pour autant passer devant la loi de la République), ils sont un quart à être favorables à l'expression de la religion au travail, et ont largement adopté la norme halal comme définition de « l'être musulman ».

Une autre révélation contenue dans le rapport de ce think tank va faire l'effet d'un coup de pistolet dans une salle de concert :

> Majoritairement jeunes, peu qualifiés et peu insérés dans l'emploi, ils vivent dans les quartiers populaires périphériques des grandes agglomérations. Ils se définissent davantage par l'usage qu'ils font de l'islam pour signifier leur révolte que par leur conservatisme. […] 28 % des musulmans de France peuvent être regroupés dans ce groupe qui mélange à la fois des attitudes autoritaires et d'autres que l'on pourrait qualifier de « sécessionnistes ». L'islam est un moyen pour eux de s'affirmer en marge de la société française[3].

1. https://www.pewforum.org/2017/11/29/croissance-de-la-population-musulmane-en-europe/
2. https://www.institutmontaigne.org/ressources/pdfs/publications/rapport-un-islam-francais-est_-possible.pdf
3. *Ibid.*

28 % des jeunes musulmans qui vivent en France (l'étude n'opère aucune distinction en fonction de la nationalité) peuvent être considérés comme en « rupture de ban ». Est-ce si surprenant dans un pays qui a sécrété un terrorisme islamique *home growned* ? Environ 20 000 individus font l'objet d'une fiche S, dont 12 000 pour radicalisation, selon des chiffres de février 2018, sont recensés dans le fichier de signalement pour la prévention de la radicalisation à caractère terroriste[1]. Selon le gouvernement[2], 700 djihadistes français auraient rejoint l'ex-« califat » syro-irakien depuis 2014. En 2017, la DGSE dénombrait 16 000 islamistes radicaux en France, dont 18 % de mineurs ; 4 000 en Île-de-France et 1 238 à Paris. Un tiers des 16 000 identifiés sont considérés comme particulièrement dangereux.

Afin de ne pas ajouter de la confusion à l'anxiété, les autorités et les clercs médiatiques usent et abusent du « mantra de l'amalgame[3] ». Les uns et les autres appellent à raison garder et invoquent la complexité du sujet. Cette tentation est louable. Mais cette volonté de rassurer à tout prix tombe dans le simplisme qu'elle dénonce en cherchant à faire croire que les islamistes prêts à en découdre seraient complètement isolés. S'il est absurde de prétendre que les djihadistes évolueraient dans les cités comme des poissons dans l'eau, il n'existe aucune paroi étanche entre les partisans de l'action armée et les rigoristes, mais un dégradé, un continuum.

L'ensemble des musulmans de France n'ont, fort heureusement, pas rompu avec la République. Selon le rapport de

---

1. https://www.leprogres.fr/france-monde/2018/12/12/fiches-s-un-outil-de-renseignement-qui-fait-toujours-debat

2. http://www.slate.fr/story/174828/syrie-organisation-etat-islamique-daech-djihadistes-francais-tues-captures-revenants

3. Guillaume Bigot, « Contre le mantra de l'amalgame », *Le Monde*, 9 janvier 2015.

l'Institut Montaigne, 46 % d'entre eux seraient « soit totalement sécularisés, soit en train d'achever leur intégration dans le système de valeurs de la France contemporaine, qu'ils contribuent d'ailleurs à faire évoluer par leurs spécificités religieuses[1] ».

Ce que nous appelons le tiers du Tiers n'a rien à voir avec ce concept fumeux de grand remplacement, vision apocalyptique qui fait de chaque enfant né de parents d'ascendance non européenne un soldat de l'anti-France. En revanche, le tiers du Tiers laisse voir un petit remplacement, qui ne concerne ni l'ensemble du territoire (mais des zones bien délimitées), ni l'ensemble des jeunes Français, ni même l'ensemble des jeunes Français musulmans ou d'ascendance immigrée. La théorie du grand remplacement se nourrit d'un double déni : celui des identitaires qui refusent de voir l'assimilation d'une majeure partie des enfants de l'immigration musulmane, mais aussi celui des autruches (encouragées par les aristocrates et le clergé) qui nient la réalité et la puissance des mécanismes sécessionnistes.

La tripartition de cette population, proposée par l'Institut Montaigne, semble robuste : 28 % rejettent la France (soit un peu moins de 2 millions), 25 % (1,750 million) forment une sorte de ventre mou, et près d'un musulman sur deux (plus de 3 millions et demi) est complètement assimilé. Nous sommes à la fois très loin du grand remplacement mais aussi à des années-lumière du fantasmagorique vivre-ensemble.

L'Institut Montaigne a publié un autre rapport en 2018, « La fabrique de l'islamisme[2] », dans lequel son rédacteur,

1. « Un Islam français est-il possible ? », rapport de l'Institut Montaigne, 2016.

2. https://www.institutmontaigne.org/publications/la-fabrique-de-lislamisme#

Hakim El Karoui, avance une explication de la réislamisation des quartiers. Le politologue montre que le discours salafiste vise à « préserver la communauté », en la protégeant d'un Occident jugé décadent, en réglementant sa vie quotidienne afin de la souder autour d'une tradition magnifiée. Parmi les islamistes, les salafistes sont ceux qui déploient l'argumentation la plus construite, donc souvent la plus persuasive. Les prédicateurs de cette mouvance s'appuient sur l'étude du Coran et de la Sunna, et invitent les fidèles à approfondir leurs connaissances scripturaires. Au pays de Voltaire, le salafisme se retrouve ainsi en position de double hégémonie idéologique, comme l'explique ce rapport :

> Idéologie la plus dynamique sur le terrain comme sur Internet, il a réussi à s'imposer comme la référence religieuse à partir de laquelle les musulmans, qu'ils soient sympathisants ou au contraire critiques, doivent penser leur conception de la religion et leur pratique religieuse [1].

Confirmant les observations effectuées par Gilles Kepel en Seine-Saint-Denis[2], la note de l'Institut Montaigne révèle la progression fulgurante du salafisme :

> En France, le nombre d'adeptes serait passé de quelques centaines dans les années 1990 à 5000 en 2004, 15000 ou 20000 en 2015. On parle là des salafistes militants, le nombre de sympathisants est beaucoup plus élevé[3].

Cet essor s'explique notamment par l'omniprésence du discours islamiste sur les réseaux sociaux. Sur Twitter, les prédicateurs islamistes sont les premiers influenceurs religieux au monde. Le nombre d'abonnés des pages salafistes

1. *Ibid.*
2. Gilles Kepel, *Quatre-vingt-treize*, Gallimard, 2012.
3. *Ibid.*

de Facebook est impressionnant, surtout si on le compare à celui de pages grand public :

Comparaison de pages Facebook musulmanes et grand public au 27 avril 2018

À titre d'illustration de l'audience souterraine qui est celle de l'islamosphère, une comparaison réalisée le 27 avril 2018 de l'audience des diverses pages Facebook et semble confirmer que cette influence est massive.

Cette islamisation est d'autant plus préoccupante qu'elle touche principalement la jeunesse, la génération montante ayant une pratique religieuse plus sourcilleuse que ses aînés en matière de consommation d'alcool ou d'observance du ramadan. Dans *L'Archipel français*[1], Jérôme Fourquet insiste sur le choix des prénoms et le nombre de mariages mixtes. Selon le sondeur, l'évolution de ces indicateurs manifeste une tendance marquée au repli communautaire des musulmans français.

Le choix du prénom par les parents offre un marqueur de premier plan, exprimant le rapport d'une famille à la nation

1. Éditions du Seuil, 2019.

d'accueil et à ses mœurs. Au cours des quarante dernières années, les individus d'origine arabo-musulmane (ils ne sont pas les seuls : les Bretons, les Basques, les juifs et toutes les composantes de la nation pouvant tirer d'une origine spécifique un prénom exotique ont eu tendance à le faire) ont été de plus en plus nombreux à donner des prénoms coraniques à leurs enfants, rompant ainsi avec la tradition française assimilatrice (à laquelle continuent de se conformer d'autres groupes comme les Asiatiques) :

> On note une quasi-absence des prénoms arabo-musulmans jusque dans les années 1950. Une montée timide s'observe de la fin des années 1950 jusqu'aux années 1970 avec l'arrivée des premières familles appelées à travailler dans l'industrie. La courbe dessine ensuite une phase de stabilité jusqu'au début des années 2000, période à partir de laquelle on remarque une nette progression. [...] On arrive donc au chiffre spectaculaire de 18 % des naissances avec un prénom arabo-musulman. C'est un phénomène majeur[1].

À cet exemple d'affirmation identitaire s'ajoute un refus croissant du mariage mixte par les familles arabo-musulmanes, notamment concernant les filles :

> Cette différence d'attitudes tend à se renforcer ces dernières années, accréditant l'hypothèse d'une fermeture partielle de ce groupe et d'un coup d'arrêt porté au processus de soudure rapide observé dans les années 1970 à 1990. Alors que la proportion de musulmans qui ne verraient aucun problème à ce que leur fils épouse une non-musulmane progresse de 15 points en 5 ans, elle recule de 3 points pour ce qui est de leur fille. De la même façon, la position de refus catégorique du mariage mixte était assez proche pour ce qui était des garçons (16 %) et des filles (20 %), mais les évolutions sont allées en des

1. http://www.politique-autrement.org/IMG/pdf/Fourquet1_190302.pdf

sens opposés : – 4 points pour les fils, + 11 points pour les filles. [...] Plus la présence immigrée est importante, et plus la propension à refuser le mariage mixte est élevée chez les musulmans, pour atteindre 35 % voire 37 %, dans les quartiers ou les communes à très forte présence immigrée[1].

Le décrochage culturel et religieux de certains quartiers est d'autant plus préoccupant qu'il coïncide avec une réorganisation locale des flux économiques autour d'activités délictueuses ou criminelles.

Les trafics comme accélérateurs et comme symptômes de la sécession des quartiers

En vingt ans, la proportion de consommateurs réguliers de cannabis a triplé. Aujourd'hui, un jeune de 17 ans sur deux a déjà « fumé », contre un jeune sur cinq au début des années 1990. Selon l'INSEE, le trafic de drogue dans l'Hexagone représente chaque année 2,7 milliards d'euros, soit un peu plus de 0,1 point du PIB, et 21 000 emplois à plein temps[2]. Sur cette somme, 1 milliard d'euros est généré par le cannabis et 800 millions d'euros par la cocaïne.

À l'instar d'un réseau commercial d'une grande entreprise, des « supermarchés de la drogue » implantés dans les cités populaires des grandes métropoles françaises alimentent en direct les nombreux consommateurs qui résident dans leur zone de chalandise respective mais desservent également des points de vente, plus modestes, situés eux aussi dans des quartiers populaires, mais cette fois dans des villes de taille moyenne[3].

---

1. Jérôme Fourquet, *L'Archipel français*, Le Seuil, 2019, p. 153.
2. https://fr.euronews.com/2018/05/31/la-trafic-de-drogue-integre-au-pib-francais
3. Jérôme Fourquet, *L'Archipel français*, *op. cit.*, p. 200.

Ce business illégal revêt une ampleur considérable et gangrène un tissu social déjà fragile :

> Toute une partie de la jeunesse est achetée et détournée de l'école pour occuper les fonctions de petits soldats de la « bicrave » (vente de drogue) et pour protéger le territoire face aux incursions des forces de l'ordre ou de bandes concurrentes. L'argent du trafic permet aussi d'acheter une partie de la population du quartier dans une logique de contrôle social du territoire, et il est recyclé et blanchi dans certains commerces locaux[1].

Ces trafics et l'activité criminelle qu'ils impliquent (circulation d'armes, conflits entre bandes, vols de véhicules, affrontements avec les forces de l'ordre, etc.) accélèrent la glissade de ce tiers du Tiers hors de la nation, en même temps qu'ils permettent aux trafiquants de s'enrichir et d'imposer un ordre social concurrent, avec ses propres mœurs et la mise en place d'un monopole de la violence alternatif exercé par les bandes.

Le triomphe du ressentiment identitaire et racial dans les quartiers

La sécession des « quartiers » s'explique aussi par le triomphe d'une mentalité identitaire qui rejette l'universalisme français. Dans notre tradition politique, aucune distinction entre « citoyens » autre que celle fondée sur le mérite ne devrait être dans l'espace public. L'ethnicisation des débats et des rapports sociaux a débuté dans les années 1980-1990, avec la diffusion d'une *doxa* célébrant l'orgueil des racines et faisant l'apologie du multiculturalisme. Ces discours ont été portés par les hommes politiques de gauche comme de droite, mais aussi relayés par des groupes de pression, tels que SOS Racisme.

1. Jérôme Fourquet, *L'Archipel français*, *op. cit.*, p. 201.

La victoire de l'équipe de France à la Coupe du monde de football 1998 avait déjà révélé l'ampleur prise par cette vision du monde dans les cercles de pouvoir français. Le soir de la finale, Zidane, Karembeu et Thuram n'étaient plus regardés comme français mais comme algérien, kanak et guadeloupéen. On salua le triomphe d'une équipe « black-blanc-beur ». Dans *Le Destin des immigrés*, Emmanuel Todd avait anticipé les ravages de ce discours :

> L'idéologie du droit à la différence n'a permis la préservation d'aucune culture immigrée mais elle a largement contribué à la désorientation psychologique et sociale de la deuxième génération issue de l'immigration maghrébine. En retardant l'adhésion aux valeurs de la société française d'adolescents coupés de leurs valeurs d'origine, elle a été un facteur d'anomie[1].

Au lendemain des émeutes de 2005, la propagande des obsédés de la race et des maniaques de la diversité s'est radicalisée. Les apprentis sorciers et ceux qui leur tendent complaisamment des micros laissent dorénavant entendre qu'une confrontation avec les dominants (c'est-à-dire les Blancs, ceux de la France périphérique comme ceux des élites métropolitaines) doit être envisagée. Le Parti des Indigènes de la République (PIR) illustre cette dérive haineuse qui, sous couvert d'antiracisme, cultive un racisme assumé. Azzedine Benabdellah, membre du PIR, écrivait en 2015 :

> C'est dans le seul rapport de force racial, dans la seule confrontation avec le Pouvoir blanc, que nous pourrons réellement devenir ce que nous sommes déjà, le début de sa fin[2].

---

1. Emmanuel Todd, *Le Destin des immigrés. Assimilation et ségrégation dans les démocraties occidentales*, Éditions du Seuil, 1994.
2. http://indigenes-republique.fr/le-metis-et-le-pouvoir-blanc/

Cette vision manichéenne du monde (réduit à un affrontement entre « eux » et « nous ») a dissuadé ces identitaires de participer au mouvement des Gilets jaunes. L'article du membre du PIR, Wissam Xelka, « Quartiers populaires et Gilets jaunes : mêmes galères, même combat ? » révèle l'ethnicisation des luttes sociales vouée à entraver leur convergence :

> Les banlieusards appartiennent bien aux classes populaires, mais ils sont sacrifiés au profit d'autres membres de ces mêmes classes populaires, en l'occurrence, les Blancs. Nous sommes donc bien devant un traitement racial. Les banlieues peuvent être complètement délaissées et stigmatisées tout simplement parce qu'elles sont habitées par les Indigènes. Leurs territoires ne sont pas considérés comme faisant pleinement partie de la Nation en tant que « zones de non-droit » ou « territoires perdus de la République ». La France, celle avec les vrais Français, se trouve là où habitent en grande majorité les Blancs. La campagne devient alors le symbole absolu de cette France « pure ». Les petits-Blancs peuvent connaître des situations similaires en termes de précarité économique ou de non-représentation, reste que leur blanchité leur accorde un immense privilège : leur appartenance à la Nation est assurée. De ce fait, il apparaît toujours plus illégitime et scandaleux d'être un Blanc pauvre qu'un Indigène pauvre en France. Comprenez : le Blanc est davantage chez lui que l'Indigène. Que l'Arabe ou le Noir soient pauvres ne dérange pas pour la simple raison qu'une certaine logique et qu'un certain ordre social sont respectés. Ils restent des « invités » et à ce titre doivent se contenter de ce qu'ils ont. Mais pour le Blanc c'est différent puisque c'est une hérésie que de le voir souffrir dans sa propre maison, alors même que des Indigènes profiteraient grassement des aides de l'État[1].

1. http://indigenes-republique.fr/quartiers-populaires-et-gilets-jaunes-memes-galeres-meme-combat/

S'adressant au peuple des « souchiens », comme dirait Houria Bouteldja, Wissam Xelka reprend les paroles du rappeur Youssoupha :

Trop d'choses nous séparent, on n'a pas la même vie
Dès le départ, on n'a pas la même vie
Pourquoi tu m'compares, on n'a pas la même vie
Ne me juge pas, on n'a pas la même vie.

Cette involution, qui va de Touche pas à mon pote (la stigmatisation du racisme français était déjà présente, mais l'immigré ou son descendant était encore un proche) à SOS Racisme (le racisme a disparu, lançons un SOS pour le faire revenir !), aux Indigènes de la République (qui signifie à la fois : « Nous sommes étrangers à "votre" République, mais nous sommes aussi les nouveaux habitants du pays »), a fracturé la société. L'épilogue de cette dérive s'exprime dans une haine qui s'affiche sans vergogne, comme dans le rap de Nick Conrad qui appelle à « pendre les Blancs ».

Les autorités françaises ne sont pas les seules à blâmer. En exerçant leur *soft power* sur l'Hexagone, à travers la propagation de leur obsession racialiste, les États-Unis cherchent à détruire le moule universaliste à fabriquer des Français. Alliance citoyenne, une association qui défend les femmes portant le burkini, et décrivant celles-ci comme des « Rosa Parks musulmanes », a par exemple été financée par George Soros[1], tout comme l'association « Stop au contrôle au faciès »[2]. Le CRAN (Conseil représentatif des associations

1. Alliance citoyenne a reçu 80 000 dollars de l'Open Society Foundations (fondation appartenant au milliardaire américano-hongrois) afin de donner une « visibilité nationale » aux campagnes « anti-discriminations » de l'association, Atlantico, 9 juillet 2019.

2. https://www.valeursactuelles.com/societe/burkini-alliance-citoyenne-recu-le-soutien-financier-de-george-soros-108782

noires) a reçu, à plusieurs reprises, des financements de la Fondation Ford, notamment en 2009 à l'occasion de la publication d'une étude sur les discriminations envers les Noirs en France, comme l'a révélé *Marianne*, qui cite également l'exemple de la banque JP Morgan[1].

L'Union européenne entend, elle aussi, en finir avec le modèle français. Pour Bruxelles, il n'y a pas d'alternative à l'immigration. Celle-ci est jugée à la fois inéluctable et bénéfique, notamment en raison du vieillissement. En 2004, Jacques Barrot, le vice-président de la Commission européenne, a rédigé une note édifiante :

> Reflétant l'importance d'une implication de la société tout entière, l'intégration est définie au niveau européen comme processus dynamique à double sens d'acceptation mutuelle de la part de tous les immigrants et résidents des États membres. Il va de soi que les immigrants comme les citoyens du pays d'accueil doivent pouvoir vivre dans le plein respect de la Charte des droits fondamentaux. À l'heure où la diversité s'accroît en Europe, il est essentiel pour le bien-être public d'adopter des mesures destinées aux sociétés européennes afin de promouvoir la compréhension et la coexistence entre les différentes identités culturelles. L'amélioration de la capacité des institutions publiques à s'adapter à la diversité liée à la migration est indispensable à la suppression des obstacles structurels à l'intégration des immigrants. Parallèlement nous devons associer les médias afin d'améliorer la compréhension de l'immigration, et de souligner son rôle « d'agent fertilisant » de notre culture[2].

1. https://www.marianne.net/societe/les-etats-unis-au-coeur-de-nos-banlieues-l-heure-des-comptes

2. https://europa.eu/rapid/press-release_SPEECH-08-580_en.htm?locale=FR

En clair, l'UE incite les immigrés à rejoindre le Vieux Monde « comme ils sont », pour reprendre le slogan d'une célèbre chaîne de restauration rapide. Immigrer, selon la *doxa* européiste, ne nécessite plus de changer et de géographie et d'histoire ; mais consiste à se rendre d'un point A à un point B. Ce qui correspond au projet de Bruxelles, destiné à remplacer des nations ancrées dans une histoire et désireuses de la prolonger par un espace de libre-échange anonyme, une zone *duty free*.

Enfin, le culte de la repentance joue un rôle important dans la désintégration nationale. On assiste depuis trois décennies en France à une recrudescence des lois mémorielles, celles-ci devant servir à offrir une réparation symbolique aux victimes et à en interdire la contestation. Ainsi, à la loi Gayssot du 13 juillet 1990 (laquelle n'a d'ailleurs nullement empêché et a probablement même facilité l'immonde propagande négationniste du couple Dieudonné-Soral) se sont ajoutées la loi du 29 janvier 2001, reconnaissant le génocide arménien de 1915, la loi Taubira du 21 mai 2001, tendant à la reconnaissance de la traite et de l'esclavage en tant que crime contre l'humanité et, enfin, la loi du 23 février 2005 portant « reconnaissance de la Nation et contribution nationale en faveur des Français rapatriés ». Ces lois engendrent une confusion entre l'histoire, la morale et la religion. En démocratie, le Parlement et l'autorité judiciaire n'ont pas à définir la vérité historique, surtout s'ils dépendent de l'émotion au moment de l'apprécier. Chaque fraction de la population est incitée à s'identifier à une communauté aspirant à la sacralisation d'un malheur, qui n'est plus celui de l'humanité, mais le sien propre, le socle de son identité et le titre fondateur de ses droits spécifiques. Dans un article de 2006 intitulé « L'histoire et la loi » et paru dans la revue *Études*, René Rémond avait repéré les impasses vers lesquelles nous entraînaient ces lois :

> Elles procèdent toutes de la même aspiration de communautés particulières, religieuses ou ethniques, à faire prendre en considération par la communauté nationale leur mémoire particulière par l'intermédiaire de l'histoire, qui est prise en otage. C'est contre cette instrumentalisation qui entraîne une fragmentation de la mémoire collective que les historiens ont pris position[1].

Renan constatait qu'une nation est tissée de souvenirs mais aussi d'oublis communs. Tant que la France restera « l'avant-garde de la mauvaise conscience universelle » (Pierre Nora) et que ses élites continueront de propager le mythe d'une France éternellement coupable, le délitement de la patrie ne pourra que s'accélérer et l'assimilation se gripper.

Conformément à la vision exposée par Condorcet dans ses *Cinq Leçons sur l'instruction publique,* l'école en France est censée former des citoyens émancipés. L'Éducation nationale a joué un rôle clé dans l'enracinement d'un patriotisme républicain. *L'Histoire de France, cours moyen* d'Ernest Lavisse, qui faisait référence sous la IIIe République, commençait par cette injonction : « Tu dois aimer la France, parce que la Nature l'a faite belle, et parce que l'Histoire l'a faite grande. » Cette vision n'a plus droit de cité aujourd'hui, et l'école est devenue un laboratoire des lubies idéologiques d'universitaires convertis au « gauchisme culturel » et pour qui la France serait enlaidie par son histoire et nanifiée par la mondialisation. Cela se vérifie dans les cours d'histoire-géographie-éducation civique qui entendent remplacer le « roman national » par un récit postnational destiné à « faire évoluer les mentalités », selon l'expression consacrée. Barbara Lefebvre a très bien décrit cette dérive :

1. https://www.cairn.info/revue-etudes-2006-6-page-763.htm

> Leur discours prétend penser la complexité de l'histoire dans une vision binaire : dominants/dominés, bourreaux/victimes, vainqueurs/vaincus. La vision téléologique de l'histoire n'est absolument pas la mienne, qui n'est ni au service du progrès ni au service d'une utopie. Quand on enseigne l'histoire, on n'enseigne pas une métaphysique mais une représentation non dogmatique du passé. L'histoire scolaire doit être rigoureuse dans ses contenus, mais n'a pas vocation à faire partager aux élèves les tâtonnements de la recherche. Elle doit contribuer à faire d'eux de futurs citoyens ayant en partage une culture et une histoire communes. Or le commun est disqualifié puisque l'histoire scolaire est l'otage des identités et des mémoires qui clament chacune leurs droits dans une concurrence effrénée, parfois radicale[1].

Il suffit de se plonger dans les manuels de collèges pour vérifier que l'école aggrave les fractures françaises, en entreprenant une rééducation identitaire, au mépris du réel et du bon sens. Au sujet de l'islam, la présidente du Conseil supérieur des programmes, Souâd Ayada, a révélé que les programmes avaient voulu véhiculer une image positive et sans nuance de l'islam, afin de prévenir la montée de l'islamophobie[2]. Les livres scolaires invitent à l'ouverture des frontières conformément, selon leurs rédacteurs, à la tradition française. Intéressons-nous, par exemple, au manuel *Questionner le monde* d'Hatier à destination des classes de CE2 :

> Dans ce dernier ouvrage, on trouve deux extraits controversés. Le premier montre un groupe de personnes de diverses cou-

---

1. http://premium.lefigaro.fr/vox/societe/2018/01/19/31003-20180119ARTFIG00064-barbara-lefebvre-priver-les-eleves-des-grands-textes-de-la-litterature-c-est-les-priver-de-leur-identite.php

2. https://www.bvoltaire.fr/lislam-manuels-scolaires-eleves-coran/ Anne-Bénédicte Hoffner, *La Croix*, 25 janvier 2018 lors de son audition par la Commission des affaires culturelles de l'Assemblée.

leurs de peau, en train de se photographier. Le livre interroge l'élève : « *Trouve deux raisons pour lesquelles cette scène n'aurait pas été possible en France au Moyen Âge* » ; et l'on imagine que la réponse ne doit pas se limiter à rétorquer que les téléphones portables et les selfies n'existaient pas il y a dix siècles. Dans le genre politiquement correct, la légende ne brille pas non plus par sa subtilité : « *Au XXᵉ et au XXIᵉ siècle, la population [de la France] a continué d'évoluer avec des migrants venus d'Afrique et d'Asie, notamment. Eux-mêmes ou leurs enfants sont français.* » Deuxième passage discuté du manuel : une reproduction de vitrail représentant des Francs, arrivés sur le territoire de la Gaule romaine au vᵉ siècle. Des tribus germaniques qui sont présentées comme des... « migrants » par le manuel d'Hatier (et non de Nathan, comme l'indique par erreur le tweet)[1].

Cette entreprise idéologique se retrouve aussi dans les débats sur le féminisme et les minorités. Dans certains manuels, l'écriture inclusive s'est imposée. Par exemple, dans un ouvrage Magellan et Galilée à destination des élèves de CE2, on peut lire : « grâce aux agriculteur.rice.s, aux artisan.e.s et aux commerçant.e.s, la Gaule était un pays riche[2] ». Dans un entretien donné au magazine *Têtu*, l'ancienne ministre de l'Éducation nationale Najat Vallaud-Belkacem avait, quant à elle, déclaré que l'école devait cesser de « passer sous silence l'orientation LGBT [lesbienne, gay, bi et trans] de certains personnages ou auteurs, [qui plus est quand] elle explique une grande partie de leur œuvre comme Rimbaud[3]. »

1. https://www.marianne.net/societe/l-impossible-neutralite-des-manuels-scolaires

2. http://www.lepoint.fr/societe/un-manuel-scolaire-promeut-la-cause-feministe-23-09-2017-2159281.php

3. https://www.elle.fr/Societe/News/Najat-Vallaud-Belkacem-veut-banaliser-l-homosexualite-2230928

Enfin, les manuels scolaires ont tendance à disqualifier toutes critiques du néolibéralisme et de l'Union européenne. La construction européenne y est décrite comme une marche ininterrompue vers le progrès, la prospérité et l'amitié entre les peuples. Une résolution du Parlement européen de 2015 prévoit « d'apprendre l'UE à l'école ». Les eurodéputés s'inquiètent de ce qu'une « connaissance insuffisante de l'Union et une mauvaise compréhension de sa valeur ajoutée concrète [puisse] contribuer à la perception d'un déficit démocratique et donner lieu à une propagation de l'euroscepticisme ». Il s'agit d'œuvrer dans l'enseignement pour créer une « acceptation des sociétés multiculturelles et multiethniques »[1].

L'école a remplacé la transmission des savoirs et des trésors du passé par une idéologie compassionnelle et un progressisme hors-sol axé sur la glorification des droits de l'homme, la défense du néoféminisme, l'anticolonialisme, la gouvernance mondiale, etc. Un enseignement qui manipule les enfants en véhiculant une vision des Français en éternels salauds. Nos élites devraient méditer ce constat de Bertolt Brecht : « Redoutable est la tentation d'être bon. »

La fin du brassage dans les quartiers

La victimisation des quartiers ne doit pas occulter la propension de certains de ses habitants à se muer en persécuteurs vis-à-vis de ceux qu'ils appellent les *babtous*. Le peuple *old school* qui vivait dans les cités en a été chassé par une sorte de malaise identitaire engendré par les changements de repères culturels entraînés par l'immigration. À une époque où la différence est autant perçue comme une source d'enrichissement

1. https://www.marianne.net/societe/l-impossible-neutralite-des-manuels-scolaires

qu'un droit à revendiquer, les particularismes vestimentaires et religieux des populations immigrées s'affichent fièrement dans l'espace public. Cela engendre, chez les anciens Français comme chez les immigrés assimilés, un sentiment de domination culturelle qui, conjugué à un déclassement économique, incite les populations de ces quartiers à s'en éloigner. Comme l'a montré Christophe Guilluy dans « La France périphérique », en banlieue, les Blancs ont perdu « la guerre des yeux ». Désormais, un habitant des zones urbaines sensibles sur deux est étranger, et cette moyenne monte à 64 % en Île-de-France, « partout le clivage social recoupe un clivage ethnique[1] ».

L'antisémitisme flambe dans ces quartiers. Cette montée préoccupante de la haine antijuifs offre un autre exemple de leur sécession et de la brutalité avec laquelle celle-ci se manifeste. L'importation en France du conflit au Proche-Orient, la radicalisation islamiste et l'impression de deux poids deux mesures, alimentée par le comportement d'une partie des élites se conjuguent pour alimenter le ressentiment des populations arabo-musulmanes. Il est impossible de vérifier l'affirmation de l'ancien grand rabbin Haïm Korsia selon laquelle « il n'y a pratiquement plus un seul enfant juif dans les écoles publiques de Seine-Saint-Denis ». Toutefois, de plus en plus de familles juives « ne font plus confiance à l'école de la République pour assurer la sécurité de leurs enfants[2] ». Les israélites choisissent moins le système scolaire public que le reste de la population française (65 % de juifs dans le public contre 85 % des autres Français en moyenne, selon une enquête effectuée par l'IFOP pour la Fondation

---

1. http://www.slate.fr/story/92641/christophe-guilluy-france-peripherique

2. Jérôme Fourquet, *L'Archipel français*, *op. cit.*, p. 214.

Jean-Jaurès à l'été 2015). Comme le confie la directrice d'une école privée juive d'Aubervilliers :

> Les effectifs ont augmenté de 20 % au cours des deux dernières années, malgré le fait que des familles avec enfants sont parties faire l'*alyah* [ce qui signifie, pour un juif, s'installer en terre d'Israël][1].

Ceux qui ne font pas l'*alyah* en Israël effectuent une *alyah* intérieure dans l'Hexagone, ainsi que le montre l'enquête de l'IFOP « L'an prochain à Jérusalem ? Les juifs de France face à l'antisémitisme[2] ». Ces départs forcés ont surtout lieu dans les quartiers populaires franciliens, en Seine-Saint-Denis, dans le Val-de-Marne et le Val-d'Oise.

L'intolérance face à l'homosexualité et le véritable enfer vécu par certains gays et lesbiennes dans ces zones traduisent encore leur rupture d'avec le reste de la société. Une enquête de l'IFOP a montré que « 63 % des musulmans français considéraient l'homosexualité comme une maladie ou comme une perversion[3] ». Cette homophobie n'est pas réductible à des facteurs socio-économiques, comme le reconnaît Mehdi Aifa, le président de l'Amicale des Jeunes du Refuge, dans un article de *La Croix* du 25 avril 2019[4]. Le responsable de cette association, destinée à héberger des jeunes victimes d'homophobie, insiste sur l'existence d'une homophobie spécifique aux banlieues :

> Dans ces banlieues, être homosexuel et maghrébin est incompatible. Un homosexuel arabe, c'est la honte de la communauté.

---

1. *Ibid.*, p. 210.
2. https://www.ifop.com/publication/lan-prochain-a-jerusalem-les-juifs-de-france-face-a-lantisemitisme/
3. http://www.datapressepremium.com/rmdiff/2010052/RESULTATS_Ifop_FJR_2019.06.24.pdf
4. https://www.la-croix.com/France/En-banlieue-homosexuels-victimes-violences-guets-apens-2019-04-25-1201017732

> J'ai en tête des dizaines d'histoires de gens que l'on essaye de faire changer d'orientation sexuelle en organisant des rencontres, voire des mariages forcés. Pour eux, soit on perd sa famille et sa communauté, soit on accepte le mariage et on entre dans une double vie. On ne peut nier qu'en l'occurrence l'islam fasse partie du problème[1].

Certaines associations LGBT+ aveuglées par leur logique communautariste font preuve d'une lâcheté consternante en ignorant les causes réelles de l'homophobie dans la France d'aujourd'hui. Cependant, si la tolérance a ses excès, l'intolérance sur fond de sécession culturelle est intolérable. Comme disait Karl Popper : « Si nous ne sommes pas préparés à défendre une société tolérante face aux assauts des intolérants, alors les tolérants seront détruits et la tolérance avec eux[2]. »

Enfin, les territoires où se concentre une forte population d'ascendance arabo-musulmane, sont, par exemple, marqués par une quasi-disparition des femmes de l'espace public, sauf pour faire les courses ou aller chercher les enfants à l'école. Le livre *La Part du Ghetto*[3] de Manon Quérouil-Bruneel et de Malek Dehoune témoigne de ce phénomène :

> C'est vrai, les femmes sont invisibles dans la cité. Même Malek a eu du mal à m'imposer comme « collègue » comme si je n'étais pas une fille dans cette enquête. C'est une absence de respect que de prendre le numéro de téléphone d'une nana, tu ne peux pas avoir une copine, ça n'existe pas. Les filles ne vont plus dans les cafés, les lieux de vie, elles y sont mal vues. Elles s'en moquent et disent en parlant des hommes : « On leur a laissé le 93, et on a pris Paris. »

1. *Ibid.*
2. Karl Popper, *The Open Society and Its Enemies*, 1945.
3. Fayard, 2018.

Au cours du printemps 2017, les associations de quartiers SOS La Chapelle et Demain La Chapelle avaient publié une pétition intitulée « La Chapelle et Pajol : Les femmes, une espèce en voie de disparition au cœur de Paris ». De telles initiatives sont accueillies avec hostilité par une prétendue gauche pour qui l'antiracisme et le relativisme priment sur le réel. Interrogé sur l'interdiction faite aux femmes de se rendre dans certains cafés de banlieue, Benoît Hamon a, par exemple, affirmé voir dans ce phénomène l'expression d'un vieux sexisme à la française : « Historiquement, dans les cafés ouvriers, il n'y avait pas de femmes[1] ». Ce recul de la visibilité des femmes sur des portions entières de l'Hexagone est dramatique, car il va à rebours de l'identité de la France, patrie d'un « échange galant entre les sexes[2] », pour reprendre l'expression de Mona Ozouf.

À cet égard, il est troublant que le président Macron ait mis l'accent sur les « violences faites aux femmes » en maintenant le tabou absolu sur ce secret de Polichinelle d'un lien entre le harcèlement de rue et les mœurs arabo-musulmanes qui considèrent que la présence de jeunes femmes non voilées et non accompagnées dans l'espace public relève d'une forme de provocation.

La sécession communautaire est presque considérée comme un fait accompli par les autorités. C'est ce que révèle en creux cette note adressée, fin avril, en plein confinement, aux fonctionnaires de police du Calvados :

> Il n'y a pas lieu d'intervenir dans les quartiers à forte concentration de population suivant le ramadan, pour relever un

1. https://www.marianne.net/politique/des-cafes-interdits-aux-femmes-en-france-benoit-hamon-relativise
2. Mona Ozouf, *Les Mots des femmes. Essai sur la singularité française*, Fayard, 1995.

tapage, contrôler un regroupement de personnes rassemblées après le coucher du soleil pour s'alimenter.

Cette sensation que la loi n'est pas vocation à s'appliquer de manière uniforme aux jeunes issus de l'immigration maghrébine et africaine, transparaît encore dans l'explication que donnait le ministre de l'Intérieur Christophe Castaner aux actes de délinquance par la dureté du confinement pour ces jeunes gens ».

Selon *Le Canard enchaîné*, son adjoint place Beauveau, Laurent Nuñez, aurait, en pleine crise pandémique, briefé ses troupes en leur expliquant : « Ce n'est pas une priorité que de faire respecter dans certains quartiers les fermetures de commerces et de faire cesser les rassemblements. » Il s'agissait de maintenir une certaine « médiation sociale ».

Les habitants des banlieues furent les premières victimes du coronavirus car ils se sont massivement retrouvés en « première » et « deuxième » lignes, mais aussi car ils ont été victimes de l'indiscipline de leur voisinage.

Sans que cela ne soit jamais explicité, l'attitude des autorités sous-entend que le comportement des « jeunes de cité » relève d'une forme de spécificité culturelle qu'il convient de respecter. Nos concitoyens d'origine étrangère qui sont contraints de cohabiter avec eux sont abandonnés à leur sort.

Dans les quartiers sensibles, là où sont concentrés les immigrés ce n'est donc pas grave si l'on tombe malade.

Pourquoi un tel deux poids deux mesures : parce que les autorités craignaient et craignent toujours que les banlieues se soulèvent. Quelle lâcheté !

Mais si la loi n'est plus la même pour tous, alors elle n'est plus la loi.

Personne n'a oublié les Gilets jaunes chargés, gazés, et parfois énucléés.

Aujourd'hui, si vous manifestez pour vos salaires, l'État macronien vous enverra les CRS. Si vous êtes un repris de justice, si vous brûlez un bus, escroqué un handicapé, si vous êtes soupçonné de viol, comme ce fut le cas des membres de la fratrie Traoré, le ministre de la Justice proposera de vous recevoir.

Jean de la Fontaine écrivait déjà : « Selon que vous serez puissants ou misérables, les jugements de cours vous rendront blanc ou noir. » Blanc ou noir, pas au sens des racistes du Cran ou des Indigénistes, mais blanc ou noir au sens où le pouvoir tend à s'incliner devant la loi du plus fort.

Derrière la traque névrotique du racisme systémique dans la police, derrière les procès en sorcellerie intentés à nos compatriotes qui redoutent la montée de l'islamisme, derrière l'exorcisme en amalgame pratiqué par les grands prêtres médiatiques, la gêne des néoaristocrates et des néoclercs est de plus en plus palpable. Pour les classes dirigeantes françaises, les enfants de l'immigration sont déjà sortis du commun.

De temps à autre, les mots trahissent la pensée des autorités. Évoquant les heurts ayant opposé, trois jours durant, des bandes de Tchétchènes venus venger l'un des leurs frappé par des dealers locaux, le procureur de Dijon a ainsi évoqué « les Arabes » pour parler des jeunes voyous français d'origine maghrébine.

En juin 2019, quatre jours et trois nuits durant, des bandes ont pu parader. Un véhicule fou a foncé dans la foule, d'épais rideaux de fumée se sont élevés au-dessus de la cité des ducs, armés de bâtons et de haches, des Tchétchènes patrouillèrent dans les rues de Dijon. Des gamins cagoulés ont brandi au nez et à la barbe des forces de l'ordre des fusils d'assaut. Les habitants de cette bonne ville ont été témoins de scènes de guérilla urbaine. Cela ne s'est pas passé aux Minguettes ni dans les quartiers nord de Marseille ou à Mantes-la-Jolie, mais dans ce qui était jadis une paisible préfecture. Sortie groggy du confinement comme d'une longue hibernation, la France a pris soudain la mesure de la diffusion de cette « chienlit », comme aurait dit de Gaulle.

Le ministre Castaner l'avouera au Sénat : « Les forces de sécurité n'étaient pas en capacité de faire face. » Le lieu où s'est déroulée l'agression, Planet'Pizz, coincé entre une banque franco-marocaine et une association proposant des cours d'arabe. Le lieu pris d'assaut par les Tchétchènes est un bar à chicha. Sur les réseaux sociaux, les adolescents vocifèrent : « Ici, c'est chez les Arabes, on vous attend ! » Dijon, 2020. Les Arabes contre les Tchétchènes. Les Tchétchènes sont venus en France récemment (en deux vagues et la dernière remonte à 2003), mais les « Arabes » en question, autoproclamés et reconnus comme tels par l'autorité judiciaire sont de jeunes Français nés en France de parents français.

Les cafés arabes des années 1980 étaient des cafés où des travailleurs maghrébins ou africains en bleu de travail venaient parler du pays en sirotant un pastis et en jouant au tiercé. Leurs petits-enfants fument le narguilé, ne boivent plus d'alcool et jurent sur le Coran. On assiste à un processus de désaffiliation. La partition, c'est maintenant.

À Dijon, la paix a été rétablie car un militant des Frères musulmans représentant les « maghrébins », a joué les pacificateurs avec les Tchétchènes, permettant au père du jeune homme agressé de conclure une trêve sous l'égide d'un imam.

Si on efface la France, on ne tombe pas sur un monde de Bisounours citoyens du monde adeptes du vivre ensemble, mais sur des tribus qui revendiquent leur appartenance et défendent leur quartier contre la tribu d'en face.

Les Bretons redeviennent bretons, les Maghrébins maghrébins, les Corses corses et les Tchétchènes restent tchétchènes.

Nous feignons de découvrir que l'être humain est un mammifère qui a besoin de se sentir appartenir à un groupe et à un territoire.

On peut se faire plaisir en considérant que les frontières n'existent plus, mais on ne fera pas disparaître l'instinct.

Le vivre ensemble risque fort de virer au mourir séparément.

Les violences physiques contre les personnes progressent avec la régularité d'un métronome depuis trois décennies. Le Kärcher n'a jamais été passé. En 2008, le ministère de l'Intérieur enregistrait moins de 200 000 victimes de coups et blessures volontaires par an. En 2019, un premier bilan temporaire faisait état de 260 000 cas. Une progression de 8 % par an sur deux années consécutives.

S'agissant des violences faites aux femmes, les seules « médiatiquement correctes » pour le gouvernement Macron-Philippe, l'échec est patent avec une hausse constante des viols (+ 12 % en 2017 et + 17 % en 2018 puis 19 % de hausse selon le bilan temporaire de 2019). Le nombre d'homicides nous ramène quarante ans en arrière avec près de 1 000 assassinats. L'ensauvagement est en marche. Ces données ne forment que la partie visible de l'iceberg des violences faites aux Français. Seules les victimes de coups et blessures de plus de 15 ans sont recensées. Or, dans certains quartiers, la brutalité est de mise en milieu scolaire. Seules les victimes s'étant signalées ou ayant porté plainte sont comptabilisées. Si la violence gratuite se répand sur l'ensemble du territoire, elles restent fortement corrélées à l'urbanisation, mais aussi à la présence de trafics et à la diffusion de la contre-culture qui l'accompagne. Ces mœurs de substitution considèrent que frapper, massacrer les « babtous fragiles », les « sales Français » ou les « faces de craie » est un réflexe normal lorsque l'ennemi refuse de baisser les yeux en marque de respect.

Au Japon ou en Nouvelle-Zélande, le consensus social est puissant, les mœurs sont respectées et la police est peu répressive. Plus un État est faible, moins il est respecté et plus il doit employer la force.

La peur du gendarme a disparu par l'effet du chantage au racisme, au colonialisme, par l'effet de ce poison mortel pour la démocratie qu'est l'idéologie victimaire.

Dans les années 1980, forcer un barrage de gendarmerie, c'était risquer de se faire tirer dessus.

Le gendarme qui aurait tiré aurait été blanchi par la justice. Si Mélanie Lemée avait fait feu, elle aurait peut-être déclenché des émeutes urbaines, subi un lynchage médiatique, et essuyé les foudres des magistrats. Accessoirement, elle serait encore en vie.

Nous devrions nous réjouir que le droit soit de mieux en mieux respecté.

Seulement, plus les droits de l'homme sont appliqués de manière stricte et plus les violents les foulent aux pieds.

En 1979, le commissaire Broussard posait devant les photographes à côté de la dépouille de Jacques Mesrine. Tirer sur un flic, c'était signer son arrêt de mort. À l'époque, les magistrats défendaient l'État dont ils savaient qu'il était le rempart des faibles.

Les remises de peine étaient rares. Les peines étaient lourdes. En 2020, la prison ne fait plus peur. Dans certains quartiers, on n'est pas un vrai « binhomme » avant d'avoir fait du « placard ».

Lorsque l'État ne s'autorise plus à user de la force. Lorsque les ministres redoutent les magistrats. Lorsque le gouvernement tremble à l'idée que les juges de Bruxelles ou de

Luxembourg tirent un Scud de papier, il ne sert plus à rien d'armer la police.

C'est dans ce contexte où le premier des droits de l'homme, celui à la sûreté, est bafoué qu'Éric Dupond-Moretti et Gérald Darmanin ont pris leur fonction.

Darmanin affiche son soutien aux policiers et aux gendarmes, en se rendant, de jour comme de nuit, dans les casernes et dans les commissariats.

Il s'est déplacé à Bayonne pour exprimer l'indignation de la République face au meurtre de Philippe Monguillot.

Lors des obsèques de Mélanie Lemée, le nouveau ministre a rendu hommage aux forces de l'ordre : « La République veut vous dire que votre engagement n'est pas vain. »

Les policiers et les gendarmes sont écœurés de constater que les criminels qu'ils arrêtent sont rapidement remis en liberté en raison de peines très légères ou du classement sans suite par une magistrature débordée ou complaisante.

Darmanin doit composer avec un garde des Sceaux qui veut renforcer les droits de la défense.

Dupond-Moretti a été accueilli par des applaudissements à la prison de Fresnes. Pas ceux des gardiens, mais ceux des taulards qui encourageaient « Aquitator » à aller plus loin dans la défense des violents et des durs.

Le nouveau ministre de la Justice veut séparer le siège du parquet.

Pourtant la violation des règles les plus sacrées du contrat social ne regarde pas seulement les victimes et ceux qui sont accusés de leur avoir fait du tort, mais la société dans son ensemble.

Si vous tuez un chauffeur de bus ou une gendarme, vous ne portez pas seulement préjudice à ces victimes et à leurs proches, c'est la nation tout entière que vous agressez.

La société existe et a le droit de demander des comptes. C'est la principale justification de la politique pénale.

« Je préfère innocenter cent coupables que de condamner un seul innocent », disait Voltaire. Une masse de concitoyens de toutes origines préfèrent durcir les peines de cent Traoré pour éviter une seule Mélanie Lemée.

Depuis, de l'eau a coulé sous les ponts

Après « la France aux Français », nous sommes passés à « la banlieue aux blédards ». Le sécessionnisme à l'œuvre dans les quartiers résulte de mécanismes distincts qui ont fini par converger : l'auto-organisation économique autour du trafic de stupéfiants, la diffusion parallèle d'un discours antiraciste stigmatisant les Blancs et valorisant les origines exotiques, l'importation des États-Unis du communautarisme vindicatif, mais aussi d'une sous-culture mêlant l'ultraviolence à la *Scarface* au gansta rap, la montée du Front puis du Rassemblement national, le renforcement constant des droits de la défense et le triomphe de la gagne et du marché et, enfin, la montée en puissance de l'islamisme. La sécession économique, culturelle, géographique, et, pour finir, religieuse s'est potentialisée, aboutissant à la situation inquiétante que nous avons sous les yeux.

Depuis la fin des années 1980, nos gouvernants ont voulu éviter la guerre civile au prix du déshonneur, ils risquent de récolter les deux. Le périphérique, ou ce qui en tient lieu dans nos régions, ne nous protégera pas plus que la ligne Maginot. La confrontation entre les bandes violentes qui tiennent les « cités » et la République n'est sans doute plus qu'une question de temps.

5

Le peuple

En France, le souverain, c'est le peuple. La Constitution de 1793 le définissait comme « l'universalité des citoyens français ». Au sortir de la monarchie, l'affirmation de cette équivalence entre peuple et nation était utile. Depuis 1877, l'impossibilité de dissocier le peuple et la nation tombe sous le sens, et la volonté de les défaire sous le coup de la loi.

À cet égard, le souverainisme ne constitue pas une sensibilité politique, encore moins une idéologie, mais un bien commun juridique et une évidence morale. Si certains étaient cohérents, notre Constitution du 13 octobre 1958 et, *a fortiori*, la Déclaration des droits de l'homme et du citoyen devraient être dénoncés comme des brûlots souverainistes. « Le principe de toute souveraineté réside essentiellement dans la nation. Nul corps, nul individu ne peut exercer d'autorité qui n'en émane expressément », précise notre Loi fondamentale. En République, la défense de la souveraineté nationale ne devrait donc souffrir aucune contestation. Pourtant, le révisionnisme institutionnel est omniprésent. Jusqu'en 1877, la monarchie a menacé la république. Jusqu'en 1991, le marxisme a contesté la nation. L'année suivante, la malédiction retomba sur nous avec l'adoption du traité de Maastricht. Depuis 1992, l'européanisme a pris la suite de ce révisionnisme institutionnel. C'est celui d'Emmanuel Macron, qui invoque une légitimité nulle et non avenue (la souveraineté européenne). C'est celui d'un Alain Minc[1], qui déclarait en janvier 2017 : « Nous savons tous bien que le peuple, ça n'existe pas. » C'est celle du journaliste Éric Le Boucher, qui veut nous « projeter dans la complexité postétatique en dépassant la souveraineté, conception rouillée par le temps[2] ». Quelle involution !

Pourtant, si une conviction traverse ce livre, c'est qu'il est vain de chercher à séparer le peuple et la nation. Le peuple est, certes, un concept polysémique. Les Romains parlaient de *populus* pour désigner l'intérêt général, idéal juridique qui tiendrait compte de l'intérêt de tous. Le terme « plèbe » correspondait à la partie la plus démunie, mais aussi la plus nombreuse de la population romaine divisée en classes. Alors que les Romains étaient séparés en *gens*, parfois constituées de *clientes* placées sous l'égide de *patrones*, ils n'ont jamais cessé de célébrer l'unité du peuple. Personne, pas même les empereurs, n'osera imposer des décisions contraires à sa volonté. Et cette volonté, pour être légale, devait avoir été exprimée par une majorité de citoyens dûment convoquée par un magistrat. Le *demos* grec est, lui, plus proche de l'*ethnos* et désigne les citoyens qui partagent les mêmes origines et la même langue. On pouvait devenir romain, on naissait athénien. Les légions marchaient derrière un étendard sur lequel on pouvait lire « SPQR » – « Au nom du peuple et du sénat de Rome ». C'est cette conception romaine qui imprégnait les révolutionnaires.

Sieyès est un personnage clé pour comprendre la Révolution. Il fut à la fois l'un de ses instigateurs, l'un des rédacteurs de

1. Propos tenus lors d'un séminaire franco-britannique au Petit Trianon.
2. *Les Échos*, 16 mai 2014.

plusieurs projets de Constitutions, membre du Directoire et fondateur du Consulat. En janvier 1789, Sieyès publiait *Qu'est-ce que le tiers état?* Le Tiers représentait alors 25 millions d'âmes contre 300 000 nobles et clercs. Cette écrasante majorité devait devenir la nation :

> Qui donc oserait dire que le tiers état n'a pas en lui tout ce qu'il faut pour former une nation complète? Il est l'homme fort et robuste dont un bras est encore enchaîné. Si l'on ôtait l'ordre privilégié, la nation ne serait pas quelque chose de moins, mais quelque chose de plus. Ainsi, qu'est-ce le Tiers? Tout, mais un tout entravé et opprimé. Que serait-il sans l'ordre privilégié? Tout, mais un tout libre et florissant. Rien ne peut aller sans lui; tout irait infiniment mieux sans les autres[1].

Michelet : la nation appartient au peuple

Cette idée que le peuple *est* la nation se retrouvera plus tard sous la plume de Michelet. Pour l'historien, cette identité entre le peuple et la nation s'inscrit au cœur de notre identité :

> La terre de France appartient à quinze ou vingt millions de paysans qui la cultivent; la terre d'Angleterre à une aristocratie de trente-deux mille personnes qui la font cultiver. Les Anglais, n'ayant pas les mêmes racines dans le sol, émigrent où il y a profit. Ils disent *le pays*; nous disons *la patrie*[2].

Michelet exprime cette idée forte qui sera reprise par Jaurès : la patrie est le bien de ceux qui n'ont rien.

> En nationalité, c'est tout comme en géologie, la chaleur est en bas. Descendez, vous trouverez qu'elle augmente; aux couches

1. Emmanuel Sieyès, *Qu'est-ce que le tiers état?* [1789], *op. cit.*, p. 4.
2. Jules Michelet, *Le Peuple* [1846], Flammarion, 1974, p. 80.

> inférieures, elle brûle. Les pauvres aiment la France, comme lui ayant obligation, ayant des devoirs envers elle. Les riches l'aiment comme leur appartenant, leur étant obligée. Le patriotisme des premiers, c'est le sentiment du devoir; celui des autres, l'exigence, la prétention d'un droit. Le paysan [...] a épousé la France en mariage; c'est sa femme, à toujours; il est un avec elle. Pour l'ouvrier, c'est sa belle maîtresse; il n'a rien, mais il a la France, son noble passé, sa gloire. Libre d'idées locales, il adore la grande unité. Il faut qu'il soit bien misérable, asservi par la faim, le travail, lorsque ce sentiment faiblit en lui; jamais il ne s'éteint[1].

Ce lien indissociable entre peuple, nation et territoire est essentiel pour comprendre les Gilets jaunes. Leur condition matérielle est infiniment préférable à celle de nos ancêtres mais ils sont le Tiers de Sieyès. Sans être tout le peuple, ils sont du peuple, comme aurait dit Michelet. Au-delà de la goutte de gasoil taxée en plus, le soulèvement des Français les plus modestes a d'abord été un soulèvement pour la dignité. Sur les ronds-points, l'équivalent de ceux qu'Hillary Clinton avait rangés dans son *basket of deplorables* a pris conscience qu'ils étaient à la fois majoritaires et méprisés. Désormais, cette France des petits et des sans-grade ne s'en laisse plus conter, elle cherche à parler de sa propre voix – première étape avant de reprendre un pouvoir qu'on lui a confisqué.

Pendant sept mois, chaque samedi, partout en France, des grappes de citoyens ont battu le pavé des centres-ville. Ils n'ont pas marché d'un pas de startupper, pressé de sauter dans l'inconnu de la postdémocratie européiste. Les Gilets jaunes ont défilé d'un pas lourd et grave. Celui d'un peuple qui a déjà livré tant de combats et mené tant de révolutions.

1. *Ibid.*, p. 141.

Le pas décidé de ceux qui ne sont plus disposés à se laisser marcher sur les pieds.

Tout ce que la France compte d'universitaires et d'éditorialistes a scruté cette foule. Il y a déjà suffisamment d'interprétations, d'analyses et de tribunes pour occuper une armée de thésards. Chacun y est allé de son explication. Les analystes ont observé ces manifestants comme s'il s'agissait de souris de laboratoire. Pourtant, la plupart de ces analystes n'ont pas pris la peine d'écouter et de regarder. Les Gilets jaunes entonnaient un chant : « La Marseillaise » et brandissaient une bannière : le tricolore. Depuis 1944, aucun autre drapeau n'a flotté sur nos bâtiments publics. Ses trois couleurs ne sont pas un étendard idéologique, comme pouvaient l'être la bannière à swastika, le drapeau rouge ou comme l'est celui de l'Union européenne. L'étendard européen ne représente aucun État, aucun peuple, mais symbolise le dépassement de la démocratie et la volonté de délier l'identité culturelle de l'appartenance politique. Un conseil : conservez vos drapeaux bleus à étoiles jaunes ; un jour, les brocanteurs vous les rachèteront.

Qu'importe qu'ils votent ou pas, les Français des ronds-points ne sont pas de nulle part.

Si l'on en croit Christophe Guilluy, la France périphérique représenterait au moins 60 % de la population. L'expression de France périphérique est savoureuse, comme le sont aussi les savantes dissertations pour déterminer si les Jaunes sont ou non le peuple. Où est le centre et où la périphérie ? Où est la minorité et où est la majorité ? Cette France périphérique n'était pas toute présente sur les ronds-points, mais ce sont les citoyens de ce pays oublié qui s'y sont rassemblés. C'est cette France qui a revêtu une veste fluorescente pour se rendre visible.

Pour imaginer que 60 % des Français en colère, soutenus par plus de 20 % des autres, représentent la périphérie, il faut être sacrément décentré. Et juger de ce qui est le centre et ce qui est la périphérie à partir d'une échelle qui n'est plus nationale. De Lille à Marseille, de Saint-Denis basilique à Saint-Denis de la Réunion, les Gilets jaunes incarnent le peuple.

Qui sont les Gilets jaunes ? Sociologie du tiers état

Christophe Guilluy a livré l'analyse la plus fine de ce nouveau tiers état. Ses travaux mettent en évidence la concentration de la création de richesse dans les métropoles les plus dynamiques. Ainsi les douze plus grandes villes françaises rassemblent « 46 % des emplois, dont 22 % pour la seule aire urbaine de Paris[1] ». Les classes populaires, encore majoritaires dans la population active, vivent loin de ces pôles prospères :

> Après les ouvriers, les employés et les paysans, ce sont aujourd'hui les professions intermédiaires et les retraités qui subissent les effets négatifs de la mondialisation. Les territoires qui dysfonctionnent ne sont plus seulement les marges des ghettos ou de la désindustrialisation, mais aussi des villes moyennes, des petites villes, du « périurbain subi », des zones rurales. Cette géographie sociale, très disparate, autant urbaine que rurale, située dans des zones d'emplois ruralo-industrielles mais aussi résidentielles peu dynamiques, représente un nouveau monde, celui des périphéries. Situé à l'écart des territoires qui concentrent l'essentiel de l'emploi et des richesses (les métropoles et les zones touristiques privilégiées par la bourgeoisie métropolitaine), le monde des périphéries accueille aujourd'hui

1. Christophe Guilluy, *No Society*, Flammarion, 2018, p. 29.

la majorité des catégories qui constituaient hier le socle de la classe moyenne[1].

Ces habitants des périphéries sont exclus des métropoles en raison du prix du logement. Et les indigènes authentiques sont partis des quartiers populaires en raison d'une cohabitation devenue difficile avec les populations allogènes.

Ces périphéries se caractérisent par un accès limité à la culture, aux infrastructures de transport, aux services publics, etc. Pour résumer, leurs habitants sont exclus de tout ce qui fait qu'un individu peut se sentir intégré à la société à laquelle il appartient. Ils sont les perdants de la mondialisation néolibérale. Leur mobilité sociale, même si elle a toujours été limitée, s'est effondrée depuis les années 1980, au point que des sociologues parlent dorénavant de « descenseur social[2] ». Les classes populaires cumulent faiblesse des salaires, sous-emploi, chômage, précarité… Comme le note Guilluy, dans *Le Crépuscule de la France d'en haut* :

> Les cadres et professions intermédiaires sont quasiment au plein emploi, avec des taux de chômage respectifs de 3,9 et 5,2 %. Inversement le taux de chômage d'un ouvrier non qualifié est cinq fois plus important que celui des cadres, celui des employés, trois fois plus. […] Par ailleurs, avec des salaires médians qui sont proches des niveaux du smic, ces catégories sont particulièrement sensibles aux évolutions de la conjoncture économique et le moindre accident de la vie (chômage, divorce, maladie) se traduit par une précarité financière accrue pouvant conduire à la pauvreté[3].

1. *Ibid.*, p. 18-19.
2. Philippe Guibert, Alain Mergier, *Le Descenseur social : enquête sur les milieux populaires*, Plon, 2006.
3. Christophe Guilluy, *Le Crépuscule de la France d'en haut*, *op. cit.*, p. 95-96.

Le faible niveau de son épargne manifeste la précarité du nouveau tiers état. D'après les études citées par Christophe Guilluy[1], 54 % de nos compatriotes, en 2015, ne pouvaient mettre 50 euros de côté par mois et un quart ne pouvait épargner 10 euros.

Cette France en voie de paupérisation, regroupe la quasi-totalité des Gilets jaunes. Les revendications des ronds-points correspondent aux intérêts du Tiers, notamment si l'on prend en compte leur aspiration à mettre fin à la dépossession démocratique et leur critique du système euro-libéral. Ces derniers ne constituent pas la partie la plus déclassée du tiers état mais plutôt, comme le suggère le titre d'une étude de l'Institut Montaigne parue en mars 2019, la « partie émergée de la crise sociale française[2] ».

Réalisée entre le 14 décembre 2018 et le 8 janvier 2019, cette enquête montre que 21 % des Français se disaient Gilets jaunes, tandis que 47 % se retrouvaient dans leurs revendications. À l'instar de la France périphérique, les Jaunes constituent donc un bloc majoritaire dans le pays, et non une minorité voulant « foutre le bordel », pour reprendre l'expression d'Emmanuel Macron. Il s'agit d'un mouvement à l'image de la société française et, phénomène assez rare dans les grands mouvements sociaux, marqué par une forte visibilité des femmes (47 % de ceux qui se disent Gilets jaunes sont des femmes, tout comme 55 % des personnes qui soutiennent leurs actions et revendications).

Sans surprise, les classes populaires y jouent un rôle décisif :

> Les Gilets jaunes sont majoritairement des ouvriers (26 % sont des ouvriers, +9 par rapport au poids des ouvriers dans

1. *Ibid.*, p. 96.
2. https://www.institutmontaigne.org/blog/les-gilets-jaunes-la-partie-emergee-de-la-crise-sociale-francaise

la société française), des employés (21 %, + 4) et des retraités CSP- (17 %, =) [...]. 50 % des Gilets jaunes ont un niveau de diplôme inférieur au baccalauréat, 28 % ont un niveau de diplôme égal au baccalauréat, et 22 % ont un diplôme de l'enseignement supérieur, ces proportions sont respectivement de 54 %, 16 % et 30 % dans l'ensemble de la population en 2017[1].

Cette France en colère travaille non pour s'épanouir, mais pour gagner sa vie. La situation économique des citoyens des ronds-points est moins bonne que celle de la moyenne nationale : « Leur niveau de vie est de 1 486 € par mois contre 1 777 € par personne en moyenne pour l'échantillon de Français interrogés[2]. » Le pouvoir d'achat constitue leur première priorité : « le sujet qui les préoccupe le plus (50 %, + 10), devant les retraites (30 %, + 4), l'emploi (28 %, + 3) et l'immigration (27 %, + 4)[3] ». Cela s'explique par le fait que cette partie de la population voit son niveau de vie stagner. Les données tirées d'une étude de l'Institut Montaigne l'illustrent bien :

- 65 % des Gilets jaunes ont des fins de mois difficiles (+ 17 points par rapport à la moyenne des Français) ;
- 69 % ont retardé ou renoncé à des soins de santé lors des douze derniers mois (+ 18) ;
- 51 % ont été à découvert régulièrement lors des douze derniers mois (+ 13) et ceux qui le sont le sont en moyenne le 17 du mois ;
- 55 % ont le sentiment que leur situation financière s'est dégradée lors des douze derniers mois (+ 12).

La moitié des Gilets jaunes cherche systématiquement les prix les plus bas lors de ses courses alimentaires et les deux tiers

1. *Ibid.*
2. *Ibid.*
3. *Ibid.*

lors de l'achat de vêtements et de chaussures, ce qui est dans les deux cas fortement supérieur à la moyenne des Français (+ 15 points). Un peu plus d'un tiers des Gilets jaunes a régulièrement du mal à payer ses factures d'électricité (+ 15), son loyer ou prêt immobilier (+ 13), et ses impôts et taxes (+ 14)[1].

L'étude montre qu'ils sont plus nombreux que la moyenne nationale à avoir une vie sociale réduite ou nulle (60 % contre 54 % des Français) et moins nombreux à avoir le sentiment qu'ils peuvent compter sur un proche en cas de problème grave (69 % contre 74 % des Français). Ces données confortent l'analyse d'intellectuels comme Alain Finkielkraut, pour qui le phénomène des Gilets jaunes exprime le besoin de retrouver un bien commun chez des citoyens que leurs modes de vie isolent.

Dernier point de convergence entre la « France périphérique » et les Gilets jaunes : la sédentarité. À rebours du culte du « bougisme[2] » des classes dominantes, la mobilité des habitants de la France périphérique se réduit souvent à des allers-retours en voiture vers leur lieu de travail, et ils résident rarement hors de leur département de naissance. L'étude de l'Institut Montaigne montre que, si les Gilets jaunes sont attachés à l'endroit où ils vivent (à hauteur de 45 % contre une moyenne nationale de 46 %), la moitié s'y sent « coincée » (49 %, contre 44 % des Français).

La crise sanitaire a achevé de mettre au jour la persistance autant que l'importance vitale pour la nation d'une classe populaire que l'on avait cru soufflée par les délocalisations.

1. *Ibid.*
2. Pierre-André Taguieff, *Résister au bougisme*, Mille et une nuits, 2002.

En ces temps difficiles, ce peuple s'est retrouvé en première ligne pour maintenir notre économie. La sociologie des « premiers de tranchée » face au coronavirus correspond à celle des Gilets jaunes. Beaucoup de professionnels depuis longtemps « invisibilisés », que l'on pense aux caissiers, aux chauffeurs-routiers, aux livreurs, aux personnels soignants, aux éboueurs, aux routiers, etc., sont subitement devenus des héros. Emmanuel Macron s'est senti obligé de décorer les soignants, en ressuscitant une médaille remontant à la lutte contre le choléra dans les années 1880. Ce qui n'aurait pas été en soi une mauvaise idée si cette récompense s'était accompagnée d'une revalorisation salariale rapide des personnels médicaux, et singulièrement des infirmiers payés 30 % en dessous de la moyenne de l'OCDE.

Au plus fort de la pandémie de Covid-19, la France s'est fracturée sur la question du télétravail. Les CSP+ ont été massivement mises au télétravail, tandis que les Français moins favorisés ont souvent dû continuer à se rendre sur leur site d'activité, s'exposant à contracter la maladie. Une note de la Fondation Jean-Jaurès a montré qu'à peine 17 % des cadres et des professions intermédiaires se sont rendus physiquement au travail tandis que 4 ouvriers et employés sur 10 continuaient de se rendre sur site.

Dans un article du *Figaro* Chloé Morin révèle que les Français qui se sentaient le plus « Gilet jaune » en 2018 ont davantage été mobilisés sur leur lieu de travail pendant la crise sanitaire :

	Se sent « gilet jaune » (déc. 2018)	Mobilisé sur son lieu de travail (mars 2020)
Ouvriers	31 %	39 %
Employés	26 %	39 %
Travailleurs indépendants	29 %	33 %
Salariés du privé	29 %	32 %
Salariés du public	36 %	16 %
Ruraux	25 %	38 %
Sympathisants LFI	24 %	34 %
Sympathisants RN	37 %	41 %
Niveau CAP/BEP	28 %	39 %
2e et 3e cycle supérieur	16 %	23 %
Ensemble des Français	17 %	34 %

Elle ajoute le commentaire suivant :

Par la force des choses, les « premiers de tranchée » dépassent aujourd'hui largement les Gilets jaunes par leur nombre [le double]. Mais ce qui frappe, à la lecture des propos tenus par les Gilets jaunes [...] sur les réseaux sociaux, plus encore que l'identité sociale, c'est l'identification symbolique. Même ceux qui ne sont pas « au front » [...] semblent voir dans le renversement de la hiérarchie de la considération symbolique imposée temporairement par la crise, une forme de revanche sociale. Les héros d'aujourd'hui constituent ainsi, à leurs yeux, la preuve frappante du rôle central que jouent les invisibles et les soutiers du système dans le fonctionnement de la société. En enfilant leur vêtement de haute visibilité (définition administrative du « gilet jaune ») et en investissant les ronds-points, les travailleurs du *back-office*, pour reprendre une expression de Denis Maillard, s'étaient rappelés aux souvenirs des salariés du *front office*, exerçant les métiers les plus considérés et valorisés financièrement et symboliquement. En tenant aujourd'hui leur poste en pleine épidémie quand beaucoup de cadres et de managers télétravaillent depuis chez eux (ou depuis leur résidence secondaire), ces travailleurs du *back-office* ont de nouveau acquis une haute visibilité sociale[1].

Pendant ce temps-là, la France d'en haut, et notamment le monde du conseil, s'est faite discrète, comme le souligne une enquête de Franck Dedieu et d'Étienne Girard pour *Marianne* :

> Avant la crise, ils se croyaient les premiers de cordée, les voilà les derniers occupés. Et la question de leur utilité sociale se pose désormais crûment. Que font-ils dans la vie, ces cadres qui aiment à se présenter sous l'appellation – aussi vague qu'une couverture d'agent secret – de « consultants » ? Selon nos informations, plus grand-chose. Depuis le début de la crise du coronavirus, les négociateurs, banquiers d'affaires, fondés de pouvoir ou chargés de mission, stratèges, contrôleurs, intermédiaires en tout genre, jamais très loin de la direction et toujours distants de la base, se tournent les pouces[2].

L'économie de confinement a braqué les projecteurs sur des salariés peu diplômés, ce qui est paradoxal dans une société où le diplôme est devenu l'élément structurant et une condition nécessaire à la valorisation culturelle et statutaire. Pour reprendre le vocabulaire du journaliste américain Chris Arnade, nous avons assisté à la réhabilitation des « Back Row Kids » (les cancres du fond de la classe) au détriment des « Front Row Kids » (les bons élèves assis au premier rang). La popularité d'un Didier Raoult, bien plus élevée chez les classes populaires que dans la France d'en haut, cristallise

1. *Le Figaro*, 9 avril 2020.
2. *Marianne*, 14 mai 2020.

cette opposition. Ce chercheur anticonformiste fait la fierté des travailleurs français qui estiment que le pouvoir ne les traite pas avec la dignité qu'ils méritent, comme le note là encore Chloé Morin dans son article au *Figaro* :

> Il incarne à lui seul la revanche des « parcours atypiques » – « décrocheur » revendiqué, auquel peuvent s'identifier bon nombre de Gilets jaunes ou de « premiers de tranchée » peu diplômés, voire « décrocheurs » – sur une technocratie perçue comme déconnectée et méprisante. Son combat est vu par nombre de Gilets jaunes s'exprimant sur les réseaux sociaux comme le miroir du leur, une sorte de revanche du bon sens de « ceux d'en bas » sur une élite par ailleurs largement perçue par l'opinion comme inefficace, n'ayant pas su anticiper la crise, et peinant à la gérer – la polémique autour des masques est ici devenue symptomatique.

Pendant que les ouvriers, les employés et ce qu'il reste de la classe moyenne en voie de paupérisation, faisaient tenir le pays, les privilégiés ont souvent fui les métropoles, notamment Paris, pour rejoindre leur maison de campagne. Comme le note Michel Onfray : « C'est à la province qu'on va ces temps-ci se protéger des miasmes de la capitale quand la pandémie menace. La province est bonne fille… »

Leïla Slimani, qui a tenu pendant la crise sanitaire un « journal de confinement » dans *Le Monde,* incarne à merveille cette France d'en haut partie se réfugier en province et qui exhibe fièrement son confort pendant que d'autres souffrent :

> Cette nuit, je n'ai pas trouvé le sommeil. Par la fenêtre de ma chambre, j'ai regardé l'aube se lever sur les collines. L'herbe verglacée, les tilleuls sur les branches desquels apparaissent les premiers bourgeons. Depuis vendredi 13 mars, je suis à la campagne, dans la maison où je passe tous mes week-ends depuis des années. […] J'ai dit à mes enfants que c'était un peu comme dans *La Belle au bois dormant.*

L'écrivain Marie Darrieussecq, constitue également un cas d'école. Réfugiée dans le Pays Basque, elle trouve bon de disserter sur l'hostilité des autochtones, message écolo en prime :

> Nous planquons au garage notre voiture immatriculée à Paris et prenons la vieille que nous gardons ici. Je sens qu'il n'est pas bon de rouler avec un 75 aux fesses... Nous partons voir la mer. Elle bat, lourde, forte, indifférente. La plage est déserte. J'ai une vision de planète sans humains. L'hypothèse Gaia, un rééquilibrage de la planète par elle-même, la Terre comme entité globale qui compense l'action des humains (leurs antibiotiques aux poulets, leur surchauffe polluante, leur déforestation, leurs étals d'animaux morts...) par une sorte de surpuissance donnée à l'infiniment petit, le virus qui nous supprimerait, enfin je romance déjà, mon mari (ou des chercheurs comme Bruno Latour) vous l'expliquerait de façon plus carrée.

Ces « pipoles », qui constituent la partie émergée de l'iceberg, feraient bien de méditer le mot de l'historien Antoine Germa, confiné en Lombardie : « La romantisation du confinement est un privilège de classe. » Et un manquement à la décence pourrions-nous ajouter.

En plus de subir ces témoignages, le peuple a dû faire face à un manque total d'empathie du pouvoir.

Le préfet de police de Paris Didier Lallement a choqué l'opinion publique en crachant sur les malades : « Ceux qui sont aujourd'hui hospitalisés, ceux qu'on trouve dans les réanimations, ce sont ceux qui, au début du confinement, ne l'ont pas respecté. »

Sibeth Ndiaye a quant à elle provoqué un tollé chez les enseignants, une profession pourtant mobilisée pour assurer la « continuité pédagogique » : « Nous n'entendons pas demander à un enseignant qui aujourd'hui ne travaille pas, compte tenu de la fermeture des écoles, de traverser toute la France pour aller récolter des fraises gariguettes. »

Ainsi, bien que la géographie et le niveau de vie forment des marqueurs essentiels, son *ethos* (la solidarité prime sur l'individualisme, mais l'absence de capacité à se projeter sur l'avenir prime sur l'optimisme) aide à cerner ce nouveau Tiers. Pour définir le peuple des ronds-points, il faut associer deux critères : l'un est matériel (il est menacé de plonger dans la pauvreté, à moins qu'il ne s'y débatte déjà) et l'autre est politique.

Que veulent les Gilets jaunes ?

L'ampleur et la diversité de ce nouveau Tiers laisseraient penser qu'aucune conscience commune ne peut émerger en son sein. Mais cette image d'une base politique amorphe est le piège dans lequel il ne faut pas tomber. Le tiers état actuel se définit aussi par son comportement électoral (abstention probable, Rassemblement national possible).

Le soft power du peuple

Le fossé qui sépare les périphéries des métropoles possède une traduction politique. Celle-ci se manifeste à l'occasion de ce qu'Emmanuel Todd a qualifié, dans sa note sur la fracture sociale de « jacqueries électorales ». Dans cette analyse, qui inspira Chirac lors de la campagne de 1995, Emmanuel Todd expliquait que la fracture sociale serait de plus en plus à l'origine d'insurrections par les urnes :

> Effondrement du parti communiste en 1981, émergence du Front national en 1984, nouvelle fièvre lepéniste en 1988,

> poussée abstentionniste aux cantonales de la même année, apparition surprise d'une forte opposition au traité de Maastricht en 1992, effondrement du Parti socialiste en 1993 : tous ces phénomènes s'expliquent assez largement par les mouvements de la partie la moins riche et la moins éduquée du corps électoral, désorientée par une évolution sociale défavorable[1].

Il convient d'ajouter à cette liste le triomphe du « non » au référendum de 2005 et les succès électoraux du Front puis du Rassemblement national depuis les années 2010 – c'est-à-dire depuis que cette formation a opté pour une ligne sociale au niveau économique, et que les classes populaires s'y sont majoritairement ralliées. Au sujet du Rassemblement national, on observe que celui-ci progresse à mesure que l'on s'éloigne des grandes métropoles, et ce à l'opposé, par exemple, du vote en faveur d'Emmanuel Macron. L'étude de l'IFOP, « Géographie et sociologie du vote Macron : un négatif du vote FN », parue en mai 2017 l'atteste[2].

Ceux à qui les médias et la classe dirigeante renvoyaient cette sensation d'être ce que le philosophe Claude Lefort appelait des « hommes en trop » se sont rassemblés. Les Gilets jaunes éprouvent un vif sentiment d'injustice (pour 87 % d'entre eux) et l'impression de vivre dans une République où la réussite sociale est jouée d'avance (68 % d'entre eux, soit 5 points de plus que la moyenne nationale) ; 69 % (contre 52 % des Français) considèrent que leurs parents vivaient mieux qu'eux au même âge. De ce sentiment découle une défiance vis-à-vis des institutions : 80 % des Gilets jaunes ne font pas confiance au président et 75 %

1. Pierre-André Taguieff, *Résister au bougisme*, *op. cit.*
2. « Géographie et sociologie du vote Macron : un négatif du vote FN », *IFOP Focus*, n° 159, mai 2017.

n'accordent aucun crédit aux partis. L'étude de l'Institut Montaigne souligne ce désenchantement électoral :

> La forte défiance des Gilets jaunes vis-à-vis des acteurs institutionnels les conduit logiquement à être une majorité à déclarer n'avoir de préférence partisane pour aucun parti (33 %) ou à se dire proches de partis politiques protestataires, notamment le Rassemblement national (19 %) et, dans une moindre mesure, La France insoumise (10 %). Lors du 1er tour de l'élection présidentielle de 2017, 29 % des Gilets jaunes ont voté pour Marine Le Pen, 27 % se sont abstenus, ont voté blanc ou n'étaient pas inscrits sur les listes électorales, et 17 % ont voté pour Jean-Luc Mélenchon. Lors du 2nd tour, 44 % des Gilets jaunes se sont abstenus, ont voté blanc ou n'étaient pas inscrits sur les listes électorales, 34 % ont voté pour Marine Le Pen, et 22 % pour Emmanuel Macron[1].

Les abstentionnistes sont des géants démographiques, mais des nains politiques. Rien ne pourra se faire sans la remobilisation de ce peuple qui ne compte pas. Comme le défend Christophe Guilluy, l'ostracisme dont les classes populaires ont été l'objet les incite à développer leur propre culture politique :

> Exclues, ostracisées, précarisées, sans pouvoir économique ni politique, les classes populaires semblaient sorties de l'Histoire. En quelques décennies, la classe dominante bourgeoise est devenue leur boussole inversée. Cette autonomie contrainte d'un monde d'en bas désormais hermétique aux discours et injonctions du monde d'en haut permet aux classes populaires de réaffirmer ce qu'elles sont collectivement. Contre toute attente, elles exercent aujourd'hui un *soft power* invisible qui

1. https://www.institutmontaigne.org/blog/les-gilets-jaunes-la-partie-emergee-de-la-crise-sociale-francaise

> contribue à l'effondrement de l'hégémonie culturelle des classes dominantes et supérieures[1].

Mais sur quoi porte ce *soft power* ? Guilluy considère qu'il revient à faire émerger des thématiques volontairement délaissées par la classe dirigeante :

> Refusant le nihilisme du monde d'en haut et l'effacement des sociétés occidentales, les classes populaires exercent aujourd'hui une pression inattendue sur le monde d'en haut. Cette pression culturelle contribue à imposer des thématiques qui renvoient toutes au collectif, à la volonté de protéger un capital social et culturel qui structure toute société. Souverainisme, protectionnisme, préservation des services publics, refus des inégalités, régulation des flux migratoires, frontières : ces thématiques dessinent un commun, celui des classes populaires dans le monde, quelles que soient leurs origines[2].

Ainsi, les classes populaires s'acharnent à vouloir « sauver la société » en s'opposant à leurs élites, qui affirment que celle-ci s'est dissoute dans la mondialisation. Le Tiers entend préserver le bien commun, la nation et son identité. L'émergence de telles thématiques n'est pas la cause de l'apparition du populisme. Ce sont plutôt les populismes qui ont su capter et exprimer une culture politique préexistante. En Italie, en Hongrie, aux États-Unis, le *soft power* est devenu un *hard power* grâce à la conquête des urnes.

Les classes populaires possèdent assurément une substance idéologique. Le Tiers n'est pas une collection d'individus aux convictions disparates. Le terme populiste est utilisé comme synonyme de démagogie. Le populisme résulterait d'un art de l'outrance, du travestissement du réel, afin de le rendre

1. Christophe Guilluy, *No Society*, *op. cit.*, p. 175-176.
2. *Ibid.*, p. 179.

conforme aux désirs irréalistes et aux bas instincts de la foule. Ce que l'élite appelle communément populisme, c'est une offre politique qui s'efforce de répondre, de manière certes plus ou moins efficace ou talentueuse, à la demande de la majorité.

La common decency

Qu'est-ce qui rassemble les Gilets jaunes, en dépit de leur diversité ? La notion de *common decency* peut l'éclairer. Forgée par Orwell, l'expression fut réhabilitée par Jean-Claude Michéa. La *common decency* se présente comme un « anticoncept ». Son caractère intuitif, basé sur l'anthropologie maussienne du don, lui garantit une dimension universelle.

> En nous engageant, par exemple, à agir de manière loyale et à faire preuve de désintéressement, ou encore à refuser de tirer profit de la faiblesse des uns ou de s'incliner devant la puissance des autres, la *common decency* prend clairement appui, au contraire, sur ces *vertus de base* que l'humanité a toujours reconnues et valorisées, et qui ont acquis, à ce titre, un statut transversal à toute construction idéologique possible[1].

Il entre dans la *common decency* de la morale par provision cartésienne, autant que de la morale kantienne, qui veut croire que l'universalisation d'une maxime morale fonde sa validité.

Selon Orwell, la *common decency* est plus spontanément le fait des « gens ordinaires » :

> Car si, en droit, tout humain est effectivement capable de se comporter de façon décente, il demeure indéniable que, dans

---

1. Jean-Claude Michéa, *Le Complexe d'Orphée*, Flammarion, 2014, p. 83.

> les faits, l'aptitude concrète à la décence apparaît, avant tout, comme le privilège des gens ordinaires. Cette conviction populiste (au sens originel et positif du mot) n'a rien à voir avec une quelconque « idéalisation » des classes populaires. [...] Elle repose, en réalité, sur le fait que les dispositions sociales à la décence (c'est-à-dire au dépassement de l'égoïsme individuel) prennent toujours naissance dans ces pratiques collectives et ces systèmes de solidarité [...] qui, jusqu'à ce jour, organisent encore une part décisive de la vie des quartiers populaires ou des villages[1].

Cette décence commune se manifeste à travers cette dignité dont les classes populaires se départent rarement. La défense d'un sens non négociable, non cessible d'une dignité individuelle et collective résiste à l'extension du libéralisme à tous les champs de l'existence. Si nous appliquons ce concept aux ronds-points, nous comprenons que ce qui rassemble ces « gens ordinaires », c'est la volonté de retrouver une solidarité de bon sens dans un contexte où toutes les sphères de la vie sont aseptisées par une logique mercantile. L'impersonnalité des zones industrielles où se rejoignent les Gilets jaunes tranche avec la fraternité du lien qui s'y crée. C'est en se basant sur la *common decency* que les Jaunes s'opposent *collectivement* à ce que Michel Houellebecq appelle l'« extension du domaine de la lutte[2] ». Dans son style inimitable, le romancier résumait ainsi la situation :

> Certains font l'amour avec des dizaines de femmes; d'autres avec aucune. C'est ce qu'on appelle la « loi du marché ». En système économique parfaitement libéral, certains accumulent des fortunes considérables; d'autres croupissent dans

1. *Ibid.*, p. 100-101.
2. Michel Houellebecq, *Extension du domaine de la lutte*, Maurice Nadeau, 1994.

> le chômage et la misère. En système sexuel libéral, certains ont une vie érotique variée et excitante ; d'autres sont réduits à la masturbation et à la solitude. Le libéralisme économique, c'est l'extension du domaine de la lutte, son extension à tous les âges de la vie et à toutes les classes de la société[1].

On a là un concentré du modèle libéral que prônent nos élites. On reconnaîtra les « premiers de cordée », « ceux qui réussissent », opposés à « ceux qui ne sont rien ». Comment ne pas être frappé, à la lumière de la crise des Gilets jaunes, par la prescience dont Houellebecq fait preuve dans *Sérotonine* ? La trajectoire d'Aymeric et de ses amis agriculteurs, poussés à la révolte (puis à la mort) par la violence du marché, mais aussi par le désespoir de la solitude, évoque le destin des « petits » rassemblés sur les ronds-points.

La dignité ne s'achète pas : c'est ainsi que nous pourrions résumer la *common decency*. Cette aspiration exprime une volonté de reconstruire la société, retisser du lien, refaire une nation. Au cœur de la *common decency* loge un profond désir d'égalité et de fraternité.

Les revendications des Gilets jaunes

À présent que nous avons repéré les présupposés politiques et moraux de ce nouveau Tiers, nous comprendrons mieux ses aspirations concrètes. Pour cela, rien de tel que de se replonger dans la liste des 42 revendications des Gilets jaunes[2]. On y trouve de nombreuses mesures visant à renforcer la solidarité sociale et l'équité :

---

1. Michel Houellebecq, *Extension du domaine de la lutte*, J'ai lu, 1997, p. 100.
2. Liste des 42 revendications des Gilets jaunes, *Mediapart*, 2 décembre 2018.

- Zéro SDF : URGENT.
- Impôt sur le revenu davantage progressif (plus de tranches).
- Smic à 1 300 euros net.

[...]

- Que les GROS (McDo, Google, Amazon, Carrefour...) payent GROS et que les petits (artisans, TPE PME) payent petit.
- Même système de Sécurité sociale pour tous (y compris artisans et autoentrepreneurs). Fin du RSI.
- Le système de retraite doit demeurer solidaire et donc socialisé (pas de retraite à points).
- Fin de la hausse des taxes sur le carburant.
- Pas de retraite en dessous de 1 200 euros.

[...]

- Les salaires de tous les Français, ainsi que les retraites et les allocations, doivent être indexés à l'inflation.

[...]

- Salaire maximum fixé à 15 000 euros.
- Que des emplois soient créés pour les chômeurs.
- Augmentation des allocations handicapés.
- Limitation des loyers. + de logements à loyers modérés (notamment pour les étudiants et les travailleurs précaires).

[...]

- Pour la sécurité de l'emploi : limiter davantage le nombre de CDD pour les grosses entreprises. Nous voulons plus de CDI.

[...]

- Retraite à 60 ans. Et pour toutes les personnes ayant travaillé dans un métier usant le corps (maçon ou désosseur, par exemple), droit à la retraite à 55 ans.

Au sein de cette liste de revendications, on trouve aussi des mesures visant à protéger ou développer l'économie nationale :

- Protéger l'industrie française : interdire les délocalisations. Protéger notre industrie, c'est protéger notre savoir-faire et nos emplois.

• Fin du travail détaché. Il est anormal qu'une personne qui travaille sur le territoire français ne bénéficie pas du même salaire et des mêmes droits. Toute personne étant autorisée à travailler sur le territoire français doit être à égalité avec un citoyen français et son employeur doit cotiser à la même hauteur qu'un employeur français.
[...]
• Interdiction de vendre les biens appartenant à la France (barrages, aéroports).
[...]
• Fin du CICE. Utilisation de cet argent pour le lancement d'une industrie française de la voiture à hydrogène (qui est véritablement écologique, contrairement à la voiture électrique).
• Fin de la politique d'austérité. On cesse de rembourser les intérêts de la dette, qui sont déclarés illégitimes, et on commence à rembourser la dette sans prendre l'argent des pauvres et des moins pauvres, mais en allant chercher les 80 milliards de fraude fiscale.

Parmi les revendications remontées des ronds-points, certaines visent à transformer le traitement de l'immigration :

• Que les causes des migrations forcées soient traitées.
• Que les demandeurs d'asile soient bien traités. Nous leur devons le logement, la sécurité, l'alimentation, ainsi que l'éducation pour les mineurs. Travailler avec l'ONU pour que des camps d'accueil soient ouverts dans de nombreux pays du monde, dans l'attente du résultat de la demande d'asile.
• Que les déboutés du droit d'asile soient reconduits dans leur pays d'origine.
• Qu'une réelle politique d'intégration soit mise en œuvre. Vivre en France implique de devenir français (cours de langue française, cours d'histoire de la France et cours d'éducation civique avec une certification à la fin du parcours).

Il faut y ajouter des demandes concernant les institutions et les élus :

• Tout représentant élu aura le droit au salaire médian. Ses frais de transport seront surveillés et remboursés s'ils sont justifiés. Droit au ticket-restaurant et au chèque-vacances.
[…]
• Le référendum populaire doit entrer dans la Constitution. Création d'un site lisible et efficace, encadré par un organisme indépendant de contrôle où les gens pourront faire une proposition de loi. Si cette proposition de loi obtient 700 000 signatures, alors cette proposition de loi devra être discutée, complétée, amendée par l'Assemblée nationale qui aura l'obligation (un an, jour pour jour, après l'obtention des 700 000 signatures) de la soumettre au vote de l'intégralité des Français.
• Retour à un mandat de sept ans pour le président de la République. (L'élection des députés deux ans après l'élection du président de la République permettait d'envoyer un signal positif ou négatif au président de la République concernant sa politique. Cela participait donc à faire entendre la voix du peuple.)
[…]
• Fin des indemnités présidentielles à vie.

Puis des mesures visant à protéger ou réhabiliter les services publics :

• Moyens conséquents accordés à la justice, à la police, à la gendarmerie et à l'armée. Que les heures supplémentaires des forces de l'ordre soient payées ou récupérées.
• L'intégralité de l'argent gagné par les péages des autoroutes devra servir à l'entretien des autoroutes et routes de France, ainsi qu'à la sécurité routière.

- Le prix du gaz et l'électricité ayant augmenté depuis qu'il y a eu privatisation, nous voulons qu'ils redeviennent publics et que les prix baissent de manière conséquente.
- Fin immédiate de la fermeture des petites lignes, des bureaux de poste, des écoles et des maternités.

Et, enfin, des revendications concernant la protection du commerce de proximité :

- Favoriser les petits commerces des villages et centres-ville. (Cesser la construction des grosses zones commerciales autour des grandes villes, qui tuent le petit commerce) + de parkings gratuits dans les centres-ville.

[...]

- Interdiction de faire payer aux commerçants une taxe lorsque leurs clients utilisent la Carte bleue.

Ainsi, au-delà des considérations sociales, qui sont à la base du mouvement, les Gilets jaunes se montrent ouvertement critiques de la mondialisation et de l'Union européenne. C'est ce que soulignait une étude réalisée par des chercheurs de Sciences Po, en janvier 2019 :

> Les Gilets jaunes sont très opposés à la mondialisation. Près de 87 % sont d'accord avec l'idée selon laquelle « les conséquences économiques de la mondialisation sont extrêmement négatives pour la France » (contre 63 % des Français). Les Gilets jaunes partagent aussi un euroscepticisme bien ancré, puisqu'ils sont 83 % à s'opposer à l'idée que « la France doit aller plus loin dans la construction européenne »[1].

1. « Les valeurs politiques des Gilets jaunes », *Le Monde*, 28 janvier 2019.

Les limites de l'interprétation néo-individualiste des doléances des Gilets jaunes

Dans un article publié dans sa revue *Le Débat*, Marcel Gauchet insistait sur le fait que les Gilets jaunes se fondaient sur une vision plus large, et non sur de simples revendications sociales :

> À l'arrière-fond du mouvement, il y a un climat social diffus, inspiré par une appréciation tacite sur la situation du pays, qui rend pour partie compte de l'écho qu'il a rencontré. Il s'est exprimé dans la revendication prioritaire touchant le pouvoir d'achat. Le classicisme de la réclamation était le seul élément rassurant pour le gouvernement, qui a cru y trouver les moyens d'une sortie de crise par la voie éprouvée de concessions financières significatives. Espoir vite détrompé, comme il était prévisible, car cette demande instante traduisait bien plus et autre chose qu'une simple amélioration de l'ordinaire. Elle engageait un jugement anxieux sur les perspectives d'existence de chacun et sur le destin collectif[1].

Et le philosophe de compléter :

> Ce sentiment d'être embarqué dans un combat perdu d'avance est devenu le paramètre caché qui oriente la vie publique. Il accentue le fossé moral entre ceux qui trouvent leur compte dans la situation, en jouant global, et ceux qui découvrent peu à peu qu'il ne leur reste que la solidarité protestataire dans la marche à la marginalisation locale[2].

Bien que la profondeur historique du mouvement ait été parfaitement analysée par Marcel Gauchet, sa portée semble

1. Marcel Gauchet, « Le révélateur des ronds-points », *Le Débat*, n° 204, mars-avril 2019, p. 56.
2. *Ibid.*, p. 57.

avoir été sous-estimée. Comme si les intellectuels, même ceux qui s'affranchissent des dogmes du néoclergé, demeuraient frappés par le sentiment d'impuissance collective diffusé à jets continus par la classe dirigeante, depuis quarante ans. À la source de ce pessimisme se trouvent une interprétation individualiste des revendications des Jaunes et une minoration de leur civisme et de leur patriotisme. Les élites ne croyant plus au commun peinent à concevoir que le Tiers puisse encore y adhérer.

Marcel Gauchet estime que les ronds-points n'échappent pas à l'individualisme de l'élite. Voici, par exemple, comment le philosophe analysait la demande de RIC :

> Cette demande est compréhensible. C'est le mouvement d'individualisation de la société qui conduit à une demande démocratique exacerbée. Chacun veut se faire entendre pour son compte. Mais c'est une demande à laquelle il est très difficile de répondre parce que c'est une demande d'écoute individuelle. Il y avait autant de référendums possibles que de citoyens[1].

La réaction d'Emmanuel Macron et de sa garde rapprochée à l'explosion de colère des ronds-points a consisté à expliquer que cette crise confirmait la justesse de leur diagnostic. Denis Maillard dans *Une colère française* reprend la grille d'analyse développée par Emmanuel Macron : les Français veulent s'émanciper de l'État et des corps intermédiaires, c'est-à-dire d'un cadre collectif, et exigent que les promesses de la « société de marché » soient tenues. Chaque individu souhaiterait pouvoir choisir sa vie, son destin, et disposer des moyens de progresser et de s'accomplir, et la politique serait d'abord destinée à favoriser la réalisation de ces aspirations.

---

1. Entretien avec Marcel Gauchet, *Macron a échoué sur tout*, Le Soir.be

> Ironie du sort, cet imaginaire rejoint la vision qu'Emmanuel Macron avait donnée de la société française lors de son élection : une société d'égalité et de mouvement entre les individus plus autonomes, une société de marché. Mais ce n'est pas le marché au sens économique qui est plébiscité (le capitalisme le plus débridé), c'est le marché au sens métaphorique : une société fluide où chaque individu serait assuré de disposer des mêmes chances de « conduire » sa vie comme il l'entend pour tenir sa place dans une compétition sociale acceptée comme telle[1].

Emmanuel Macron et ses semblables ont la plus grande peine à comprendre que le peuple, la République, la France ne subsistent que parce que les plus modestes savent d'instinct que ce grand tout a davantage de valeur, de pérennité et, *in fine*, de substance que l'addition de leurs ambitions individuelles.

Jaurès a raison : « La patrie est le bien de ceux qui n'ont rien. » Elle n'est pas leur bien exclusif, bien sûr, mais le seul dont ils disposent et c'est un bien qui nous transcende tous. Cette vérité enfouie affleure et devient perceptible lors des grands événements historiques. Une « émotion profonde et sacrée » qu'exprime, par exemple, Charles de Gaulle, dans le discours qu'il prononce le 25 août 1944, dans l'hôtel de ville de Paris libéré : « Il y a des minutes qui dépassent chacune de nos pauvres vies. »

Pour Emmanuel Macron et la néoaristocratie, la patrie, la République, le pacte vingt fois séculaire entre la grandeur de la France et la liberté du monde, cet attirail tricolore constitue un lot de consolation, un mirage réparateur, un cache-misère, voire une passion triste pour les riens. Pour ceux qui n'ont pas de Rolex à cinquante ans.

1. Denis Maillard, *Une colère française*, Éditions de l'Observatoire, 2019.

Il est frappant de constater à quel point les différentes formes d'engagement au service de causes humanitaires, associatives, sociales ou civiques, sont presque toujours justifiées par deux types de discours, également centrés sur le primat de l'individu. La première raison serait le besoin de se réaliser soi-même. La seconde, inspirée de la culture anglo-saxonne, tiendrait au fait de vouloir rendre ce que la société vous a donné. Une manière, encore et toujours centrée sur soi, d'être quitte, de ne rien devoir.

Aux yeux de la classe dirigeante française, le patriotisme dont parle Jaurès pourrait être un arrivisme du pauvre, une ambition pour aigris, et non une forme de grandeur d'âme.

Cette supériorité du collectif et de la réalisation du destin individuel, dans ce qu'il a de plus singulier et de plus juste, à travers le destin collectif est davantage accessible aux plus humbles. La défense de leurs possessions matérielles et de leur position sociale prestigieuse incite souvent les importants à préférer la petitesse de leurs conditions à la grandeur de leur être.

La vérité des ronds-points est collective. L'isolement de l'univers pavillonnaire, l'anonymat des parkings, la laideur des supermarchés ont été surmontés par les Gilets jaunes. Ce n'est pas tant la liberté qu'ils recherchaient, même si la hausse des taxes sur les carburants menaçait leur autonomie. Cette liberté, l'isolement géographique et le niveau de vie limité la restreignent, mais la liberté les isole aussi. Les ronds-points marquent la volonté de récréer du commun. Les manifestants ne réclamaient pas plus de liberté, mais l'égalité et la fraternité.

La France des Gilets jaunes est-elle grosse d'une révolution ? Pas dans le sens où le Tiers prétendrait à représenter seul le peuple (depuis la Révolution, on ne vote plus par corps mais par tête ; l'aristocratie et la noblesse ont donc aussi le droit de vote). Le peuple a déjà le pouvoir. Il ne veut donc pas mettre à bas les institutions pour en édifier d'autres.

Cependant, la question de la légitimité a été soulevée par tous ceux qui scandaient « Macron démission ! ». Dans la France des Gilets jaunes comme dans celle des sans-culottes, le problème de la légitimité de nouveaux impôts soulève celui du pouvoir. Comme dans la France révolutionnaire, le sujet du ras-le-bol fiscal est connecté à celui de la justice, de l'égalité et de la dignité des citoyens et, *in fine*, à la nécessité de s'appuyer sur la majorité, lorsque l'on entend gouverner.

La colère des Gilets jaunes aujourd'hui peut-elle avoir les mêmes effets que celle du tiers état, hier ? L'analogie est d'autant plus tentante que la ruine des finances publiques, considérablement aggravée par la pandémie, celle de la réforme de la fiscalité – avec la taxation des uns (diesel) et l'exonération des autres (l'ISF) – semblent inviter à la comparaison. La grogne fiscale monte dans la France périphérique qui, en dépit des impôts qu'elle paye, voit les services publics plier bagage ou se déliter.

Sur la crise de la monarchie et le parallèle avec les Gilets jaunes

Dans son *Histoire de France*, Bainville montre que la monarchie française s'est écroulée en raison de l'absence de consentement à l'impôt, qui touchait les trois ordres, et pas uniquement le tiers état. Lorsque la Révolution éclate, à l'été 1789, la question fiscale apparaît comme le premier facteur explicatif :

> Après le 14 juillet, une vaste insurrection éclate en France. Contre qui ? Contre le vieil objet de la haine générale, contre le

> fisc. Dans les villes, on démolit les bureaux d'octroi, on brûle les registres, on moleste les commis, manière sûre de se délivrer des impôts. Vaste jacquerie dans les campagnes, et ce n'est pas un phénomène nouveau : ainsi se traduisent les vœux, de forme si raisonnable, qu'ont exprimés les « cahiers ». L'ambassadeur de la république de Venise, observant comme toujours d'un œil aigu, écrivait : « Une anarchie horrible est le premier fruit de la régénération qu'on veut donner à la France... Il n'y a plus ni pouvoir exécutif, ni lois, ni magistrats, ni police. » Cette explosion, nommée par Taine l'« anarchie spontanée », n'échappa pas à l'Assemblée[1].

Le tiers état, la majorité du clergé et une partie de la noblesse partagent une même hostilité vis-à-vis de la politique fiscale de Louis XVI et des contrôleurs généraux des finances successifs : Charles-Alexandre de Calonne et Loménie de Brienne. Les plus privilégiés refusent de payer, et le peuple n'est pas imposable à volonté.

Le début de la mobilisation des Gilets jaunes rappelle cette « convergence des luttes ». Ce mouvement est né du rejet d'un nouvel impôt (la taxe intérieure de consommation sur les produits énergétiques). Au début, le soutien de la population était élevé (84 % selon un sondage paru le 28 novembre 2018), y compris chez les Français les plus favorisés. 75 % des sympathisants de droite et 50 % des sympathisants de La République en marche leur étaient favorables au départ, y voyant une révolte nécessaire contre une fiscalité trop lourde et trop injuste[2]. Des médias, traditionnellement acquis au système économique en place, ont soutenu les manifestants, à l'image du *Figaro*. Laurent Wauquiez, alors président des

1. Jacques Blainville, *Histoire de France* [1924], *op. cit.*, p. 282-283.
2. https://www.nouvelobs.com/societe/20181128.OBS6199/le-mouvement-des-gilets-jaunes-n-a-jamais-ete-aussi-populaire.html

Républicains, est allé jusqu'à revêtir un gilet jaune. Un éditorialiste libéral, comme Éric Brunet, n'hésita pas à afficher son ralliement à la cause des « sans-manches » :

> La France est le pays le plus taxé du monde. Et c'est scandaleux parce que vous savez bien [...] que dès qu'il y a un problème, ils mettent une taxe. Pour moi, ce n'est pas une fierté d'être le citoyen le plus taxé au monde, c'est même plutôt une honte. Je suis content que pour la première fois depuis des décennies, il y ait enfin une manifestation qui dise « stop », « ras le bol ». Donc oui, demain ce gilet [...] je le porterai[1].

Ce soutien n'a pas duré, mais il rappelle l'opposition de la noblesse et du clergé à la politique fiscale de la monarchie, qui précède la Révolution.

Enfin, les privilégiés d'aujourd'hui, à l'image de la noblesse et du clergé qui attaquaient Louis XVI, reprochaient au départ à Emmanuel Macron son absence d'autorité et son incapacité à réformer le pays. Ils sont très vite rentrés dans le rang, comprenant que le Président incarnait l'ordre et la défense de leur épargne. L'énormité de la dette accumulée et son caractère insoutenable au lendemain du confinement plaident pour un sacrifice des épargnants. Si la « noblesse » et le « clergé » s'entêtent à rembourser les créanciers, le plancher de l'ordre social cédera.

Cette histoire si actuelle plonge en réalité ses racines dans notre passé le plus lointain. Pour comprendre ce qui pourrait se passer demain, il faut rechercher les origines de la populophobie des classes dirigeantes françaises : on y découvrira l'ADN de notre nation.

1. https://www.telestar.fr/actu-tv/autres-emissions/video-samedi-17-novembre-je-porterai-ce-gilet-jaune-l-animateur-de-rmc-et-bfm-er-390512

DEUXIÈME PARTIE

LE PASSÉ

Pourquoi en France ?

La leçon de Michelet

> « On dit que la Révolution a supprimé la noblesse ; mais c'est tout le contraire, elle a fait trente-quatre millions de nobles[1]. »
>
> Jules Michelet, *Le Peuple*.

Depuis ses origines, le peuple français et les élites sont rarement accordés, sauf par l'effet d'un péril imminent et sous l'égide d'un grand chef. Par temps calme, la nation et ses classes dirigeantes paraissent appartenir à deux peuples distincts.

Il est vrai que la France n'est pas une nation ni un État comme un autre.

Notre histoire est celle de la création *ex nihilo* d'un peuple. Chez nous, l'État a accouché de la nation. Cet engendrement d'une nouvelle échelle de décision, rassemblant plusieurs ethnies sous l'égide d'un roi, se voulant empereur en son royaume et sécrétant une culture commune, est très original. La synthèse d'un peuple par un État : c'est dans l'Hexagone que cette opération chimico-politique a eu lieu pour la première

1. Jules Michelet, *Le Peuple* [1846], *op. cit.*, p. 88.

fois. Ce nouveau précipité historique qui a fait coïncider appartenance culturelle et loyauté civique a réussi. L'alliance d'un pouvoir centralisateur et d'une résistance populaire à une invasion a provoqué la naissance du premier État-nation de l'histoire.

Si la France est l'archétype de l'État-nation le plus pur, le plus abouti et le plus ancien (ce qui, nous le verrons, n'est absolument pas la même chose que d'être le plus solide), n'est-il pas logique que ce soit dans notre pays que la mondialisation ait provoqué un rejet aussi brutal et systématique ?

Pour le démontrer, relevons trois paradoxes typiquement français. Le premier est celui que révèle un pays dont l'âme des habitants est travaillée par une dialectique entre l'égalité et la distinction. Le deuxième paradoxe est offert par le contraste d'une nation qui offre une formidable diversité de paysages, de traditions, d'ethnies et de langues au kilomètre carré tout en étant la plus centralisée au monde. Le troisième paradoxe réside dans un peuple qui cultive le goût de l'harmonie, de la douceur de vivre, mais aussi, comme nul autre, la passion de la polémique, souvent de la guerre et parfois de la guerre civile.

1

La dialectique de l'égalité et de la distinction

La France et ses habitants offrent un premier contraste : c'est le peuple à la fois le plus égalitaire et le plus élitiste qui soit. La nation qui invente le mètre étalon et l'Académie. Le royaume du Roi-Soleil est aussi la cité de Gavroche. Une nation où chaque citoyen veut présider un club, une association, un syndicat, n'importe quoi pourvu qu'il préside. Une étrange contrée qui convoque ses enfants de trois ans, tous devenus propres de manière synchrone, par on ne sait quel miracle, un même matin de septembre, à l'école maternelle.

C'est la terre de la symétrie, des plans en deux ou trois parties, des jardins à la française, de Descartes et de son doute méthodologique. Le pays de Pascal et de son calcul différentiel. Et de Montaigne qui explique que le plus grand roi du monde n'est assis que sur son cul.

Les Français adorent les comiques troupiers et les chansons paillardes, mais ils révèrent les savants et les écrivains. Notre culte de la culture et notre goût immodéré du brio intellectuel n'ont d'égal que l'excès de notre esprit critique. La France n'est pas que la fille des arts, des sciences et des lettres, elle cultive aussi le goût des armes.

C'est un peuple où les garçons de café prennent la mouche parce qu'on les prend pour des garçons de café, comme s'ils voulaient rappeler aux touristes les grognards qui ont fait sauter le palais des tsars.

Tous les Américains ont eu un ancêtre qui voguait sur le *Mayflower*. Chaque Français a un aïeul qui guerroyait à Austerlitz ou à Verdun.

Les Français offrent l'exemple déroutant d'anarchistes soldats.

Nos compatriotes aiment défiler le 14 Juillet, mais ils aiment aussi manifester, de sorte que l'on pourrait croire que Don Quichotte et le Cid ne sont pas totalement espagnols. Ils sont ces indigènes déconcertants qui peuvent se mettre en grève pour une broutille. Ces drôles de zouaves qui ne supportent pas qu'on les double dans une file d'attente et rêvent tous d'arborer une rosette au revers de leur veste.

Deux passions nationales, en apparence inconciliables, semblent coexister : l'égalité (Tocqueville) et la distinction (Constant). L'une et l'autre se répondent. Dans un pays où l'égalité est une donnée, se distinguer devient une seconde nature. Chez nous, la passion de la gloire n'est pas l'apanage des importants; elle est l'affaire de Jacques Bonhomme.

Le mépris pour les Gaulois propagé par les élites : une préfiguration de la « haine de soi » à la française

Entre la chute de Rome, dont la Gaule était devenue une province (la Provence tire son nom de son statut), et les prodromes de la France, cinq siècles vont s'écouler. Les Gaulois ne sont pas nos ancêtres en ligne directe.

La question de savoir si plus ou moins de Français descendent des Gaulois n'est pas en soi captivante. Elle est d'autant moins pertinente que notre identité ne découle pas d'une origine ethnique unique, mais d'une amitié politique partagée.

En revanche, la manière dont nous appartenons à notre nation est étroitement liée à la façon dont nous regardons nos élites et dont celles-ci nous regardent. À cet égard, le peu d'estime que nous avons longtemps nourri pour « nos ancêtres les Gaulois » mérite d'être relevé. Considérant ces derniers comme des barbares, les élites françaises préféraient croire qu'elles descendaient des peuples ayant fait leur conquête : les Romains, puis les Francs.

En France, pour échapper à la loi d'airain de l'égalité, les classes dirigeantes sont obligées de s'inventer des origines distinctes. En retour, le peuple ne cessera plus de regarder ses élites comme appartenant à une espèce à part. Selon l'historien Pierre Ouzoulias : « Depuis deux décennies, archéologues et historiens s'emploient à montrer que l'opposition radicale entre des Romains civilisés et des Gaulois primitifs, martelée par le XVIIIe siècle [...], le Second Empire puis la Troisième République, est totalement caduque[1]. »

César dresse dans la *Guerre des Gaules* un portrait valorisant de ses ennemis. L'objectif consiste, bien sûr, pour le conquérant à louer la vaillance et la ruse de ses adversaires, afin de rehausser le prix de sa victoire. À vaincre sans péril, on triomphe sans gloire. Dans sa préface de la *Guerre des Gaules*, Paul-Marie Duval nous éclaire sur ce que le général romain pensait de « nos ancêtres » :

> Les Gaulois sont intelligents, habiles, courageux, sévères pour eux-mêmes et les leurs, bons techniciens, très adonnés aux choses de la religion (ils ont presque les mêmes dieux que les Romains), pas tellement barbares (bien qu'ils pratiquent

1. https://lejournal.cnrs.fr/articles/qui-etaient-vraiment-les-gaulois

encore parfois des sacrifices humains) et très supérieurs enfin, à ce point de vue, aux Germains et aux Bretons.

Leur plus belle qualité est d'avoir « une extrême ingéniosité et de singulières aptitudes à imiter ce qu'ils voient faire ici ou là ». César précise que les Gaulois ont besoin d'être disciplinés et pacifiés, mais qu'ils possèdent infiniment plus de qualités que les autres barbares.

À l'inverse, dans son *Discours sur les provinces consulaires*, Cicéron se livre à un réquisitoire féroce contre les Gaulois :

> Tout le reste était occupé par des nations ennemies de notre empire ou peu sûres ou inconnues, ou du moins sauvages, barbares et belliqueuses : ces peuplades, il n'y eut jamais personne qui ne souhaitât les voir écrasées et domptées.

Le célèbre Romain fait de la religion des Celtes un culte sanguinaire : « Ils ont conservé jusqu'à ce jour la coutume monstrueuse et barbare des sacrifices humains » (*Défense de Fonteius*). Ce portrait d'un Gaulois arriéré s'est répandu dans les classes dirigeantes françaises à partir du XVIIIe siècle. Voltaire traduit ce mépris pour les Gaulois. Dans son *Essai sur les mœurs*, il les qualifie de « honte de la nature » et reprend à son compte l'image de brutes anthropophages, parlant une langue analogue « au croassement des corbeaux » :

> Les habitants des côtes de la Biscaye et de la Gascogne s'étaient quelquefois nourris de chair humaine. Il faut détourner les yeux de ces temps sauvages, qui sont la honte de la nature.

Ernest Lavisse, auteur de manuels qui firent office de bible scolaire sous la IIIe République, fera une peinture peu flatteuse des tribus conquises par Rome.

Face à un tel héritage, il n'est pas surprenant qu'à l'aube du XXIe siècle environ 60 % des Français, selon Christian Goudineau, considèrent les Gaulois comme des sauvages.

L'historiographie récente réhabilite les Gaulois et leur niveau de développement technique – certes inférieur à celui des Romains, mais très avancé pour l'époque.

Le mépris du peuple comme sujet politique

Avec la Révolution, le peuple devient majeur. Le pouvoir ne dépend plus de Dieu, mais des hommes. La souveraineté n'appartient plus à un seul, mais à tous.

Ce changement n'est pas du goût de toutes nos élites. À l'intérieur des classes dirigeantes, beaucoup voient la démocratie comme un facteur de désordre. Hugo dira de Guizot : « Il manque quelque chose à M. Guizot, c'est de croire au peuple. Ne pas croire au peuple, c'est être athée en politique. » Si le chef de gouvernement de Louis-Philippe a cultivé un athéisme politique sincère, il est loin d'avoir été le seul, au cours des siècles. La haine du peuple et son corollaire – la détestation de la démocratie – sont très répandus parmi nos dirigeants. La répression et le mépris à l'encontre des Gilets jaunes s'inscrivent dans une longue tradition.

Loin d'être le philosophe philanthrope exaltant la tolérance, dont on a gardé le souvenir, Voltaire fut, par exemple, un ennemi farouche de la démocratie. Le suffrage universel lui aurait été odieux. Défenseur des riches et des puissants, il est l'auteur d'écrits transpirant un dégoût du peuple. Plusieurs de ses textes raillent méchamment les gens simples qu'il n'hésite pas à animaliser, comme le montre cet extrait de « Jusqu'à quel point on doit tromper le peuple » :

> C'est une très grande question, mais peu agitée, de savoir jusqu'à quel degré le peuple, c'est-à-dire neuf parts du genre humain sur dix, doit être traité comme des singes. La partie

> trompante n'a jamais bien examiné ce problème délicat ; et de peur de se méprendre au calcul, elle a accumulé tout le plus de visions qu'elle a pu dans les têtes de la partie trompée.

Jamais à court de louanges quand il s'agit de despotes étrangers, d'autant plus « éclairés » qu'ils sont ses clients (Voltaire vendait ses services aux cours européennes et préfigure ce que nous appelons aujourd'hui un consultant international), il n'a pas de mots assez durs pour flétrir les vilains. Voltaire se veut libéral, mais surtout pas démocrate : « J'aime mieux obéir à un seul tyran qu'à trois cents rats de mon espèce. » Il est le modèle indépassable de tous ceux qui, de Bismarck à Jiang Zemin en passant par Pinochet, ont démontré que le libéralisme économique s'accommodait très bien de l'autoritarisme politique.

Non seulement cette phobie du peuple n'est pas incompatible avec l'esprit des Lumières, mais elle en est issue. De nombreux républicains français n'ont jamais été partisans du suffrage universel direct, qu'ils redoutaient comme un périlleux saut dans l'inconnu. Quant aux contre-révolutionnaires, ils rejetèrent avec hargne l'égalité consacrée par 1789. Ces enragés de la tradition déploraient, avec le triomphe des valeurs bourgeoises, une dépravation morale, une décadence esthétique et un nivellement par le bas.

Les idéaux de l'*Aufklärung* rapprochaient la bourgeoisie de la noblesse, d'où son mépris du peuple, tandis que les antimodernes entendaient restaurer l'esprit aristocratique. Joseph de Maistre s'inscrit dans ce courant, où la méfiance à l'égard des masses occupe un rôle majeur. En 1794, l'auteur des *Considérations sur la France* écrit :

> La souveraineté du peuple, la liberté, l'égalité, le renversement de toute sorte d'autorité : quelles douces illusions ! La foule comprend ces dogmes, donc ils sont faux ; elle les aime, donc

ils sont mauvais. N'importe, elle les comprend, elle les aime. Souverains, tremblez sur vos trônes!

Charles Baudelaire hérite de cette tradition réactionnaire. L'œuvre du poète regorge de sarcasmes contre l'égalité, qu'il assimile à la dictature du nombre : « Vous êtes la majorité – nombre et intelligence – donc vous êtes la force – qui est la justice », écrit-il dans *Salon de 1846*. Dans la même veine, Flaubert oppose l'intelligence au suffrage universel. Dans une lettre de 1851, trois ans après l'instauration du suffrage universel direct masculin, le romancier déclare :

> La force du bras, le droit du nombre, le respect de la foule a succédé à l'autorité du nom, au droit divin, à la suprématie de l'esprit. La conscience humaine ne protestait pas dans l'Antiquité; la victoire était sainte, les dieux la donnaient, elle était juste; l'homme esclave se méprisait lui-même autant que son maître. Au Moyen Âge, elle se résignait et subissait la malédiction d'Adam (à laquelle je crois au fond). Elle a joué la passion pendant quinze siècles, Christ perpétuel qui, à chaque génération nouvelle, se recouchait sur sa croix. Mais voilà maintenant qu'épuisée de tant de fatigues elle paraît prête à s'endormir dans un hébétement sensuel, comme une putain sortant du bal masqué, qui sommeille à demi dans un fiacre, trouve les coussins doux tant elle est saoule, et se rassure en voyant dans la rue les gendarmes qui avec leurs sabres la protègent des gamins dont les huées l'insulteraient.

La défiance des intellectuels vis-à-vis du peuple sera « réactivée [...] par la panique ressentie durant la Commune[1] ». Dans une lettre à George Sand datant de 1871, Flaubert qualifie le suffrage universel de « honte de l'esprit humain ». Il exprime, avec une rare violence, sa détestation des communards :

---

1. Antoine Compagnon, *Les Antimodernes*, Gallimard, 2005.

> Le peuple est un éternel mineur, et il sera toujours (dans la hiérarchie des éléments sociaux) au dernier rang, puisqu'il est le nombre, la masse, l'illimité. Peu importe que beaucoup de paysans sachent lire et n'écoutent plus leur curé ; mais il importe infiniment que beaucoup d'hommes, comme Renan ou Littré, puissent vivre et soient écoutés.

Le 18 octobre 1871, l'auteur de *Madame Bovary* s'indigne face à une répression trop molle contre les « Rouges » :

> Je trouve qu'on aurait dû condamner aux galères toute la Commune et forcer ces sanglants imbéciles à déblayer les ruines de Paris, la chaîne au cou, en simples forçats. Mais cela aurait blessé l'humanité. On est tendre pour les chiens enragés, et point pour ceux qu'ils ont mordus.

La Semaine sanglante fera autant de victimes (15 000 à 20 000 morts) que la Terreur. Fusiller des gueux semble moins grave que décapiter des comtes et des ducs, si l'on en croit le souvenir vite effacé des massacres des Versaillais, et la scandaleuse assimilation de ceux perpétrés par les Jacobins aux génocides du xxe siècle.

George Sand était férocement anticommunarde. Cette plume, d'ordinaire si subtile, exprime un jugement sans nuance : « C'est une émeute de fous et d'imbéciles mêlés de bandits » ou encore : « La Commune va de mal en pis, c'est à croire que Paris tout entier est ivre mort… On ne comprend pas que l'armée n'en finisse pas avec cette orgie. »

Ce mélange de peur et de répulsion éprouvé par l'élite face à la plèbe se prolonge longtemps après la Commune. Ernest Renan, Léon Daudet, Maurice Barrès ou encore Marcel Proust voient dans l'égalité une utopie funeste. Tous tiennent la souveraineté populaire pour une déplorable erreur. Ernest Renan écrit : « L'homme le plus médiocre est supérieur à la résultante collective qui sort de trente-six millions d'individus, comptant chacun pour une unité. » Selon eux, le déclin français procéderait du suffrage universel.

Alain Minc n'a rien inventé avec son « cercle de la raison ». Lorsqu'on écoute Luc Ferry[1] exiger que l'on ouvre le feu sur les Gilets jaunes, on croirait entendre Flaubert ou George Sand – le talent en moins : « Qu'ils se servent de leurs armes une bonne fois, écoutez, ça suffit ! On a, je crois, la quatrième armée au monde, elle est capable de mettre fin à ces saloperies [...] ! »

Le mépris pour le peuple enraciné et la sacralisation du nomadisme

Le mépris de la plèbe va renaître dans notre pays avec l'importation de la révolution conservatrice anglo-saxonne. La Grande-Bretagne et les États-Unis ont réactivé un modèle social fondé sur la concurrence individuelle et la libre entreprise, aboutissant à écarter les revenus, retrouvant la répartition des richesses qui prévalait à la fin du XIXe siècle. Le regain du capitalisme combiné à l'effondrement de l'URSS fera dire à un milliardaire : « La lutte des classes existe, c'est un fait, mais c'est ma classe, celle des possédants, qui mène cette guerre. Et nous sommes en train de la gagner[2]. » Les années 1980 et 1990 consacreront le retour en grâce des vertus de l'inégalité, indispensables aiguillons de la création de richesses. En France, les élites vont troquer leur marxisme pour un autre -isme, le libéralisme. Leur adhésion massive à ce nouvel opium idéologique les incitera à légitimer

1. Radio Classique, lundi 7 janvier 2019, à propos des violences ayant émaillé l'acte IX.
2. Warren Buffett, CNN, 25 mai 2005.

l'aggravation des inégalités; les droits de l'homme vont tendre à devenir une machine de guerre contre ceux du citoyen. Jusqu'ici, les plus fortunés étaient regardés comme les plus chanceux, les mieux partis dans la vie, ceux s'étant donné la peine de naître, disait Beaumarchais. Les riches seront désormais consacrés comme les plus méritants, les plus intelligents. Bref, les meilleurs.

À mesure qu'une partie de la population s'enfonce dans la crise, victime du chômage de masse, lui-même engendré par les délocalisations et le ralentissement de la croissance locale, et qu'un autre pan de la population profite de la croissance dans les pays à bas coûts de main-d'œuvre, ce ne sont pas seulement les niveaux, mais les modes de vie qui s'écartent. Pas seulement les valeurs immobilières et mobilières qui s'accroissent d'un côté et s'effritent de l'autre, mais aussi les valeurs qui divergent. Physiquement, on va presque assister à la naissance de deux peuples, avec une inversion des canons de la beauté, soulignée par de nombreux sociologues. D'un côté, l'ancien peuple maigre du Moyen Âge, celui des pauvres, est ravagé par l'obésité et la malbouffe et, de l'autre, l'ancien peuple gras tend à devenir svelte et musclé, grâce à une alimentation saine, aux coachs sportifs et à la chirurgie esthétique. Ainsi, l'apparence physique des citoyens d'un même pays livre un indice sur le fait qu'ils sont des gagnants ou des perdants de la mondialisation. À la fin des Trente Glorieuses, en France, l'origine sociale n'était quasiment plus discernable. Trente ans plus tard, on peut presque aussi facilement distinguer un cadre sup d'un chômeur de longue durée qu'un brahmane d'un intouchable en Inde.

Les nouveaux « gens » sont réputés paresseux (ils posséderaient un faible contrôle de leurs pulsions), mais aussi stupides (ayant un quotient intellectuel plus bas). Et, dans une apothéose digne d'Hollywood, les laids et les bêtes sont dépeints comme des salauds, tandis que les beaux et les intelligents appartiennent au camp du bien. Un film d'animation comme *Le Roi Lion* tente, de manière peu subtile, d'enfoncer cette idée dans la tête des plus jeunes. Les riches, les beaux, les mieux dotés par la nature se bougent, quand les autres restent prostrés dans leur ressentiment.

Dans *L'Homme nomade*[1], Jacques Attali considère que le nomadisme représente le destin de l'humanité. L'ancien conseiller de Mitterrand incarne cette apologie de l'ouverture derrière laquelle prospèrent les intérêts de l'hyperclasse. Les meilleurs se déplacent et sont destinés à supplanter les médiocres sédentaires. Il est logique que le parti d'Emmanuel Macron se nomme « En Marche ! », tant les élites valorisent le mouvement par rapport à l'inertie des peuples.

Dans *The Road to Somewhere*, David Goodhart oppose les « gens de partout » (les *anywhere*) aux peuples enracinés (les *somewhere*), on l'a vu. Les premiers défendent le libéralisme, aussi bien culturel qu'économique. Pour préserver ce modèle, les *anywhere* s'abritent derrière l'étendard du bien : « toute critique du système économique et des choix sociétaux s'apparente alors à la posture négative du repli, elle-même annonciatrice du retour des années 1930 ». Le clivage est binaire : d'un côté les partisans du progrès, de l'autre ceux de la régression. Le besoin d'ancrage est présenté comme suspect et la lutte des classes court-circuitée par « la curée bienveillante » de ceux qui affichent leur « compassion pour l'Autre » et valorisent l'autonomie individuelle, pour dissimuler leur captation des richesses.

Là où les peuples subissent la sédentarité, les « gens de nulle part » s'accomplissent par leur mobilité. Dans *La Révolte des*

1. Jacques Attali, *L'Homme nomade*, Fayard, 2003.

élites, Christopher Lasch explique que les élites américaines valorisaient jadis l'enracinement :

> Dans une nation sans cesse en mouvement, la stabilité de ce lieu de résidence assurait une certaine continuité. Les vieilles familles n'étaient reconnaissables en tant que telles, en particulier dans les villes historiques de la côte Est, que parce que, à contre-courant de la manie migratoire, elles s'étaient enracinées[1].

L'avènement du capital déterritorialisé a bouleversé le rapport des dominants à l'espace :

> Grâce au déclin des vieilles fortunes et de l'éthique de responsabilité civique qui leur était propre, les allégeances locales et régionales se retrouvent pitoyablement affaiblies. La mobilité du capital et l'émergence d'un marché planétaire concourent au même effet. Les nouvelles élites sociales, où ne figurent pas seulement les dirigeants des entreprises mais toutes les professions qui produisent et manipulent l'information – le sang et la vie de ce marché mondial –, sont bien plus cosmopolites, ou du moins plus vagabondes et migrantes, que leurs prédécesseurs. De nos jours, il faut pour progresser dans les affaires et les professions intellectuelles être disposé à suivre le chant des sirènes de l'opportunité partout où il voudra nous mener. Ceux qui restent dans leurs pantoufles abdiquent toute occasion d'ascension sociale. Jamais la réussite n'a été plus étroitement associée à la mobilité, concept qui ne figurait que marginalement dans la définition de l'opportunité au XIXe siècle[2].

Les peuples enracinés incarnent l'obstacle au progrès, car ils refusent la rhétorique multiculturelle de ceux d'en haut. Ceux qu'ils appellent les « vraies gens » aspirent à défendre

1. Christopher Lasch, *La Révolte des élites* [1996], Flammarion, coll. « Champs essais », 2007, p. 16.
2. *Ibid.*, p. 17.

une continuité historique. Les classes dirigeantes jugent cette aspiration ringarde.

Les nouvelles élites fustigent les « gars qui fument des clopes et qui roulent au diesel », comme disait Benjamin Griveaux. Au début des années 1980, la bourgeoisie passe brutalement de l'admiration à la stigmatisation des classes populaires. Jusque-là, les ouvriers étaient célébrés comme des héros par le marxisme, comme le sel qui devait faire lever la pâte de la révolution. Des Deschiens au *Dîner de cons*, en passant par le célèbre beauf de Cabus, l'homme du peuple est devenu un imbécile que l'on hésite plus à railler, doublé d'un lâche et d'un raciste.

La critique du populisme : nouvel avatar de la haine du peuple et de la démocratie

L'imaginaire mental et les préoccupations quotidiennes des « élites » sont dorénavant aux antipodes de ce que Lasch nomme « la vie des gens ordinaires[1] ». Cette sécession culturelle fragilise la démocratie. Ce régime suppose une répartition équitable des richesses, mais aussi une cohésion sociale minimale et une circulation maximale des élites méritocratiques. Dans la tradition française, la démocratie se confond avec la nation et repose sur un sentiment d'appartenance, sur « un legs de souvenirs » (Renan). Cette identité partagée est indispensable pour conserver une capacité d'action collective et maintenir la société dans un état pacifié, en dépit des désaccords entre les citoyens :

> De Gaulle disait : « La démocratie pour moi se confond exactement avec la souveraineté nationale. » On ne saurait mieux

1. Christopher Lasch, *Les Femmes et la Vie ordinaire*, Climats, 2007.

souligner que pour qu'il y ait une démocratie il faut qu'existe un sentiment d'appartenance communautaire suffisamment puissant pour entraîner la minorité à accepter la loi de la majorité ! Et la nation, c'est précisément ce par quoi ce sentiment existe. Or la nation cela ne s'invente ni ne se décrète pas plus que la souveraineté[1] !

Comme l'explique Emmanuel Todd dans *Où en sommes-nous ?*[2], la démocratie repose sur une « xénophobie fondatrice » et à tout le moins sur l'exclusion des non-citoyens. L'universalisme des nantis entre en contradiction avec l'idée démocratique, qui suppose des allégeances nationales et une appartenance territoriale. Dans sa préface au livre de Lasch, Jean-Claude Michéa note :

> Enclavées dans leurs multiples « réseaux » au sein desquels elles « nomadisent » perpétuellement, elles vivent leur enfermement dans le monde humainement rétréci de l'Économie comme une noble aventure « cosmopolite », alors que chaque jour devient plus manifeste leur incapacité dramatique à comprendre ceux qui ne leur ressemblent pas : en premier lieu, les gens ordinaires de leur propre pays[3].

La démocratie n'est pas une plante en pot. Elle doit plonger profondément ses racines afin de rester saine. Or, les élites ont désormais besoin d'apesanteur pour prospérer. Lasch explique :

> Un fait significatif est l'ampleur internationale du marché dans lequel opèrent aujourd'hui ces nouvelles élites. Leur sort est lié

1. Discours du 5 mai 1992 prononcé par Philippe Séguin à l'Assemblée nationale.
2. Emmanuel Todd, *Où en sommes-nous ? Une esquisse de l'histoire humaine*, Éditions du Seuil, 2017.
3. Christopher Lasch, *La Révolte des élites* [1996], *op. cit.*, p. 9.

à des entreprises dont les activités franchissent les frontières nationales. C'est davantage le fonctionnement harmonieux de l'ensemble du système qui les préoccupe que celui d'une de ses parties. Leurs allégeances – si le terme n'est pas lui-même anachronique dans un tel contexte – sont internationales plutôt que nationales, régionales ou locales. Ils ont plus de choses en commun avec leurs homologues de Bruxelles ou de Hong Kong qu'avec les masses d'Américains qui ne sont pas encore branchés dans le réseau de communications mondiales[1].

Cette tentation sécessionniste de l'*upper class* n'est pas limitée aux États-Unis. Les dirigeants français apparaissent tout autant concernés par ce phénomène que leurs homologues outre-Atlantique. En octobre 2018, le « socialiste », ex-libéral et proche de Nicolas Sarkozy, Raphaël Glucksmann confiait, avec une franchise confondante : « Quand je vais à New York ou à Berlin, je me sens plus chez moi culturellement que quand je me rends en Picardie. » Bernard Henri Lévy abondait dans le même sens : « Oui, c'est vrai, je me suis plus intéressé à la misère bosniaque qu'à la misère au coin de la rue. Je suis un peu sourd à la question sociale. Que voulez-vous, on écrit avec son intelligence et son inconscient. » Jean-Jacques Rousseau dénonçait déjà l'hypocrisie de ce cosmopolitisme :

> Défiez-vous de ces cosmopolites qui vont chercher au loin dans leurs livres des devoirs qu'ils dédaignent de remplir autour d'eux. Tel philosophe aime les Tartares, pour être dispensé d'aimer ses voisins[2].

Le processus de construction européenne offre un exemple probant de déloyauté organisée par les « élites » occidentales

1. *Ibid.*
2. Jean-Jacques Rousseau, *Émile ou De l'éducation* [1762].

vis-à-vis de leurs peuples. Cette situation semble inédite à l'échelle de l'histoire, réflexion à laquelle nous invite Ivan Krastev dans *Le Destin de l'Europe* :

> Les élites aristocratiques traditionnelles avaient des devoirs et des responsabilités, et leur éducation les préparait à se montrer à leur hauteur. [...] En comparaison, les nouvelles élites sont formées pour gouverner mais sont tout sauf prêtes au sacrifice[1].

Les classes dirigeantes européennes interchangeables se sont affranchies de tout contrôle national, à l'image des fonctionnaires de l'UE qui n'acquittent d'impôt dans aucun pays et ne sont juridiquement responsables de leurs actes publics que devant la Cour de justice de l'UE. Dans *Comprendre le malheur français*[2], Marcel Gauchet explique que ces « élites » ne rendent des comptes à personne, d'où la nature intrinsèquement antidémocratique de l'Union européenne. Quiconque tenterait de rappeler à cette oligarchie hors-sol ses devoirs à l'égard des peuples serait taxé de populiste. Le procès en populisme vise à stigmatiser l'incompétence supposée de l'électeur. « Et si le populisme prospérait aussi sur le terreau de l'inculture économique ? », interroge, par exemple, le journaliste Jean-Michel Bezat[3]. Alain Duhamel enfonce le clou : « Le corporatisme, l'égoïsme, la tentation de la démagogie ou du populisme rôdent toujours aux confins de la démocratie directe. » La nouvelle aristocratie et le nouveau clergé ambitionnent d'amputer cette gangrène qui s'appelle le pouvoir du peuple, par le peuple et pour le peuple. Le *kratos* est en insurrection permanente contre le *demos*, dont les foucades sont

1. Ivan Krastev, *Le Destin de l'Europe*, Premier Parallèle, 2017.
2. Stock, 2016.
3. *Le Monde*, 26 novembre 2018.

neutralisées par la conjugaison bienfaisante des marchés mondiaux et des institutions bruxelloises (au-dessus) et par le gouvernement des juges et les autorités administratives (au-dessous). La démocratie constituant le seul moyen de contrecarrer l'omnipotence des marchés, la dévalorisation du suffrage universel se retrouve au cœur du discours oligarchique. Déliée de tout ancrage national, dépourvue de tout sens du devoir et désireuse de défendre ses intérêts de classe, elle menace la démocratie par le haut, là où on estimait jadis que celle-ci était menacée par le bas, par la « vile multitude » dont parlait Thiers. Cette défiance à l'égard de la plèbe sous la forme d'une adhésion au dogme de la mondialisation, de la construction européenne et de la consécration des droits individuels à travers le gouvernement des juges a trouvé en France une caste prête à embrasser sa cause, car obnubilée par la distinction.

Dialectique entre passion de l'égalité et passion de la distinction

Une longue tradition de mépris du peuple traverse notre histoire. Est-ce réellement une spécificité française ? La défiance entre l'élite et la plèbe semble aussi ancienne que la stratification sociale. Sitôt sorti de l'organisation tribale, l'homme a structuré sa société, et la jalousie est née avec le désir mimétique. Le Code de Hammurabi prévoyait des peines pénales plus sévères pour ceux qui crèveraient l'œil d'un notable, preuve que la prunelle d'un notable valait plus que celle d'un quidam dans la Mésopotamie antique, et preuve également que l'idée de blesser un notable devait traverser l'esprit des riverains du Tigre et de l'Euphrate. Le degré d'acceptation de l'inégalité varie fortement d'une société à une autre. Si le régime démocratique exacerbe partout la demande d'égalité, Tocqueville note que c'est « spécialement en France que cette passion prend chaque jour une place plus grande dans le cœur humain ». Pour l'auteur de *L'Ancien Régime et la Révolution*, les Français ont « cent fois un amour bien plus ardent et bien plus tenace pour l'égalité que pour la liberté ». Nos « élites » ont donc raison de se méfier d'un peuple qui a tranché des têtes. Une nation qui voue un tel culte à cette aspiration, au point d'en faire l'un des termes de sa devise : « Liberté, égalité, fraternité ». Mais le peuple français partage avec ses dirigeants une autre passion, celle de la distinction.

Une aspiration bien particulière à la liberté

D'où viennent ces deux passions contradictoires dans notre pays ? Pourquoi l'ADN historico-politique français gravite-t-il autour de ces deux pôles antithétiques ? Philippe d'Iribarne nous livre des clés de compréhension de cette spécificité. Dans *L'Étrangeté française*, il compare notre imaginaire à celui de nos voisins. Selon lui, tous les peuples aspirent à la liberté, mais aucun ne lui confère le même sens.

L'imaginaire anglais associe liberté et propriété. Outre-Manche, c'est à partir de la notion de propriété que celle de liberté est entendue. Pour d'Iribarne, la liberté anglaise est « une liberté de propriétaire, maître chez lui, protégé par la loi de tout empiétement auquel il n'a pas consenti »[1]. Locke est celui qui saisit le mieux cette conception. Pour l'auteur du *Traité sur l'entendement humain*, le droit de propriété s'applique à la liberté elle-même : « Chacun a, par la nature,

1. Philippe d'Iribarne, *L'Étrangeté française*, Éditions du Seuil, 2006, p. 22.

le pouvoir [...] de conserver ses biens propres, c'est-à-dire sa vie, sa liberté et ses richesses[1]. »

Cette vision a influencé la vision américaine de la liberté, plus radicale encore que sa matrice britannique. Les droits y sont « quelque chose qu'il faut "protéger", que, tel un bien inviolable, on ne peut "céder" au gouvernement[2] ». Selon Philippe d'Iribarne, la liberté germanique s'apparente à une soumission au destin de la communauté :

> Dans sa conception germanique, l'homme libre est celui qui, au sein d'une communauté, a voix au chapitre dans des décisions collectives, auxquelles il est prêt à se soumettre[3].

Ernst Troeltsch définit la « liberté de l'Allemand » comme « discipline voulue, avancement et développement du moi propre dans un tout et pour tout[4] ». Cette passion du destin collectif est très présente chez les Romantiques. Mais d'Iribarne en trouve la trace avant dans l'histoire germanique. Chez Kant, l'idée d'une coïncidence entre liberté et soumission affleure. La morale kantienne est fondée sur la contrainte collective. Selon l'impératif catégorique, nous devons agir suivant une maxime que l'on peut ériger en loi universelle. La volonté de l'individu doit correspondre avec celle du tout. Sous la plume de Hegel, l'impossibilité pour le sujet de dépasser sa communauté et son époque est à la mesure de sa définition de la liberté. Pour l'auteur de la *Phénoménologie de l'esprit*, seul le grand homme peut expérimenter une liberté pleine et entière car il objective en lui le destin collectif.

---

1. John Locke, *Traité du gouvernement civil*, § 87, cité par d'Iribarne, *L'Étrangeté française*, *op. cit.*, p. 23.
2. Philippe d'Iribarne, *L'Étrangeté française*, *op. cit.*, p. 27.
3. *Ibid.*, p. 28.
4. Ernst Troeltsch, *L'Idéologie allemande*, cité par d'Iribarne, *L'Étrangeté française*, *op. cit.*, p. 28.

À présent, revenons à la France : qu'est-ce qui fonde l'imaginaire français de la liberté ? Il existe, chez nous, une tradition libérale influencée par le modèle « propriétaire » anglais. Montesquieu et Voltaire en offrent deux exemples. Mais cette tradition ne forme pas le cœur du modèle français. Cette liberté « supporte des formes de dépendance et recherche des formes d'autonomie bien différentes de celles qu'implique une liberté de propriétaire[1] ». Philippe d'Iribarne identifie, sous la plume de Sieyès, la formulation la plus exacte de la vision française de la liberté :

> Le brûlot de Sieyès [...] hérite de toute une tradition, dont les origines sont fort lointaines, qui, tout en s'attaquant à la noblesse comme groupe social, se réfère à la noblesse comme qualité d'être[2].

Le célèbre abbé est loin de défendre une liberté bourgeoise. Selon d'Iribarne, le révolutionnaire brosse le portrait d'un homme animé par une vision exigeante de sa liberté :

> Un homme pleinement libre possède les traits qui étaient jusqu'alors l'apanage de la noblesse ; traité avec les égards dus à son rang, jamais contraint de s'abaisser devant quiconque, il n'est pas prêt à le faire pour satisfaire quelque bas intérêt[3].

Autrement dit, l'imaginaire français de la liberté coïncide avec une obsession de l'honneur. La servitude du tiers état tient donc, chez Sieyès, au fait que les privilèges confèrent à la caste dominante une exclusivité dans la dignité. La volonté d'égalité, qui sous-tend le discours de Sieyès, est très particulière : le tiers état doit être haussé au rang de

1. Philippe d'Iribarne, *L'Étrangeté française*, *op. cit.*, p. 36.
2. *Ibid.*, p. 37.
3. *Ibid.*

la noblesse pour que celui-ci puisse vivre selon les codes aristocratiques (c'est-à-dire l'honneur et la distinction). La liberté à la française, c'est donc l'égalité dans la distinction!

Comment ne pas songer à cette conception si typiquement française du prestige que l'on appelle le « panache » ? Le panache réunit l'irrévérence devant les puissants et le retournement du sens de l'honneur de la noblesse contre cette dernière. C'est la signification profonde de la fameuse tirade du « Non, merci » :

> [...] Et que faudrait-il faire ?
> Chercher un protecteur puissant, prendre un patron,
> Et comme un lierre obscur qui circonvient un tronc
> Et s'en fait un tuteur en lui léchant l'écorce,
> Grimper par ruse au lieu de s'élever par force ?
> Non, merci. Dédier, comme tous ils le font,
> Des vers aux financiers ? se changer en bouffon
> Dans l'espoir vil de voir, aux lèvres d'un ministre,
> Naître un sourire, enfin, qui ne soit pas sinistre ?
> Non, merci. Déjeuner, chaque jour, d'un crapaud ?
> Avoir un ventre usé par la marche ? une peau
> Qui plus vite, à l'endroit des genoux, devient sale ?
> Exécuter des tours de souplesse dorsale ?...
> Non, merci[1].

Il est une seule catégorie de Français qui ne comprendra jamais la France : celle qui peut lire ces vers sans émotion et n'est pas fière d'appartenir à un peuple qui finit toujours par répondre « non, merci » à qui tente de l'asservir.

En somme, l'originalité de la conception hexagonale de la liberté tient au fait qu'elle repose sur une aspiration à la grandeur morale. Seulement, comme la distinction suppose

1. Edmond Rostand, *Cyrano de Bergerac* [1897], acte II, scène VIII.

la différenciation, une telle aspiration est contradictoire. Si tout le monde est anobli, il n'y a plus de nobles, et il faut alors chercher d'autres moyens de se distinguer. De là vient la contradiction qui tiraille le tempérament national entre passion de l'égalité et passion de la distinction.

La passion française pour l'égalité

L'auteur clé pour comprendre le lien profond qui unit ces deux obsessions françaises, c'est Tocqueville. Cet aristocrate converti à la démocratie a toujours refusé de choisir entre les valeurs de l'ancien monde et celles du nouveau. L'auteur de *De la démocratie en Amérique* n'a jamais rien concédé, à aucun parti, par amour de la liberté. Contre sa caste, il acclamait 1789 comme « l'année heureuse où nos pères s'efforçaient de fonder quelque chose de plus grand que ce que nous voyons[1] ». Pour autant, il ne pardonnait rien à la Terreur. Cette intransigeance fait de lui un observateur relativement impartial du phénomène de démocratisation. Voici sa description de la relation de ses compatriotes à l'égard de l'égalisation des conditions :

> La première et la plus vive des passions que l'égalité des conditions fait naître, je n'ai pas besoin de le dire, c'est l'amour de cette même égalité. [...] Chacun a remarqué que, de notre temps, et spécialement en France, cette passion de l'égalité prenait chaque jour une place plus grande dans le cœur humain. [...] Je pense que les peuples démocratiques ont un goût naturel pour la liberté ; livrés à eux-mêmes, ils la cherchent, ils l'aiment, et ils ne voient qu'avec douleur qu'on les en écarte. Mais ils ont pour l'égalité une passion ardente, insatiable,

1. Lettre à Corcelle, 14 juillet 1842, *Œuvres complètes*, Gallimard, t. XV, p. 158.

éternelle, invincible ; ils veulent l'égalité dans la liberté, et, s'ils ne peuvent l'obtenir, ils la veulent encore dans l'esclavage. Ils souffriront la pauvreté, l'asservissement, la barbarie, mais ils ne souffriront pas l'aristocratie. [...] Tous les hommes et tous les pouvoirs qui voudront lutter contre cette puissance irrésistible seront renversés et détruits par elle[1].

Contrairement aux Anglo-Saxons épris de liberté, les Français conçoivent une passion *de* et *pour* l'égalité. Nous retrouvons ici la différence posée par Philippe d'Iribarne entre les différents types d'imaginaires. Mais pourquoi les Français nourrissent-ils, plus que tout autre peuple, cette *isothymia*, cette passion de l'égalité ? Et, reprenant la question du contre-révolutionnaire Burke : pourquoi la Révolution française a-t-elle eu lieu en France plutôt qu'ailleurs ? Tocqueville avance une réponse. La Révolution est avant tout fille de l'absolutisme. Pour saisir cette passion égalitaire qui consume l'âme française et a conduit nos ancêtres à prendre la Bastille, Tocqueville propose une sociologie de l'Ancien Régime. Le point essentiel de son analyse réside dans la contradiction qui, d'après lui, caractérise la situation politique du royaume de France à la veille de la Révolution.

L'Ancien Régime prérévolutionnaire est très égalitaire pour l'époque. La concentration du pouvoir royal et celle du pouvoir administratif ont sapé les fondements de l'aristocratie. Sous Louis XVI, il y a longtemps que le seigneur ne joue plus ce rôle d'intermédiaire entre le roi et le peuple. Il n'est plus chargé d'appliquer les lois, d'assembler des milices ou de lever les taxes. Le territoire s'homogénéise et les nobles perdent leurs prérogatives. Comme le dit Tocqueville,

1. Alexis de Tocqueville, *De la démocratie en Amérique*, t. II [1840], Gallimard, « Folio », 1999, p. 137-142.

« le seigneur n'est qu'un premier habitant[1] ». Les fortunes des bourgeois et des aristocrates s'égalisent, leurs intérêts se rapprochent. *L'Ancien Régime et la Révolution* décrivent la société française d'alors comme « un corps glacial plus compact et plus homogène qu'aucun de ceux qu'on n'avait peut-être jamais vus dans ce monde[2] ». Aussi, rien ne semble ni présager ni justifier, dans ce pays pionnier, une rupture aussi violente que celle de 1789.

En réalité, cette égalisation officieuse était contredite par une inégalité officielle croissante, encouragée par un Ancien Régime chancelant. En refusant de céder sur la séparation des ordres, la monarchie a tenté de maintenir les apparences d'une société hiérarchique déjà vermoulue. Elle a cherché à durcir les barrières entre les ordres (surtout entre la bourgeoisie et la noblesse). Or, plus les intérêts des bourgeois et ceux des nobles se rejoignent, plus ces derniers prennent leurs distances avec les roturiers :

> À mesure que le gouvernement de la seigneurie se désorganise [...], le bourgeois et le gentilhomme n'ont plus de contact dans la vie publique. Ils ne sentent plus jamais le besoin de se rapprocher l'un de l'autre et de s'entendre [...]. Au XVIIIe siècle, cette révolution est accomplie : [...] les deux classes ne sont plus seulement rivales, elles sont ennemies[3].

Autrement dit, moins la noblesse joue un rôle utile, plus elle réaffirme son pouvoir symbolique, cherchant même à étendre ses privilèges. Ainsi s'explique la reprise en main du pouvoir par la noblesse, après l'âge d'or des ministres roturiers ou issus de la petite noblesse (Concini, Luynes, Richelieu, Mazarin,

1. Alexis de Tocqueville, *L'Ancien Régime et la Révolution* [1856], Flammarion, 1988, livre II, chap. I, p. 122.
2. *Ibid.*, chap. VIII, p. 170.
3. *Ibid.*, chap. IX, p. 178.

Colbert). Sous Louis XIV, l'aristocratie profite de l'affaiblissement du gouvernement dans la guerre (celles de Hollande 1672-1678, de Neuf Ans 1688-1897, de Succession d'Espagne 1701-1714) pour reprendre barre sur l'administration. « À cette époque, résume Michelet, le roi [Louis XIV] n'ayant rien à craindre de la noblesse, lui livre l'administration[1]. » L'influence grandissante des Phélypeaux de Pontchartrain (Jérôme et Louis) illustre cette revanche des châtelains. Pendant la Régence, Philippe d'Orléans reconnaîtra aux nobles des prérogatives que son oncle (Louis XIV) s'était bien gardé de leur accorder, en créant des commissions, exclusivement composées d'aristocrates, et dont les avis étaient indispensables sur tout sujet : c'est la polysynodie. Ce gouvernement des importants va rompre l'alliance séculaire entre les Capétiens et le peuple.

Alors que la noblesse a perdu ses prérogatives seigneuriales (en raison de la centralisation administrative), son prestige atteint son climax. Les codes de la noblesse (la politesse à la française, les convenances, la bienséance), qui consacrent sa supériorité, sont magnifiés par l'étiquette de Versailles. Sans s'en rendre compte, ces beaux messieurs et ces belles dames sont empaillés par le roi. Et la tendance se poursuit avec les successeurs du Roi-Soleil puisque « [l]es nobles ont de plus en plus la prérogative exclusive d'être les premiers serviteurs du maître ; il était plus facile à un roturier de devenir officier que sous Louis XVI[2] ». Tocqueville ajoute : « Plus cette noblesse cesse d'être une aristocratie, plus elle semble devenir une caste[3]. »

1. Jules Michelet, *Précis de l'histoire de France* [1833], Perrin, 2012, p. 239.

2. Alexis de Tocqueville, *L'Ancien Régime et la Révolution* [1856], *op. cit.*, chap. VIII, p. 179.

3. *Ibid.*

L'égalisation des fortunes aurait dû entraîner celle des symboles. Mais la noblesse n'a pas voulu céder sur son prestige. Or, « quand l'inégalité est la loi commune d'une société, les plus fortes inégalités ne frappent point l'œil; quand tout est à niveau, les moindres le blessent[1] ». À cet égard, l'exemption de la taille, sera ressentie comme « le plus odieux des privilèges[2] ». À des siècles de distance, la suppression de l'ISF jouera le même rôle de catalyseur d'une fierté blessée.

Contre la passion de l'égalité : la distinction

La résistance de la noblesse à l'égalisation des conditions a contribué à l'émergence d'une passion de l'égalité hexagonale, nous apprend Tocqueville. Mais l'observateur va plus loin dans sa description des relations entre égalité et distinction. La diffusion de l'égalité attise en elle-même le besoin de distinction. Les bourgeois, prenant la suite de la noblesse, trouvent à leur tour l'égalisation des conditions insupportables et s'empressent de chercher à sortir du lot. Il faut toujours avoir un plus petit que soi.

Le rapprochement des conditions n'implique nullement la disparition des différences sociales. Comme l'écrit Pierre Manent : « La société démocratique met donc en présence des hommes qui se veulent et se sentent semblables, mais qui sont et se savent nécessairement distincts[3]. » La distinction n'étant plus garantie par la loi ou par la forme générale de la société (hiérarchie organique), elle doit s'accomplir dans le

1. Alexis de Tocqueville, *De la démocratie en Amérique*, t. II [1835], *op. cit.*, p. 193.
2. *Id.*, *L'Ancien Régime et la Révolution* [1856], *op. cit.*, chap. VIII, p. 179.
3. Pierre Manent, *Histoire intellectuelle du libéralisme*, Pluriel, 2012, p. 233.

champ privé, celui de la compétition individuelle. L'égalité consacrée par la Révolution va engendrer une foire d'empoigne des ego : les jalousies s'en trouveront stimulées et les ambitions fouettées. C'est la naissance de l'arrivisme. Rastignac, Bel Ami et Macron ne sont plus très loin.

Le passage d'une distinction publique et statutaire à une distinction individuelle peut être éclairé par la lecture de Benjamin Constant, qui oppose la liberté des Anciens à celle des Modernes. La première suppose d'exercer sa liberté dans l'agora et sur le champ d'honneur. L'aristocrate s'illustrait dans l'administration de sa cité ou dans la défense de ses murs. C'est la valeur de l'homme dans l'intégrité de son être qui était éprouvée, comme le rappelle l'indépassable devise d'Athènes : « Courage et culture ». Il ne pouvait être aristocrate qu'au sens étymologique (*aristos kratos*, le meilleur exerce le pouvoir). Le patriotisme, la bravoure, l'intelligence et l'audace étaient favorisés. On sait à quel point ces vertus comptaient pour les Grecs. La plus belle mort pour un Athénien, était sur le champ de bataille. « Passant, va dire à Sparte que ses fils sont morts pour défendre ses lois », peut-on encore lire sur le site de la bataille des Thermopyles. Pour citer Constant :

> Dans les républiques de l'Antiquité, la petitesse du territoire faisait que chaque citoyen avait politiquement une grande importance personnelle. [...] Il en résultait que les anciens étaient disposés, pour la conservation de leur importance politique [...], à renoncer à leur indépendance privée[1].

L'explosion de la taille des entités à gouverner, puis l'expansion du corps politique vont transformer le rapport à la

1. Benjamin Constant, *De l'esprit de conquête et de l'usurpation*, cité par Pierre Manent, *Histoire intellectuelle du libéralisme*, *op. cit.*, p. 190.

liberté. La participation active à la vie civique n'est plus nécessaire. La distinction ne se rapporte plus à des valeurs collectives, mais aux modes d'existence individuels. La richesse (« Si à cinquante ans, on n'a pas une Rolex, on a quand même raté sa vie », a déclaré Ségala) et la culture (on pense à *La Distinction*[1] de Bourdieu, qui décrit les stratégies de l'élite bourgeoise pour se différencier) deviennent des critères essentiels de classement. Constant éclaire ce second type de liberté :

> Les hommes [modernes] n'ont besoin, pour être heureux, que d'être laissés dans une indépendance parfaite sur tout ce qui a rapport à leurs occupations, à leurs entreprises, à leur sphère d'activité, à leurs fantaisies[2].

La métamorphose des valeurs de référence (et de distinction) livre une première piste de compréhension du défaut de patriotisme chez les élites françaises, en particulier bourgeoises.

La littérature du XIXe siècle offre un exemple saisissant de cette dialectique égalité-distinction. Hugo puis Zola témoigneront d'un amour circonspect de l'égalité. Même l'auteur de *Germinal* écrira[3] :

> Pouvez-vous rendre tous les hommes également heureux ou également avisés ? Non ! Alors arrêtez de parler de l'égalité ! La liberté, oui ; la fraternité, oui ; mais l'égalité, jamais !

Dans l'une de ses fulgurances Hugo voit : « L'homme et l'astre ont le même pôle. L'infini, c'est l'égalité[4]. » Le même visionnaire compare le peuple à un océan redoutable :

---

1. Éditions de Minuit, 1979.
2. Pierre Manent, *Histoire intellectuelle du libéralisme*, *op. cit.*, p. 191.
3. Cité par Jean-François Revel, *La Grande Parade. Essai sur la survie de l'utopie socialiste*, Plon, 2000.
4. Victor Hugo, « L'égalité », *Les Chansons des rues et des bois* [1865].

Sa vague, où l'on entend comme des chocs d'armures, / Emplit la sombre nuit de monstrueux murmures, / Et l'on sent que ce flot, comme toi, gouffre humain / Ayant rugi ce soir, dévorera demain.

Qu'importent ces réserves, les Gavroche, les Lantier, les Rougon et les Macquart sont devenus des héros de roman. On assiste à une première démocratisation de la culture, fief de la distinction. Mais l'*isothymia* du naturalisme provoque, en réaction, une poussée de distinction. Disciple de Zola, Huysmans écrit *À rebours*[1], dont le héros, des Esseintes, est obsédé par la volonté de se séparer de la masse. Se distancier de la ville, du travail, du commerce et, surtout, de la plèbe devient l'obsession du dandy. Terré dans sa thébaïde, l'aristocrate veut vivre à un autre rythme que celui du peuple. Bloy, Barbey d'Aurevilly ou Peladan expriment également la réaction épidermique de l'élite face à l'égalité. L'un des personnages de *Là bas* de Huysmans déplore l'outrecuidance du peuple moderne :

Le peuple [...], au lieu de l'améliorer, les siècles l'avarient, le prostrent, l'abêtissent. Rappelez-vous le Siège, la Commune, les engouements irraisonnés, les haines tumultuaires et sans cause, toute la démence d'une populace mal nourrie, trop désaltérée et en armes ! Elle ne vaut tout de même pas la naïve et miséricordieuse plèbe du Moyen Âge[2] !

La progression du sentiment égalitaire incite la classe dirigeante à se hisser à une altitude de mépris où le commun ne pourra l'atteindre.

Un exemple récent est fourni par le développement, dans les années 1960, de la philosophie postmoderne (dite

1. G. Charpentier et Cie, 1884.
2. Joris-Karl Huysmans, *Là-bas* [1891], Tresse & Stock, 1895, p. 438.

French Theory aux États-Unis). Nous sommes en pleines Trente Glorieuses. Le développement de la société de consommation plus l'interventionnisme (le réfrigérateur + Keynes) entraînent une puissante égalisation des conditions. Sur le plan intellectuel, une génération de penseurs (en particulier Foucault, Deleuze et Derrida) développe une philosophie de la différence. Influencés par Nietzsche, ils s'adonnent à une critique féroce de l'universel au nom de la singularité individuelle. Cette affirmation se transforme en dandysme chez le « dernier Foucault » (années 1980). Il suffit qu'une idée, qu'un personnage soit dénigré par la masse pour que Foucault vole à son secours. C'est l'adoration des marges, la prosternation devant la transgression, la transformation du saugrenu et de l'inepte en norme. L'influence de ces théoriciens de la déconstruction sur le versant « sociétal » de Mai 68 n'est pas anodine. L'écrasement des revendications sociales par les revendications libertaires montre que l'égalité ne va pas tenir le choc face à la consécration du bon plaisir individuel comme « horizon indépassable. » À cet égard, la lecture (critique) du *Capitalisme de la séduction*[1] et *Néofascisme et Idéologie du désir*[2] de Michel Clouscard éclaire la réaction « libérale-libertaire » face aux mouvements ouvriers. On retrouve le sursaut traditionnel de l'intelligentsia face à la passion de l'égalité. Il entre une part de dépit amoureux chez ces bourgeois lettrés qui, ayant embrassé la cause pseudo-marxiste, tentent de descendre au peuple et se font recevoir. Ces brahmanes, à peine sortis de l'adolescence, en appellent au « grand soir » à la sortie des usines. En haussant les épaules, les ouvriers leur répondent « samedi soir » ! Il est facile d'imaginer que leur prolophilie va se transformer en prolophobie.

---

1. Éditions sociales, 1981.
2. Delga, 2008.

La dialectique de l'égalité et de la distinction

La logique communautariste revêt un sens différent lorsqu'on la met en regard de la diffusion des courants de pensée antiuniversalistes. Là où le credo républicain valorise l'égalisation des conditions et l'unification des valeurs sur le territoire, le communautarisme promet la fierté de la singularité. En valorisant le multiculturalisme, la gauche antiraciste des années 1980 (héritière des philosophes de la déconstruction) préfère la distinction à l'égalité. À force de destruction de l'homogénéité républicaine, on aboutit à une génération Bouteldja, qui clame son appartenance « à [sa] famille, à [son] clan, à [son] quartier, à [sa] race, à l'Algérie, à l'islam[1] ».

L'esprit français est porteur d'une sorte de schizophrénie due au fait que notre idéal d'égalité coïncide avec un irrésistible besoin de distinction. La France contemporaine reste prisonnière de cette dialectique, qui fait partie de son identité :

> Prise entre deux références, dans une sorte de symbiose entre le désir de grandeur et l'idéal d'égalité, la France d'aujourd'hui vit dans une contradiction permanente. D'un côté, dans un registre juridique et politique, elle a proclamé solennellement que la notion de noblesse n'a plus cours et que tout citoyen est l'égal de l'autre. Mais, simultanément, dans un registre social, pour lequel il existe un abîme entre ce qui est noble et ce qui est bas, cette égalité est quotidiennement bafouée[2].

Cette dialectique de l'égalité et de la distinction s'exacerbe facilement dans un pays qui cultive le goût de l'unité politique, tout en offrant une formidable diversité géographique et humaine.

---

1. Houria Bouteldja, *Les Blancs, les Juifs et nous*, La Fabrique, 2016, p. 72.
2. Philippe d'Iribarne, *L'Étrangeté française*, *op. cit.*, p. 91.

2

Comment gouverner un pays avec autant de fromages ?

Cette contradiction entre distinction et égalité se double d'une autre dialectique typiquement hexagonale : celle qui oppose la volonté d'uniformisation et l'attachement à la diversité. La France est à la fois la nation dont l'unité s'est faite le plus tôt et celle qui n'a jamais cessé de se déchirer. Rappelons-nous la question de De Gaulle : « Comment voulez-vous gouverner un pays où il existe 259 variétés de fromages[1] ? » L'enjeu principal de l'histoire de France a été de rassembler, sous l'égide d'une figure exceptionnelle, l'irréductible diversité du territoire et des hommes.

L'imaginaire français : petite Europe et nouvelle Rome

Géographie : la France est un résumé de l'Europe

Il faut une nouvelle fois se tourner vers l'imaginaire français pour saisir l'origine de cette contradiction. Cette psychologie nationale découle d'abord de la physionomie de notre territoire : « La France occupe le centre de l'isthme européen, et

1. Cité par Ernest Mignon, *Les Mots du Général*, Fayard, 1962.

elle constitue le chemin le plus court entre le Nord et le Midi. On peut, depuis la Méditerranée, accéder à l'Océan par le profond sillon de la vallée du Rhône. À partir de Lyon [...], le voyageur a le choix entre la route du Bassin parisien par la Seine et la route, plus à l'est. [...] Elle peut se définir comme l'union de la mer du Nord et de la Méditerranée[1]. » Cette situation exceptionnelle confère d'emblée au royaume de France un destin hors norme. Moyenne par sa taille et sa population, notre pays est parvenu à dominer le monde à deux reprises : au Moyen Âge (XIIe-XIIIe siècle) et aux Temps classiques (XVIIe-XVIIIe siècle).

L'Hexagone offre une extraordinaire diversité, qui a toujours fasciné les étrangers. Au début du XVIIe, le Néerlandais Grotius confesse : « La France [est] le plus beau royaume après celui du Ciel[2]. » Les deux premières strophes de « Ma France » (1969) de Jean Ferrat disent cette légitime fierté des habitants :

Au grand soleil d'été qui courbe la Provence
Des genêts de Bretagne aux bruyères d'Ardèche
Quelque chose dans l'air a cette transparence
Et ce goût du bonheur qui rend ma lèvre sèche
Ma France.

Braudel avouait « aime[r] la France avec la même passion, exigeante et compliquée que Jules Michelet[3] ». Dans *L'Identité de la France*, le géographe écrit : « La France se nomme diversité[4] ».

---

1. Jean-Claude Barreau, Guillaume Bigot, *Toute la géographie du monde*, Fayard, 2007, p. 123.
2. Hugo Grotius, dédicace de son *De jure belli ac pacis* [1625] à Louis XIII.
3. Fernand Braudel, *L'Identité de la France*, Arthaud, 1992.
4. *Ibid.*

> Notre pays se présente en effet comme une espèce de résumé d'Europe. Entre Atlantique et Méditerranée, elle occupe un espace où se superposent les grands ensembles structuraux du continent.

La France est autant une petite Espagne (Pays basque et Catalogne) qu'une petite Italie (Côte d'Azur et Savoie). Mini-Angleterre (Bretagne), elle est une micro-Belgique (Flandres), une Allemagne modèle réduit (Alsace). L'Hexagone contient une petite Suisse ou une micro-Autriche (Alpes), et même un petit mini-Danemark (Normandie). La France n'est pas en Europe ; elle *est* l'Europe.

Vidal de La Blache définissait sa patrie comme l'espace irréductible à l'opposition Nord/Midi, que l'on retrouve dans la plupart des autres pays du Vieux Continent. La France est le seul État à la fois du Nord et du Midi, de l'Est et de l'Ouest :

> Par une interférence continuelle de causes, climatiques, géologiques, topographiques, le Midi et le Nord s'entrecroisent, disparaissent et réapparaissent. La France est placée de telle sorte par rapport aux influences continentales et océaniques qui s'y rencontrent dans un équilibre instable, que de différents côtés plantes et cultures ont voie libre pour se propager, pour profiter de toutes les occasions que multiplient les variétés de relief et de sol. [...] On peut dire que ce mélange est la France même[1].

Quelle est cette Europe dont la France est le jardin ?

Pour comprendre la spécificité française, il faut se pencher sur celle du Vieux Continent. Dans *Europe, la voie romaine*,

1. Paul Vidal de La Blache, *Tableau de la géographie de la France* [1903], Éditions de la Table ronde, 2000, p. 88-89.

Rémi Brague reconnaît trois dimensions à l'Europe : « un *espace* » (« L'Europe comme lieu précède l'Europe comme contenu[1] »), « une *direction* » et « un *tout* »[2]. Il insiste sur l'importance de ce « tout » auquel l'Européen a conscience d'appartenir. Son livre s'efforce de recomposer la substance de cette identité. Il parvient à la conclusion suivante : l'Europe a beau être un *tout*, ce n'est pas un *tout unitaire*. Il reprend la thèse de Leo Strauss :

> La civilisation occidentale est composée de deux éléments dont les racines sont en total désaccord. Nous appelons ces éléments Athènes et Jérusalem, ou pour recourir à un langage non métaphorique, la Bible et la philosophie grecque[3].

Là où Strauss ne voit que contradictions, Brague discerne l'unification des contraires par le legs de Rome, chemin que le philosophe baptise la voie romaine : « Nous ne sommes et ne pouvons être "grecs" et "juifs" que parce que nous sommes d'abord "romains"[4]. » La plume de Valéry trace la même idée : « Toute race et toute terre qui a été successivement romanisée, christianisée et soumise, quant à l'esprit, à la discipline des Grecs est absolument européenne[5]. » Si l'on dit souvent avec légèreté que les Romains n'ont rien inventé, cela recouvre une réalité essentielle de leurs expériences :

> Les Romains n'ont fait que transmettre, mais ce n'est pas rien. Ils n'ont rien apporté de nouveau par rapport aux deux peuples

1. Rémi Brague, *Europe, la voie romaine*, Gallimard, « Folio », 1999, p. 33.
2. *Ibid.*, p. 11-12.
3. Leo Strauss, « *Progress or return? The contemporary crisis in Western civilization* », *Modern Judaism*, n° 1, 1981, p. 17-45.
4. Rémi Brague, *Europe, la voie romaine*, *op. cit.*, p. 41.
5. Paul Valéry, *La Crise de l'esprit* [1919], *Œuvres complètes*, Gallimard, « Bibliothèque de la Pléiade », 1957, t. I, p. 1013.

créateurs, le grec et l'hébraïque. Mais cette nouveauté, ils l'ont apportée. Ils ont apporté ce qui était pour eux de l'ancien comme nouveau[1].

Brague livre la clé de sa « voie romaine » :

Être romain, c'est faire l'expérience de l'ancien comme nouveau et comme ce qui se renouvelle par sa transplantation dans un nouveau sol, transplantation qui fait de ce qui était ancien le principe de nouveaux développements. Est romaine l'expérience du commencement comme (re)commencement[2].

La grande spécificité de Rome, c'est d'avoir su *intégrer*. Synthétiser du divers en une fondation et une direction communes. À cet égard, la France est la plus romaine des nations européennes. N'est-elle pas celle qui, à travers un projet tout politique, parvient à ériger une unité au sein même de la contradiction ?

Un « double héritage éthique » (d'Iribarne) : une conception particulière de l'autorité

À l'image de l'Europe, la France hérite de plusieurs traditions. Nous sommes autant tributaires des Celtes païens (Gaulois) que du christianisme et de la tradition gréco-latine. Cette tension entre paganisme et christianisme peut expliquer le rapport original que nous entretenons à l'égard de l'autorité.

Pour d'Iribarne, ce double héritage implique « un double héritage éthique » :

À un héritage antique, grec et romain se superpose un héritage biblique, et au premier chef évangélique, bien différent.

1. Rémi Brague, *Europe, la voie romaine*, *op. cit.*, p. 46.
2. *Ibid.*, p. 49.

> L'un célèbre la grandeur et la magnanimité, l'autre l'humilité. L'un distingue radicalement les devoirs propres aux divers états de vie, l'autre soumet les puissants et les humbles aux mêmes devoirs[1].

Il est vrai qu'entre le *Vae victis* des Latins et le pardon du Nazaréen, la contradiction paraît insurmontable mais, à nouveau, Rome va la dépasser. On retrouve ce double legs dans l'éthique chevaleresque. La chevalerie est liée aux aspirations religieuses, mais aussi aux pratiques de l'honneur. Les chevaliers sont des guerriers contraints, par l'Église, de mettre leur force au service de la veuve et de l'orphelin.

Mais il y a un troisième héritage. Nous sommes aussi les légataires des Gaulois. Or, ces derniers entretenaient un rapport très particulier à l'autorité. Ouvrons la *Guerre des Gaules* :

> En Gaule, non seulement toutes les cités, tous les cantons et fractions de cantons, mais même, peut-on dire, toutes les familles sont divisées en partis rivaux, à la tête de ces partis sont les hommes à qui l'on accorde le plus de crédit ; c'est à ceux-là qu'il appartient de juger en dernier ressort pour toutes les affaires à régler, pour toutes les affaires à prendre. Il y a là une institution très ancienne, qui semble avoir pour but d'assurer à tout homme du peuple une protection contre les plus puissants que lui [...][2].

De là viennent, peut-être, nos qualités et nos travers « d'anarchistes soldats ». Chaque guerrier gaulois tient à sa liberté et ne croit qu'à la force des armes. Mais lorsque le besoin se fait critique, il se ligue derrière un chef charismatique. Que l'on pense à Vercingétorix, chef des Arvernes, qui en – 52 av. J.-C. unit les tribus contre César.

---

1. Philippe d'Iribarne, *L'Étrangeté française*, *op. cit.*, p. 79.
2. Jules César, *Guerre des Gaules* [-57 à -43 av. J.-C.], Gallimard, « Folio », 1981, livre VI, chap. 11, p. 227.

Dans les cultures du Nord (influencées par la conception germanique de la liberté), en cas de conflit, on recherche avant tout un compromis médian, quitte à fondre l'individu dans l'intérêt de la collectivité. En France, nous ne supportons pas le « compromis mou » :

> Dans une lecture française, mettre son point de vue dans sa poche sans le défendre jusqu'au bout, ne serait-ce que dans une sorte de « baroud d'honneur » si on est sûr que son avis ne sera pas suivi, est facilement perçu, surtout dans un domaine technique, comme le signe d'un manque singulier de conviction. L'appel à une « autorité supérieure », à quelqu'un qui est « au-dessus de tout le monde », qui « chapeaute tout le monde » est regardé comme un bien meilleur moyen de sortir de l'impasse. Il s'agit de quelqu'un qui apparaît comme le représentant terrestre de quelque chose de plus haut, d'une vision « holiste », s'élevant au-dessus des points de vue particuliers en présence[1].

Teigneux et fier, le Français ne cède jamais devant celui qu'il considère comme son égal. Ce n'est que lorsqu'il rencontre un plus grand dénominateur commun qu'il obtempère. Il ne plie le genou que devant un homme devant lequel il reconnaît une projection de sa valeur en tant que peuple. La seule manière d'emporter sa conviction, c'est de lui présenter un homme exceptionnel. Louis XIV ne s'y trompa pas, qui choisira comme devise : *Nec pluribus impar* (« À nul autre semblable »). On retrouve l'idée de Louis Dumont, dans la postface d'*Homo hierarchicus*, selon laquelle la nation française est une « collection d'individus » là où la nation allemande est un « individu collectif »[2].

1. Philippe d'Iribarne, *L'Étrangeté française*, *op. cit.*, p. 108.
2. Louis Dumont, postface à son ouvrage *Homo hierarchicus*, Gallimard, « Tel », 1979.

L'histoire de France : une dialectique entre uniformisation et diversité

Le parallèle avec Rome va plus loin. La Ville éternelle ne s'est pas contentée de s'approprier des imaginaires contradictoires, elle s'est étendue, jusqu'à se tailler l'empire le plus vaste et le plus durable de l'histoire. La voie romaine suppose l'intégration d'éléments étrangers à un projet commun : l'empire. Elle est constamment prise dans une logique d'uniformisation, en raison de son ingestion de nouveaux éléments allogènes. L'histoire de France suit un processus similaire. L'unité française se fait sur la base d'un projet, elle tente de synthétiser la diversité qui lui est inhérente, mais son effet d'uniformisation engendre aussi du divers.

Le matériau de base : une grande diversité ethnique, linguistique, culturelle

Notre nation est une construction politique. Agrégat d'une vingtaine d'anciennes provinces découpée en quatre-vingt-seize départements, la France métropolitaine est composée de plusieurs centaines de *pagi*, aux limites inchangées depuis la Gaule. Le matériau dont se sont servis les Capétiens était profondément divers, d'un point de vue à la fois ethnique, linguistique et culturelle.

Comme l'écrit Jacques Dupâquier :

> Au moment de l'arrivée des Celtes, peuple indo-européen, on compte deux peuples préexistants : les Basques et les énigmatiques Ligures (aucune trace directe, aucun texte, que des éléments rapportés). Il faut aussi noter la présence d'Ibères aux frontières de l'actuelle Espagne, puis de Phéniciens et de

> Phocéens (Grecs) dans la région provençale. Cette diversité constitutive ne fut pas effacée par les invasions successives (romaine et franque). La colonisation romaine n'a concerné que le sud-ouest du territoire (*Narbonensis*) et a donc eu un faible impact démographique. Il en est autrement pour les Germains. Si les Alains et les Vandales ne se sont pas implantés sur le territoire, il en est autrement pour les Francs, Burgondes, Wisigoths et Alamans. Les Francs représentent 50000 à 100000 individus, et les Burgondes 10000 à 20000 pour une population autochtone de 7 à 8 millions[1].

Les invasions contribuent davantage à la diversité ethnique qu'elles n'unifient le territoire. À cela on peut ajouter celles des Vikings, du VIIIe au XIIe siècle.

La diversité ethnique se double d'une variété linguistique correspondant aux strates du peuplement. Il faut compter avec les langues romanes, majoritaires, issues de la fusion entre latin vulgaire et dialectes gaulois. Parmi elles, la langue d'oïl (la plus proche du français moderne), l'occitan, l'arpitan (franco-provençal), le catalan et l'italique. Auxquels on doit ajouter des langues germaniques parlées dans l'actuelle Alsace, le breton (langue celtique) et le basque.

Il faut également prendre en compte une formidable diversité culturelle. L'étude des systèmes familiaux proposée par Emmanuel Todd offre un prisme pour comprendre cette fragmentation. Pour le démographe, la France abrite six modèles familiaux différents, une situation unique en Europe. Et surtout, l'Hexagone offre la grande particularité d'abriter deux modèles antithétiques : la famille nucléaire égalitaire (NB) et la famille souche patrilocale (SP)[2].

---

1. Jacques Dupâquier, *Histoire de la population française*, *op. cit.*
2. Emmanuel Todd, *L'Origine des systèmes familiaux*, t. I, Gallimard, tableau VII-1, p. 310.

Volonté d'unification par le haut et inévitable résurgence du divers

Le principal enjeu des bâtisseurs du royaume de France a consisté à synthétiser ce divers dans un projet commun. Cette unification s'est réalisée par le haut.

Il n'est pas absurde de se référer au premier roi franc comme point de départ de la dynamique unificatrice qui aboutira à la France. C'est le point de vue de Bonaparte qui disait : « De Clovis au Comité de salut public, je me sens solidaire de tout ! » Clovis va réaliser l'amalgame des envahisseurs et des autochtones. Bainville évoque cette fusion entre Francs et Gaulois romanisés :

> Il n'y a donc pas lieu de parler d'une conquête ni d'un asservissement de la Gaule par les Francs, mais plutôt d'une protection et d'une alliance, suivies d'une fusion rapide. [...] L'élément gallo-romain avait appelé l'autorité de Clovis et Clovis, de son côté, avait très bien vu que ce peuple désemparé, craignant le pire, désirait une autorité forte[1].

Le sens politique de Clovis lui permet de se débarrasser de ses rivaux et de conquérir un vaste territoire. Son règne favorise l'émergence de ce que Ferdinand Lot a appelé un « patriotisme gallo-franc[2] ». Ce patriotisme est indissociable d'un statut particulier de la paysannerie de notre futur pays, celui de l'homme « franc » (franc signifiant libre) qui échappe au servage. La conception française de la liberté est déjà en germe (le « panache » résonne peut-être comme un lointain écho de la « liberté franche » !). La conversion de Clovis au

1. Jacques Bainville, *Histoire de France* [1924], Tallandier, 1994, p. 28.
2. Ferdinand Lot, *Naissance de la France*, Fayard, 1948, p. 193 *sq*.

christianisme offrira un autre vecteur d'unité. Le jeune cacique unit l'insoumission païenne (les anarchistes soldats, passion de la distinction par la prouesse) et l'humilité chrétienne (passion de l'égalité devant Dieu). On a souvent reproché à Clovis d'avoir été un roitelet analphabète, ayant conquis la Gaule « par une suite de perfidies[1] ». Paul-Marie Coûteaux insiste sur la signification profonde que revêt l'action de Clovis au regard de l'histoire de France. Car s'il demeure un barbare illettré, il faut lui reconnaître d'avoir impulsé le processus d'unification.

La mort de Clovis introduit un partage du territoire entre ses fils Théodoric (Austrasie) et Clotaire (Neustrie). Le royaume est fragilisé par une querelle de succession. « L'expérience mérovingienne, bien commencée, finissait mal. On sentait le besoin d'un nouveau Clovis. Où le prendre[2] ? », demande Bainville. Profitant de la traîtrise des élites de Neustrie (le maire de Neustrie, Rainfroi, s'allie avec des tribus allemandes révoltées contre l'Austrasie), Charles Martel s'impose, permettant à son fils, Pépin le Bref, d'accéder au trône en 754. La dynastie carolingienne est fondée.

« Avec plus de ressources et dans de meilleures conditions, les Carolingiens recommençaient ce que Clovis avait tenté : reconstituer l'empire d'Occident[3]. » Il faudra Charlemagne pour y parvenir. Le pape Léon III le sacre « empereur des Francs et des Romains » en 800. Le destin de ce qui deviendra la France est encore une fois lié à la référence romaine. Une nouvelle fois, le décès du chef barbare sème la discorde, preuve que le principe romain de bien commun n'avait pas été intégré.

1. Jules Michelet, *Histoire de France*, t. I [1835].
2. Jacques Bainville, *Histoire de France* [1924], *op. cit.*, p. 32.
3. *Ibid.*, p. 38.

À la mort de son fils Louis le Pieux, l'empire est scindé en trois par le traité de Verdun (843). Au xe siècle, la situation devient critique comme l'explique Bainville :

> L'impuissance des Carolingiens à repousser ces envahisseurs [les Normands] hâta la dissolution générale. Désormais, le peuple cessa de compter sur le roi. Le pouvoir royal devint fictif. L'État est en faillite. Personne ne lui obéit plus. On cherche protection où on peut. Alors les hauts fonctionnaires se rendent indépendants. Le système féodal, que Charlemagne avait régulé et discipliné, s'affranchit et produit un pullulement de souverainetés. L'autorité publique s'est évanouie : c'est le chaos social et politique. Plus de Francie ni de France. Cent mille autorités locales, au hasard des circonstances, prennent le pouvoir[1].

C'est dans ce chaos qu'Hugues Capet est élu roi des Francs en 987. Le chemin de l'unité ne fait que commencer. Lorsque Capet monte sur le trône son domaine va d'Orléans à Senlis. Les grands feudataires sont tout-puissants. Les Capétiens étendent progressivement leur emprise. De manière fort intéressante, leur pouvoir se fonde sur une supériorité issue d'un principe... égalitaire ! *Primus inter pares*. Premier entre des égaux, ce sera le principe cardinal et comme la pierre de touche de notre histoire. Au départ, le roi n'est qu'un comte parmi ses pairs. À l'arrivée, il sera devenu souverain parmi des sujets égaux avant de finir un citoyen parmi d'autres (*primus inter pares*). Cette révolution et la nouvelle la légitimité qu'elle consacre (l'égalité devient la source de toute légalité) seront fatales au citoyen Capet. Le roi devra mourir pour que la nation vive. Mais nous ne sommes pas encore au pied de la guillotine. Pour l'instant, essayant de régler d'interminables querelles de

1. Jacques Bainville, *Histoire de France* [1924], *op. cit.*, p. 45.

succession, les Capétiens imposent la primogéniture masculine (tout en faisant oublier l'origine élective de leur dynastie). Cela leur permettra de régner sur la France sans interruption jusqu'en 1792 (puis de 1814 à 1830). L'unification de leur pré carré sera leur grande affaire. Il faudra trois grands rois de la maison de France pour y parvenir : Philippe Auguste (1180-1223), Saint Louis (1226-1270) et Philippe le Bel (1285-1314).

Philippe Auguste pose une pierre centrale de cet édifice, avec la bataille de Bouvines (1215). Cette victoire confère au souverain une autorité incontestée. Le roi des Francs devient roi de France et engage un processus de centralisation administrative. Il rassemble les archives royales, établit les comptes royaux et crée la fonction de bailli. Philippe Auguste renforce l'autorité royale en l'unissant à l'idée de bien commun, ce qui favorise l'égalité entre ses sujets. Plus le roi est grand, plus les grands du royaume (les aristocrates) rapetissent, plus les petits (les paysans) grandissent.

> On forcerait à peine les mots en disant qu'il convoqua ses Français à la lutte contre l'autocratie et la réaction féodale, complice de l'étranger. Il y a plus qu'une indication dans les paroles que lui prête la légende au moment où s'engagea la bataille de Bouvines : « Je porte la couronne mais je suis un homme comme vous. » Et encore : « Tous vous devez être rois et vous l'êtes, par le fait, car sans vous je ne puis gouverner. » Les milices avaient suivi d'enthousiasme et, après la victoire qui délivrait la France, ce fut de l'allégresse à travers le pays. Qui oserait assigner une date de naissance au sentiment national[1] ?

On assiste à la répétition de la scène originelle qui scelle notre destin : un chef charismatique rassemblant les Français

1. Jacques Bainville, *Histoire de France*, *op. cit.*

indépendants et jaloux de leur liberté dans un projet d'unité contre la perfidie d'élites traîtresses.

Saint Louis va poursuivre la route qui mène à l'unité, en instaurant une justice royale. Avec la *querela*, le roi se pose en « fontaine de justice » (on dit que « toute justice émane du roi »). Il confère à la magistrature une fonction suprême, quasi religieuse, permettant aux juges de trancher les rivalités entre seigneurs et vassaux. Ici encore, la seule manière d'unir les Français, c'est de départager des égaux par nature, et donc d'accorder à un chef une nature *autre*. Le premier croisé jettera les bases du parlement de Paris (entre 1253 et 1270), dont Bainville dit que, « en unifiant le droit, il unira la nation[1] ». Enfin, Saint Louis fait frapper une monnaie (1263-1265) et impose le monopole de son émission et de sa circulation.

Philippe le Bel perfectionne cette construction. Il renforce l'administration centrale (la Cour) et le Parlement. Surtout, il bâtit l'État fiscal et solde une armée de métier. Sous son règne, une conception juridique très particulière de la royauté chrétienne se dessine. La Couronne devient une entité autonome. Cette idée se confirme avec la succession valoise (Philippe IV). La France perdure, quoi qu'il advienne des successions. La partition entre le corps temporel du roi et sa personne spirituelle, étudiée en détail par Kantorowicz, dans *Les Deux Corps du roi*, va jouer un rôle essentiel dans cette construction métapolitique :

> À l'opposé de la *physis* pure du roi et de la *physis* pure du territoire, le mot *corona* renvoie à la *metaphysis* politique dans laquelle *rex* et *regnum* ont toutes les deux leur part[2].

---

1. Jacques Bainville, *Histoire de France* [1924], *op. cit.*, p. 72.
2. Ernst Kantorowicz, *Les Deux Corps du roi* [1957], Gallimard, 1989.

La France forge à la fois son unité territoriale et son unité spirituelle. L'uniformisation étatique se fonde autant sur l'inaliénabilité du territoire que sur l'indisponibilité de la Couronne. « En France, note Blandine Kriegel, l'État n'a pas été comme dans le Saint Empire patrimonialisé mais c'est le patrimoine des rois qui a été étatisé, l'appareil d'État absorbant le corps du roi et son royaume[1]. »

Les Valois parachèvent cette œuvre capétienne. En triomphant des Anglais (avec l'aide de Jeanne d'Arc) en 1453, Charles VII professionnalise l'armée et centralise son commandement. Le degré de sophistication de l'administration française suscite l'admiration des étrangers, en particulier celle de Machiavel.

Le bel édifice des Capétiens sera ébranlé par les guerres de Religion. La propagation rapide de la foi protestante risque de disloquer un royaume fondé sur la formule : « Une foi, une loi, un roi. » Pour préserver l'unité, François Ier et Henri II jouent donc la carte de la fermeté. Mais les protestants ont en main des atouts puissants (notamment Antoine de Bourbon, roi de Navarre, et le prince de Condé). De 1560 à 1598, les guerres de Religion embrasent la France. Tour à tour guidés par les Bourbons, les Condés, les Coligny puis les Montmorencys, les huguenots affrontent les liguards, emmenés par les Guises (à qui les huguenots reprochent d'être proches de l'Espagne). La gravité de la guerre civile pousse la régente Catherine à délier l'unité fondamentale entre nation et catholicisme. Son conseiller Michel de L'Hospital déclare : « Il n'est pas question de *constituenda religione* mais de *constituenda respublica* : l'excommunié ne cesse pas d'être citoyen. » Cette tentative d'apaisement est interprétée comme

1. Blandine Kriegel, *État de droit ou empire ?* Bayard, 2002.

une marque de faiblesse. Huguenots et liguards en profitent pour s'affronter de plus belle.

Accordant la liberté de culte aux réformés dans les lieux dans lesquels ils le pratiquaient auparavant, l'inutile édit de Saint-Germain (1570) met le feu aux poudres. Le théologien catholique Simon Vigor le qualifie de « torche qui allumera un feu si grand qu'il consumera tout le royaume de France ». Cet incendie général débouche sur le massacre de la Saint-Barthélemy, en 1572. La flambée de fanatisme découle de l'absence d'un roi suffisamment fort pour incarner l'État. Seul Henri IV remplira ce rôle. Avec sa victoire sur la Ligue, puis avec l'édit de Nantes (1598), il éteint la guerre civile, tout en renforçant l'État. À la mort d'Henri IV, chef charismatique vecteur d'unité, on craint le retour des troubles.

La restauration du pouvoir royal ouvre la voie à l'absolutisation de la monarchie. Les Frondes témoignent d'une dernière insoumission de la noblesse, ultime tentative des élites seigneuriales d'affirmer leur légitimité. Leur échec signe la victoire du projet capétien : la féodalité est détruite, il n'y a plus rien entre le territoire, l'État et le roi. Louis XIV en profite pour révoquer l'édit de Nantes.

Le XVIIe siècle est aussi synonyme d'unification linguistique du royaume : « L'histoire de France commence avec la langue française[1] », écrit Michelet. L'édit de Villers-Cotterêts (promulgué par François Ier en 1539) fonde la primauté et l'exclusivité de son usage administratif. La langue de Boileau s'imposera comme langue officielle sous la houlette de Richelieu. Le Cardinal mènera une lutte sans merci contre les patois. L'Académie française, créée sous son égide en 1635, ambitionne de fixer la langue en créant un dictionnaire. Cette purification correspond à la période « classique » de notre

1. Jules Michelet, *Histoire de France*, t. III [1840].

littérature, tout au long du « Grand Siècle ». Sur ordre de Louis XIV, Colbert poursuit cette imposition d'une *lingua franca*. Dans une lettre adressée à son frère magistrat en Alsace en 1666, Colbert écrit : « Il est de conséquence d'accoutumer les peuples des pays cédés au roy par le traité de Munster à nos mœurs et à nos coustumes[1]. »

Cette francisation s'accompagne d'interdictions du port du costume traditionnel, dans le Roussillon, par exemple, ou d'une obligation de prêcher en français. L'uniformisation va se prolonger des siècles durant et sera accentuée par l'alphabétisation massive, impulsée par la IIIe République.

Comme nous l'avons vu avec Tocqueville, c'est la centralisation monarchique qui rend possible la Révolution. Héritiers fidèles de l'absolutisme, les Jacobins veulent supprimer tout intermédiaire entre le citoyen et la nation. On retrouve là une expression flagrante de la passion française de l'égalité. En témoigne la fameuse loi Le Chapelier (1791), qui proscrit les corps intermédiaires (corporations, organisations ouvrières, paysannes, et compagnonnage). Lorsque l'Europe se ligue contre nous, la Révolution en appelle à la défense de l'unité du territoire. Ce sera la levée en masse de février 1793. Depuis la Rome des guerres puniques, on n'avait plus connu d'armée civique. Mobiliser les citoyens (ce à quoi Machiavel était favorable) suppose une forte motivation. D'où les accents affectifs de « La Marseillaise ». Mais l'unité éclatante de la nation dissimule l'ombre de la division. Car, lorsque l'enthousiasme vient à manquer, la conscription devient contre-productive. C'est ce qui se passe en Vendée, où les paysans préfèrent prendre les armes contre la République, au pied de leurs clochers, plutôt que de servir l'État sur les bords

1. Cité dans Herman Van Goethem, « La politique des langues en France, 1620-1804 », *Revue du Nord*, 1989, p. 437-460.

du Rhin. L'insurrection vendéenne sera massive. Ailleurs, la Convention réussit à lever et à équiper un million de soldats – chiffre jamais atteint dans l'histoire. À travers cet exploit, les contradictions françaises réapparaissent. Si la mobilisation déclenche les « guerres de l'Ouest » (chouannerie et Vendée), les raisons de la résistance bretonne sont plus profondes. Aux origines de la chouannerie on trouve la volonté de défendre l'identité et les coutumes bretonnes contre l'uniformisation républicaine.

En écrasant ces résistances, la Révolution française offre une base solide (notamment sur le plan militaire) sur laquelle s'appuiera Bonaparte. « Napoléon, c'est la Révolution en personne », dira Metternich. L'uniformisation parachevée par l'empereur des Français va créer une organisation bien particulière du territoire. Les effets de cet hypercentralisme bonapartiste continuent toujours de se faire sentir aujourd'hui. Il y a désormais deux France : Paris (et les grandes métropoles) et « la province ».

De Gaulle avait compris l'ampleur du problème soulevé par ce centralisme excessif, et avait tenté de le minimiser avec son projet de décentralisation.

Les Gilets jaunes sont les visages de cette « France périphérique », dont nous parlent les études de Christophe Guilluy. C'est un peu le réveil de ce peuple insoumis depuis toujours, ces « Gaulois réfractaires », à qui il manque un vrai chef pour croire à l'unité.

La France est une nation artificielle, formée par l'élite contre l'élite

L'Hexagone hérite du projet romain, par sa volonté d'extension d'un domaine civique. Mais la France diffère de Rome car elle n'est pas un empire. L'empire suppose la conservation d'une diversité ethnique et culturelle, organisée par un pouvoir centralisé. Partant de la diversité qui la caractérisait initialement, l'uniformisation de la France a donné naissance à une nation. Ce sera la première de l'histoire.

Cette construction s'est réalisée de manière artificielle. C'est en ce sens que la France est une nation politique, c'est-à-dire qu'elle n'est pas fondamentalement ethnique et culturelle. « La fusion des races a commencé dès les âges préhistoriques, rappelle Bainville. Le peuple français est un composé. C'est mieux qu'une race. C'est une nation[1]. » Et parce qu'elle est une nation politique, elle n'est pas une communauté déterminée et suppose un renouvellement constant du projet commun. « L'existence d'une nation », disait Renan, « est un plébiscite de tous les jours, comme l'existence de l'individu est une affirmation perpétuelle de la vie[2] », un vouloir vivre ensemble. Relisons sa géniale définition :

> La nation est une âme, un principe spirituel. Deux choses qui, à vrai dire, n'en font qu'une, constituent cette âme, ce principe spirituel. L'une est dans le passé, l'autre dans le présent. L'une est la possession en commun d'un riche legs de souvenirs ; l'autre est le consentement actuel, le désir de vivre ensemble, la volonté de continuer à faire valoir l'héritage qu'on a reçu indivis. [...] Une nation est donc une grande solidarité, constituée par le sentiment des sacrifices qu'on a faits et de ceux qu'on est disposé à faire encore. [...] L'homme n'est esclave ni de sa race, ni de sa langue, ni de sa religion, ni du cours des fleuves, ni de la direction des chaînes de montagnes. Une grande agrégation d'hommes, saine d'esprit et chaude de cœur, crée une conscience morale qui s'appelle une nation[3].

1. Jacques Bainville, *Histoire de France* [1924], *op. cit.*, p. 15.
2. Ernest Renan, *Qu'est-ce qu'une nation ?* [1887], chap. III.
3. *Ibid.*

En ce sens, la France est la nation par excellence, tout du moins dans le sens où la définit le politologue Benedict Anderson :

> La nation est une communauté politique imaginée, et imaginée comme intrinsèquement limitée et souveraine. Elle est imaginée parce que même les membres de la plus petite nation ne connaîtront jamais la plupart de leurs compatriotes. [...] La nation est imaginée limitée parce que même les plus grandes nations ont des limites. [...] Elle est imaginée souveraine à cause du désir de liberté. [...] Elle est imaginée en tant que communauté profonde, horizontale et fraternelle[1].

La dimension politique de la nation française est ce qui fonde sa grande différence avec l'allemande, caractérisée par Fichte, dans son *Discours à la nation allemande* (1807-1808), par une culture, une race, une religion et une langue.

Le statut de la construction de la France est ainsi complexe. Elle est l'œuvre d'une élite (les rois unificateurs successifs), ayant lutté contre d'autres élites, ayant résisté à cette unification (opposition des seigneurs feudataires, des nobles, des frondeurs, etc.). Peut-être n'est-il pas exagéré de dire, de l'unification de la France, qu'elle s'est réalisée, reconstituée et raffermie dans un rapport toujours plus contigu entre un chef charismatique et un peuple qu'il tentait de rassembler.

1. Benedict Anderson, *Imagined Communities*, Verso, 1983, p. 6-8 (trad. G. Delannoi, *La Nation contre le nationalisme*, PUF, 2018, p. 47-48).

3

L'éternel parti de l'étranger

En 2014, l'ancienne directrice de l'ENA Marie-Françoise Bechtel affirmait : « La spécificité française tient surtout à la détestation des élites envers la nation[1]. » Ce propos peu amène sur notre classe dirigeante émane d'une femme qui, du Conseil d'État en passant par les cabinets ministériels, l'a assidûment fréquentée. Le jugement est lapidaire, mais il repose sur une tradition nationale solidement ancrée. Le tropisme qui éloigne nos élites de tout patriotisme est le même qui les incite à mépriser le peuple. C'est cette pente qui conduit parfois « la France d'en haut » à trahir.

Notre pays n'est pas qu'un beau jardin dont les mille et une essences ont été taillées de manière symétrique par une élite raffinée. Cette harmonie trop parfaite, ordonnée d'en haut, débouche parfois sur un épouvantable chaos. Une volonté centralisatrice farouche peut déclencher des réactions d'une extraordinaire violence. La douce France devient alors le pays des guerres civiles. Et lorsque le pays se déchire, les élites prennent rarement le parti de l'unité. Pourquoi ?

La France s'est réalisée à coups de taille et d'estoc par un pouvoir central jaloux de ses prérogatives. Paris ne s'est pas

1. Entretien pour *Marianne*, 11 janvier 2014.

fait obéir en un jour. La preuve de la résistance qu'ont opposée les seigneurs réside dans une absence architecturale. Il est en effet plus facile de voir des châteaux forts français en Syrie et en Jordanie que sur notre sol, où la plupart des forteresses médiévales ont été détruites. Non par la Révolution, mais par les rois qui émondèrent les résidences fortifiées des puissants. L'unification fut brutale. Pour étendre leur domaine, les Capétiens ont noué une alliance avec le peuple contre les élites. C'est en défaisant cette alliance que Louis XVI perdra sa tête.

Sur le long terme, la classe dirigeante française, confrontée à un peuple indocile, ne sera pas seulement dévorée par la passion de la distinction, elle sera souvent poussée à la faute.

La guerre de Cent Ans

Jusqu'au milieu du XIIIe siècle, la monarchie demeure féodale, et la cohésion du royaume repose sur des liens de fidélité personnelle. Il faudra attendre l'invention de la souveraineté autour de la figure du roi pour que surgisse une loyauté envers l'État. Le conflit qui va opposer les monarques anglais aux souverains français jouera un rôle décisif dans l'avènement d'une notion, qui rappelle la *res publica* des Latins. Le trône de France cessera alors d'apparaître comme le bien personnel du roi pour devenir un bien commun l'unissant à ses sujets.

À Hugues Capet ont succédé ses descendants directs jusqu'en 1328. Cette année-là, deux candidats se disputent le trône : Philippe de Valois, le frère d'un roi défunt (un neveu, donc), et le fils de sa fille (un petit-fils), Édouard. Devenu roi d'Angleterre sous le nom d'Édouard III, il revendique la couronne en 1337. Un ordre de succession existe. À la mort de

Charles IV, son plus proche parent par le sang est sa fille, la mère d'Édouard III. En droit médiéval, la question ne fait aucun doute. Mais les barons ne veulent pas d'un roi étranger. Ils invoquent alors une loi franque, la loi « salique », qui écarte les femmes de l'ordre successoral. Cela déclenche la guerre de Cent Ans. Avec cet interminable conflit, le sentiment national qui bourgeonneait à Bouvines (Georges Duby) va éclore. La désignation d'un ennemi extérieur commun permet à la France de se définir.

Édouard III règne à Londres, mais n'accepte pas de perdre son fief. Il est l'héritier de la Guyenne, qui correspond à une part importante de notre façade atlantique. Il réclame aussi la Normandie. Le royaume d'Angleterre a beau être plus petit et moins peuplé (5 millions) que la France (15 millions), la chevalerie française va être écrasée par les troupes anglaises. Édouard III arme des bourgeois. Pour lui, seule la victoire compte. Les aristocrates français, tout à leur passion de la distinction, vont être surpris par cette invention anglaise. Les défaites s'enchaînent : Crécy (1346), Poitiers (1356). Les seigneurs français manquent d'être décimés à Azincourt (1415). La partie semble terminée. La querelle paraît vidée au profit du roi de Londres, et ce d'autant que, à Paris, le nouveau monarque, Charles VI, est un débile léger. Il restera dans l'histoire sous le sobriquet de « roi fou ».

En 1420, le traité de Troyes reconnaît le prétendant anglais comme roi de France, sous le nom d'Henri V. Ce n'est alors qu'un petit enfant. Un régent anglais, le duc de Bedford, s'installe à Paris. L'occupant trouve des alliés puissants, ces fameuses élites qui méprisent ce qui n'est pas encore une nation, mais déjà plus qu'un simple domaine féodal. Les Anglais peuvent, par exemple, compter sur le soutien du duc de Bourgogne qui, depuis sa bonne ville de Dijon, étend sa suzeraineté jusqu'aux Flandres. La noblesse « bourguignonne », la plus « mondialisée » du royaume, préfère s'allier au souverain anglais contre le « roi fou ». La femme de ce dernier, Isabeau de Bavière, et le duc de Bourgogne s'associent au roi d'Angleterre. Conclu le 21 mai 1420, le traité de Troyes matérialise ce pacte funeste. Ce document donne la main de la fille de Charles VI, Catherine la Belle, au monarque anglais faisant de lui l'héritier du royaume de France. La France est alors divisée entre les possessions anglaises (y compris Paris), les possessions bourguignonnes et les provinces qui demeurent fidèles à l'héritier légitime : Charles VII. Jacques Bainville voit dans le traité de Troyes une infamie :

> Plus honteuse l'acceptation de l'Université, du Parlement, de tous les corps constitués de France. La signature de Charles étant nulle, les états généraux consentirent à donner la leur. Paris même, ce fier Paris, acclama Henri V, « moult joyeusement et honorablement reçu ». Henry V s'empressa de prendre possession de la Bastille, du Louvre et de Vincennes. De ces forteresses, un roi étranger commanderait les Parisiens[1].

Le frère du roi dément, le malingre Charles, futur Charles VII, qui n'est encore que dauphin, fait figure d'ultime espoir de la cause française. Réfugié au sud de la Loire, le dauphin continue le combat. Mais la majeure partie du legs des Capétiens, de la Somme à la Loire, est occupée par les Anglais, tandis que la Bourgogne alliée de Londres est quasiment indépendante.

Cette soumission des élites françaises à un roi étranger est une catastrophe pour le royaume. Celui-ci sera toutefois sauvé par une préfiguration de ce que nous appellerions aujourd'hui le populisme.

1. Jacques Bainville, *Histoire de France* [1924], *op. cit.*

Le peuple entre en scène, du moins l'opinion des « bonnes gens » du royaume : les paysans et les artisans. Car la France commence à exister dans leur cœur. Cette fusion originale de la Méditerranée et de la mer du Nord a réussi. Elle est déjà aimée. Or les prétendants anglais à la couronne de France ont commis l'erreur de méconnaître ce sentiment naissant, mais déjà vif. Les grands seigneurs féodaux anglais, parlant en outre le français, auraient pu utiliser des troupes locales. Pour des raisons de commodité (l'Angleterre est plus soumise) et de modernité (les archers et fantassins anglais sont plus disciplinés), ils préfèrent employer des soldats venus d'outre-Manche. Les paysans de nos provinces les appellent rapidement les « Goddons » parce qu'ils jurent en anglais : *God Damned !*

Les petites gens se mettent alors à fredonner ce refrain : « Mes amis, que reste-t-il à ce dauphin si gentil ? » Et d'énumérer les rares terres qui ne sont pas occupées par les Anglais : « Orléans, Beaugency, Notre-Dame de Cléry, Vendôme. »

Cette erreur des Anglais leur sera fatale et permettra l'intervention de l'une des figures les plus fascinantes de l'histoire : Jeanne d'Arc. Les Français veulent déjà être gouvernés par un dirigeant parlant leur langue et partageant leur culture. Les Grecs de l'Antiquité ont, du reste, manifesté la même exigence, laquelle a justifié leur guerre victorieuse contre les Perses. Mais le patriotisme n'a encore jamais dépassé les murs d'une cité, les empires ayant tous été multiculturels. L'historien Pierre Chaunu montre que le miracle français a consisté à transférer à une échelle énorme, pour l'époque, la ferveur que le citoyen d'Athènes éprouvait lorsqu'il contemplait l'Acropole depuis sa maison ou son champ.

L'épopée de la jeune fille de Domrémy compte pour beaucoup dans la diffusion d'un sentiment qui mêle le religieux au politique et à la culture. La paysanne analphabète va devenir le porte-étendard de tout un peuple, qui se soulève pour aider son roi à chasser l'envahisseur ainsi qu'une classe dirigeante complice. De Jeanne, André Malraux dira qu'elle est la seule figure de gloire, qui fut aussi une figure de pitié. Dans l'hommage émouvant que le Compagnon de la Libération rend à la Pucelle, il explique comment ce destin singulier s'est confondu avec celui de notre pays :

> Dans ce monde où Ysabeau de Bavière avait signé à Troyes la mort de la France en notant seulement sur son journal l'achat d'une nouvelle volière, dans ce monde où le dauphin doutait d'être dauphin, la France d'être la France, l'armée d'être une armée, elle refit l'armée, le roi, la France. Il n'y avait plus rien : soudain, il y eut l'espoir – et, par elle, les premières victoires qui rétablirent l'armée. Puis à cause d'elle et contre presque tous les chefs militaires, le sacre qui rétablit le roi[1]...

Jeanne aurait tout d'une légende si elle n'avait existé. Cette histoire est incroyable, mais elle est aussi un récit authentique de nos origines, qui révèle le sens profond de notre identité. Jusqu'à Charles VII, les rois avaient fait le royaume. À travers cette paysanne, le peuple uni va le refaire. L'alliance entre le monarque et les plus humbles offre le *rosebud* du destin français. Le triste épilogue de l'histoire de Jeanne montre que les puissants ne lui pardonneront pas d'être l'héroïne des petits et la mauvaise conscience des grands.

---

1. « Discours de Rouen prononcé en l'honneur de Jeanne d'Arc », Rouen, 31 mai 1964.

La haine de Cauchon, de l'Université et des Bourguignons contre Jeanne d'Arc, l'héroïne nationale

Après avoir redressé la royauté en levant le siège d'Orléans (le 8 mai 1429) et fait sacrer le roi à Reims, Jeanne tombe aux mains du parti de l'étranger qui la livre aux Anglais. Ce parti est incarné par la maison de Bourgogne, collaborant avec l'Angleterre pour des raisons politiques (afin d'étendre les possessions du duché), économiques (les fileurs et les tisserands achètent leur laine à l'Angleterre) et religieuses (à l'occasion du Grand Schisme d'Occident, le roi de France soutient Clément VII installé à Avignon, tandis que le duc de Bourgogne et le roi d'Angleterre reconnaissent l'autorité d'Urbain VI, installé à Rome). Dans son *Histoire de France*, Bainville inculpe le « parti bourguignon » de haute trahison :

> Jeanne d'Arc personnifiait la patrie pour les uns, pour les autres les noms détestés d'Orléans et d'Armagnac. Bedford et Winchester, pour condamner la sainte au bûcher, pour se venger en déconsidérant sa cause, se servirent encore de nos guerres civiles. Qui fut leur homme ? Cauchon, une des lumières de l'Université de Paris, l'Université bourguignonne, pleine de rancunes. Cauchon eut soin de la consulter : l'Université déclara coupable et envoya au feu celle qui représentait le parti d'Orléans (30 mai 1431). La haine de l'Université contre Jeanne d'Arc est la même qui avait associé les docteurs aux bouchers, les intellectuels aux cabochiens. L'odieux du procès et de la condamnation doit équitablement se partager entre les Anglais et leurs serviteurs français du parti bourguignon, le parti de l'Angleterre, le parti de l'étranger[1].

1. Jacques Bainville, *Histoire de France*, *op. cit.*, p. 117-118.

Les guerres de Religion manipulées par l'élite

Des siècles plus tard, on reverra surgir le parti de l'étranger, c'est-à-dire celui des importants cherchant à se distinguer de la masse et qui sont prêts à tout pour se débarrasser d'un pouvoir freinant leurs ambitions. Les deux partis en conflit – protestants d'un côté et ultracatholiques de l'autre – seront successivement traversés par cette tentation.

Pendant ces époques de haines religieuses, les rois étant souvent trop jeunes pour gouverner, différents partis politico-religieux vont chercher à s'imposer soutenus par de grandes familles, telles que les Montmorencys, les Guises et les Bourbons.

Bien que partagés entre catholiques et protestants, les Montmorency-Châtillon s'uniront à l'occasion pour contrer l'influence des Guises.

Pas plus que les Montmorencys, ces derniers n'hésitent pas à mettre l'unité du royaume en péril pour assouvir leur ambition.

La soif de pouvoir de la famille Bourbon n'est pas moins inextinguible. Elle l'est d'autant moins que ses membres descendent en ligne directe de Saint Louis – raison pour laquelle on les appelle les princes du sang –, ce qui leur confère un ordre de préséance, les plaçant juste en dessous du roi, qu'ils manipulent au service de leur cause protestante, voire remplacer.

L'ingérence étrangère

Ces familles vont nouer avec des puissances étrangères des alliances dirigées contre la France. Durant ces guerres de religion, les monarchies voisines soutiendront l'un ou l'autre des partis, attisant les troubles afin d'affaiblir le pays.

L'Espagne et l'Angleterre prêteront main-forte aux sujets rebelles et à leurs puissants parrains internes. La reine d'Angleterre Elizabeth Ire soutiendra les clans protestants, tandis que le roi d'Espagne appuiera les Guises, partisans d'un catholicisme intransigeant.

Les voisins limitrophes nourrissent également des ambitions territoriales. L'Angleterre entend récupérer Calais. L'Espagne espère recouvrer la partie septentrionale de la Navarre. La Savoie, alliée à l'Espagne, veut remettre la main sur les places italiennes occupées par la France. Or, les grands du royaume sont prêts à des concessions pour servir leur cause personnelle.

Face à ce risque de dislocation, la monarchie française va renouer avec sa vieille tradition en assumant un pouvoir central fort, qui impose l'unité aux puissants grâce à un solide appui populaire.

Le parti du roi est celui de l'unité et donc celui du peuple

Les guerres de Religion revêtent ainsi une forte coloration sociale. Les catholiques contre les protestants, c'est déjà un peu la France périphérique – ou la France d'en bas – contre celle d'en haut, même s'il existe un petit peuple protestant dont la trace reste visible dans les Cévennes et dans le Midi, alors que la haute société protestante des grandes villes témoigne de ce que le protestantisme attire surtout les couches favorisées du royaume.

À la fin de 1561, qui correspond à l'apogée du protestantisme en France, on dénombre environ 2 millions de protestants. Au

XVIe siècle, près d'un dixième de la population est huguenote. L'Église réformée ne séduit pas les masses et sert souvent de moyen de distinction pour l'élite. Le protestantisme se diffuse en milieu urbain, parmi les gens cultivés : bourgeois, artisans, gens d'Église, érudits, écrivains et officiers de justice. La noblesse vient à la Réforme à partir de 1555. Inversement, le parti du roi, celui de l'unité, reste longtemps catholique.

Dans un premier temps, le pouvoir royal tente l'apaisement. C'est un échec. La convocation des états généraux, réunis par trois fois durant les guerres de Religion, témoigne de cet affaiblissement de l'autorité royale. Le souverain a besoin de l'appui de ses sujets pour prendre des décisions qui seront respectées. À cette occasion, le pouvoir royal est remis en cause par des hommes de loi et des lettrés, qui aspirent à assujettir le souverain à leurs assemblées. Avec leur clientèle intérieure et leurs sponsors étrangers, les importants sont trop puissants. Dans un premier temps, la volonté pacificatrice des rois de France, qui favorise la diffusion du protestantisme, va souverainement déplaire à un peuple resté fidèle au catholicisme. La nuit sanglante de la Saint-Barthélemy préfigure, à cet égard, les émeutes révolutionnaires où la foule se rue dans les beaux quartiers pour trucider les nantis.

Il faudra que le hasard des successions pose la couronne de Saint Louis sur la tête d'un huguenot pour que les tensions sociales s'apaisent. Le paradoxe n'est qu'apparent. Avec un protestant au sommet de l'État, c'est la chance de nouer une alliance avec un peuple resté catholique, et sur le dos du parti protestant, et contre le parti extrémiste catholique. Henri de Navarre, qui deviendra Henri IV, va à la fois favoriser le rétablissement du catholicisme comme religion officielle et autoriser les protestants à pratiquer leur culte : ce sera le célèbre édit de Nantes, déjà évoqué. En gage de sa bonne volonté et de sa conversion au parti national, qui est aussi le parti populaire, il se convertit au catholicisme lors d'une messe solennelle. A-t-il réellement déclaré : « Paris vaut bien une messe » ? Qu'importe si la phrase est apocryphe, sa politique ne l'est pas. Plus tard, le parti espagnol des Guises rentrera dans le rang. Tandis que les protestants, dès qu'ils seront tentés de s'appuyer sur l'Angleterre, seront réduits par la force (c'est le siège de La Rochelle par Richelieu).

La France vient d'inventer un découplage fort original entre loyauté religieuse et loyauté politique. La laïcité est encore loin, mais dans ce royaume à nul autre pareil, il devient possible d'être un fidèle sujet du roi sans partager son culte. Ce qui offre une solution diamétralement opposée à celle trouvée dans le reste de l'Europe (*cujus regio, ejus religio*). La France s'est édifiée, solidifiée et inventée contre le modèle européen néo-impérial.

La Révolution et les émigrés

Pendant la Révolution, une part importante de l'aristocratie va céder à la tentation de la trahison. Le roi lui-même va desceller la pierre de touche d'une politique que ses ancêtres avaient poursuivie pendant huit siècles. Si Louis XVI avait pris le parti du peuple contre la noblesse, la monarchie française aurait pu sortir grandie de l'épisode révolutionnaire. Mais le souverain va opter pour une fuite qui fera long feu puisqu'il sera reconnu par un aubergiste à Varennes (20 juin 1791). De nombreux nobles quitteront un pays dont ils ne veulent plus et qui les rejette. Ils rêveront de se venger, en s'appuyant sur l'étranger. Ce sont les émigrés.

L'émigration résulte de la peur qui va s'emparer de la « France d'en haut » après les premières journées révolutionnaires. S'opérant au sein de la noblesse et du clergé, l'émigration n'est pas un phénomène de masse et concerne des individus plus que des familles. Après la fuite de la famille royale, l'émigré royaliste sera perçu comme déserteur (ce sentiment sera accentué par l'hémorragie des cadres dans les armées révolutionnaires, entre 1790 et le Directoire). Comme le note Philippe Levillain :

> L'émigration royaliste est généralement considérée comme un reflux qui commença en 1789, cessa avec le Consulat et dont le retournement coïncida avec le retour des Bourbons en 1814, c'est-à-dire comme une faune marine emportée par une monarchie en baisse et ramenée par une monarchie remise en eaux. C'est l'essentiel de sa population et de ses idées, il est vrai. Mais trois remarques s'imposent : cette émigration ne fut pas tarie avec la Restauration. Elle toucha encore certaines catégories politiques après 1830, notamment à la suite des insurrections vendéennes de 1831 et 1832. Elle se poursuivit sous de formes larvées tout au long du XIXe siècle. Ainsi après la prise de deux décrets relatifs à l'enseignement des congréganistes, un certain nombre de familles légitimistes et catholiques décidèrent de poursuivre l'éducation de leurs enfants dans des établissements congréganistes sis au Royaume-Uni, en Belgique ou en Suisse. Mais surtout, elle conserva une force d'attraction considérable, parce que symbolique, en raison de l'exil des Bourbons après 1830 et de la position de refus adoptée par le comte de Chambord, avant et après 1870[1].

Cette émigration se nourrit du cosmopolitisme d'une noblesse qui confond parentèle et connivences idéologiques. Coblence devient le symbole de la Contre-Révolution et de

1. Philippe Levillain, « De Coblence à Froshdorf : les lieux de l'émigration royaliste au XIXe siècle », *Actes du colloque de Rome (3-5 mars 1988)*, Publications de l'École française de Rome, 1991, n° 146, p. 161-169.

la collusion avec l'étranger. Pourtant, ainsi que le relève Karine Rance, « le rassemblement de quelques milliers de gentilshommes français n'a duré qu'un an, de juin 1791 à mars 1792, alors que l'ensemble de l'émigration a duré une dizaine d'années[1] ».

En France, cette ville rhénane incarne un véritable danger, même si les députés ne sont pas unanimes à son sujet. S'opposent alors les partisans du droit de circuler librement et les députés souhaitant interdire les émigrations en cas de trouble. L'évocation d'« une armée des princes » à l'Assemblée, en mars 1791, conjuguée à l'inquiétude que suscitent les départs des comtes d'Artois et de Provence et la fuite de Louis XVI au mois de juin changent la donne. La peur d'un complot entre l'aristocratie et l'étranger ourdi à des fins contre-révolutionnaires est forte et encourage les Girondins, notamment par la voix de Brissot, au bellicisme :

> Il faut encore ou nous venger, en détruisant ce repaire de brigands, ou consentir à voir se perpétuer, au milieu de nous, les factions, les conspirations, les incendies. Car, d'où viennent les brandons qui les allument ? De Koblenz. D'où vient l'insolence de nos aristocrates, qui nous bravent au sein même de la France ? Ils crient à l'armée de Koblenz. D'où vient l'opiniâtreté du fanatisme et de nos réfractaires ? Ils invoquent, ils payent l'armée de Koblenz. D'où vient enfin l'ascendant de nos modérés, de nos intrigants, qui veulent dominer et dominent partout ? De leur peur que fait Koblenz. Voulez-vous détruire, d'un seul coup, aristocrates, mécontents, prêtres réfractaires ? Détruisez Koblenz. Koblenz

1. Karine Rance, « Coblence, une ville allemande dans l'imaginaire politique français », *in* Alain Cabantous (dir.), *Mythologies urbaines. Les villes entre histoire et imaginaire*, Presses universitaires de Rennes, 2004, p. 185.

détruit, tout est tranquille au-dehors, tout est tranquille au-dedans[1].

Considérant que Coblence est à Paris et non en Allemagne, Robespierre met les brissotins en garde contre le déclenchement d'une guerre. La ville germanique devient le symbole de l'Ancien Régime. Ces émigrés cristallisent de nombreux mythes, comme l'explique Karine Rance :

> À l'origine, Coblence est donc le lieu d'affrontement de trois mythes contradictoires : le mythe des émigrés, qui est celui du retour aux origines régénératrices et qui dessine l'émigré sous les traits du noble régénéré voué à rénover la monarchie par le sang versé ; le mythe des patriotes, qui associe l'émigré de Coblence au courtisan dégénéré incapable de remporter une victoire ; le mythe enfin des députés brissotins, qui assimilent Coblence à la Contre-Révolution et qui surestiment le danger afin d'alimenter leur discours belliciste[2].

Une campagne s'ouvre au printemps 1792, mais débouche sur une lourde défaite des nobles et de la coalition internationale qui les soutient, en dépit de leurs espoirs de défaire facilement une armée française, perçue comme désorganisée. Les soldats de la République française arrivent sur la rive gauche du Rhin en 1794 et leur victoire est définitivement reconnue par le traité de Bâle, signé en 1795 par Frédéric-Guillaume II de Prusse. La plupart des émigrés rentrent en France vers 1800, au moment où Bonaparte prononce des amnisties en leur faveur.

---

1. Discours de Brissot sur la nécessité de déclarer la guerre aux princes allemands et aux émigrés en décembre 1791.

2. Karine Rance, « Coblence, une ville allemande dans l'imaginaire politique français », in *Mythologies urbaines. Les villes entre histoire et imaginaire*, *op. cit.*

Coblence restera, à l'égal de Vichy, associée à la trahison des élites. Lors de la campagne présidentielle de 1974, le communiste Georges Marchais avait qualifié Valéry Giscard d'Estaing d'« homme de Coblence ». En 1989, déplorant la disparition de tout esprit révolutionnaire en France, Régis Debray parlera de Paris comme de « Coblence-sur-Seine ».

Des restaurations à la Commune : la Contre-Révolution dans les fourgons de l'étranger

La grande Révolution française est comparable à un formidable tremblement de terre. Ce séisme va connaître des répliques qui structureront le XIXe siècle. Chaque fois, on repère les mêmes coordonnées politiques : un peuple patriote se soulève, des puissances étrangères redoutent la contagion et des élites finissent par prendre le parti de l'étranger. En 1815, lors du congrès de Vienne, les monarchies européennes coalisées tentent de poser une camisole de force autour d'une France regardée comme un colosse forcené. Les puissances étrangères vont imposer (non encore les critères de Maastricht) la Restauration, c'est-à-dire le retour des Bourbons. Chateaubriand décrira l'humiliation de ces simples citoyens, qui avaient conquis l'Europe au nom des idéaux de la Révolution et qui furent obligés d'obéir à un souverain rentré à Paris dans les fourgons de l'étranger :

> On avait voulu épargner au roi l'aspect des troupes étrangères ; c'était un régiment de la vieille garde à pied qui formait la haie depuis le Pont-Neuf jusqu'à Notre-Dame, le long du quai des Orfèvres. Je ne crois pas que figure humaine ait jamais exprimé quelque chose d'aussi menaçant et d'aussi terrible. Ces grenadiers couverts de blessures, vainqueurs de l'Europe, qui avaient vu tant de milliers de boulets passer sur leurs têtes,

> qui sentaient le feu et la poudre; ces mêmes hommes, privés de leur capitaine, étaient forcés de saluer un vieux roi, invalide du temps, non de la guerre, surveillés qu'ils étaient par une armée de Russes, d'Autrichiens et de Prussiens, dans la capitale envahie de Napoléon[1].

À chaque répétition de la secousse de 1789 – en 1830, lors des Trois Glorieuses puis, en 1848, lors de la révolution de Février –, on verra ressurgir ce clivage entre un peuple, qui veut émanciper son pays de la tutelle étrangère, et une classe dirigeante, qui cherche à ménager les susceptibilités de nos voisins et à maintenir l'ordre. Lors de la Commune, ce fossé peuple/élite va se remplir de sang.

Le parti de l'étranger ressurgit et, *bis repetita*, la plèbe, surtout parisienne, défend la patrie en danger. Les historiens se disputent pour savoir s'il y avait encore quelque chose à défendre après Sedan. Gambetta, fils du peuple et républicain déclaré, s'envole en ballon de la capitale pour organiser la défense nationale depuis Tours, mais la guerre est perdue. Les troupes prussiennes et les cosaques occupent la capitale et le nord du pays. C'est alors que le peuple des faubourgs, refusant la défaite, se soulève comme un seul homme. En plein chaos, une assemblée communale est élue le 26 mars 1871 (plus de 230 000 citoyens votant). La Commune libre de Paris est proclamée le 28 mars. Ses 90 élus représentent des Jacobins qui veulent terminer la Révolution, mais aussi des blanquistes, des internationalistes, des proudhoniens et des libertariens qui souhaitent l'approfondir. Cette force, à la fois rouge et tricolore, exige la mise en place d'une démocratie directe fondée sur une vision exigeante de la citoyenneté, une participation politique active, le mandat impératif, et ce au niveau de

1. René de Chateaubriand, *Mémoires d'outre-tombe*, livre XXII, chap. XXI.

chaque arrondissement de Paris. L'armée permanente est supprimée, tandis que la garde nationale (dont les cadres sont élus) devient la seule entité chargée du maintien de l'ordre. Dans une atmosphère de ferveur et d'intense émulation intellectuelle, la Commune entend concrétiser les aspirations du mouvement ouvrier au XIXe siècle, à savoir « l'émancipation des travailleurs par les travailleurs eux-mêmes ». La déclaration au peuple français du 19 avril 1871 trahit, de la part des communards, une ambition qui n'est pas moins forte que celle de leurs ancêtres sans-culottes : « Nous avons la mission d'accomplir la révolution moderne la plus large et la plus féconde de toutes celles qui ont illuminé l'histoire. »

Réfugié à Versailles (quel symbole !) depuis le 18 mars 1871, le chef du pouvoir exécutif, Adolphe Thiers, signe le 10 mai la paix avec l'Allemagne (qui avait assiégé la capitale française, après avoir défait Napoléon à Sedan, en septembre 1870). Les Prussiens acceptent la demande de Thiers de libérer 60 000 soldats français. Le 21 mai, avec la complicité de nos ennemis, Thiers ordonne l'assaut sur la capitale. Une semaine suffit aux Versaillais pour réduire les communards (le 28 mai). Et ce malgré la farouche détermination de ces derniers, que rend cette exclamation de Louise Michel : « On ne peut pas tuer l'idée à coups de canon ni lui mettre les poucettes [menottes][1] ! »

La répression sera d'une violence inouïe, d'où l'expression de « Semaine sanglante » pour décrire les événements du 21 au 28 mai. Vingt mille cadavres d'hommes, de femmes et d'enfants jonchent les rues de Paris. Les Versaillais procèdent à 38 000 arrestations. Des « cours prévôtales » sont installées pour juger arbitrairement et fusiller les « Rouges ». Le nombre de victimes de la Commune (en une semaine 20 000 morts)

1. Louise Michel, *La Commune, Histoire et Souvenirs* [1898].

dépasse celui des guillotinés sous la Révolution (17 000 entre 1793 et 1794). Au-delà de cette hécatombe, les sanctions pleuvent (environ 50 000 jugements sont prononcés jusqu'en 1877) : des condamnations à mort et 10 000 déportations, notamment dans les bagnes de Nouvelle-Calédonie, où la célèbre institutrice Louise Michel est envoyée. Il faut attendre 1879-1880 pour que les communards soient amnistiés. Selon Louise Michel :

> Les morts, du côté de Versailles, furent une infime poignée dont chacun eut des milliers de victimes, immolées à ses mânes ; du côté de la Commune, les victimes furent sans nom et sans nombre ; on ne pouvait évaluer les monceaux de cadavres ; les listes officielles en avouèrent trente mille, mais cent mille et plus serait moins loin de la vérité[1].

L'anéantissement de la Commune permet à la bourgeoisie française de se débarrasser de la question sociale et de restaurer l'ordre. Outre le caractère irréaliste de la contre-attaque que les communards voulaient lancer contre les Prussiens, la Commune montre que le peuple ne se réduit pas à la plèbe. Un argument que ne se prive pas d'utiliser aujourd'hui Emmanuel Macron. En 1870, le parti de l'étranger massacre le petit peuple de Paris arrimé à son patriotisme ombrageux mais il a, hélas, reçu un mandat pour ce faire : Thiers a été élu par une assemblée démocratique. Pour la première fois depuis 1789, les paysans, devenus propriétaires, se désolidarisent de la révolution. Ils sont désolés de voir le pays battu, mais ne veulent pas des « partageux » (le terme « communisme » vient de la Commune). On peut considérer que, tout en faisant vibrer la fibre nationale, la Commune s'est lancée dans une folle entreprise de sécession. Les Parisiens espèrent

1. *Ibid.*

que toutes les parties du pays imitent leur communalisme mais une majorité de Français ne l'entend pas de cette oreille. L'indépendance et l'unité de la nation doivent aller de pair avec le maintien de l'ordre. On peut être plus royaliste que le roi, on ne peut jamais être plus démocrate que la majorité du peuple : voilà un enseignement de la Commune que certains feraient bien de méditer.

L'Étrange Défaite de Marc Bloch

Le point culminant du divorce entre le peuple français et ses élites va être atteint avec la défaite de 1940. Le mois de mai 1940 constitue une sorte de 11 Septembre à la puissance 1 000. La première armée du monde, celle qui avait tenu à Verdun, est balayée en quelques jours. Le monde entier est médusé. Roosevelt et Staline peinent à y croire. Pour les Français, la révélation est plus cruelle encore. À la faveur de la débâcle et de l'Occupation, le pays va reprendre conscience de sa précarité. L'histoire réfute la prétention française à se croire éternelle. Comme toute construction humaine, la « grande nation » peut mourir, ce dont rend compte la philosophe Simone Weil :

> On peut aimer la France pour la gloire qui semble lui assumer une existence étendue au loin dans le temps et l'espace. Ou bien on peut l'aimer comme une chose qui, étant terrestre, peut être détruite, et dont le prix est d'autant plus sensible.

Citant cet extrait de *L'Enracinement* lors de son discours de réception à l'Académie française, Alain Finkielkraut en tire un « patriotisme de la compassion ». Ainsi que le montre Marc Bloch dans *L'Étrange Défaite* (1946), la débâcle sera politique avant d'être militaire. L'historien met en évidence la responsabilité dramatique des élites et leur aveuglement. Selon Bloch, les dirigeants de l'époque baignaient dans le déni, paralysés par leur « sclérose mentale » et leur immobilisme :

> Jusqu'au bout, notre guerre aura été une guerre de vieilles gens ou de forts en thèmes, engoncés dans les erreurs d'une histoire comprise à rebours [...]. L'histoire appartient à ceux qui aiment le neuf.

Précisons que, si les partisans de « la ligne Maginot » ou ceux du « feu tue » (dogme du haut état-major et de l'École de guerre) avaient été représentés par un jeune chef fringant, leur erreur n'en aurait pas été moins profonde. Bloch impute ce retard au système éducatif français dépassé, générateur de conformisme et d'autosatisfaction. À l'instar du général Blanchard (lequel déclara le 26 mai 1940 : « Je ne vois d'autre solution que dans la capitulation »), de nombreux officiers supérieurs se sont rendus sans combattre. Le fondateur de l'École des Annales démontre qu'une partie de la classe dirigeante a permis, et même souhaité la défaite, notamment sous l'influence du patronat. Le Front populaire a effrayé les milieux d'affaires, qui percevaient l'Allemagne nazie comme un moindre mal face au communisme. Mieux vaut Hitler que Blum.

Le Parti communiste français : un « parti de l'étranger » ?

Le Parti communiste français a lui aussi commencé par préférer l'étranger, contrairement à l'image de martyr qu'il cherchera à se donner par la suite.

Jusqu'au printemps 1941, le PCF s'accommode de l'accord germano-soviétique et s'abstient de toute résistance contre les Allemands. Quelques militants ont certes quitté le parti, choqués par la signature du pacte Molotov-Ribbentrop, mais, comme l'explique Jean Sévillia : « La grande majorité des militants et petits cadres sont habitués à obéir à tout ordre donné par Moscou, quel qu'il soit. La plupart des hauts cadres suivent donc aveuglément ces directives[1]. »

À l'été 1940, le PCF tente de tirer profit de la situation et négocie avec l'autorité d'Occupation pour que *L'Humanité* soit réautorisée à paraître (ce qui sera finalement refusé). À l'hiver 1940, des militants PCF saboteront des usines d'armement françaises – ce qui constitue une forme d'intelligence avec l'ennemi. Pour ce qui est de la résistance des communistes, après l'invasion de l'Union soviétique, celle-ci est indéniable, ce qui n'empêche pas que son ampleur soit exagérée. L'expression célèbre de « parti des 75 000 fusillés » sera prononcée par Maurice Thorez, à l'automne 1944, depuis Moscou (!). La réalité est fort différente, comme le détaille Claude Pennetier :

> À l'époque de Radio Londres, il fallait frapper les esprits. Les communistes ont repris le chiffre à la Libération, avant de prendre conscience qu'il était déraisonnable. [...] En comptant de façon large, on estime que sur ces 20 000 fusillés et massacrés, 5 000 étaient communistes[2].

La Seconde Guerre mondiale n'est pas la seule période où le PCF a agi comme le « parti de l'étranger », pour reprendre l'expression que Léon Blum utilisait à son endroit avant le conflit. Pendant la guerre froide, le PCF soutient les « camarades » indochinois contre la « sale guerre » menée par la France. Pendant la guerre d'Algérie, les communistes français

1. Jean Sévillia, *Historiquement incorrect*, Le Livre de poche, 2013.
2. https://www.liberation.fr/checknews/2019/05/21/polemique-entre-ian-brossat-et-daniel-riolo-sur-le-role du parti-communiste-en-39-45_1728525

s'allient aux combattants du Front de libération nationale. Compagnon de route du Parti communiste, Jean-Paul Sartre, dans sa préface aux *Damnés de la terre*[1] de Frantz Fanon, écrit cette phrase terrible :

> Abattre un Européen c'est faire d'une pierre deux coups, supprimer en même temps un oppresseur et un opprimé : restent un homme mort et un homme libre.

Pour Jean Sévillia, « de 1920 à 1980, il [le PCF] ne s'est jamais vu autrement que comme la section française de la IIIe Internationale dont le siège était à Moscou ».

L'Union européenne, un projet américain ?

Le projet de construction européenne, tel qu'il se développe à la suite de la Seconde Guerre mondiale, n'est certainement pas un projet franco-français. Des intérêts étrangers s'y mêlent rapidement, même si le grand dessein continental ne peut être réduit à de telles influences. Plusieurs documents déclassifiés[2] par Washington montrent que le général William J. Donovan, le chef de l'OSS – ancêtre de la CIA –, travaille activement, à partir de 1947, à la création d'une organisation politique européenne. La courroie de transmission principale entre les milieux fédéralistes européens et les services américains est l'ACUE (American Committee on United Europe), une fondation dont le conseil d'administration est coiffé par la fine fleur du renseignement outre-Atlantique. L'ACUE va notamment fournir plus de la moitié du financement du mouvement

1. Grove Press, 1961.
2. Cf. mémorandum de l'OSS du 26 juillet 1950 ou la note du Département d'État du 11 juin 1965 qui recommande à Robert Marjolin la création d'une monnaie commune européenne.

européen, la plus importante organisation fédérale d'après-guerre dont les travaux inspirent Schuman et Monnet. Si Jean Monnet, lui-même proche du gouvernement américain, a toujours veillé à ne pas être directement financé par Washington, Robert Schuman ou Paul-Henri Spaak ou Robert Marjolin (qui fut le premier vice-président de la CEE) furent rémunérés par l'ACUE.

Un impressionnant travail de recherche consacré aux origines philogermaniques de l'idée européenne et aux projets d'unification monétaire et politique du IIIe Reich laisse peu de place au doute : l'Union européenne est aussi un héritage du national-socialisme. Cette thèse magistrale intitulée *Les Collabos de l'Europe nouvelle*[1] revient également sur le passé trouble de certains des pères fondateurs de l'Europe.

Enfin, l'OTAN va favoriser l'inféodation stratégique des Européens. Financée très majoritairement par Washington, qui y contrôle l'essentiel des moyens militaires, l'OTAN est un instrument américain :

> L'OTAN, destinée à assumer un rôle de parapluie protecteur en Europe face à une menace alors légitime, a pour sa part été l'instrument militaire de cette influence américaine. En dépit du retrait de la France du commandement intégré de l'OTAN en 1966, le reste des pays européens n'a jamais été convaincu par l'aptitude française à contrebalancer la puissance soviétique par le développement de son propre arsenal nucléaire. L'Union européenne, grand projet de dilution du politique par la rationalisation technique et l'adaptation aux exigences de la marche du monde néolibérale, s'est ensuite logiquement construite contre l'idée même de puissance. Dans de telles conditions, il était tout à fait chimérique d'espérer incarner

1. Bernard Bruneteau, *Les Collabos de l'Europe nouvelle*, CNRS Éditions, « Biblis », 2016.

> une troisième voie. Le réalignement de la France sur des positions atlantistes sous Nicolas Sarkozy, symbolisé par le retour dans le commandement intégré d'une OTAN dépourvue de raison d'être depuis la dislocation de l'URSS, ne fait que parachever ce long processus de démission collective[1].

La réintégration du commandement intégré d'une OTAN, consacrée « bras armé de l'Europe » par le traité de Maastricht, ne saurait être présentée comme une politique d'indépendance. L'atlantisme signe le réflexe typique de la classe dirigeante qui ne connaît qu'une politique extérieure : celle qui fait le jeu du dominant étranger.

De Gaulle et la bourgeoisie antinationale

Charles de Gaulle se méfiait de l'OTAN. Il ne pouvait en être autrement de la part de l'homme qui avait mis en échec l'AMGOT, ce projet de vassalisation de la France par les Américains. L'indépendance nationale vis-à-vis des puissances étrangères était, pour lui, essentielle, au nom de l'idée exigeante qu'il se faisait de son pays : « La France ne peut pas être la France sans la grandeur » (*Mémoires de guerre*[2]).

Sa méfiance était également tournée vers les puissances d'argent, notamment la bourgeoisie qu'il accusait de porter atteinte aux intérêts vitaux du pays. Il s'inscrivait dans la lignée de Charles Péguy : « Les patries sont toujours défendues par les gueux et livrées par les riches » (*Notre patrie* [1905]).

---

1. http://premium.lefigaro.fr/vox/monde/2018/04/26/31002-20180426ARTFIG00342-la-construction-europeenne-consacre-le-triomphe-du-vide-strategique.php
2. Charles de Gaulle, *Mémoires de guerre*, t. I, *L'Appel*, Plon, 1954.

Le Connétable jugeait avec une sévérité extrême les journalistes, pour des raisons analogues :

> Peyrefitte, je vous supplie de ne pas traiter les journalistes avec trop de considération. Quand une difficulté surgit, il faut absolument que cette faune prenne le parti de l'étranger, contre le parti de la nation dont ils se prétendent pourtant les porte-parole. Impossible d'imaginer une pareille bassesse – et en même temps une pareille inconscience de la bassesse.
> Vos journalistes ont en commun avec la bourgeoisie française d'avoir perdu tout sentiment de fierté nationale. Pour pouvoir continuer à dîner en ville, la bourgeoisie accepterait n'importe quel abaissement de la nation. Déjà en 40, elle était derrière Pétain, car il lui permettait de continuer à dîner en ville malgré le désastre national[1].

Ces jugements incisifs sont livrés dans le contexte du refus britannique d'intégrer la Communauté européenne. L'homme du 18 Juin considérait en effet le Royaume-Uni comme le « cheval de Troie » des États-Unis.

Pour de Gaulle, la classe dirigeante française, dépourvue de patriotisme, était prête à s'allier avec l'étranger afin de défendre ses intérêts. C'est d'autant plus problématique qu'aux yeux du Général la bourgeoisie domine depuis la Révolution :

> Bien sûr, cela représente 5 % de la nation, mais 5 % qui, jusqu'à moi, ont dominé. La Révolution française n'a pas appelé au pouvoir le peuple français, mais cette classe artificielle qu'est la bourgeoisie. Cette classe qui s'est de plus en plus abâtardie, jusqu'à devenir traîtresse à son propre pays. Bien entendu, le populo ne partage pas du tout ce sentiment. Le populo a des réflexes sains. Le populo sent où est l'intérêt du pays. Il ne s'y trompe pas souvent. En réalité, il y a deux bourgeoisies. La bourgeoisie d'argent, celle qui lit *Le Figaro*, et

1. Alain Peyrefitte, *C'était de Gaulle*, Gallimard, « Quarto », 2002.

> la bourgeoisie intellectuelle, qui lit *Le Monde*. Les deux font la paire. Elles s'entendent pour se partager le pouvoir.
> Heureusement, le peuple a la tripe nationale. Le peuple est patriote. Les bourgeois ne le sont plus ; c'est une classe abâtardie. Ils ont poussé à la collaboration il y a vingt ans, à la CED il y a dix ans. Nous avons failli disparaître en tant que pays. Il n'y aurait plus de France à l'heure actuelle[1].

Au lendemain du référendum perdu de 1969, l'homme du 18 Juin lâchera, désabusé : « Nous avons combattu les Allemands, nous avons empêché que les communistes aillent au pouvoir, nous avons affronté les Américains mais nous n'avons jamais réussi à faire que la bourgeoisie soit nationale. »

1. *Ibid.*

Troisième partie

L'AVENIR

Que doit-il se passer ?

La leçon de Chateaubriand

L'aristocratie connaît trois âges successifs : l'âge des supériorités, l'âge des privilèges, l'âge des vanités ; sortie du premier, elle dégénère dans le second et s'éteint dans le troisième.

Chateaubriand, *Mémoires d'outre-tombe.*

Le soulèvement des Jaunes offre une expression paroxystique d'un rejet par une majorité de Français de leurs « élites ». Cette crise traduit également un phénomène répandu dans la plupart des pays développés. Ce phénomène, c'est le réveil courroucé de la majorité de victimes de la globalisation face à la minorité de ses promoteurs.

L'une des caractéristiques de la crise française tient surtout à l'absence de perspectives électorales satisfaisantes pour les révoltés de la mondialisation. Comme le faisait remarquer une députée italienne : « Chez nous, les Gilets jaunes siègent au gouvernement. »

Pour reprendre le titre d'un ouvrage de l'historien Michel Winock[1], la « fièvre hexagonale » constitue presque une figure

1. *La Fièvre hexagonale,* Éditions du Seuil, 2009.

de style de l'histoire de notre pays. Mais la jacquerie de la France périphérique a parfois semblé tourner à l'émeute, voire à la révolution. Par exemple, lorsque la berline d'Emmanuel Macron a traversé nuitamment Limoges en se rendant à la préfecture saccagée par des émeutiers, et que des foules hostiles, massées sur les bas-côtés, ont vociféré au passage de ce carrosse des temps modernes. Le descendant symbolique de Louis XVI a, alors, certainement dû sentir que son intégrité physique n'était plus garantie. Brigitte Macron dira après coup : « J'ai vraiment eu peur. » La première dame avait raison. Plus d'une fois, les protagonistes de la crise ont retenu leur souffle en s'interrogeant sur son issue.

La crise des Gilets jaunes constitue une exception française. C'est la manifestation tonitruante de masses demeurées jusqu'ici placides face à une classe dirigeante qui a décidé de faire comme si elles n'existaient plus. Après quatre décennies d'humiliations, de délocalisations, de chômage et de désespérance, la France du bas a riposté. Pour redresser le pays, elle n'a plus d'autre choix que de faire émerger de son sein une classe dirigeante de remplacement.

1

L'histoire est un cimetière d'aristocraties

Aux yeux d'un grand nombre de penseurs classiques, toute classe dirigeante connaîtrait une ascension, un apogée et un déclin. C'est à cette vision que Chateaubriand se réfère lorsqu'il décrit les trois âges successifs que traverse toute aristocratie.

La loi de l'anacyclose ou l'inéluctable entropie des classes dirigeantes

Les parousies du progrès, sur lesquelles reposent nos démocraties, semblent avoir démonétisé cette conception cyclique du pouvoir. L'optimisme des Lumières (la raison éclaire les hommes et améliore leur nature) avait voulu rompre avec cette conviction ancrée dans la tradition grecque, suivant laquelle les régimes et les classes politiques sont destinés à sombrer. Pour les philosophes d'Athènes, toute cité était soumise à la fatalité des cycles d'ascension, de maturité et de déclin. C'est un processus que les Anciens appelaient l'anacyclose. L'anacyclose désigne la course d'un astre qui part d'un point de départ pour décrire une courbe avant de revenir à son origine – trajectoire que l'on appelle aussi une révolution.

Pour Platon, même la cité idéale – soit une authentique aristocratie dirigée par des philosophes – s'abîme dans un régime que l'auteur de *La République* appelle la timocratie où règnent des guerriers. La timocratie finit en oligarchie, aux mains d'un petit nombre de riches. Sous le poids d'inégalités devenues iniques, l'oligarchie cède le terrain à la démocratie. Mais le pouvoir du peuple dégénère en ochlocratie, ou règne de la foule. Cette version abâtardie de la démocratie s'achève en tyrannie et le processus peut alors reprendre depuis le début.

Chez Platon, les régimes s'écroulent car leurs dirigeants trahissent les vertus requises pour assurer leur bon fonctionnement.

La démocratie exige de chaque citoyen qu'il place l'intérêt du peuple au-dessus du sien. L'ochlocratie survient lorsque des démagogues flattent la foule, qui prend le pouvoir sans savoir ce qu'elle veut. Ce régime erratique n'est plus guidé par aucun principe. La vie politique flotte comme un bouchon, au gré des caprices de l'opinion. La typologie des régimes platoniciens correspond à celle des types humains, mais aussi à trois fonctions vitales du corps humain. L'ochlocratie coïncide avec la domination d'hommes aiguillonnés par leurs instincts les plus bas, incapables de différer l'assouvissement de leurs désirs. C'est le contrôle individuel et social par le ventre. La timocratie est, elle, le gouvernement de l'ensemble cœur-poumon (le *thymos*), celui d'hommes irascibles guidés par l'honneur. La République aristocratique, réglée par les idées, accorde le pouvoir aux philosophes, chez qui la tête gouverne. Dans la cité idéale, chaque type d'homme et chaque organe se trouve à sa juste place.

L'ochlocratie décrite par Platon, c'est notre régime, celui de la politique intestinale, de l'obésité mentale de la téléréalité et des communautarismes, de l'amnésie généralisée des séquences médiatiques et du manteau d'Arlequin des sondages. Le citoyen ochlocratique postmoderne se comporte exactement comme Platon l'avait anticipé :

> Il s'abandonne au désir qui se présente. Aujourd'hui, il s'enivre au son de la flûte, demain il boira de l'eau claire et jeûnera ; tantôt il s'exerce au gymnase, tantôt il est oisif et n'a souci de rien, tantôt il semble plongé dans la philosophie. Souvent, il s'occupe de politique et, bondissant à la tribune, il dit et il fait ce qui lui passe par l'esprit ; lui arrive-t-il d'envier les gens de guerre ? le voilà devenu guerrier ; les hommes d'affaires ? le voilà qui se lance dans le négoce. Sa vie ne connaît ni ordre, ni nécessité, mais il l'appelle agréable, libre, heureuse, et lui reste fidèle[1].

L'ochlocratie correspond au règne du relativisme généralisé, celui où tout se vaut, toutes les éthiques, toutes les attitudes, tous les régimes sont célébrés en parallèle, sans qu'aucun principe régisse les valeurs et les comportements.

Dans le livre VI de ses *Histoires*[2], Polybe enrichit le cycle platonicien des saisons politiques (aristocratie, timocratie, démocratie et tyrannie). Chaque régime possède une version bénigne et son pendant malin : la monarchie et la tyrannie, l'aristocratie et l'oligarchie, la démocratie et l'ochloratie. L'historien grec défend l'idée d'une stabilisation possible, si les institutions sont minutieusement dosées de sorte à s'équilibrer. Admirateur de l'Empire romain, Polybe considère que sa combinaison d'une dimension monarchique (avec le pouvoir d'un consul devenu empereur) tempérée par la permanence d'une aristocratie (avec un sénat aux mains des patriciens) et par un pouvoir accordé au peuple à travers les tribuns (élus de la plèbe) permet aux trois formes saines de gouvernement de s'autoéquilibrer. Cette idée du temps qui dégrade et qui

---

1. Platon, *La République*, VIII, 561a-562a.
2. Polybe, *Histoires* [Ier siècle av. J.-C.], Gallimard, « Quarto », 2003.

restaure, et d'une fatalité dans la décrépitude et dans le renouveau se retrouve chez Cicéron.

Dans ses *Discours sur la première décade de Tite-Live*, Machiavel reprend cette théorie de la succession des régimes. Sous la plume du Florentin, l'anacyclose n'est plus réglée par la nature ni par le cosmos. Faisant intervenir le hasard et la liberté, Machiavel met en selle la fortune et la vertu. L'auteur du *Prince* reste marqué par le pessimisme des Anciens. En dépit de la force exercée et de la ruse déployée pour maintenir l'équilibre d'une cité, Machiavel admet que le temps est corrupteur :

> Au milieu des révolutions qu'ils subissent, les empires tombent le plus souvent de l'ordre dans le désordre, pour retourner enfin du désordre à l'ordre; car les choses de ce monde n'ayant point la stabilité en partage, à peine arrivées à leur extrême perfection, elles ne peuvent plus s'élever, et elles doivent nécessairement descendre : de même, lorsqu'elles déclinent, et que les désordres les ont précipitées à leur dernier degré d'abaissement, ne pouvant descendre plus bas, il faut nécessairement qu'elles se relèvent. Ainsi l'on tombe toujours du bien dans le mal, et l'on remonte du mal au bien[1].

Le cycle peut reprendre à tout moment, mais, si les dirigeants demeurent fidèles aux principes qui régissent leurs institutions, la fatalité de l'anacyclose peut être neutralisée :

> Les corps les mieux constitués et qui ont une plus longue durée sont : ou ceux qui renferment dans leurs institutions mêmes les moyens de se renouveler souvent, ou ceux qui arrivent à ce renouvellement par des accidents, des moyens étrangers et pris hors de leur constitution. Il est encore une vérité plus claire que le jour : que ces mêmes corps doivent

1. Machiavel, *Histoire de Florence* [1531], livre V, chap. 1.

> périr faute de renouvellement ; or, ce changement ne peut s'opérer qu'en les ramenant à leur principe. Il faut donc que les principes des religions, des républiques ou des monarchies aient en eux-mêmes une force, une vie qui leur rendent leur premier éclat, leur première vigueur ; et comme ce principe s'use et s'affaiblit par le temps, il faut nécessairement qu'il succombe si son action n'est souvent ranimée[1].

Machiavel met en garde les gouvernants face à cet engourdissement du corps et de l'esprit, qui découle de la trahison des principes fondateurs d'une cité. *Les Discours sur la première décade de Tite-Live* soulignent le rôle délétère joué par la diffusion d'idées fausses (on ne parle pas encore d'idéologies) dans ce processus émollient.

Ibn Khaldoun, dans *Le Livre des exemples* (1375-1379), développe également une théorie de l'effondrement des classes dirigeantes. Toute sa vie, ce conseiller politique, né en Andalousie, n'a cessé de fuir l'arrivée de nouveaux conquérants. L'auteur de langue arabe a synthétisé sa riche expérience sur le déclin des grands empires musulmans. Il développe, lui aussi, une vision cyclique des régimes et des élites qui président à leurs destinées. Son concept clé est celui de la légitimité du pouvoir et de la solidarité ou de la cohésion du groupe conquérant. C'est l'*asabiyya*, un vieux terme littéraire qu'il revisite. Sous l'influence d'une religion universaliste comme l'islam, l'*asabiyya* va inciter le groupe fondateur de la cité à la conquête, le pousser à imposer sa souveraineté (*mulk*) à d'autres peuples, ce qui va, avec le temps, affaiblir sa cohésion interne et sa légitimité. Les principes initiaux sont bafoués. Selon lui, les Bédouins, en tant qu'habitants des régions rurales ou désertiques, possèdent une *asabiyya* plus solide. Au fil des générations, l'intensité de l'*asabiyya* diminue

1. *Ibid.*, livre III, chap. I.

chez les habitants des villes. Cette dynastie urbaine entrée en décadence finit par devenir la proie de tribus montagnardes possédant une *asabiyya* plus forte. Les conquérants fondent une nouvelle dynastie et le cycle peut reprendre. Celui que l'on présente souvent comme l'un des précurseurs de la sociologie est en quelque sorte le théoricien du « grand remplacement » des peuples, urbains et gras, des plaines par les peuples prédateurs, secs et montagnards.

Depuis le XVIIIe siècle, *a fortiori* depuis la Révolution française qui a transformé l'idée de progrès en réalité juridico-politique, la pensée ne souscrit plus guère à ces visions cycliques. Si les pères fondateurs de la démocratie croyaient possible que les hommes demeurent dans un éternel printemps politique, ils n'étaient pas pour autant naïfs. Montesquieu a souligné les vertus spécifiques que chaque régime devait suivre afin de ne pas sortir de son orbe. La fameuse loi de la séparation des pouvoirs devant, quant à elle, s'appliquer à toute cité correctement constituée.

Puisque la démocratie consacre le pouvoir du peuple, par le peuple et pour le peuple, et qu'elle repose sur un principe d'égalité, peu de théoriciens de la démocratie se sont intéressés aux problèmes de l'élite.

Pareto et les « élitistes »

La génération de sociologues italiens qui émerge au début du XXe siècle, en particulier Gaetano Mosca, Vilfredo Pareto et Roberto Michels, fait exception. Renouant avec la philosophie politique traditionnelle, les trois Italiens postulent qu'aucune société ne saurait se passer de classe dirigeante. Dans une perspective machiavélienne, ils développent leurs théories autour de la notion d'élite. Pour eux, ce concept n'est autre qu'un état de fait. Ainsi, comme le résume Aron, à propos de Pareto :

> Il ne faut pas chercher un sens profond, métaphysique ou moral, à la notion d'élite, il s'agit d'une catégorie sociale objectivement saisissable. [...] L'élite est faite de ceux qui ont mérité de bonnes notes au concours de la vie, ou tiré de bons numéros à la loterie de l'existence « sociale »[1].

Il y a une élite de joueurs d'échecs, comme il y a une élite de plombiers ou de tourneurs-fraiseurs. De même, il existe toujours et partout une élite gouvernementale. C'est cette dernière que Mosca appelle « classe dirigeante » et c'est à elle que nos trois théoriciens s'intéressent.

Ces « élitistes » postulent que, dans toutes sociétés humaines observables, il y a une aristocratie gouvernante. Pareto écrit : « Une élite existe dans toutes les sociétés et les gouverne, même quand le régime est en apparence celui de la plus large démocratie[2]. » Mais l'inventeur du modèle d'optimum ajoute une double dimension à la notion d'élite, qui va lui conférer sa profondeur conceptuelle. La couche sociale dirigeante est nécessairement *hétérogène* et en *transformation*. Tâchons de cerner le sens de ces termes.

Premièrement, l'élite est hétérogène. Pour Pareto, il existe des déterminants profonds à nos comportements (les « résidus »). Parmi ces résidus, on peut distinguer l'« instinct de combinaison » et la « persistance des agrégats », autrement dit d'un côté l'inventivité intellectuelle et de l'autre la tendance à conserver nos schémas de pensée. Or, ces deux types de comportement, ces deux modes de pensée correspondent

1. Raymond Aron, « Vilfredo Pareto », in *Les Grandes Étapes de la pensée sociologique*, Gallimard, 1967, p. 460.
2. Vilfredo Pareto, *Manuel d'économie politique*, *Œuvres complètes*, t. VII, Droz, 1965, p. 129.

à deux types de personnalité : les renards, qui gouvernent par la ruse, et les lions, qui dominent par la force (on retrouve ici l'inspiration machiavélienne). Cette dualité se retrouve sur le plan économique : d'un côté les spéculateurs, de l'autre les rentiers. Au sein de toute élite se livre une lutte entre renards-spéculateurs-créateurs et lions-rentiers-conservateurs.

Cette rivalité fait qu'aucune hiérarchie ne peut être stable. Toute élite est condamnée à mourir, au moment même où elle accède au pouvoir. C'est ce que Pareto expose :

> On pourrait concevoir une société dans laquelle la hiérarchie fut stable; mais cette société n'aurait rien de réel. Dans toutes les sociétés humaines, même dans les sociétés organisées en castes, la hiérarchie finit par se modifier; la différence entre les sociétés consiste en ceci : que ce changement peut être plus ou moins lent, plus ou moins rapide. Le fait, si souvent rappelé, que les aristocraties disparaissent, résulte de toute l'histoire de nos sociétés. C'est un fait qui est lui aussi connu depuis les temps les plus reculés [...]. L'histoire des sociétés humaines est, en grande partie, l'histoire de la succession des aristocraties[1].

Dans une formule qui fera date, Pareto ramasse sa pensée : « L'histoire est un cimetière d'aristocraties[2]. » Aucune élite ne peut prétendre à régner éternellement. Le sociologue italien nous livre les trois causes de leur inéluctable déclin dans *Les Systèmes socialistes*[3] :

Historiquement, les aristocraties ont souvent été décimées sur le champ de bataille. Et cette mortalité militaire forme la première cause de la disparition des élites.

---

1. Vilfredo Pareto, *Manuel d'économie politique*, *op. cit.*, p. 423.
2. *Id.*, *Traité de sociologie générale*, édition française par Pierre Boven revue par l'auteur, Librairie Payot & Cie, 1917-1919 (2 volumes), § 2053.
3. *Id.*, in *Œuvres complètes*, t. V, Droz, 1965.

L'histoire est un cimetière d'aristocraties

La rivalité entre renards et lions, au sein de l'élite, évolue au cours du temps et offre une deuxième cause d'effacement des classes dirigeantes. Lors de son avènement, une élite est majoritairement composée de lions, car il a fallu conquérir par la force. Au fur et à mesure que l'élite s'installe, le gouvernement nécessite plus de ruse, les renards s'imposent. Là où les lions étaient mus par de profonds instincts de conservation, les renards sont guidés par des sentiments abstraits. Ce sont des « progressistes », au sens où nous l'entendons aujourd'hui. Dès lors, les renards n'ont pas la foi conservatrice et la hargne qui leur permettraient de se battre pour défendre leur position. Une élite uniquement composée de renards s'expose au renversement par une nouvelle élite en formation (elle-même composée majoritairement de lions). C'est ce qui fait dire à Pareto :

> Toute élite qui n'est pas prête à livrer bataille, pour défendre ses positions, est en pleine décadence, il ne lui reste plus qu'à laisser sa place à une autre élite ayant les qualités viriles qui lui manquent. C'est pure rêverie, si elle s'imagine que les principes humanitaires qu'elle a proclamés lui seront appliqués : les vainqueurs feront résonner à ses oreilles l'implacable *vae victis*[1].

Enfin, un phénomène naturel d'hétérogénéité sociale offre une troisième cause de déclin. La répartition hasardeuse des talents individuels implique que, sans mobilité sociale, le caractère élitaire de la classe dirigeante s'anémie et meurt. Comme le résume Aron, « il ne peut pas y avoir d'harmonie durable entre les dons des individus et les positions qu'ils occupent[2] ». Les enfants des grands hommes qui ont pris le pouvoir ne seront pas forcément à leur hauteur. Dans une

1. Vilfredo Pareto, *Les Systèmes socialistes*, in *Œuvres complètes*, *op. cit.*, p. 40.
2. Raymond Aron, « Vilfredo Pareto », in *op. cit.*, p. 467.

société idéale, les talents de la masse accéderaient à l'élite et les rejetons inaptes de l'élite retomberaient dans la masse. Cependant, la viscosité semble être une tendance sociologique indépassable. Avec le temps, toute élite tend à se refermer sur elle-même pour devenir une caste. Dès lors, à plus ou moins long terme, au sein de la masse se forme une nouvelle élite en puissance, prête à détrôner celle entrée en décadence. Si ces élites naissantes ne sont pas intégrées à celle en place, la révolution devient inévitable. Inquiet face à la perspective d'un déferlement de violence provoqué par l'injustice sociale, Pareto défend une meilleure *circulation des élites*. Il faut assurer un renouvellement constant au sein des classes dirigeantes, afin que les meilleurs dirigent. L'idée a été reprise par des théoriciens comme Schumpeter.

L'analyse de Pareto vérifie l'intuition de Chateaubriand. L'âge des supériorités correspond à la prise de pouvoir par les lions. Le pouvoir est légitime car ce sont de véritables aristocrates (d'*aristoï*, les meilleurs). L'âge des privilèges coïncide avec la solidification formelle de la domination, avec un relatif équilibre entre renards et lions. L'âge des vanités cadre avec la domination d'une classe de renards qui, n'ayant plus rien d'aristocratique, finit par perdre ses prérogatives. Nos élites sont-elles entrées dans cet âge des vanités et devons-nous envisager la constitution d'une nouvelle élite de lions pour la remplacer ?

Ortega y Gasset

Avant de répondre, penchons-nous sur les analyses d'Ortega y Gasset. Les lignes de cet essayiste qui prit fait et cause pour les républicains avant de devenir un « exilé intérieur » au franquisme éclairent le processus de décadence des élites.

Voilà ce qu'écrit, non sans un certain cynisme, l'auteur espagnol :

> Les époques de décadence sont les époques durant lesquelles la minorité dirigeante d'un peuple – l'aristocratie – a perdu ses qualités d'excellence, qui précisément lui avaient permis d'occuper ce rang. C'est contre cette aristocratie inefficace, corrompue, que se rebellent les masses. Cependant, il ne faut pas confondre les choses, généraliser les objections, ou encore penser que remplacer cette aristocratie par une autre plus vertueuse conduirait à éliminer le dessein aristocratique. On arrive ainsi à imaginer que l'existence sociale sans une minorité excellente est possible; ou encore que l'on construise des théories politiques et historiques qui présentent comme idéale une société sans aristocratie. Comme cela est « positivement » impossible, la nation accélère sa trajectoire de décadence[1].

Dans un autre passage, le penseur ibérique souligne la pente naturelle qui consiste pour toute classe dirigeante à retomber dans la vulgarité :

> Dans toute classe, dans tous les groupes [...], il existe toujours une masse vulgaire et une minorité distinguée. Il est clair que dans une société en bonne santé, les classes supérieures, si elles le sont véritablement, reposent sur une minorité forte et choisie distincte des classes inférieures. Mais cela ne veut pas dire qu'il n'y a pas de masses. Précisément parce qu'il y a un mouvement inévitable de décadence sociale qui conduit les classes éminentes à dégénérer et à se convertir quasi intégralement en masse vulgaire [...], j'ai acquis une intuition forte sur l'action réciproque entre masse et minorité choisie, qui est, à mon avis, le fait basique de toute société et l'agent de son évolution vers le bien comme le mal[2].

1. José Ortega y Gasset, *España invertebrada* [1922], Alianza, 1979, p. 80.
2. *Ibid.*, p. 86.

Cette incapacité de l'élite à légitimer son élection par rapport à la masse (parce qu'elle n'est plus *aristocratique* au sens premier) donne naissance à ce qu'Ortega y Gasset appelle la « société invertébrée ». Et ce que Chateaubriand nomme l'âge des vanités. En sommes-nous là ? Bref, notre élite est-elle arrivée en bout de course ? En tout cas, depuis que la démocratie représentative a été instaurée, nous subissons une sorte de double effet d'optique historique. Puisque ce régime fait reposer le pouvoir sur toutes les composantes de la société, il est plus enclin que d'autres à se sentir solide. Les douloureux épisodes du XXe siècle, où la démocratie a paru sombrer, n'ont pas été oubliés, tant s'en faut. Nous savons que la démocratie n'est pas insubmersible, mais nous sommes aussi dominés par un préjugé : que les peuples sont plus menaçants pour la liberté politique que les élites. Admettons que notre République soit menacée. La montée des périls impliquerait forcément les dirigeants dans cette décomposition. Le poisson pourrit par la tête. Les dirigeants ont toujours les peuples qu'ils méritent.

Il suffit de rembobiner l'histoire chaotique du déploiement de la démocratie en France pour réaliser que les élites ont joué un rôle majeur dans ce processus : un rôle positif autant que négatif. Ce sont toujours des classes dirigeantes renonçant à leur principe et manquant à leurs devoirs qui provoquent les crises de régime. Inversement, les situations de redressement de la démocratie marquent l'avènement d'une élite de remplacement, de jeunes lions se substituant à de vieux renards.

Parce que notre système politique consacre le pouvoir du peuple, par le peuple et pour le peuple, nous minorons le rôle de l'élite et oublions à quel point sa sociologie n'a cessé de se modifier.

Une brève histoire sociologique des élites politiques françaises

À chaque étape de son histoire, la France a vu la composition et les idéaux de sa classe dirigeante se renouveler en profondeur.

La Révolution a permis à la bourgeoisie d'accéder au pouvoir politique. Si elle avait conquis une influence économique avant 1789, un « verrou héréditaire » lui barrait le chemin de l'État. L'avènement de la grande bourgeoisie aboutit à la constitution d'une classe politico-financière qui régnera en maître sur la monarchie de Juillet. Pour Pierre Birnbaum :

> La grande bourgeoisie occupe tous les pouvoirs : détentrice du pouvoir économique, elle parvient à s'emparer rapidement du pouvoir politique et réussit à contrôler les mécanismes de socialisation et d'information grâce auxquels elle assure la légitimité de sa propre puissance[1].

Cette mainmise du monde des affaires sur la politique appelait une réaction. Il fallait donner au pouvoir plus d'indépendance vis-à-vis du secteur économique. Cette velléité s'illustre par la tentative (avortée) de création d'une École nationale d'administration en 1848 sous la IIe République. Napoléon III caressa, lui aussi, un moment le projet de sélectionner, de former, voire de fonctionnariser le personnel politique :

> Lorsque dans un pays il y a des écoles pour l'art du jurisconsulte, pour l'art de guérir, pour l'art de la guerre, pour la théologie, etc., n'est-ce pas choquant qu'il n'y en ait pas pour l'art de gouverner,

1. Pierre Birnbaum, *Les Sommets de l'État*, Éditions du Seuil, 1994, p. 27.

> qui est certainement le plus difficile de tous, car il embrasse toutes les sciences exactes, politiques et morales[1] ?

Mais il faut attendre la IIIe République pour qu'un tel projet prenne forme. Sa concrétisation sera précipitée par Sedan. La défaite de 1870 incite le politologue Émile Boutmy à fonder en 1871 l'École libre des sciences politiques (qui deviendra plus tard « Sciences Po ») :

> C'est l'université de Berlin qui a triomphé à Sadowa, on [Taine] l'a dit avec une raison profonde ; et il faut être aveugle pour ne pas voir l'ignorance française derrière la folle déclaration de guerre qui nous a conduits où nous sommes. On dit pourtant qu'il faut refaire des hommes, c'est-à-dire refaire dans les hommes le culte des choses élevées et le goût des études difficiles. C'est assurément une nécessité pressante ; mais auparavant ne faut-il pas créer l'élite qui, de proche en proche, donnera le ton à toute la nation[2] ?

Boutmy reprend à son compte l'argument de Napoléon III (« Il y a en France un enseignement organisé pour le médecin, pour l'avocat, pour l'ingénieur, pour le militaire, etc. Il n'y en a pas pour l'homme politique[3] ») afin de justifier la création de son école. Cette ambition consistant à former des dirigeants compétents conduit à professionnaliser la politique. C'est ce qu'entrevoit Max Weber avec l'apparition du métier de « politicien », parallèle, selon lui, à la bureaucratisation de la vie sociale[4].

---

1. Cité par Pierre Birnbaum, *Les Sommets de l'État*, *op. cit.*, p. 19.
2. Émile Boutmy, Ernest Vinet, *Quelques idées sur la création d'une faculté libre d'enseignement supérieur. Lettres et programme,* Imprimerie A. Lainé, 1871, p. 5-7.
3. Émile Boutmy, *Projet d'une Faculté libre des sciences politiques. Programmes des cours,* Imprimerie A. Lainé, 1871, p. 7-9.
4. Max Weber, « Le savant et le politique ». Conférences prononcées en 1917 et 1919 à l'université de Munich.

Il faudra un siècle pour que sonne l'heure de la haute fonction publique. Avant cela, c'est l'instauration du suffrage universel, dans le cadre du scrutin d'arrondissement, qui va rebattre les cartes sociologiques au sein de l'élite. Mais un certain degré de viscosité sociale explique qu'un renouvellement de classe dirigeante ne soit jamais complet. Une sorte d'effet d'inertie maintient certains représentants des périodes précédentes. Ainsi, la vieille noblesse, accrue des deux Empires, se frayera un passage dans les temps démocratiques. Étroitement liée à la noblesse, la grande bourgeoisie s'accrochant aux branches du pouvoir saura garder de beaux restes sous la IIIe République. Il n'en demeure pas moins qu'avec l'instauration de la IIIe République, installée en 1870 et pleinement assise après 1877, l'élite dirigeante se métamorphose. Une génération de petits fonctionnaires et de professions libérales s'impose au sein des pouvoirs exécutif et législatif. Entre 1871 et 1936, la proportion de députés professeurs, instituteurs, médecins et pharmaciens passe de 5,7 % à 19,8 %. Au cours de la même période, celle de propriétaires, rentiers, industriels et entrepreneurs passe de 25 % à 11 %. La République des Jules est conforme à l'image d'Épinal des manuels d'histoire : elle est celle des médecins, des vétérinaires, des notaires, des avocats et des professeurs. Pierre Birnbaum explique l'émergence de cette nouvelle élite :

> En plus des enseignants, on trouve parmi le personnel politique de la IIIe République des médecins, des avocats, et des journalistes [...]. Au fur et à mesure que le localisme de la fonction parlementaire se renforce et, de plus, sous l'effet du système d'arrondissement qui contribue à faire du député le porte-parole de ses seuls électeurs et non de la nation tout entière, ces professions, libérales, bien implantées localement, parviennent à exercer d'autant mieux leur influence. Le système d'arrondissement limitant grandement le « parachutage », les

députés doivent par conséquent apparaître comme des « gens du cru »[1].

Bien que l'on relève la présence (parfaitement explicable par les exigences de la fonction) de quelques hauts fonctionnaires au sein du pouvoir exécutif, les enseignants et professions libérales sont omniprésents au sein des gouvernements après 1870. Considérons, ici encore, les données relatives aux cursus scolaires et universitaires, suivis par les gouvernants de la IIIe République[2] : 24,1 % des ministres étaient à l'origine instituteurs, professeurs, journalistes, médecins ou pharmaciens. Cette République est aussi celle des juristes puisque, de 1870 à 1940, 38,2 % des ministres étaient avocats ou hommes de loi. L'École libre des sciences politiques n'a pas encore rempli son office : seuls 7,9 % des ministres étaient des serviteurs de l'État. Ce renouvellement a certainement été bénéfique : il a réduit l'omniprésence des grands industriels et propriétaires au sein des fonctions électives et favorisé l'implantation locale de l'autorité républicaine. Cependant, cette nouvelle classe dirigeante connaîtra, elle aussi, son déclin. Le système élitaire qu'elle a constitué va également arriver à bout de souffle. La dépendance du personnel politique de la IIIe République vis-à-vis de son élection a développé le clientélisme. Que l'on songe à l'affaire des décorations (1887), au scandale de Panama (1892), à l'affaire Oustric (1929) ou encore au scandale Stavisky (1933). Les renards ont fini par creuser leur trou, comme l'aurait diagnostiqué Pareto.

Contrairement aux prévisions d'un Maurras, la IIIe République a tenu face au choc terrifiant de la Grande Guerre. Confronté à un second coup de boutoir, le régime finira par

1. Pierre Birnbaum, *Les Sommets de l'État*, *op. cit.*, p. 38-39.
2. Données tirées de Pierre Birnbaum, *Les Sommets de l'État*, *op. cit.*, p. 43.

ployer en 1940. Cette République de notables parlementaires se saborde dans le vote du 10 juillet 1940, accordant les pleins pouvoirs à Pétain. Il sort du cadre de cet ouvrage de montrer que cette défaite, qui pèse encore d'un poids écrasant sur les consciences françaises, fut d'abord une défaite de la classe dirigeante. Les représentants de l'élite ont été massivement entraînés dans l'intelligence avec l'ennemi, tandis que les résistants de la première heure appartenaient aux marges politiques (extrême droite et extrême gauche) ou sociologiques (marins de l'île de Sein, juifs, homosexuels, personnages en rupture de ban). Lorsque la Résistance devint moins clairsemée, l'armée de l'ombre était massivement communiste, faisant la part belle aux ouvriers et aux paysans, pas aux notables. L'un des mérites de la synthèse que l'historien Laurent Joly a consacrée à la politique antisémite de Vichy consiste à rappeler la vérité sociologique de l'État français. Qui étaient les collaborateurs bon teint ? Des magistrats, des industriels, des hauts fonctionnaires, des journalistes, des intellectuels, des vedettes de l'époque (l'équivalent de nos « pipoles ») et massivement des élus du centre gauche et du centre droit. Laissons Laurent Joly dresser le portrait de trois petits marquis du Tout-Paris de l'époque : le conseiller d'État Louis Canet, le président Laval et le préfet Bousquet : « Chez l'un comme l'autre, le franc-parler et le volontarisme affichés marquent une constante soumission aux forces dominantes du moment, sur fond d'ego hypertrophié et d'amour immodéré du pouvoir[1]. » Dans le journal qu'il tient pendant l'Occupation, l'avocat Maurice Garçon rappelle l'existence d'une bien-pensance collaborationniste : « Par ces temps de terreur, il est trop grave de faire connaître ses sentiments s'ils ne sont

1. Laurent Joly, *L'État contre les juifs. Vichy, les nazis et la persécution antisémite*, Grasset, 2018.

pas absolument conformistes. » Entre 1940 et 1944, la « France d'en haut » pariait sur Hitler. Sous Vichy existait un politiquement correct, socialement très marqué.

Il fallait un renouvellement. Celui-ci sera initié, en 1945, par de Gaulle avec la création de l'ENA, qui avait d'abord pour but de purger l'Administration. Pour le Connétable, c'est la défaillance des élites qui a permis la défaite de 40. L'objectif de l'ENA était clair : constituer une élite républicaine homogène ayant le sens du devoir. Le Général s'en ouvre aux élèves de l'ENA en 1959 :

> Il fallait d'abord que ceux qui, aux premiers rangs, doivent servir l'État fussent une élite, une élite à tous les égards, une élite intellectuelle, une élite morale. C'est dans ce but qu'a été prévu, comme il fonctionne, votre recrutement[1].

Les *Mémoires* du Général développent la même idée :

> Je vois en l'État une institution de décision, d'action, d'ambition n'exprimant et ne servant que l'intérêt national. Pour concevoir et pour décider, il faut des pouvoirs ayant à leur tête un arbitre qualifié. Pour exécuter, il lui faut des serviteurs recrutés et formés de manière à constituer un corps valable et homogène dans tout l'ensemble de la fonction publique[2].

C'est le jeune Michel Debré (il n'a que trente-trois ans lorsqu'il devient l'un des concepteurs de la Ve République) qui est chargé du projet de création de l'École. Sous la IVe République, les hauts fonctionnaires investissent ministères et cabinets. L'Assemblée reste aux mains des fonctionnaires et des professions libérales. Sous la IVe République, 26,4 % des députés étaient des instituteurs, professeurs, journalistes, médecins ou pharmaciens, tandis que 12,8 % étaient avocats.

1. Charles de Gaulle, discours aux élèves de l'ENA, 1959.
2. *Id.*, *Mémoires de guerre*, t. III, *Le Salut*, Plon, 1959, p. 277.

Seuls 3,8 % des élus à la Chambre étaient des hauts fonctionnaires. Les mêmes causes produisant les mêmes effets, rien d'étonnant à ce qu'une sociologie inchangée de l'Assemblée perpétue la logique clientéliste déjà à l'œuvre sous la IIIe :

> Le personnel politique se trouve en effet soumis aux pressions de groupes d'intérêt de toute nature, qui ont souvent leurs propres représentants attitrés au sein du personnel parlementaire; ces groupes parviennent ainsi à initier ou bloquer des projets de loi. Des bouilleurs de cru aux planteurs de tabac, des représentants de petites affaires aux partisans des subventions de l'école libre, ou, encore, aux médecins, la liste est longue de tous les groupes de pression qui parviennent de manière directe à influencer l'attitude du personnel politique en lui rappelant ses obligations électorales[1].

Ce n'est qu'après le retour de l'homme du 18 Juin que les fruits de l'ouverture de l'ENA commenceront à être récoltés. La République des enseignants et des professions libérales laisse alors place à l'énarchie. Il faudra plus d'une décennie après la Libération pour que l'élite se régénère. C'est, à nouveau, sous la pression des événements et face à un péril grave et imminent (la menace d'un *pronunciamiento* face à la guerre d'Algérie qui s'enlise) que de nouvelles classes dirigeantes succèdent aux anciennes. À cet égard, que le plus illustre des Français succède à René Coty (notable local typique du personnel politique de la IIIe République et de la IVe) symbolise le remplacement d'un renard par un lion.

Au-delà de l'anecdote, considérons l'évolution des origines professionnelles des membres de l'exécutif avec le passage de la IVe à la Ve République[2]. La proportion de ministres

1. Pierre Birnbaum, *Les Sommets de l'État*, *op. cit.*, p. 64.
2. Données tirées de Pierre Birnbaum, *Les Sommets de l'État*, *op. cit.*, p. 76.

originellement instituteurs, professeurs, avocats, magistrats, journalistes, médecins, vétérinaires ou pharmaciens passe de 53,3 % sous la IVe République à 36,8 % sous la suivante, soit une baisse de 40 %. Inversement, la proportion de ministres issus de la haute fonction publique passe de 11,8 % sous la IVe à 29,7 % sous la Ve. Et encore, les séries statistiques considérées s'arrêtent en 1975, alors que la proportion d'énarques n'a cessé d'augmenter jusqu'à aujourd'hui.

La politisation des hauts fonctionnaires touche désormais l'Assemblée. À la fin de la IVe République, les serviteurs de l'État, qui représentaient moins de 4 % des députés, voient leurs effectifs plus que tripler, pour occuper près de 14 % des sièges du Palais-Bourbon[1].

L'évolution de la fonction de l'ENA

Il semblerait que les effets du renouvellement souhaité par de Gaulle soient arrivés à leur terme. Initialement tournée vers la formation d'une élite de fonctionnaires dédiés au service de l'État, l'ENA paraît être devenue le lieu de la collusion entre monde des affaires et haute fonction publique. Avant qu'Emmanuel Macron ne décide, sinon de supprimer, du moins de débaptiser cette école, le devenir de l'ENA s'était transformé en sorte d'obsession hexagonale.

La question centrale que soulève l'ENA n'est pas le caractère élitiste ou sociologiquement discriminant de son recrutement. Sans surprise, la sociologie des admis (environ 70 % de leurs parents exercent une profession supérieure, contre 45 % en

1. *Ibid.*, p. 71.

1945[1]) trahit une reproduction importante. Mais aucune école d'élite ne peut échapper à cette fameuse viscosité sociale.

On peut aussi critiquer le contenu de la formation, comme le fait Philippe de Villiers :

> Je suis un rescapé. J'ai failli sombrer. J'ai fait l'ENA. Ce n'est pas une école, c'est un moule, un laminoir sémantique qui vous broie : vous y entrez avec trois mille mots, vous en sortez avec trente seulement, le cerveau formaté, hors de vos neurones et le cœur vide[2].

Le véritable indicateur de l'efficacité de l'ENA reste le devenir de ses anciens élèves. Selon ce critère, on observe une transformation de la fonction de cette école. À cet égard, Luc Rouban observe que « la question du pantouflage et du départ en cours de carrière des énarques vers les entreprises privées a pris une importance croissante dans le temps[3] ». Là où le parcours typique des anciens énarques consistait à accomplir une carrière dans la fonction publique, ou à se mettre en disponibilité pour faire de la politique – ce qui était une autre manière de servir l'État –, les nouvelles générations se tournent résolument et de plus en plus tôt vers le privé. Luc Rouban note :

> Une simple lecture des biographies montre que les carrières commencées dans les années 1950-1960 sont bien plus régulières et linéaires que celles menées à partir des années 1980-1990 où les changements de postes et de situations sont très nombreux. En simplifiant, on passe du cadre supérieur au service de l'État finissant chef de service au dirigeant

---

1. Luc Rouban, *L'ENA ou 70 ans de paradoxe*, Sciences Po-CEVIPOF, 2015, p. 2.
2. Philippe de Villiers, *Le moment est venu de dire ce que j'ai vu*, Albin Michel, 2015, p. 21.
3. Luc Rouban, *L'ENA ou 70 ans de paradoxe*, *op. cit.*

« multicartes » passant d'un service à un cabinet puis à un établissement public pour aller en entreprise... et revenir avant de repartir pour passer sa retraite comme président d'une banque d'affaires. L'ENA comme « école des cadres supérieurs de l'État » s'efface derrière la formation d'élites polyvalentes bien que fortement hiérarchisées par l'appartenance corporative[1].

Comme nous y invite Pierre Birnbaum, il faut se garder d'étendre ces reproches à tous les énarques :

60 % des pantoufleurs entre 1960 et 1990 proviennent seulement de cinq corps : le Conseil d'État, l'Inspection des finances, la Cour des comptes, le ministère de l'Intérieur et le ministère des Finances; et parmi ces derniers, c'est le corps de l'Inspection des finances qui doit être considéré comme une véritable *business school*[2].

Parmi ces grands corps malades, c'est, sans surprise, l'Inspection des finances (auquel a appartenu Macron) qui est le plus atteint :

Sur l'ensemble de la période [...], 55 % des inspecteurs des finances pantouflent dans les affaires, surtout dans le secteur financier mais aussi dans l'immobilier, les assurances et le monde industriel[3].

L'atterrissage dans le privé a lieu de plus en plus tôt :

Les rythmes de départ ont également changé. Ils sont de plus en plus précoces puisque les énarques attendent en moyenne 21 ans entre la sortie de l'École et leur premier départ vers le privé dans la cohorte 51-52-53, puis 19 ans dans la cohorte 58-59-60, 17 ans dans la cohorte 69-70, 12 ans dans la

1. *Ibid.*, p. 6.
2. Pierre Birnbaum, *Où va l'État ?*, Éditions du Seuil, 2017, p. 54.
3. *Ibid.*, p. 56.

cohorte 79-80, 11 ans dans la cohorte 89-90 et 8 ans dans la cohorte 99-2000. Autrement dit, le pantouflage étant un débouché d'âge mûr dans les années 1960 devient un choix de vie dans les années 2000[1]...

L'évolution des cursus préalablement suivis par les énarques n'est pas sans conséquence sur leur trajectoire :

> 41 % des anciens d'écoles de commerce et 39 % des élèves ayant une formation en économie partent en pantouflage contre 18 % de ceux qui ont fait du droit sans faire un IEP ni obtenir un diplôme en économie[2].

À cela s'ajoutent les effets de la transformation des cursus de l'ENA qui, à l'image des stages, sont plus ouverts sur l'entreprise. L'École s'écarte du but initial qui lui avait été fixé : former une élite au service de l'État. Elle paraît se changer en *business school* d'excellence, en réservoir de talents pour le privé. C'est ainsi que nous sommes contraints de porter le fer dans les reins de cette école, dont la devise initiale demeure : « Servir sans s'asservir ». Le service dont il est question est celui de l'intérêt général. Cette construction juridique inspirée du droit latin offre une colonne vertébrale à la France : l'intérêt général, qui se retrouve au cœur de la doctrine des premiers légistes justifie, dans une continuité que Tocqueville s'est plu à souligner, l'existence d'un droit public au-dessus du droit civil. L'État s'impose comme le garant d'un bien public, considéré comme supérieur à la somme des intérêts particuliers et, *a fortiori*, économiques. Non que ces derniers soient indignes. Les révolutionnaires, puis toutes les générations de républicains se sont révélés des garants sourcilleux du droit de propriété et ont consacré celui à prospérer.

1. Luc Rouban, *L'ENA ou 70 ans de paradoxe*, *op. cit.*, p. 9.
2. *Ibid.*, p. 8.

Mais les droits ainsi créés par l'initiative individuelle, par le talent du négoce, par la banque, par l'industrie doivent s'incliner devant la puissance publique qu'offre à tous un cadre, une garantie, des limites. « Servir sans s'asservir » : la devise de l'ENA est limpide. Il s'agit, pour ceux qui embrassent la carrière publique, de servir le commun et ne pas s'asservir au particulier. Le système méritocratique instauré par le concours consacre une élite au sein de cette élite. C'est la fameuse botte des élèves les plus méritants. Or, eu égard aux principes mêmes qui ont présidé à la création de l'ENA, eu égard à cette volonté de placer le public au-dessus du privé, les mieux notés à la sortie de l'ENA sont ceux qui s'affranchissent le plus des valeurs fondatrices de l'école. Là où le bât blesse, où la pantoufle déchausse, c'est que les meilleurs des énarques offrent un exemple contraire aux valeurs qui consacrent leur supériorité. Pour un membre des grands corps qui se met au service de l'actionnaire, noblesse n'oblige plus.

Le fantasme de l'apparition d'une nouvelle élite, la « génération Macron »

La « génération Macron » prétend être issue d'une opération de renouvellement de l'élite politique. Rappelons-nous ce que disait Emmanuel Macron en 2017 : « Je ne fais pas partie de cette caste politique et je m'en félicite. Nos concitoyens sont las de cette caste[1]. » Ou encore : « Je ne suis pas de la noblesse d'État[2]. » Mais, lorsqu'on regarde le parcours du plus jeune président de la Ve République, on comprend qu'il

1. Interview au journal *Sud Ouest*, 9 mai 2017.
2. « L'émission politique », *France 2*, 6 avril 2017.

personnifie l'élite énarchique convertie au marché. Comme le résume Pierre Birnbaum :

> Passé comme un météore au service de l'État (quatre ans seulement après sa sortie de l'ENA), Emmanuel Macron suit les conseils d'Alain Minc, énarque lui-même venu aux affaires : avant d'entrer dans la compétition politique, encore faut-il s'assurer une indépendance financière. La solution est toute trouvée : en septembre 2008, la banque Rothschild lui ouvre ses portes. Il y devient en un temps record associé-gérant, jusqu'à gagner le surnom de « Mozart de la finance »[1].

S'il y a une nouveauté, c'est bien la porosité entre les secteurs public et privé. Mais il n'y a pas de déviation majeure quant à la formation de l'élite politique. Il est d'ailleurs symptomatique que Macron s'entoure d'énarques au moment où il accède à la présidence de la République, que l'on pense à Alexis Kohler (secrétaire général de l'Élysée, énarque également diplômé de l'ESSEC), Patrick Strzoda (directeur de cabinet, énarque). Plus généralement, au sein du cabinet présidentiel, on compte tout de même 16 énarques sur 45 membres[2].

Au sein de l'exécutif, malgré la rhétorique antisystème, rien ne change. On peut noter, en revanche, une transformation du personnel parlementaire avec l'entrée de La République en marche à l'Assemblée. Si l'on regarde la sociologie des députés élus en 2017[3], on se rend compte que la première profession exercée par ces derniers est : cadre dans le secteur privé. On peut se demander si cette entrée de la « société civile » ne correspond pas à une stratégie de contrôle de l'Assemblée par l'Élysée. Avec une majorité de novices

1. Pierre Birnbaum, *Où va l'État ?*, *op. cit.*, p. 18.
2. *Ibid.*, p. 33.
3. *Ibid.*, p. 46.

(29 anciens députés sur 308 élus LREM), Emmanuel Macron évite un maximum de résistance dans ses rangs.

Il n'y a pas eu de véritable transformation de « l'élite » politique française (hormis une augmentation de la porosité public/privé). Pourtant, nos nouveaux énarques ne cessent de brocarder l'école dont ils sont issus. Les raisons invoquées laissent parfois songeur. Lisons ce que Bruno Le Maire, lui-même énarque (et futur ministre de l'Économie), déclarait dans sa campagne aux primaires de la droite :

> Il est temps de supprimer l'ENA. Elle a rempli son office pendant des années, formé des fonctionnaires de grande qualité. Mais nous entrons dans un monde nouveau : celui des entrepreneurs, de la créativité, de l'innovation[1].

Le propos peut s'entendre mais, de la part d'un haut fonctionnaire, on ne saurait plus consciencieusement scier la branche grâce à laquelle on s'est hissé.

Le 25 avril 2019, Emmanuel Macron a lui aussi confirmé sa volonté de supprimer l'ENA (dans un discours listant ses différentes mesures pour répondre à la crise des Gilets jaunes). Afin de repenser la formation de la haute fonction publique, voilà ce que le chef de l'État propose :

> Nous devons gérer très différemment les carrières de nos hauts fonctionnaires, avoir davantage de passerelles tout au long de la vie professionnelle, pour permettre, avec des règles de déontologie extrêmement strictes, à des gens qui viennent du privé, du monde associatif, d'intégrer la haute fonction publique à différents moments[2].

Avec cette volonté d'ouvrir la haute fonction publique au privé, c'est un modèle à l'américaine qui se dessine. Cette

1. Discours du 1er septembre 2016.
2. Discours du 25 avril 2019.

pseudo-révolution que la « génération Macron » prétend mener est fondamentalement hypocrite. Les marcheurs ne veulent pas renouveler les élites, mais amplifier une mue de l'énarchie déjà bien entamée. Leur objectif est de rompre les dernières digues qui préservent l'État d'une porosité public/privé. Ceux qu'ils visent sont les fidèles de la haute fonction publique, ceux qui ne pantouflent pas.

Nos élites politiques n'ont plus le cran d'assumer leur propre parcours. Au nom d'une idéologie marchande (« ouvrir au privé »), elles veulent accélérer un mouvement déjà à l'œuvre avant leur accession au pouvoir (et qui était peut-être même la condition de cette accession).

Après la République des professeurs et des avocats, de Gaulle avait rénové la classe dirigeante, en assurant la promotion d'une élite nouvelle. C'est ainsi que les énarques ont accédé aux responsabilités et contribué à redresser le pays. Nous sommes loin de cette époque de lions. Désormais, l'aristocratie qui sort de la botte est convertie à l'esprit californien : elle croit aux bienfaits du marché mondial et à ceux de la grande transformation numérique, et ne veut plus servir mais s'épanouir.

Ce que nous avons appelé le nouveau tiers état doit impérativement remplacer cette classe faillie. Et cette succession ne doit pas seulement sanctionner la trahison ou les errements de l'élite précédente, mais prendre acte de ce que les dogmes de cette dernière sont intenables.

Sclérosée, percluse de rhumatisme sociologique, notre classe dirigeante manque de sang neuf. Ce n'est plus la seule viscosité sociale naturelle qui l'empêche de se renouveler, mais une véritable ossification. Le changement d'élite, comme lors de chaque crise majeure de notre histoire, doit permettre aux « capacités » laissées de côté de monter.

La plupart des maréchaux d'Empire qui firent la gloire de la France napoléonienne étaient, en 1799, des inconnus au bataillon. Un Gambetta, un Clemenceau, un Ferry n'auraient eu aucune chance de percer sous la Restauration. Dans une magistrale étude, le colonel Michel Goya a montré que la Grande Guerre n'aurait jamais été gagnée si le haut état-major n'avait été contraint de laisser les initiatives de la base « remonter ». Les plus géniales de ces innovations furent la réquisition des taxis de la Marne, l'emploi de l'aviation comme arme de guerre ou l'invention du char d'assaut. Mille et une inventions astucieuses émergèrent des tranchées. Les sous-officiers furent en partie remplacés par des soldats issus du rang. Les sous-officiers ou les soldats les plus doués, ou les plus braves, enrichirent le corps des cadres sortis des grandes écoles. De jeunes officiers remarquables ou intrépides gravirent quatre à quatre les marches de la hiérarchie militaire. Ce n'est jamais volontairement qu'une classe dirigeante s'ouvre, voire se laisse submerger par de nouveaux talents, mais uniquement sous la pression d'une impérieuse nécessité.

Or, aujourd'hui comme hier, si une classe dirigeante défaillante n'est pas remplacée à temps, sa chute risque d'entraîner celle de tout le corps social. Ces jeunes lions des années 1880-1900 qui étaient sortis de la petite et moyenne bourgeoisie et avaient voté les grandes lois républicaines, l'école obligatoire, la liberté de la presse, la laïcité, le service militaire, le civisme à la mode de Lavisse, qui avaient eu l'audace inouïe de la tour Eiffel et de l'électricité… étaient devenus de vieux renards aux canines élimées en 1940. Cette République des Jules à monocle, la tête pleine de Cicéron et de Périclès, était devenue un régime de rentiers. Des hobereaux de province, montés à Paris tel Rastignac et qui, avec leur maîtresse, leur place réservée à l'opéra, la reconnaissance du Tout-Paris, les coupes de champagne, les médailles et les vernissages, s'étaient avachis. Ces avocats, ces enseignants et ces médecins, pleins de bons sentiments pacifistes et intimement convaincus que la guerre était la pire des solutions et que la France seule ne pouvait rien, n'étaient pas prêts à se battre. Ceux qui avaient en charge les destinées du pays, ceux qui étaient censés le protéger, étaient non seulement disposés à capituler mais, comme le révélera le scrutin du 10 juillet 1940, à renier la démocratie parlementaire. Arrêtons-nous un instant sur ce vote. Il est très éclairant pour comprendre la situation historique contemporaine. Les élites d'alors étaient résolues à se saborder, autrement dit à renoncer aux valeurs qui fondaient leur supériorité. Nous sommes ici au cœur du phénomène d'effondrement d'une classe dirigeante. L'âge des vanités, dont parle Chateaubriand, tient à une contradiction autant qu'à une amnésie : prétendre conserver le pouvoir, tout en renonçant aux principes qui vous autorisent à l'exercer. Car, en trahissant ses idéaux, la classe dirigeante finissante de la IIIe République n'a pas, pour autant, renoncé à occuper les postes. Bien que responsable de la défaite, tout ce petit monde se retrouvera à Vichy pour jouer une sinistre farce voulue par Hitler. La Résistance fera sortir de l'ombre des forces vives et courageuses que recelait la société française en son tréfonds, et qui étaient totalement opposés à la *doxa* portée par la classe dirigeante d'avant-guerre.

Au terme d'une épuration assez brève et somme toute superficielle, ce sont peu ou prou les mêmes qui repeupleront les cabinets ministériels de la IVe République et nous englueront dans la crise algérienne. Mous et confits dans leurs certitudes (toute entorse au régime d'assemblée nous ferait basculer dans la dictature ; lâcher l'empire, c'est renoncer à la grandeur de la France ; ou encore : l'Algérie, c'est la France), ils n'auraient jamais pu décoloniser ni moderniser l'économie.

À la Libération, en passant en revue des hommes qui avaient cousu eux-mêmes leurs galons sur leur vareuse, de Gaulle s'était gaussé ! En 1958, le Général ne commettra pas deux fois la même erreur. Cette fois, l'homme du 18 Juin mènera à bien le renouvellement de la classe dirigeante française, en appliquant cette loi d'airain politique : on ne tue que ce que l'on remplace. C'est ainsi que la Ve République mettra sur orbite les grands serviteurs de l'État, qui auront à cœur l'ardente obligation du plan et le service du pays.

Une objection forte au dépassement de l'énarchie et, au-delà, à la domination sans partage des anciens élèves des grandes écoles tient au caractère méritocratique de leur extraction. Bien que critiquable, le recrutement de la classe dirigeante par le biais quasi exclusif des concours paraît être le moins mauvais système, à l'exception des autres. La méritocratie semble offrir des garanties concernant les capacités intellectuelles des élites, que n'offrent pas d'autres mécanismes. Outre le fait que l'endogamie croissante de cette classe dirigeante montre que sa sélection est de moins en moins rigoureuse, sa nature même d'élite académique emporte un risque spécifique, celui de l'arrogance. Ayant démissionné de l'université de Yale où il enseignait, William Deresiewicz publiait en 2008 *Les Inconvénients d'une éducation d'élite*[1]. Selon lui, la méritocratie de l'Ivy League était responsable d'un formatage intellectuel préparant les futurs dirigeants à reproduire des schémas préétablis. C'est ce qu'il appelle la formation des *hoop jumpers* (les sauteurs de cerceau). Une caste entraînée à effectuer des exercices, en apparence sophistiqués, mais n'ayant souvent aucun lien avec la réalité.

Paradoxalement, le fait de devoir sa position sociale à ses capacités cognitives va tendre à réifier, à durcir cette couche

1. https://theamericanscholar.org/the-disadvantages-of-an-elite-education

de la société, à la fermer à la contradiction, à la rendre plus intolérante que d'autres classes dirigeantes ayant conscience du rôle de la chance ou du hasard dans leur ascension.

Une élite fondée sur le mérite académique n'en reste pas moins une catégorie sociale en tant que telle. Or, pour assurer sa cohésion, une classe sociale doit partager certaines convictions, certains schémas de pensée, certaines idées préconçues.

Par un paradoxe qui aurait plu à Tocqueville, la méritocratie débouche sur une société susceptible de reprocher aux individus leur position sociale. Si la réussite résulte principalement de l'aptitude à réussir des concours, ceux qui les ratent doivent être tenus pour personnellement responsables de leur échec. Dans une tribune parue dans le quotidien *Die Welt*, l'essayiste anglo-allemand Alan Posener fait écho à cette analyse : « Avec la méritocratie, les couches inférieures ont connu une domination plus efficace que celles connues antérieurement. »

Selon Philippe d'Iribarne, dans *L'Étrangeté française* (*op. cit.*), le statut social en France reflète une « hiérarchie de rang ». La réussite d'un concours comme l'ENA ou Polytechnique et, *a fortiori*, le fait d'intégrer les grands corps font plus que garantir une carrière matérielle : ils offrent un quartier de noblesse. Cette réussite tend à doter son bénéficiaire d'un esprit de corps qui peut gripper de belles mécaniques intellectuelles, en les enfermant dans d'infranchissables lignes Maginot mentales. C'est ce que Mao Zedong appelait la morgue du bachelier. Une certaine forme d'intelligence, fondée sur l'apprentissage et la restitution, confine à la bêtise lorsqu'elle s'accompagne du mépris de tout ce qui contredit les préjugés de la caste. L'essayiste italien Giuseppe Tognon explique ce phénomène :

> Le Français raisonne encore comme un noble dans la cour de Versailles : un diplôme dans les écoles d'excellence de l'État

> fournit des droits comme jadis un titre nobiliaire donnait des privilèges. Il y a en France des noyaux familiaux dans lesquels tous les membres, parents et enfants, font partie de groupe de méritants de l'État[1].

L'arrogance méritocratique, plus l'absence de remise en cause liée à l'existence de prébendes, plus le confinement familial et sociologique : les mécanismes s'autoalimentent. La sélection des meilleurs, instaurée il y a près d'un demi-siècle par Michel Debré, débouche alors, parfois, sur une navrante conjuration d'imbéciles surdiplômés. Des surdiplômés qui jouent à plein sur l'efficacité de leur réseau pour défendre leurs privilèges, comme le note Serge Gruzinski :

> En France, vous êtes toujours rattrapé par vos origines. Pour la majorité d'entre nous, sans réseaux sociaux et sans réseaux politiques, à un certain moment, inéluctablement, les choses se bloquent, le mérite ne suffit plus. La France n'a jamais été un pays égalitaire et, à bien des égards, elle est restée un pays d'Ancien Régime[2].

Tocqueville l'écrit dans *L'Ancien Régime et la Révolution* : l'un des signes les plus caractéristiques de l'effondrement d'une classe dirigeante est à la fois sa fermeture et son arrogance. Le penseur lie les deux phénomènes et mobilise un troisième facteur : l'inutilité sociale. Plus une classe dirigeante devient inutile, moins elle assume ses responsabilités et plus elle rappelle son rang. Moins elle sert, plus elle met en avant son statut. Moins elle est utile, plus elle se montre dominatrice. Plus elle perd ses prérogatives, plus elle s'accroche à ses

1. Giuseppe Tognon, *La Démocratie du mérite*, Éditions de la Revue Conférence, 2016, p. 72.
2. Serge Gruzinski, « Ce décentrement du monde », entretien paru dans la revue *XXI*, n° 36, automne 2016.

privilèges, compensant la perte de la réalité du pouvoir par la mise en scène de ses apparences. C'est ce paradoxe qui précipitera la chute de l'aristocratie, qui était devenue de plus en plus vaniteuse et avait fermé au tiers état le recrutement des officiers ou des hauts fonctionnaires, ouvert par Louis XIV. La polysynodie était passée par là.

Actuellement, à quoi peut bien servir en France une soi-disant élite, qui tire ses prérogatives des grandes écoles d'État et du suffrage universel direct, alors que le processus de libéralisation et d'européanisation qu'elle promeut vide le service public et la démocratie nationale de sa substance, au profit des entreprises et des institutions supranationales ? Cette élite, qui n'a jamais été aussi impopulaire, n'a jamais été aussi arrogante que sous Macron. Tout se passe comme si, à travers l'explosion du pantouflage, les privatisations, la signature de traités de libre-échange, l'intégration juridique de plus en plus poussée à l'ordre supranational, cette néoaristocratie s'acharnait à se miner elle-même. Ainsi, renouvellement sociologique difficile et renouvellement intellectuel impensable forment les deux mamelles de l'énarchie actuelle.

Pour relever notre pays, nous n'avons d'autre choix que d'inciter le Tiers à faire émerger de ses rangs une élite nouvelle. Afin de sortir la France de l'ornière, nous devons rompre avec ces idées toutes faites dans lesquelles communie la classe dirigeante actuelle. Ce que nous avons pu observer au cours de ce bref survol de l'histoire de l'élite française depuis la fin du XIXe, c'est que les idées neuves sont portées par des sociologies et par des générations nouvelles. C'est aussi que les classes dirigeantes, arrivées en bout de course, ne parvenaient ni à se renouveler sociologiquement ni à se remettre en cause intellectuellement – les deux mécanismes étant liés. Si l'on prend l'exemple concret de Charles de Gaulle, cet officier, ne croyant pas au dogme du feu qui tue et n'étant ni convaincu que le bolchevisme était le danger le plus pressant ni persuadé que la guerre était perdue contre l'Allemagne, verra son avancement bloqué. Penser, c'est fréquemment penser contre. C'est souvent penser seul. C'est presque toujours penser seul contre tous. L'autorité politique décèlera son potentiel en le nommant sous-secrétaire d'État, mais la bourgeoisie dominante opposera une résistance farouche au changement de paradigme qu'il incarnait. Les hommes de cette époque et de cette classe ne pouvaient renoncer à leur croyance structurante, à leurs préjugés, à leurs totems et à leurs tabous : la ligne Maginot nous protège, mieux vaut Hitler que Blum, le Reich est installé pour mille ans, etc. On voit que le changement d'hommes et le changement d'idées s'articulent nécessairement. Pour promouvoir des idées neuves, il faut des hommes nouveaux.

2

Changer de sociologie et de classe dirigeante

La grosse caisse médiatique du haut clergé martèle que l'élite actuelle offre le dernier rempart de la démocratie face au populisme. Cette propagande est d'autant plus culottée que le grand dessein de notre classe dirigeante consiste à forcer le peuple français à ce saut dans l'inconnu postdémocratique qu'est l'approfondissement de la construction européenne. L'assimilation de la préservation de la République à la domination de l'aristocratie suffira-t-elle à maintenir l'obéissance du tiers état ? Répondre à cette question se révèle délicat. Les électeurs du Tiers sont de moins en moins nombreux à soutenir l'oligarchie. Depuis quarante ans, la montée en puissance de l'abstention et celle du vote protestataire sont symétriques, constantes et impressionnantes. Face à ce qu'elle perçoit comme une désaffection à son endroit, la classe dirigeante est tentée de promouvoir deux formes de dépassement de la démocratie : l'hyperdémocratie ou la post-démocratie. Céder aux sirènes de l'hyperdémocratie ou glisser dans la postdémocratie reviendrait pourtant à commettre une grave erreur d'appréciation historique.

Dans le premier cas, l'illusion de pouvoir se passer d'une élite et d'institutions représentatives repose sur la systématisation du recours au RIC (référendum d'initiative citoyenne), appuyée par les réseaux sociaux. Plutôt que de déboucher sur une séduisante démocratie 2.0, ce chemin risque de nous conduire à une République 0.0, inconséquente et vide de substance.

Dans le second cas, écœurée par ce qu'elle considère comme l'ingratitude du peuple, tentée de pratiquer la manipulation machiavélique des big data, fascinée par l'intelligence artificielle (IA) et par le modèle chinois, notre néoaristocratie envisagerait de s'affranchir du suffrage universel – funeste et naïf projet.

Les illusions dangereuses de l'hyperdémocratie

Se présentant comme un approfondissement de la démocratie, la première solution semble, *a priori*, souhaitable. Face à la faible légitimité des élus, le dépassement du système représentatif. Si les élus sont presque toujours contestés, souvent brocardés et parfois haïs, pourquoi ne pas remettre directement le pouvoir aux citoyens ? En dehors de sa pratique à échelles restreintes (canton suisse ou cité antique), la démocratie directe est demeurée une exception. Cependant, les technologies susceptibles de transformer une douce utopie en plaisante réalité existent désormais. Une partie des 42 revendications des Gilets jaunes abondaient dans ce sens. Au-delà des réclamations sociales (réforme fiscale, hausse du smic, réforme des retraites, etc.) et des exigences « souverainistes » (limitation de l'immigration, rétablissement d'une politique d'assimilation, interdiction de la vente bradée du patrimoine public, comme les aéroports et les barrages, etc.), l'une des mesures phares souhaitées par les Jaunes consistait à réviser la Constitution afin d'y introduire le célèbre RIC :

> Le Référendum populaire doit entrer dans la Constitution. Création d'un site lisible et efficace, encadré par un organisme indépendant de contrôle où les gens pourront faire une proposition de loi. Si cette proposition de loi obtient 700 000 signatures, alors cette proposition de loi devra être discutée, complétée, amendée par l'Assemblée nationale qui aura l'obligation (un an jour pour jour après l'obtention des 700 000 signatures) de la soumettre au vote de l'intégralité des Français[1].

Le développement des Gilets jaunes à partir des réseaux sociaux pourrait laisser penser que l'émergence d'une démocratie directe correspond aux vœux des Français en colère. C'est à cette horizontalisation du pouvoir que réfléchit Étienne Chouard. L'une des rares figures appréciées des Gilets jaunes liste quatre priorités ayant émergé, selon lui, des ronds-points :

1. Reprendre le contrôle de la monnaie.
2. Instaurer le tirage au sort.
3. Mettre en place le RIC.
4. Interdire les traités « anticonstitutionnels » imposés par l'UE[2].

Si l'on peut se réjouir de l'orientation souverainiste de la première et de la quatrième de ces « priorités », l'on est en droit d'émettre quelques doutes concernant les deux mesures « hyperdémocratiques » proposées par Chouard. Le tirage au sort en offre un bon exemple. L'oligarchie en place a beau ne pas être à la hauteur, cela n'implique pas que n'importe qui puisse exercer le pouvoir. C'est pourtant une déduction qui revient souvent comme une antienne chez certains. À l'objection de la compétence, Chouard répond :

1. Liste des 42 revendications des Gilets jaunes du 28 février 2019.
2. Onglet « Priorités » du site etienne.chouard.free.fr

> La compétence d'un représentant fraîchement élu n'est pas innée. Il va devoir trancher sur une profusion de sujets, juridiques, techniques, scientifiques, etc. Il va acquérir sa compétence chemin faisant. Ce n'est pas un surhomme omniscient. C'est son travail qui va le rendre compétent. Toutes les expériences d'assemblées citoyennes démontrent que des personnes distinguées par le hasard se transforment, s'investissent, se responsabilisent et choisissent finalement les bonnes solutions, y compris sur des sujets complexes. Voyez comment les parlementaires européens, soi-disant si compétents, votent les lois : savez-vous qu'ils ont à leurs pieds une sorte de grande cantine dans laquelle sont classés tous les dossiers du jour ? Ces dossiers sont si nombreux, si complexes, si ardus qu'il est impossible de seulement les lire à temps. *Chaque dossier comporte donc un numéro et une consigne de vote fournie par le parti*. Le député moderne n'est donc alors qu'un automate et l'argument de sa nécessaire compétence paraît bien surfait[1].

L'argumentation du théoricien des Gilets jaunes repose sur un sylllogisme fallacieux. Notre élite est incompétente, donc aucune élite n'est compétente et n'importe qui peut gouverner. Si notre élite est incompétente, personne n'a envie de lui substituer des décideurs aussi inaptes qu'elle. La seule réponse à l'essoufflement de notre classe dirigeante consiste à en faire émerger une autre, capable. Chouard se présente comme le penseur des ronds-points, mais son principal point de contact avec eux réside dans le caractère circulaire de sa pensée, qui tourne sur elle-même.

Un autre exemple des impasses logiques qu'il nous invite à emprunter réside dans sa vision ultrafédéraliste. L'obsession hyperdémocratique le conduit à défendre une démocratie fédérale procédant sur le principe de la subsidiarité :

1. Entretien avec *Nexus*, n° 78, janvier-février 2012, disponible sur le site etienne.chouard.free.fr

Au niveau plus large, la démocratie s'organise autour de communes libres gérées dans le cadre d'une fédération. Les exemples fédératifs ne manquent pas (États-Unis, Suisse, Allemagne, etc.). Il n'est pas exagéré de dire qu'ils fonctionnent très bien, à cette réserve près qu'ils utilisent tous, à la base, *une procédure aristocratique : l'élection*. C'est cette procédure qu'il faut changer. Comment ? En la remplaçant par *la seule procédure démocratique qui soit : le tirage au sort*. Les citoyens de chaque commune décideront alors librement des sujets qu'ils sont en mesure de traiter eux-mêmes, directement, et ils délégueront les autres au niveau fédéral, selon le principe de la *subsidiarité*, qui veut que l'on ne doit pas faire à un échelon plus élevé ce qui peut l'être avec plus d'efficacité à un échelon plus petit[1].

Une France fédérale des communes pourrait-elle appliquer la politique d'un État souverain que semble défendre Chouard ? La souveraineté, telle que l'avait canonisée Jean Bodin, consiste à être empereur en son royaume, à ne reconnaître aucune autorité au-dessus mais pas davantage d'autorité au-dessous (qui n'aurait été librement consentie). La question de la souveraineté est essentielle et consiste à déterminer le bon niveau auquel placer le pouvoir qui ne se partage pas, c'est-à-dire le pouvoir de décider qui décide de quoi, le pouvoir de déléguer, ce que les juristes appellent le pouvoir de sa propre compétence. La justification un peu hypocrite de la construction européenne consiste à transférer des compétences exclusives à un niveau continental, tout en maintenant la compétence des compétences à un niveau national. Dès lors que le niveau national ne peut plus délibérer de tout sujet, le peuple français n'est plus souverain. La souveraineté ne se

1. *Ibid.*, réponse à la question : « Et l'objection de la taille ? »

partage pas. La souveraineté qui prétend s'autolimiter de manière définitive est un oxymore.

Armé de tant de propositions audacieuses, Chouard se conçoit sûrement comme un esprit subversif pour l'oligarchie. À tort. Aux yeux des puissants, la démocratie directe ne forme pas une perspective si dissuasive. Demeurant un horizon lointain, elle n'a que peu d'influence sur la domination de l'élite dont certains représentants n'hésitent donc pas à faire l'éloge de la démocratie directe. À cet égard, lisons les « prophéties » de l'un des porte-parole les plus zélés de la caste dirigeante, Jacques Attali, dans *Une brève histoire de l'avenir*, écrit en 2006 :

> Enfin, si la mondialisation peut être contenue sans être refusée, si le marché peut être circonscrit sans être aboli, si la démocratie peut devenir planétaire tout en restant concrète, si la domination d'un empire sur le monde peut cesser, alors s'ouvrira un nouvel infini de liberté, de responsabilité, de dignité, de dépassement, de respect de l'autre. C'est ce que je nommerai l'hyperdémocratie. Celle-ci conduira à l'installation d'un gouvernement mondial démocratique et d'un ensemble d'institutions locales et régionales. Elle permettra à chacun, par un emploi réinventé des fabuleuses potentialités des prochaines technologies, d'aller vers la gratuité et l'abondance, de profiter équitablement des bienfaits de l'imagination marchande, de préserver la liberté de ses propres excès comme de ses ennemis, de laisser aux générations à venir un environnement mieux protégé, de faire naître, à partir de toutes les sagesses du monde, de nouvelles façons de vivre et de créer ensemble. [...] Je crois en la victoire, vers 2060, de l'hyperdémocratie, forme supérieure d'organisation de l'humanité, expression ultime du moteur de l'histoire : la liberté[1].

1. Jacques Attali, *Une brève histoire de l'avenir*, Fayard, 2006.

Au-delà du constat qu'une idée de Jacques Attali n'a guère de chances de menacer la classe dirigeante, l'hyperdémocratie apparaît comme la fausse bonne solution. Au lieu d'assurer son renouvellement, elle entretient une illusion, fort utile au pouvoir en place. Cette cible qui ne sera jamais atteinte – celle de la démocratie pure et parfaite, ou même de l'anarchie parfaitement organisée – offre une formidable diversion, un leurre providentiel.

Car il y a aussi des inconséquences pratiques à l'hyperdémocratie. Rappelons-nous « Nuit debout » :

> Il y avait dans le fonctionnement même de Nuit debout, dans son formalisme organisationnel, sa commissionnite quasi bureaucratique, sa volonté de délibérer jusqu'à l'absurde et son refus de voir émerger des meneurs une sorte de dictature de l'horizontalité[1].

En s'interdisant de penser la notion d'élite, Nuit debout était mort-né.

Par souci de respecter jusqu'à l'absurde l'importance de chacun, Nuit debout cultivait une forme d'aboulie. Ce mouvement s'est voulu neutre, indéfini, bref, informe. Son nom lui-même n'était précédé d'aucun article. Ce n'était ni un individu ni un collectif. Ni un singulier ni un pluriel. Ni un féminin ni un masculin. De quel mouvement Nuit debout était-il le nom ? Occupy Wall Street renvoyait à un lieu symbolique et à une action. Podemos (« Nous pouvons », en français), désignait une ambition. Mais rester debout la nuit n'est pas un combat, c'est plutôt un objectif à « dormir debout » ! Nuit debout, c'est la révolution des Anonymous qui confondent com' et politique. Faire savoir dispense de savoir et de faire. Les piétons noctambules de cet étrange

1. Comité Orwell.

mouvement venaient y parler pour ne rien dire. Se compter pour vérifier qu'ils étaient de moins en moins nombreux. Voter pour ne rien décider. Pas de mot d'ordre. Pas d'aspiration. Pas de chef. C'est un nombrilisme sans visage. Nuit debout aura été le stand-up collectif de ceux qui n'ont plus d'histoire à faire, parce qu'ils n'ont plus de mémoire ni de géographie.

Le formalisme de Nuit debout fait songer à celui des marchés financiers : ignorant soigneusement tout contenu moral, mais excluant sauvagement toute contestation de ses règles de fonctionnement.

Nuit debout voulait une loi paradoxale, une loi sans contenu, mais une loi implacable permettant à tout le monde de s'exprimer, à condition que ce « tout le monde » rejette le capitalisme et l'identité nationale. C'est à cette neutralité très orientée qu'Alain Finkielkraut, venu en observateur et qui sera pris violemment à partie par la Commission Accueil et Sérénité (Orwell n'aurait pas trouvé mieux), sera confronté.

Les noctambules de la place de la République détestaient les effets de la globalisation (l'insécurité, la précarité et l'égoïsme), mais adulaient ses causes (la dissolution des frontières, le communautarisme des minorités, la recherche frénétique du bonheur individuel et de l'hédonisme, etc.). Les participants de Nuit debout dénonçaient le « système », mais illustraient ses dérives : nivellement par le bas, loi du plus grand nombre, pseudo-neutralité axiomatique…

Si la classe dirigeante qui, au fond, ne veut plus assumer le pouvoir, tout en conservant ses avantages, parvient à persuader le quidam que l'absence de pouvoir offre le meilleur pouvoir possible, elle aura tout gagné. De puissants lobbies pourront assurer aux intérêts économiques un pilotage discret de cette démocratie permanente en ligne qui ne diffère pas tant que ça d'un marché pur et parfait.

Dangers de la postdémocratie

La fascination des caciques actuels pour les évolutions technologiques nous rapproche d'une seconde réponse à la crise contemporaine : l'émergence d'une gouvernance numérique post-démocratique. Emmanuel Macron veut travailler avec les GAFA sur les problématiques liées à l'intelligence artificielle et à la gestion des données. Dans son discours sur l'IA prononcé le 29 mars 2018, au Collège de France, le président de la République reconnaît à mots couverts la défaite de la politique face à la technologie :

> Il ne s'agit pas d'avoir une stratégie pensée d'en haut si je puis dire, venant d'en haut qui viendrait s'abattre sur ce qu'est l'intelligence artificielle. D'abord ce serait vain de vouloir le faire dans un seul pays et ensuite ce serait contraire à la dynamique même de ce qu'est l'intelligence artificielle dont l'une des forces est justement d'avoir donné le pouvoir aux multiples face à l'un. [...] Pour cela, il nous faut d'abord ne pas céder à ce qui a parfois été [...] presque souvent un tropisme français que la conscience parfaite et aiguë de tous les effets non souhaitables d'une innovation puisse nous conduire à la refuser de prime abord. Nous avons parfois ce défaut, [...] il ne faut pas y céder. Et donc je crois que la première chose sur laquelle nous devons nous mettre d'accord, c'est qu'il ne faut pas avoir peur et refuser le changement[1].

En somme, les inconvénients de la révolution de l'intelligence artificielle constituent une fatalité, et il n'y a que les Français qui refuseraient de les accepter. Pourtant, apprend-on, nous disposons, dans l'Hexagone d'un « écosystème »,

1. Emmanuel Macron, Discours du 29 mars 2018, site de l'Élysée.

déjà « fertilisé[1] » par Facebook, Google ou Samsung, par exemple. Mais pour que cet écosystème soit à la hauteur de ceux des Anglo-Saxons et des Chinois, il faudrait une « fertilisation croisée », qui « augmente drastiquement la porosité entre la recherche publique et le monde industriel[2] ». Au-delà de la novlangue, nous sommes invités avec l'argent public à former les ingénieurs qui travailleront pour les GAFA. On retrouve, ici, la fascination exercée par le modèle américain sur la « génération Macron ». Cette idée se confirme lorsque ce dernier aborde la question des données :

> Nous ferons œuvre de pédagogie et de soutien à toutes les initiatives privées d'ouverture et d'échange pour que naissent, dans tous les secteurs, une économie ouverte de la Data. Du secteur bancaire, pour les données de transaction, à l'agriculture, pour l'efficacité des pesticides, en passant par les données de tests de véhicules autonomes, c'est à une mobilisation générale autour de la donnée que j'appelle aujourd'hui[3].

Voilà le projet : développer une gouvernance numérique autour d'une collaboration public/privé, le privé étant massivement américain. Et cela s'applique à tous les domaines :

> Je souhaite que nous puissions créer un véritable hub des données de santé, structure partenariale entre producteurs et utilisateurs de données, qui pilotera l'enrichissement continu mais aussi la valorisation du système national de données de santé [...][4].

1. *Ibid.*
2. *Ibid.*
3. *Ibid.*
4. *Ibid.*

Qu'en est-il de la démocratie ? La « réponse » du Président aux problèmes que la gouvernance numérique pose à la démocratie est stupéfiante :

> On n'a quand même rien inventé de mieux. [...] [C]'est le système le plus *bottom-up* de la Terre, la démocratie, parce que ce sont les gens qui décident. [...] Les gens les plus talentueux pensent déjà le monde de demain et d'après-demain [...] mais il y a 20 % de notre population qui ne maîtrisent pas l'accès à ces technologies ou qui en ont peur et on ne peut pas construire des choix démocratiques éclairés si on reste dans cette situation parce qu'il y a une phase de digestion démocratique qui va avec les usages de toute la population ou en tout cas d'une large majorité et l'accélération de nos technologies. [...] [I]l va nous falloir trouver l'équilibre dans cette tension permanente qui sera la nôtre sur ce sujet, où nous aurons le sentiment d'être Prométhée mais où il nous faudra voir, comme disait Rimbaud, « la dure réalité à étreindre, paysan ». Et Prométhée finit mal quand il oublie le paysan, surtout dans des démocraties[1].

Sans nous laisser divertir par le burlesque du propos (la démocratie comme système le plus *bottom-up* de la Terre !), soyons attentifs à ce que nous dit Macron et que l'on peut résumer de la manière suivante : nous, l'avant-garde, avons compris que la gouvernance numérique est en marche ; nous devons l'accompagner et faire en sorte que les gueux « digèrent » la nouvelle sans se rebeller.

Ce projet postdémocratique confirme les analyses d'Alain Supiot. Son livre *La Gouvernance par les nombres*[2] montre que, depuis l'Antiquité, les élites (de Pythagore à Gödel, en passant par Galilée) ont nourri le fantasme d'une administration mathématique du monde. Ce fantasme ressurgirait à notre

---

1. *Ibid.*
2. Alain Supiot, *La Gouvernance par les nombres*, Fayard, 2015.

époque à travers le concept de « gouvernance ». Contrairement au gouvernement par la loi (qui suppose l'existence d'un commandant derrière le gouvernail), la gouvernance consiste en une série de mécanismes qui s'autoajustent. Supiot parle de « l'utopie d'un monde plat, régi par les forces immanentes du marché ». Cette vision « se situe beaucoup plus près de l'utopie communiste que du libéralisme classique[1] ». Cette utopie implique une déconnexion entre les chiffres et la réalité qu'elle prétend décrire, voire une sorte de distance clinique, celle qui sied à une appréhension scientifique des problèmes. Alain Supiot prend pour exemple la crise grecque, où la gouvernance par les nombres a été appliquée, même si les effets promettaient d'être catastrophiques.

La révolution authentique : commencer un nouveau cycle

Altérer notre démocratie pour la transformer en hyperdémocratie débouche sur une impasse. La vanité d'un tel projet ne peut que stériliser toute résistance à l'oligarchie. Contre le projet postdémocratique des classes dirigeantes, il faut revenir au primat du politique. Et, pour y parvenir, nous avons besoin d'une nouvelle élite. La véritable révolution réside dans ce renouvellement de la classe dirigeante. Nos « aristocrates » arrivent en bout de course. Accomplir une révolution (au sens cosmologique), c'est entamer un nouveau cycle, en se réaxant sur l'essentiel, en réactivant les principes de départ.

Dans le contexte actuel, que signifie ce retour aux origines ? Il s'agit, par exemple, de revenir aux sources de la création de l'ENA après guerre. Il s'agit de détecter, sélectionner et former

1. *Ibid.*, p. 233.

de nouveaux talents, qui répondront au code d'honneur républicain (c'est-à-dire la loyauté à l'égard du bien commun et le sens du service public). Pour reprendre le vocabulaire de Pareto, notre classe dirigeante ne comptant plus que des renards, il faudra rechercher des « lions » (courageux, loyaux, même si peu rompus à l'art de gouverner) au sein du peuple. Diversifier le recrutement ne suffira pas à régénérer les cadres. C'est ce que pense Marie-Françoise Bechtel, qui a dirigé l'École pendant cinq ans :

> L'ENA est en effet devenue un moule à pensée unique au fil des années. En matière de management, d'Europe et de religion du déficit budgétaire, l'enseignement à l'ENA est devenu un véritable moulin à prières. J'ai siégé à son conseil d'administration de 2012 à 2017 : j'y ai vu que les programmes et la formation à l'École ne développent pas la capacité à penser au moins un peu par soi-même. Donc, si on veut diversifier l'origine sociale et géographique des élèves pour leur enseigner à tous la même pensée unique, tout cela ne mènera à rien[1].

La plupart des énarques étant passés par la rue Saint-Guillaume, il est important de s'interroger sur le contenu des enseignements que l'on y dispense. Voilà ce qu'en dit encore Marie-Françoise Bechtel :

> Sciences Po a complètement déserté les notions de service public, les notions clés de la démocratie républicaine, fondées sur la subordination du droit à la loi et sur l'égalité par la citoyenneté, au profit d'une sorte de « grand circus » dans lequel on apprend que la différence c'est mieux que l'égalité, que le secteur marchand c'est mieux que le service public, etc. Donc Sciences Po a abandonné le service public – c'était d'ailleurs le nom de la section qui préparait à l'ENA. [...] Mais on

1. « L'ENA est devenue un moule à pensée unique », entretien avec Marie-Françoise Bechtel, Le Vent Se Lève, 8 juin 2019.

> ne peut pas modifier Sciences Po d'un coup de baguette magique. [...] Peut-être faut-il donc trouver un système de formation des élites qui ne soit plus à Sciences Po... Car le problème est grave : le substrat même des formations suppose une culture du service de l'État conçue comme une culture du bien commun qui pouvait exister il y a encore quelques décennies et qui aujourd'hui semble déserter Sciences Po et l'ENA[1].

Créer une école publique, alternative à Sciences Po offre une première piste pour réformer le recrutement de nos élites politiques.

Macron et la réforme de l'ENA

La réforme de la haute fonction publique, annoncée par Emmanuel Macron le 25 avril dernier, ambitionne de renouveler la formation des élites. Décortiquons ses propositions.

La première mesure envisagée concerne la sociologie des élèves. Le recrutement ne serait pas suffisamment méritocratique. La critique est fondée. Comment y remédier? Le haut-fonctionnaire Frédéric Thiriez, chargé de mener cette réforme, a annoncé vouloir mettre en place des mesures de discrimination positive. Au micro de France Info, il envisageait « un concours aménagé » pour les ZEP, précisant que le chef de l'État avait été « impressionné par le système Sciences Po[2] ». Or, ce « système Sciences Po » est à la fois antiméritocratique, antirépublicain et inefficace. Antiméritocratique, car le niveau requis pour être admis selon la procédure CEP est inférieur à celui du concours classique. Une préparation spécifique des élèves défavorisés (issus de

1. *Ibid.*
2. France Info, 3 juin 2019.

ZEP ou de la France périphérique) au concours serait préférable. Antirépublicain, car les critères de sélection intègrent des informations appartenant au domaine privé. Le modèle américain, qui est pris pour référence, introduit dans le processus de sélection un barème prenant en compte la race, la croyance religieuse ou l'orientation sexuelle. Inefficace, car les candidats sélectionnés par la procédure CEP appartiennent de plus en plus aux classes favorisées. Parmi ceux admis par cette voie d'accès, le niveau d'enfants de CSP+ est passé de 20 % en 2000 à 36 % en 2009, pour atteindre 40 % en 2016[1]. La discrimination positive ne fait que diversifier les stratégies des catégories aisées pour investir les grandes écoles. La méthode Descoings (ex-directeur de Sciences Po) n'offre aucune panacée pour ouvrir les portes de l'ENA aux enfants « d'en bas ». Lorsque l'école républicaine remplissait son office, le taux de réussite à l'ENA des enfants des classes populaires était très supérieur à ce qu'il est aujourd'hui. Cela résultait en partie d'une sorte d'effet placebo : grandir dans un système éducatif qui célébrait les vertus de la méritocratie fouettait les ambitions et motivait les talents. Inversement, mettre constamment en avant la fatalité de la « reproduction » ne peut qu'amplifier l'autocensure des élèves issus des milieux modestes.

Nous touchons du doigt une limite heuristique des sciences sociales. Le sociologue s'efforce de cultiver une distance méthodologique à l'égard de l'objet social qu'il étudie. Mais étant lui-même un sujet social, en dépit ou à cause des efforts qu'il déploie pour maintenir sa neutralité à l'égard de son objet, le sociologue est un observateur qui influence la chose observée. Le discours sociologique affole la société,

1. « Sciences Po, une diversité trop homogène », *Libération*, 23 janvier 2017.

dont il prétend prendre le pouls. Cet examen peut accélérer les pulsations cardiaques du patient. En matière de mobilité sociale, tout se passe comme si le fameux « voile de l'ignorance » possédait son utilité. Comme si ce sfumato égalitaire permettait à quelques-uns de se frayer un chemin. Une fois cette illusion dissipée, une fois la nudité statistique dévoilée, les ardeurs des ambitieux, comme les bonnes volontés des enseignants, semblent douchées.

Le président de la République voudrait également faire évoluer la formation des énarques, en l'ouvrant au monde académique, à la recherche, à l'international et au terrain. Rien que ça ! On se demande dans ce vaste programme quelle place réserver au pilotage de drones, à l'art et à la manière de gérer un bar-tabac ou à la poésie de Saint John Perse ? L'ENA n'est pas destinée à former de nouveaux Pic de la Mirandole, mais à dispenser une formation technique administrative à des élèves déjà diplômés de l'enseignement supérieur. L'ENA semble déjà suffisamment « ouverte » à l'international. En revanche, placer les futurs hauts fonctionnaires *in situ*, en position d'apprendre par l'exemple est une excellente idée. À cet égard, les propositions de Pierre-Henri d'Argenson paraissent plus pertinentes que celles envisagées par la réforme gouvernementale :

> La formation dispensée à l'ENA doit [...] redonner aux élèves le sens de la décision, le sens de l'action, le sens de l'éthique et surtout le sens de l'intérêt national, comme le font toutes les grandes nations et en particulier nos partenaires occidentaux. Pour cela, je préconise la réintroduction d'un service militaire des élèves de l'ENA, une formation approfondie à l'intelligence économique, numérique et juridique (la compétition des normes étant un champ de bataille à part entière), la connaissance de notre tissu économique, en particulier industriel et agricole, l'immersion dans des stages exclusivement

ouvriers (et surtout pas dans des états-majors d'entreprises du CAC), l'approfondissement des langues étrangères. D'une manière ou d'une autre, il faut casser le technicisme, le dogmatisme libéral et l'universalisme déterritorialisé qui imprègnent trop souvent la haute administration, et de manière générale les élites[1].

Emmanuel Macron entend supprimer les grands corps. Chaque ministère renouerait alors avec un mode de recrutement spécifique. Avant l'ENA, cette pratique favorisait le népotisme. Mais cette suppression possède aussi un avantage : empêcher qu'un jeune technocrate dépourvu d'expérience exerce d'importantes responsabilités. Dans cette perspective, l'accès aux hautes fonctions pourrait être conditionné par le passage dans l'administration publique territoriale (comme le corps préfectoral). Il faut repenser la formation des hauts fonctionnaires et la ramener à sa vocation initiale : administrer. Au risque de heurter la mentalité des Gilets jaunes, dont ce livre défend l'esprit, il est essentiel d'élever la rémunération des commis de l'État et, en particulier, de ceux qui exercent des missions d'autorité. Des hauts fonctionnaires incorruptibles sont des hauts fonctionnaires qui n'ont pas besoin d'arrondir leurs fins de mois. Des serviteurs de l'État mieux payés que les cadres supérieurs du secteur privé protégeraient la fonction publique de la corruption et attireraient les meilleurs. Ce sont les salaires du privé qu'il faut prendre comme points de repère, et non les rémunérations extravagantes issues du capital. Singapour offre, à cet égard, un modèle.

Changer de classe dirigeante implique moins de transformer la formation reçue par la haute fonction publique que d'éloigner celle-ci, comme nous pourrions le dire de manière

1. Pierre-Henri d'Argenson, « Pour une vraie réforme de l'ENA… mais pas celle de Macron ! », FigaroVox, 26 avril 2019.

triviale, du pot de confiture. Établir des barrières étanches entre les échelons supérieurs de la fonction publique et la politique ou le monde des affaires paraît être l'une des toutes premières mesures à prendre.

Il ne s'agit pas d'interdire le pantouflage, mais de durcir les conditions de sa mise en œuvre. À présent, un énarque appartenant aux grands corps peut se voir racheter le coût de sa formation au bout de quatre ans, et un haut fonctionnaire classique au bout de dix. Quinze ou vingt ans pour toutes les catégories de fonctionnaires paraît un minimum. On pourrait prévoir d'ajuster le montant de la pantoufle (environ 100 000 euros, qui peuvent sembler exorbitants pour un citoyen, mais sont souvent dérisoires pour les grandes entreprises du CAC 40) au chiffre d'affaires des entreprises. Travailler pour le secteur privé n'a rien de scandaleux. En revanche, servir une pseudo-noblesse des affaires qui s'estime déliée de tout devoir à l'égard de la nation n'est pas acceptable. Le pantouflage dans une entreprise publique, dans une PME ou dans une ETI créant des emplois en France devrait être encouragé. Il ne serait pas non plus absurde d'inciter les hauts fonctionnaires à créer leur entreprise. Pour favoriser cette prise de risque, on pourrait suspendre l'obligation, par ailleurs justifiée, de démission ou de remboursement de leur pantoufle, pour les commis de l'État se recyclant dans le secteur privé. À l'inverse, un cas comme celui de Bruno Bézard – ancien directeur général des finances publiques, ancien directeur du Trésor (le plus haut poste de Bercy), qui a décidé de rejoindre un fonds d'investissement chinois, Cathay Capital en 2016 – devrait faire réfléchir le législateur. Il serait souhaitable qu'un haut cadre de l'État français ne puisse travailler pour une entreprise étrangère que sur autorisation du Conseil des ministres. Sauf autorisation spéciale, un haut fonctionnaire ne devrait pouvoir travailler pour un contractant de l'État. Plus généralement, le pantouflage doit demeurer exceptionnel. Mais il y a plus gênant que le pantouflage, c'est la mise en disponibilité.

Cette pratique largement répandue permet à un haut fonctionnaire de « prendre la température » dans le privé ou en politique, puis de revenir dans le secteur public si celle-ci ne lui convient pas. Ici encore, on remarquera le grand écart entre l'éthique prônée par la classe dirigeante, qui vante constamment la prise de risque, et ce genre de pratiques. Il ne saurait être question d'empêcher les hauts fonctionnaires de quitter le service public mais, s'ils choisissent de le faire, ils devraient démissionner sans bénéficier de la mise en disponibilité, qui est l'une des principales courroies de transmission entre la haute fonction publique et le CAC 40, et qui autorise pantouflage et rétropantouflage.

En ce qui concerne les hauts fonctionnaires qui s'engagent en politique, la possibilité de réintégrer leur corps avec de l'avancement soulève des enjeux éthiques. Il ne s'agit pas d'interdire aux serviteurs de l'État de se présenter aux élections, mais de les obliger à couper le cordon ombilical qui les relie à leur employeur. La démission pour ceux qui sont élus et la réintégration pour les autres doit devenir la règle, fonctionnaires ou pas. Renouveler l'aristocratie impose de limiter la consanguinité entre la noblesse d'État et le monde politique. À cet égard, les cabinets ministériels jouent un rôle central. Il faut à la fois permettre aux ministres de recruter d'autres profils que des énarques et rétablir une égalité entre les fonctionnaires et les autres membres des cabinets ministériels.

Intégrer un cabinet ministériel, revient à briguer les suffrages de ses concitoyens. C'est effectuer un choix politique, et non servir l'État avec neutralité. Aucun concours ne prépare l'entourage d'un ministre à aider ce dernier à mettre en œuvre sa politique, sauf si l'on part du principe que, pour vaincre les réticences de l'administration centrale d'un ministère, il est préférable de s'adjoindre le concours de hauts fonctionnaires. Nous sommes ici au cœur du sujet du nécessaire remplacement de la noblesse d'État comme classe dirigeante. Les fonctionnaires d'élite dont la France a besoin doivent se cantonner à mettre en œuvre la politique des élus. L'Administration doit redevenir un outil dans la main du politique, et non l'inverse. Recruter des énarques ou ceux qui vont leur succéder pour faire obéir d'autres énarques ou ceux qui vont leur succéder ne permet pas de résoudre le problème de l'inertie de la fonction publique face aux élus. C'est, au contraire, la renforcer. À cet égard, le politique doit se reposer sur l'expertise de l'Administration et non politiser cette dernière. Sinon, nous aboutissons à la situation actuelle, où toute politique passe à la moulinette d'une technicité qui la réduit à un ensemble de mesurettes juridiques, fiscales et administratives généralement édulcorées. Si l'exception française possède un semblant de véracité, c'est dans cet effet de dissolution technocratique du politique (*i.e.* la *reductio ad enarquum*) qu'il réside.

L'enfer est souvent pavé de bonnes intentions, le mélange entre le corporatisme des grands corps de l'État et la lutte contre la corruption a abouti à limiter la possibilité pour les ministres de recruter des conseillers et des collaborateurs hors de la fonction publique. Jusqu'à la mise en œuvre des lois encadrant l'utilisation des fonds spéciaux, la plupart des membres des cabinets étaient payés en liquide. Cette pratique est tombée en désuétude. Payer des collaborateurs qui ne sont pas des hauts fonctionnaires est devenu extrêmement difficile pour un ministre. Voilà pour l'amont du recrutement. Il en va de même pour l'aval. Une fois que vous quittez les palais de la République, si vous n'êtes pas un haut fonctionnaire, vous repartez souvent de zéro. Si vous avez servi l'État, vous avez peut-être heurté certains intérêts. Aujourd'hui, les membres des cabinets ministériels peuvent être des hauts fonctionnaires en disponibilité dans des entreprises, et qui seront ensuite réembauchés pour « services rendus ». L'État n'a pas les moyens de protéger ceux qui le servent. C'est le secteur du privé qui s'en charge à son profit. Il est donc essentiel de maintenir et même d'élargir les postes ouverts au tour de l'extérieur.

Il ne s'agit pas de prévoir des placards dorés pour les anciens collaborateurs du gouvernement, mais des fonctions qui les mettent à l'abri des pressions.

En revanche, l'abolition des privilèges consiste à autoriser le licenciement pour faute et *a fortiori* pour inactivité des énarques ou de leurs successeurs. C'est en envisageant des mesures de simple bon sens comme celle-ci que l'on réalise à quel point la néoaristocratie s'est incrustée en nous. Accorder aux hauts fonctionnaires, notamment à ceux qui exercent une mission d'autorité, une protection de l'emploi et un avancement en fonction de l'âge est justifié sur le plan de l'intérêt général, mais nous sommes tous conscients que ces garde-fous sont devenus de véritables immunités. Le membre d'un grand corps de l'État doit devenir un pédo-criminel ou un militant néonazi pour risquer d'être radié des cadres.

Nos concitoyens ne doivent pas se tromper de cibles : les élus ne sont qu'indirectement responsables de la confiscation du pouvoir par une élite de plus en plus étrangère aux intérêts du peuple. Ces derniers ne sont coupables que de s'être laissé dérober le pouvoir. Le rejet des politiques découle d'abord du fait qu'ils ne servent plus le peuple, et non de leurs avantages. Obliger les élus à la transparence est bel et bon, mais les mettre au pain sec et à l'eau, c'est abaisser le peuple à travers ses représentants. Que ceux qui détiennent les mandats électifs rendent des comptes et justifient leurs dépenses, cela paraît la moindre des choses, mais si l'on veut des représentants indépendants du pouvoir de l'argent, si l'on veut des élus plus légitimes, il faudra accroître leur protection et leur sécurité. Prenons ainsi garde de ne pas assujettir les maires ou les députés à des règles auxquelles les multinationales et leurs actionnaires peuvent échapper.

L'émergence d'une nouvelle sociologie autant que d'une nouvelle génération de dirigeants suppose de prévoir des rémunérations bien plus élevées pour attirer les talents. Les privilèges doivent d'abord être abolis.

La crise des Gilets jaunes nous oblige à penser un renouvellement des élites par le bas. Un sondage du 21 mars 2019 indiquait que les Gilets jaunes réservent leur confiance à des gens « comme eux ». On peut d'ailleurs s'interroger afin de savoir pourquoi le mouvement des ronds-points n'a pas permis qu'émerge une classe dirigeante de remplacement. Quelques figures, ici ou là, ont réussi à se faire connaître. Parmi ces nouveaux visages, on peut citer François Boulo, Jacline Mouraud ou Benjamin Cauchy, qui sont parvenus à diffuser un autre son de cloche, donnant une image de sérieux et de civisme, tout en formulant des critiques et des propositions politiques fortes. D'autres incarnations du mouvement, telles que Maxime Nicolle, *alias* Fly Rider, ou Éric Drouet, en cédant aux sirènes du complotisme laissent penser qu'il ne fallait rien attendre des Gilets jaunes. Le procès en incompétence politique instruit par la néoaristocratie et par ses prêtres médiatiques était inique. Comment attendre de citoyens dépourvus d'expérience, sans formation, qui se croisaient pour la première fois, qu'ils se coordonnent, s'organisent, élaborent des solutions à des problèmes restés insolubles depuis plusieurs décennies ? Comment une foule éparse aurait pu réussir en quelques mois là où des hommes politiques disposant de tous les leviers et de tous les réseaux ont échoué pendant quarante ans ? Pourtant, si l'on reprend les 42 propositions remontées des ronds-points, il y a de quoi être impressionné par l'incroyable instinct politique du peuple français. Ces propositions sont, dans l'ensemble, réalistes, mesurées et porteuses d'un changement de vision et de stratégie à 360°. Le tiers état ne manque pas de ressources.

Rome ne s'est pas fait en un jour. La Révolution française a tâtonné pendant presque un siècle avant d'aboutir à une république stable. De nombreux bouleversements doivent préalablement intervenir afin qu'une authentique classe dirigeante de remplacement émerge.

Le crédit important accordé aux associations peut fournir des pistes quant au renouvellement de la classe politique. Pourquoi, par exemple, ne pas puiser dans le tissu associatif pour trouver des candidats ?

Héritier du chef gaulois hissé sur le pavois, le maire, dans les communes les plus petites, est souvent une personnalité respectée. Dans les communes moyennes, c'est un personnage que l'on croise. Il n'y a que dans les grandes métropoles que l'édile demeure inaccessible. Sans doute est-ce la raison pour laquelle le maire reste le seul acteur institutionnel à bénéficier de la confiance populaire. Le maire demeurant la seule figure encore debout dans ce grand culbuto politique hexagonal, le député-maire pouvait espérer tenir le choc face à la montée du dégagisme. La loi portant interdiction du cumul des mandats a éloigné les élus de leur base. Tout comme la création de regroupements de communes et de régions.

Sous prétexte de rationaliser la gestion des territoires, la constitution de communautés d'agglomérations délégitime des décisions qui ne sont plus prises par un élu responsable devant ses administrés, mais par un regroupement négociant entre eux. Le redécoupage des régions procède d'une même volonté de bénéficier d'économies d'échelle, mais cette échelle est formelle et sans âme. Les 80 départements de la Révolution tenaient compte d'une juste proportion (la préfecture devait se situer à moins de deux jours de cheval et la sous-préfecture à une journée) et correspondaient à des regroupements de paroisses ou de *pagi* romains (unités juridiques tenant compte des frontières entre anciennes tribus gauloises). Il est essentiel que l'unité de décision soit une unité sentimentale, dont les membres partagent ce qu'Aristote appelait une « amitié politique ». À côté de l'humanité, Jaurès exaltait les petites patries léguées par l'histoire et la géographie, où les hommes peuvent se connaître. Nos dirigeants, obsédés par les questions d'échelle et obnubilés par l'imitation des États-Unis ou de l'Allemagne, devraient regarder de plus près leur modèle : le New Hampshire ou le Bade-Wurtemberg sont des héritages de taille incomparable avec la Californie ou la Prusse.

Afin que le courant politique circule entre les citoyens et leurs élus, il est essentiel que les décisions soient prises à une échelle où la voix de chacun compte. La voix, mais aussi la voie car, depuis Athènes, la démocratie est affaire de délibération orale. Se confronter à la parole de l'autre, à ce qu'il a à dire, entendre ses objections, répondre à ses arguments sont la condition *sine qua non* pour faire démocratie. Le grand avantage des ronds-points, leur noblesse même, n'était pas tant – comme les analyses pseudo-psychologisantes et un tantinet méprisantes crurent bon de le souligner – de permettre à chacun de s'épancher ou de trouver une oreille compatissante que d'avoir permis la réémergence d'une parole publique. Lorsqu'un citoyen exprime ses difficultés et réalise que des dizaines, des centaines, des milliers, voire des millions de ses concitoyens éprouvent les mêmes, ce changement de degré provoque un changement de nature. Ses problèmes personnels deviennent des enjeux politiques.

À cet égard, les Jaunes ont su réenchanter un lieu privé d'âme par excellence : le carrefour périurbain. Ces ronds-points hideux, engendrés par l'urbanisme contemporain, allié aux dérives électoralistes locales et aux saccages esthétiques de la grande distribution, ont été symboliquement reconquis par le peuple. Peut-être faudrait-il conserver une trace de cet élan, en érigeant, par exemple, des clubs de débats. À la manière des clubs de la Révolution française ou des loges maçonniques, ces agoras permettraient aux citoyens d'aiguiser leurs arguments, d'élaborer leur pensée, de formuler des propositions. Rien n'interdirait aux partis de s'y exprimer. Rien n'interdirait non plus à ceux qui n'habitent pas la France périphérique d'installer des clubs de citoyens permettant de faire entendre sa voix et de la confronter à celle des autres. Des lieux d'échanges physiques et non virtuels, mais qui disposeraient de relais sur la Toile. Des lieux de débat, mais pas nécessairement des espaces neutres. Sous la Révolution, certains de ces clubs – que l'on songe aux Cordeliers, Feuillants ou Jacobins – avaient influencé le cours des événements. On dira que les partis existent et qu'ils suffisent à rassembler les citoyens intéressés par la chose publique. Notre Constitution reconnaît leur rôle en disposant que « les partis se forment librement et concourent à l'expression du suffrage ». Ces partis sont les chasses gardées de la nouvelle noblesse. Mis à part les formations contestataires, les partis dits de gouvernement sont verrouillés par les néoaristocrates. Les partis se forment librement, c'est un principe de libre-concurrence et, plus précisément, de libre entrée sur le marché, que consacre notre loi fondamentale. Un principe qu'il est difficile de faire vivre. Les lois sur le financement des partis entérinent l'existence d'un quasi-monopole des formations existantes. La difficulté de se financer en amont (les banques sont ultraréticentes) rend la création d'un mouvement presque impossible, tant le risque consistant à emprunter sans garantie de toucher un électorat suffisant pour être remboursé est grand : il est plus facile de se présenter à l'élection présidentielle que de proposer des listes aux législatives, aux européennes, ou même à des scrutins locaux. Il est essentiel de se pencher sur ce paradoxe. Tout d'abord, l'obstacle des signatures est moins difficile à franchir que celui du financement. Ensuite, il est plus aisé de présenter un seul candidat qu'une multiplicité. Enfin, il est plus simple de faire connaître un candidat ou un programme, dans le cadre d'une élection généraliste et nationale, que de décliner des idées nouvelles lors de scrutins spécifiques. En raison de cette relative facilité et de la multiplication de candidatures fantaisistes qu'elle risquait d'engendrer, de nombreuses voix avaient conseillé à de Gaulle de prévoir des mécanismes limitant le nombre des candidats à la présidentielle. Le Général considérait que la présence de quelques olibrius était un prix abordable pour maintenir la vitalité de notre démocratie. Une République saine est un système dans lequel les ambitions et les idées nouvelles ne sont pas entravées. À présent, ne pas passer par un système de coterie ou de cooptation de la classe dirigeante relève d'un véritable parcours du combattant. Parmi les verrous destinés à empêcher l'émergence d'une nouvelle offre politique, on peut mentionner les médias. De tous les freins, le pouvoir du clergé journalistique de vérifier que les candidats respectent les dogmes constitue sans doute le plus efficace. La presse dispose d'un pouvoir d'excommunication. Dominée par une aristocratie conformiste et homogène célébrée par un clergé aux ordres, la classe dirigeante pourra très difficilement se renouveler de l'intérieur.

Les partis inspirent encore moins confiance que les élus en général. Pour saisir les raisons d'une telle désaffection, il faut rappeler que le parti, au sens d'une formation unie par une idéologie et structurée par une hiérarchie, est une invention récente. Le modèle de tous les partis, même les plus conservateurs, est le Parti communiste français, que l'on appelait le Parti, sans qu'il soit besoin de préciser lequel. C'est lui qui a promu le centralisme démocratique, ainsi qu'une organisation rigide et étanche, car destinée à favoriser l'action subversive. Avant le communisme, les partis n'étaient que des courants mouvants dans leurs contours et leur doctrine. Les partis se sont développés au XXe siècle et pourraient ne pas survivre au XXIe siècle. Qu'il s'agisse de formations comme Cinq étoiles en Italie, ou d'une coalition destinée à porter un homme au pouvoir, telle La République en marche, on hésite à employer le mot de partis à leur endroit.

L'analyse la plus courante de l'effondrement des partis consiste à souligner qu'ils patissent du refroidissement des idéologies. Suivant cette perspective, les partis n'ont pas survécu à la chute du « père parti » communiste, à l'émiettement culturel et sociologique, ainsi qu'à une demande croissante d'individualisation, presque de customisation de l'offre politique. Sondage après sondage, ils sont de plus en plus rejetés par les Français.

Mais nos contitoyens ne reprochent-ils pas aux formations politiques de n'être plus rien d'autre que des syndicats d'ambition individuelle, qui puisent dans un fond de sauce politico-historique de plus en plus clairet un prétexte à s'exprimer ?

On sait que le narcissisme des petites différences, comme disait Freud, pousse à une détestation très vive, au sein d'une même formation, entre rivaux censés partager l'essentiel de leurs opinions. Le cinéaste amateur Benjamin Griveaux avait sans doute plus d'aversion pour le mathématicien Cédric Villani que pour la maire sortante Anne Hidalgo.

Mais si la manœuvre dite de détachement des deux bouts de l'omelette, exécutée par Emmanuel Macron, a réussi, ce n'est pas seulement parce que les partis étaient peuplés de Rastignac prêts à trahir, mais parce que le Parti socialiste avait depuis longtemps cessé d'être socialiste, ou même de gauche, et que l'essentiel des Républicains avait cessé d'être gaulliste, ou même de droite.

Il est probable que la défiance à l'égard des partis reflète moins leur rejet de tout effort doctrinal qu'elle manifeste celui de l'hypocrisie, qui a trop longtemps incité des politiciens à faire semblant de s'opposer à d'autres, dont ils partageaient 90 % des convictions.

Pour l'instant, contentons-nous d'avancer une hypothèse que n'aurait pas désavoué M. de La Palice : le renouvellement des élites ne viendra pas des élites, autrement dit pas des partis politiques existants ni de la haute fonction publique.

Au-delà de l'impopularité et du discrédit qui frappent ces deux catégories, celles-ci ni ne veulent ni ne peuvent se renouveler. Dans les palais de la République, comme dans les rédactions et les conseils d'administration des grands groupes, il suffit de tendre l'oreille pour entendre tout le mal que la classe dirigeante pense de « ce » pays, comme elle dit. Les partis et l'ENA ne redresseront pas la France, non seulement parce qu'ils l'ont abaissée mais, plus fondamentalement, parce qu'ils ressemblent à des troncs encore entés dans le sol institutionnel, mais privés de sève collective. À la fin de l'Empire romain, deux augures ne pouvaient croiser le regard sans sourire. Désormais, les élus et les énarques ne croient ni à l'intérêt général ni à la France. Une nouvelle représentation sortira-t-elle de la base ? Des Danton ou de Robespierre jusqu'ici inconnus émergeront-ils ? Des personnalités nouvelles appartenant à la jeune génération auraient plus de chances de proposer des idées et des solutions inédites. En constatant la faible politisation de la jeunesse française, on peut être tenté de hausser les épaules et être facilement gagné par le défaitisme.

Faire émerger une nouvelle génération

Chaque année, les moins de 30 ans sont de plus en plus nombreux à quitter l'Hexagone pour chercher fortune ailleurs. Depuis l'an mille, c'est-à-dire depuis qu'il y a un pouvoir à Paris, la France n'avait jamais été un territoire répulsif, surtout pas pour ses enfants les mieux formés. La présence de 300 000 jeunes Français à Londres correspond à une situation inédite depuis l'émigration des huguenots. « Heureux comme Dieu en France », dit le proverbe allemand. Tels les Américains, les Français furent jusqu'ici peu nombreux à s'expatrier, et sans doute pour des raisons analogues, car ils disposaient d'une terre riche et vaste et avaient le sentiment d'appartenir à une nation au destin unique et universel. Ces départs massifs débutèrent à la fin des années 1990. En 2017, selon le ministère des Affaires étrangères, on comptait près de 2,5 millions d'expatriés, soit 1 million de plus qu'en 2000. D'après un sondage Yougov réalisé la même année[1], 72 % des 18-24 ans envisageaient de vivre à l'étranger. Et 40 % de ces derniers disaient espérer de meilleures opportunités de carrières au-delà des frontières.

Combien de ces jeunes rentreront en France « plein d'usage et raison » ? L'étude menée par le Quai d'Orsay indiquait que

1. Yougov pour TransferWise, 2017.

23 % des personnes interrogées déclaraient émigrer définitivement. Beaucoup d'enquêtes révèlent que, au début de leur expatriation, ils sont nombreux à conserver des attaches en France. Par la suite, ils tissent des relations sociales sur place, se mettent en couple avec des locaux ou avec d'autres expatriés et finissent par avoir des enfants. C'est à la génération suivante que le lien avec la France se distend, voire se défait. Ajoutons que, depuis 2001, la France n'a connu qu'une croissance molle. Économiquement, cela fait plus de trente ans que le pays piétine. Qui n'avance pas recule. Voilà qui n'encourage pas au retour.

Le rôle joué par la main-d'œuvre française dans le monde est sans commune mesure avec le poids démographique de notre pays. Les Français représentent à peine 1 % de la population mondiale mais, s'ils quittaient la Silicon Valley, les studios Pixar ou la Bourse de Londres, la mondialisation s'arrêterait. Si l'exportation de nos talents était volontaire, celle-ci prouverait notre vitalité. Elle est souvent subie. La diaspora techno-business française pourrait devenir une source de puissance, si nous opérions une sorte d'effet *reboot*. Pour cela, il faudrait que la France puisse à nouveau se projeter dans le monde et dans l'avenir. Hélas, notre classe dirigeante ne cesse de le marteler : la France, c'est du passé. L'avenir, c'est l'Europe. Un horizon continental dans lequel nous sommes invités à nous dissoudre politiquement. Le niveau national correspond à un cadre folklorique ou culturel à ne préserver que dans la mesure où il s'avère propice au tourisme. Ce pilonnage idéologique des élites, relayé par les manuels scolaires qui décrivent la mondialisation comme irréversible et nanifiant le pays, n'est pas sans conséquence. La jeunesse est la première victime de cette vaste entreprise d'autodécouragement. Cette méthode Coué à l'envers porte ses fruits. À force de répéter que nous ne sommes plus rien, que nous comptons pour du beurre, les jeunes Français finissent par y croire.

On se rassurera en expliquant qu'à l'ère de la mondialisation les jeunes, diplômés et entreprenants, de tous pays rêvent d'exotisme.

Dans une étude conduite par la Fondapol en 2011[1], des sondeurs ont interrogé 32 700 jeunes de 16 à 29 ans appartenant à 25 nationalités différentes. L'une des questions portait sur la confiance que chaque jeune avait dans son avenir personnel et dans l'avenir de son pays. Les résultats sont édifiants.

Les jeunes Français y expriment leur confiance dans leurs aptitudes personnelles à se faire une place au soleil de la mondialisation, mais ils se révèlent incrédules quant à la capacité de leur pays à les imiter ; 53 % des jeunes Français estiment leur avenir prometteur, tandis que 17 % nourrissent le même optimisme pour la France. Cet écart entre ce que la jeunesse pense de son avenir et de celui de sa patrie est le plus fort chez nos compatriotes, parmi 25 nationalités. Les jeunes Roumains et les Polonais sont, par exemple, respectivement 10 et 20 % plus optimistes pour leur pays que leurs homologues français. Seuls les jeunes Grecs, dont le pays a été soumis à une thérapie ultralibérale si violente que le PIB a reculé de 30 %, se déclarent presque aussi pessimistes que les nôtres.

Le sondage « Génération What ? », commandé par France Télévisions et réalisé par TNS-Sofres en juillet 2016, questionnait de jeunes Français (de 16 à 34 ans). À la question : « T'installer à l'étranger, ça te tente ? », sur 214 514 répondants, 22 % déclaraient : « Dès que je peux, je me barre d'ici » et 49 % : « Un jour, peut-être je partirai ». On retrouve dans

1. Dominique Reynié (dir.), *La Jeunesse du monde : une enquête planétaire*, Lignes de repères, 2011.

ce sondage les enseignements de l'étude Fondapol puisqu'à la question : « Tu penses que par rapport à la vie qu'ont menée tes parents, ton avenir sera... », seuls 27 % répondaient « plutôt meilleur », contre 49 % « plutôt pire ».

Certaines valeurs promues par la classe dirigeante semblent avoir percolé – 61 % des jeunes interrogés se déclaraient d'accord avec l'affirmation : « Pour réussir dans la vie, on ne peut compter que sur soi-même. »

En revanche, parmi les jeunes générations, la suspicion à l'égard des élites paraît massive. À la question : « As-tu confiance en la politique ? », 87 % répondaient avoir peu ou pas confiance. À l'affirmation : « Les hommes politiques sont corrompus », 52 % répondaient : « Oui, presque tous », et 46 % : « Oui, quelques-uns ».

Très révélatrice d'une défiance de la jeunesse à l'égard du clergé est cette réponse presque unanime à la question « Fais-tu confiance aux médias ? », seul 1 % répondait avoir « tout à fait confiance » et 13 % « plutôt confiance ». En dépit d'une communication financée à grands frais par l'UE, la greffe de légitimité en faveur de la construction européenne ne prend pas. Le griffon politique, le monstre institutionnel, le siamois à 27 têtes ne soulève guère l'enthousiasme des plus jeunes. À la question : « As-tu confiance en l'Europe ? », 58 % répondaient avoir peu ou pas confiance. Cette fameuse génération Y, que l'on présente souvent comme désabusée, offre aussi des raisons d'espérer.

Alors que, depuis sa naissance, la France lui est présentée comme une nation moisie et ses habitants comme un peuple rance cultivant des nostalgies douteuses, près d'un jeune sur deux se déclare prêt à se battre pour la défendre. Comme les garçons sont sans doute plus nombreux que les filles à estimer que ce rôle leur reviendrait et, compte tenu de la propagande francophobe assommante de l'élite, ce résultat constitue plutôt une agréable surprise. À la question : « En cas de guerre, serais-tu prêt(e) à te battre pour ton pays ? », 47 % des jeunes interrogés répondaient positivement. Pour tenir compte de ce résultat, il faut également considérer qu'un jeune de 16 à 34 ans sur quatre appartient à ce tiers du Tiers dont une proportion croissante se désolidarise du destin national. La prise en compte de cette jeunesse en rupture de ban doit nous faire considérer avec circonspection la seconde bonne nouvelle de ce sondage. En effet, l'enquête « Génération What ? » semble indiquer qu'une majorité de jeunes Français serait prête à renverser la table, à changer le système. À la question : « Demain ou dans les prochains mois, participerais-tu à un mouvement de révolte de grande ampleur, type Mai 68 ? », 61 % acquiesçaient. S'il y a toujours loin de l'intention à la réalisation, ces sondages paraissent en tout cas indiquer que les nouvelles générations s'adaptent au cadre dessiné par la classe dirigeante, plus qu'elles n'y adhèrent.

Une étude Ipsos, réalisée le jour des européennes sur 5 877 sondés, livre une photographie du positionnement électoral des jeunes citoyens. Le premier enseignement de cette enquête confirme que l'offre électorale actuelle ne satisfait nullement nos cadets. Lors des européennes de 2019, leur abstention dépasse les 60 %, contre un taux inférieur à 50 % dans la population totale. À présent, si l'on considère les préférences électorales des 18-24 ans et que l'on range ces préférences en deux blocs – d'un côté, l'ensemble des partis hostiles aux préjugés de la classe dirigeante (soit la liste du PCF, celle de la FI, du RN et de DLF) et, de l'autre, le regroupement des listes qui appellent à maintenir le *statu quo* composé de la mondialisation et de l'UE (soit toutes les autres listes, y compris Place publique et Génération.s) –, la somme des votes de rupture (22 %) pèse moins que les votes de soutien (33 %). Mais si l'on fait l'hypothèse que le vote écologiste correspond à un vote contestataire, les 18-24 ans et les 25-34 ans sont alors, respectivement, 47 % et 57 % à rejeter le modèle de société porté par la classe dirigeante.

La prise en compte des comportements électoraux de nos cadets aux présidentielles confirme l'impression d'une jeunesse contestatrice. Son taux d'abstention demeure plus élevé de 8 points par rapport à la moyenne pour cette élection cardinale sous la Ve République. Ils sont deux fois plus nombreux à participer au choix du chef de l'État qu'à celui des parlementaires européens. Chez les 18-24 ans, le vote Mélenchon l'emporte (30 %), suivi par le vote Le Pen (21 %), puis le vote Macron (18 %). Chez les 25-34 ans, le vote Macron l'emporte (28 %) sur les votes Le Pen et Mélenchon (tous les deux 24 %). Si l'on effectue la somme de tous les candidats antisystème et qu'on l'oppose à celle de tous les prosystème, le résultat est le suivant : chez les 18-24 ans, le vote antiélite représente 63 % des suffrages exprimés. Au sein de la catégorie des 25-34 ans, l'addition des mécontents de la politique euro-libérale laisse encore voir une majorité absolue de jeunes Français (57 %). À titre de comparaison, les électeurs âgés de 60 à 69 ans sont 42 % à vouloir rompre avec le système et à peine plus de 51 %, si l'on considère l'électeur moyen.

Il serait un peu hâtif d'enrôler les jeunes abstentionnistes dans une croisade antiélites, mais il serait plus malhonnête encore d'en faire les défenseurs du système.

Lors des dernières élections européennes, les partis contestataires ont senti qu'ils avaient le vent en poupe au sein des nouvelles générations. C'est pour tenter de les séduire que le Rassemblement national ou La France insoumise ont propulsé des têtes de liste aussi jeunes que Jordan Bardella (23 ans) ou Manon Aubry (29 ans). Alors que les formations politiques du vieux monde (et La République en marche n'est qu'un condominium basé sur le plus petit dénominateur commun entre les ex-partis de gouvernement) proposent aux trentenaires d'adhérer à leur mouvement de jeunesse, les partis antisystème confiaient des mandats à des personnalités nées dans les années 1990, tels Ludovic Pajot (RN), le plus jeune député (23 ans) de la présente législature, ou Adrien Quatennens (LFI), âgé d'à peine 30 ans à son entrée à l'Assemblée nationale.

Mais, si les formations politiques qui veulent en découdre avec le système s'efforcent de rajeunir leur état-major, le taux d'abstention massif des nouvelles générations révèle que cette stratégie ne suffira pas à réinsuffler du civisme dans les rangs de la jeunesse. La création d'une élite suppose des médiations qui servent d'incubateurs de talents, autrement dit de systèmes de formation et de sélection. À cet égard, le rétablissement d'un service militaire obligatoire et universel offrirait un excellent outil. Il permettrait de brasser les classes sociales (ce qui n'était plus vraiment le cas lorsque le président Chirac décida de sa suspension en 1996) et de ressouder la nation. Pour mener à bien ce projet, l'armée aurait besoin de cadres qu'elle recruterait – comme elle le faisait du temps de la conscription – chez les appelés. Ces derniers seraient mis en situation d'encadrer leurs pairs. Pour certains jeunes issus de la France périphérique ou des banlieues, devenir sous-officier ou officier et commander des jeunes venus de milieux plus favorisés constitueraient une expérience unique et décisive. La reproduction sociale serait forcément importante parmi les cadres, mais l'armée étant l'un des rares milieux professionnels à sélectionner sans tenir compte des origines sociales, ou même des diplômes, la mobilité se remettrait en marche. Seule une minorité issue de milieux modestes bénéficierait de cette pompe sociale aspirante, mais l'objectif étant de dégager une élite (par définition restreinte), ce moyen serait plus puissant et plus juste (car mobilisant des qualités intellectuelles ou des aptitudes éprouvées par la pratique) que le saupoudrage que nous préparent les algorithmes inspirés par Richard Descoings et tenant compte du genre, des orientations sexuelles, de la religion, des origines ethniques, ainsi que des inévitables activités extrascolaires. À présent, seuls les identitaires (à une échelle microscopique) et les islamistes (à une échelle plus préoccupante) se soucient de politiser la jeunesse, de la former idéologiquement et en lui offrant d'exercer des responsabilités. Les anciens mouvements de jeunesse permettaient à de jeunes adultes d'encadrer des adolescents ou des enfants. Ces associations ont joué un rôle essentiel dans le bon fonctionnement de la démocratie française, jusqu'à la fin des années 1970. Un nombre impressionnant de dirigeants politiques, économiques ou syndicaux avait fait ses armes chez les scouts, les Jeunesses ouvrières chrétiennes (les JOC) ou à la Ligue communiste révolutionnaire (LCR), quand ce n'était pas à l'Action française ou au sein des jeunesses communistes ou socialistes, pour les plus anciens.

Un Tocqueville n'aurait eu aucune peine à montrer que le rôle de ces mouvements de jeunesse pour la vitalité de la vie civique de la France des Trente Glorieuses était tout à fait comparable à celui joué par les communautés religieuses locales de *De la démocratie en Amérique*.

Difficile d'imaginer aujourd'hui que les Français incitent leurs enfants ou leurs petits-enfants à adhérer à des activités collectives comprenant une dimension militante, du moins autres que les associations humanitaires. Ce qui reste de cet esprit d'engagement concerne d'ailleurs la charité et l'étranger, et souvent les deux. Il n'est pas question de bâtir un monde plus juste ici, mais d'aller réparer là-bas les dégâts de la mondialisation. Sur quels autres fondements idéologiques, du reste, que la compassion, le principe de précaution ou la tolérance non violente serions-nous capables d'enrôler la jeunesse ? Quiconque se penche sur la nécessaire renaissance de la République française comme grande nation ne peut se détourner de ces questions : quels idéaux allons-nous transmettre à nos enfants ? Sommes-nous encore prêts à travailler et à lutter au nom de notre patrie ? La France et ses symboles, son message dans le monde sont-ils devenus si inaudibles, si démodés et si repoussants qu'ils ne suscitent plus de fierté collective ? Seuls l'extrémisme de droite ou l'islamisme endoctrinent la jeunesse – non sans succès d'ailleurs, preuve que le besoin existe.

Pour renaître, la France doit réapprendre qui elle est et d'où elle vient. Elle doit redécouvrir son passé avant de réinventer son avenir. La foi, le courage et l'intelligence entretiennent des liens secrets ; se former, lire, réfléchir requiert la foi. Il ne faut pas seulement savoir pour croire, il faut aussi croire pour apprendre. La réflexion requiert l'enthousiasme. Or, il faut soi-même éprouver une foi pour espérer l'insuffler. Que les cultes, religieux ou politiques, soient simplistes ou sophistiqués, vrais ou faux, bénéfiques ou maléfiques, les moyens qu'ils mobilisent se ressemblent.

Pourquoi les pasteurs évangélistes sont-ils, en l'espace de quelques années seulement, parvenus à convertir les gens du voyage, jadis catholiques, en France ? Comment les *born again* s'y prennent-ils pour convertir des Kabyles au protestantisme ? Comment de jeunes Français chrétiens ou juifs se laissent-ils embrigader par les djihadistes ou des fréristes ? Le chemin à parcourir afin que les plus jeunes de nos compatriotes redécouvrent la légende vraie de France est infiniment moins important que celui réalisé par ces convertis à des cultes de pacotille.

La France n'est pas une religion, mais elle est tellement plus qu'un ensemble de paysages, ou de traditions gastronomiques. Elle continue d'incarner dans l'univers une certaine idée de la dignité humaine. Nous autres, Français, sommes souvent les plus incrédules. Nous ne croyons plus au destin singulier de notre pays, comme si nous étions paralysés par la promesse immense qu'il porte. Inconsciemment, nous savons qu'il est difficile d'être à la hauteur de ce vieux grimoire qui reste un symbole de liberté pour tous les peuples. Cela fait si longtemps que nous n'admirons plus la France. Nous peinons même à la reconnaître. Or, la France est une personne qui n'existe presque plus pour nous mais qui continue de briller dans le regard des étrangers. Pour nous convaincre qu'elle reste vivante, observons la manière dont le monde réagit lorsque la France redevient elle-même. C'est ce qui s'est passé lorsque Dominique de Villepin a pris la parole pour s'opposer au projet anglo-saxon d'agression de l'Irak. Au lendemain des tueries de *Charlie*, des dizaines et des dizaines de chefs d'État se sont pressés au chevet d'une France blessée, car ils savaient la liberté atteinte. Le monde a besoin de nous. Et s'il nous arrive d'en douter, nous n'avons qu'à relire ce lecteur du *New York Times* qui écrivait au lendemain du 13 novembre 2015 :

> La France incarne tout ce que les fanatiques religieux haïssent : la jouissance de la vie ici, sur terre, d'une multitude de manières : une tasse de café qui sent bon, accompagnée d'un croissant, un matin ; de belles femmes en robes courtes souriant librement dans la rue ; l'odeur du pain chaud ; une bouteille de vin partagée avec des amis, quelques gouttes de parfum, des enfants jouant au jardin du Luxembourg, le droit de ne pas croire en Dieu, de ne pas s'inquiéter des calories, de flirter et de fumer, et de faire l'amour hors mariage, de prendre des vacances, de lire n'importe quel livre, d'aller à l'école

gratuitement, de jouer, de rire, de débattre, de se moquer des prélats comme des hommes et des femmes politiques, de remettre les angoisses à plus tard : après la mort[1].

Les jeunes comme les moins jeunes de nos compatriotes doivent trouver en eux le ressort de remplacer cette élite faillie qui ne croit plus dans son pays. Faute de disposer d'un plan tout fait pour créer une classe dirigeante de substitution, il est possible de dessiner le portrait-robot dont pourrait émerger un cancidat en 2022. Il ou elle est probablement inconnu à l'heure qu'il est tant les « pipoles » agacent. Il ou elle ne sera pas issu des grands corps de l'État, ni même d'une grande école, tant ce modèle formate. Il ou elle a peu de chances d'être fonctionnaire, ou alors militaire. Il ou elle sera patriote, mais aura sans doute une expérience internationale, voire du secteur privé. Macron, qui veut accélérer la mondialisation, déborder le service public par le marché, et la France par l'Europe, apparaît comme une forme d'énarque terminal. Pour défaire le haut fonctionnaire qui croit au capitalisme, un capitaliste croyant à l'intérêt général offrirait la figure la plus convaincante. Retourner contre le golden boy de l'énarchie les principes de supériorité du service de l'État et de la France, qu'il a trahis au profit de l'argent et de l'Europe, tout en lui administrant une leçon de capitalisme et de mondialisation, voilà qui aurait de la tenue et de la cohérence. Les motivations professionnelles des jeunes générations sont en profonde mutation. Il y a une recherche croissante de l'autonomie dans le travail, et une déconsidération du salariat ou de la fonction publique. Ainsi que le note un sondage récent, 42,5 % des jeunes entre 18 et 30 ans ont envie de créer leur entreprise[2].

1. *New York Times*, courrier des lecteurs de l'édition du 14 novembre 2015.

2. *Le Figaro*, 25 avril 2019.

Cette culture de l'autonomie exerce déjà et exercera de plus en plus une influence politique. Un entrepreneur à succès patriote pourrait incarner un véritable renouveau de la classe politique.

Les souverainistes doivent prendre en compte ce changement, en valorisant des figures issues de la société civile, des business men montrant que l'on peut à la fois réussir dans la mondialisation et défendre son pays. Le succès de Donald Trump (toutes proportions gardées, car les États-Unis ont une culture plus entrepreneuriale que la France) ouvre la voie à ce genre de renouvellement. Pour triompher, cet homme ou cette femme va devoir rompre avec les dogmes de la classe dirigeante, de manière convaincante, enthousiasmante même, sans se contenter de rejeter le modèle dominant, celui du marché, de la globalisation et de l'Europe. Le contester ne peut se limiter à le contredire de l'intérieur ; il faut en sortir et le regarder de plus loin et de plus haut. La simple critique n'est pas seulement aisée, elle demeure stérile. L'art difficile consistera à dépasser le paradigme en montrant qu'il est incapable de relever les défis de l'avenir. Notre néonoblesse nous tient à peu près ce langage : nous sommes inefficaces et parfois malhonnêtes. Nous ne servons plus à grand-chose. En revanche, nous sommes les seuls capables. D'échecs en naufrages, de déconvenues en bérézina, la classe dirigeante se maintient car elle exerce un chantage à la compétence. Si les souverainistes ont jusqu'ici échoué, ce n'est pas parce qu'ils se sont divisés, qu'ils se sont heurtés au mur de l'argent ou qu'ils ont été étouffés par l'indifférence médiatique. S'ils n'ont pas vaincu le scepticisme des Français, c'est qu'ils sont restés intellectuellement toisés. Ils ont intégré la domination de l'adversaire – domination sociologique mais aussi et surtout intellectuelle. Briser le cadre mental dessiné par les élites consiste à identifier l'effet de leurs volontés là où ces dernières nous invitent à considérer l'expression de la fatalité. Contester le paradigme de la classe dirigeante nécessite de constater que, derrière les lois de la gravité, il y a le résultat de ses décisions et la manifestation de ses intérêts. Renverser cette pseudo-aristocratie impose d'inverser la charge de la preuve : cela revient à prouver que d'autres chemins sont possibles, tout en démontrant que les solutions présentées comme inéluctables (le marché, l'ouverture, l'UE, l'immigration, la concentration des revenus, le remboursement de la dette, les privatisations, etc.) débouchent sur des impasses.

Deux raisons impérieuses obligent le Tiers à reprendre en main son destin, et donc à remplacer la classe dirigeante descendante. La première, c'est que cette néoaristocratie a abandonné le peuple à son sort. La seconde, c'est que les idées qui justifient cette répudiation sont insoutenables à long terme. Si nous voulons refaire la France, le moment est donc venu de rompre avec le paradigme. Après, il n'y aura pas d'après. Il est déjà tard.

3

Remplacer le paradigme

Le triomphe du paradigme antigaulliste

Les élites françaises endossent une responsabilité particulière dans le rejet d'un ordre international westphalien, au profit d'une vision jusqu'au-boutiste des droits de l'homme et du marché.

Dans un tel univers, le politique est prié de s'effacer au profit d'une société civile universelle, unifiée par le culte du bon plaisir individuel et garantie par des organisations internationales, des ONG, des firmes multinationales et des cabinets d'affaires.

Pour comprendre la cohérence du modèle imposé par la classe dirigeante depuis le début des années 1980, il paraît utile de rappeler comment le néolibéralisme et l'ultralibéralisme ont été conçus et déployés. L'ultralibéralisme désigne le processus de marchandisation toujours plus poussé de l'économie mais aussi de pans entiers de la société. L'ouverture internationale des marchés de capitaux, de biens et de services, les privatisations et le renoncement des États à l'emploi d'instruments macroéconomiques de régulation ou de redistribution furent les instruments de sa mise en œuvre. Le néolibéralisme consiste à créer ou à favoriser des niveaux de décisions infra ou supra étatique. Nous sommes en 1975. Au lendemain du premier choc pétrolier, les démocraties occidentales sont entraînées dans une crise où les sociétés deviennent de plus en plus ingouvernables. Au sein des opinions publiques, l'impression commence à se répandre que demain sera pire qu'aujourd'hui. C'est dans ce contexte anxiogène que l'organisation Trilatérale commande un rapport à trois sociologues consacré à la crise de la démocratie : l'américain Samuel Huntington, le français Michel Crozier et le japonais Joji Watanuki[1]. Ce rapport préconise de confier les décisions impopulaires à des instances non étatiques et non élues, c'est la préfiguration de ce que l'on appellera la « gouvernance » globale.

La vague mondiale de libéralisation dont le premier acte fut la décision américaine de ne plus assurer la convertibilité du dollar en or va s'appuyer sur ces nouveaux échelons de pouvoir à l'abri de la *vox populi*.

De nombreuses organisations internationales (l'OMC, le FMI, l'OMS, etc.) mais aussi les ONG et les firmes multinationales vont renforcer leurs prérogatives. La future Union européenne qui ne s'appelle encore que la CEE jusqu'à Maastricht en 1992 offre l'exemple le plus achevé du déclenchement par les « élites » d'un pilotage automatique qui va favoriser l'ultralibéralisme. Sur le plan infra-étatique, le pouvoir tend également à être confisqué au peuple. En France, les juges vont s'autolégitimer en se fondant sur des traités, des autorités administratives indépendantes vont pousser comme des champignons, des constructions byzantines, issues de la décentralisation telles que les communautés de commune vont apparaître. Cet émiettement et cette dilution

1. *The Crisis of Democracy : On the Governability of Democracies*, New-York University Press, 1975.

du pouvoir, cet empilement des niveaux de décision vont neutraliser la démocratie. Deux effets vont jouer qui renforceront le pouvoir de la néoaristocratie, dépossédant de plus en plus le peuple.

Le premier effet s'est révélé dans la formidable inertie opposée par la classe dirigeante anglaise et européenne au Brexit en 2016. Cet effet résulte de la création d'un maquis techno-juridique si dense, qui croise tant de normes et entremêle tant d'intérêts qu'il devient presque impossible au peuple d'en sortir pour « reprendre le contrôle[1] ». À l'ère de la globalisation, tout est trop complexe expliquent les néo-aristocrates.

Le deuxième effet résulte de la stérilisation des scrutins. À quoi bon voter si rien ne peut changer ? C'est à la fois un profond fatalisme mais aussi une manière de rendre soporifiques les débats démocratiques. Réprimer un peuple qui se révolte est une stratégie frustre si on la compare à celle déployée par les bureaucrates de Bruxelles : produire une telle quantité d'acronymes, d'institutions, de circuits et de modalités de décision de sorte à ce qu'aucun citoyen normal ne dispose ni du temps, ni de l'envie de s'y intéresser. Ici encore, l'UE affiche une sorte d'épure du modèle néolibéral, en ayant installé une dictature d'un genre nouveau : une dictature par l'ennui.

Pour parachever la mise en œuvre de cet autoguidage de l'économie mondiale, il fallait un supplément d'âme que l'esprit libéral allait fournir. Cette idéologie de la déconstruction et de l'anti-maîtrise, celle du relativisme et de l'omni-tolérance se révélera comme le parfait complément du libre marché (des croyances et des opinions).

La noblesse croit à l'alliance du néolibéralisme, de l'ultralibéralisme et du relativisme libéral-libertaire.

1. C'est sur ce slogan que les Brexiters ont gagné le référendum de 2016.

Loin de protéger les États européens de l'ultralibéralisme et de sa dérégulation, l'UE est devenue la zone économique la plus ouverte au monde. Profitant de son fonctionnement technocratique, de la complexité de sa structure juridique et de son déficit démocratique, l'UE a permis aux dirigeants du Vieux Continent de se décharger de l'essentiel de leurs responsabilités : privés de budget et de monnaie, interdits d'entraver la libre circulation des biens, des services et des personnes, le fonctionnement économique et social cesse d'être de leur ressort. En quelques années, les élites européennes ont parcouru à l'envers le chemin qui avait mené du vote d'un budget proposé par une assemblée à l'avènement des démocraties représentatives.

Alors qu'ils ne peuvent être modifiés qu'à l'unanimité des États membres, les traités européens – qui contiennent le libéralisme dans leurs gènes – acquièrent une valeur constitutionnelle, rendant toute alternance vaine. Les peuples ont le droit de changer de politiciens, plus de politique – un phénomène qu'illustre l'élection d'Emmanuel Macron. Avec son arrivée, les visages ont changé, le casting rajeuni, mais la stratégie économique est restée dictée par Bruxelles. L'adoption d'une Constitution européenne a échoué, mais les traités européens ont été consacrés par les juridictions de l'Union. La révision de plusieurs lois fondamentales a reconnu l'instauration d'un ordre juridique parallèle à celui des États et supérieur à ces derniers. L'URSS et les États membres du pacte de Varsovie avaient déjà gravé une doctrine économique dans le marbre du droit. Hors de ces « paradis » communistes, jamais une théorie économique n'avait été érigée au rang de norme constitutionnelle. Cette situation, aberrante sur le plan des principes, n'est pas sans soulever de sérieuses difficultés. Changer de politique économique au sein de l'Union européenne impose désormais de déchirer les traités. Entre le droit de la majorité à décider de son destin en démocratie et l'ordre juridique imposé par les « élites », il va falloir choisir.

Ce blocage par la construction européenne du volant démocratique a été légitimé par la diffusion de plusieurs mythes. On a ainsi mis en avant le rôle pacificateur du marché, dans la lignée du « doux commerce » de Montesquieu[1].

On a vanté les vertus de la mondialisation, en la présentant comme un vecteur d'émancipation pour les individus. Neuf mois avant la crise des subprimes, Alain Minc, l'auteur de l'inoubliable *Mondialisation heureuse*, déclarait :

> Ce que je voudrais quand même ajouter [...], c'est quand même l'incroyable plasticité du système. Parce que, on nous aurait dit que, au fond, le système financier serait régulé avec un doigté tel qu'il évitera une crise qui aurait pu être quand même de l'ampleur des très grandes crises financières qu'on a connues dans le passé... C'est quand même un univers, au fond, qui est très résilient, qui finalement, sans qu'il y ait d'organe apparent de régulation, très bien régulé. [...] L'économie mondiale est plutôt bien gérée.

Confrontés à une telle lucidité, on peut s'interroger sur la confiance que de telles « élites » peuvent inspirer. Comme disait Albert Einstein, « ce n'est pas avec ceux qui ont créé les problèmes qu'il faut espérer les résoudre ».

Enfin l'adhésion à ce paradigme est maintenue par l'emploi constant d'une rhétorique positive par le clergé. On dépossède les citoyens de leur souveraineté en vantant « l'ouverture ». On détruit l'idée de peuple, au nom du « progrès ».

---

1. « C'est presque une règle générale, que partout où il y a des mœurs douces, il y a du commerce, et que partout où il y a du commerce, il y a des mœurs douces », Montesquieu, *De l'esprit des lois* [1748], livre XX, chap. 1.

En dépit du matraquage politico-médiatique, le paradigme de la globalisation est de plus en plus contesté. En 2018, seuls 38 % des Français nourrissaient une vision positive de la mondialisation[1]. Cette appréhension s'est traduite dans les urnes partout en Occident : le Brexit, l'élection de Donald Trump ou la popularité de Matteo Salvini en Italie ou de Viktor Orbán en Hongrie. Loin d'être réductible à la peur ou à d'autres « passions tristes », l'opposition à la globalisation résulte de leçons apprises par les classes moyennes et populaires à leurs dépens. Dans *La Démondialisation*, Jacques Sapir résume l'ampleur des dégâts :

> Nous en voyons aujourd'hui le résultat : une marche généralisée à la régression, tant économique que sociale, qui frappe d'abord les pays dits « riches » mais qui n'épargne pas ceux que l'on désigne comme des pays « émergents ». Elle a conduit à une surexploitation des ressources naturelles plongeant plus d'un milliard et demi d'êtres humains dans des crises écologiques qui vont chaque jour empirant. Elle a provoqué la destruction du lien social dans un grand nombre de pays et confronté là aussi des masses innombrables au spectre de la guerre de tous contre tous, au choc d'un individualisme forcené qui laisse présager d'autres régressions, bien pires encore[2].

Les Français, que le président Emmanuel Macron qualifie, depuis l'étranger, de « fainéants », de « cyniques » et d'« extrémistes »[3], n'étaient pas initialement opposés à la

1. https://theconversation.com/sondage-les-francais-sans-illusion-face-aux-effets-de-la-mondialisation-93042 Le Léviathan n'est plus armé d'un glaive mais d'algorithmes qui mesurent la rentabilité chaque nanoseconde.

2. Jacques Sapir, *La Démondialisation*, Éditions du Seuil, 2012.

3. « Je serai d'une détermination absolue et je ne céderai rien, ni aux fainéants, ni aux cyniques, ni aux extrêmes. Et je vous demande d'avoir, chaque jour, la même détermination. »

mondialisation. Ils ont fini par comprendre que, loin de garantir leur prospérité, celle-ci les exposait au déclassement et à la précarité.

L'une des bizarreries du modèle porté par nos élites tient au renversement de la hiérarchie entre pouvoir politique et pouvoir économique. Dans *La Grande Transformation* qui date de 1944, Karl Polanyi expose le mouvement par lequel les relations sociales finissent par se confondre avec les relations économiques. Le politique semble plus que jamais enchâssé et comme soumis à l'économie. Nos contemporains semblent tétanisés par cette force mystérieuse qu'ils appellent « les marchés », et qu'ils considèrent avec ce mélange de crainte et de respect éprouvé par les Anciens pour les habitants de l'Olympe. Nos élites ont passionnément voulu et même minutieusement préparé ce renversement historique. Au terme de ce processus, on est en droit de s'interroger : les cités au sens antique existent-elles encore ou sont-elles condamnées à se dissoudre dans ce maelström techno-marchand que rien ni personne ne semble en mesure d'arrêter ? La modernité néolibérale a permis l'avènement d'un *Homo œconomicus* interchangeable, délié de tout héritage. La révolution anthropologique décrite par Michel Clouscard, dans *Le Capitalisme de la séduction* (*op. cit.*), semble avoir eu lieu. Margaret Thatcher paraît avoir vu juste : « *There is no such thing as society.* » Et Régis Debray d'ajouter : « Nous avons abandonné l'économie du salut pour chercher notre salut dans l'économie[1]. » Pour la majorité des élites européennes, il y aurait tout lieu de se réjouir d'une neutralisation du pouvoir politique. L'Allemand Günther Oettinger, commissaire européen au Budget et aux Ressources humaines, incarnation

1. http://www.ekouter.net/l-adieu-a-l-histoire-avec-regis-debray-a-repliques-sur-france-culture-2515

chimiquement pure de cette idéologie post-volonté générale, avait commenté en ces termes les résultats des législatives italiennes de 2018 : « Les marchés vont leur apprendre à bien voter. » La politique est devenue un auxiliaire des marchés. Cet écrasement de la volonté collective face aux milliards d'arbitrages individuels quotidiens réalisés par des ordinateurs répartis aux quatre coins du globe ne fait pas, comme on le dit trop souvent, le bonheur des « 1 % ». Ce *statu quo* favorise les détenteurs d'épargne ainsi que de nombreux salariés des pays émergents. Il repose sur une coalition qui voit les plus nantis s'allier aux retraités des pays riches, et cet ensemble servir les intérêts des pays à bas coût de main-d'œuvre, et d'abord du premier d'entre eux, la Chine. La coalition promondialisation est ainsi spontanément une coalition antisociale et antinationale. Il n'est nullement certain que cette alliance promondialisation survive à la crise du coronavirus ou à une démocratisation de la Chine même si, pour l'instant, le spectaculaire développement de ce pays a donné l'illusion à son peuple que son élite servait l'intérêt national. D'ores et déjà, un tel effet d'optique ne fonctionne plus dans les pays riches.

La remise en cause de l'État de droit dans sa forme libérale : la nouvelle excommunication

Pour de Gaulle, l'intérêt national et la raison d'État primaient sur le droit. L'ancien garde des Sceaux Jean Foyer, dans ses *Mémoires*, relate que le Général avait coutume de dire : « Il y a d'abord la France, ensuite l'État, enfin, autant que les intérêts majeurs des deux sont sauvegardés, le droit. » Difficile de faire plus clair. Aux yeux du plus illustre des Français, la cour suprême c'est le peuple et, *a contrario*, le gouvernement des juges constitue le péril suprême. Cet ordre gaullien paraît appartenir à une époque antédiluvienne. L'État de droit est aujourd'hui invoqué pour accorder toujours plus de libertés individuelles. Les juges exercent dorénavant un contrôle sur l'ensemble des décisions publiques. L'instauration de la question prioritaire de constitutionnalité (QPC) par Nicolas Sarkozy marque cette dérive caractérisée par la dictature des revendications individuelles et catégorielles. Aujourd'hui, ce n'est plus la tyrannie de la majorité qui menace, mais celle des minorités. L'universalisme républicain reposait sur l'équilibre subtil entre l'égalité des droits dans la sphère publique et la libre expression des particularités (sexuelles, religieuses, culturelles, etc.) dans la sphère privée. Ces particularités sont systématiquement mises en avant dans la vie civique, au sein de laquelle on se définit de moins en moins en tant que citoyen, et de plus en plus par son appartenance à une communauté. Cette transformation débouche sur une gigantesque foire d'empoigne où chacun exprime des doléances, dont la portée est fixée par le juge. En conséquence, la culture commune indispensable en république se délite.

Ce mélange de politiquement correct et d'individualisme exacerbé, fondé sur une approche des droits de l'homme importée des États-Unis, renforce l'emprise du marché. Les revendications sociétales favorisent un capitalisme exigeant une société de producteurs-consommateurs de plus en plus calculateurs et sourcilleux. Cette nouvelle conception du droit nous fragilise face à des périls tels que l'islamisme. Dans *Les Droits de l'homme contre le peuple*[1], Jean-Louis Harouel montre comment certains groupes islamistes profitent du formalisme juridique pour avancer leurs pions.

1. Desclée de Brouwer, 2016.

En 2002, le cheikh Youssouf al Qaradawi, membre de l'Union des organisations islamiques européennes, déclarait : « Avec vos lois démocratiques, nous vous coloniserons. Avec nos lois coraniques, nous vous dominerons[1]. »

Nos dirigeants confondent démocratie et État de droit. De Gaulle serait, aujourd'hui, rangé par le clergé et la néo-aristocratie dans la catégorie infamante des partisans de la démocratie illibérale.

L'ordre juridique a été bouleversé. La Cour de justice de l'Union européenne, dont émane l'essentiel de la jurisprudence européenne, s'est auto-instituée juge constitutionnel. Dans leur ouvrage *10 + 1 Questions sur l'Union européenne*[2], Coralie Delaume et David Cayla insistent sur deux décisions rendues par les juges du Luxembourg. L'arrêt *Van Gend & Loos* de 1963 impose le droit communautaire comme « immédiatement applicable aux citoyens et non plus aux seuls États membres, faisant ainsi sortir les traités européens de la catégorie "droit international" pour les ranger dans un ordre juridique spécifique et inédit ». L'arrêt *Costa contre Enel* de 1964 formule « le principe de la primauté du droit européen sur les droits nationaux, positionnant ainsi les traités au sommet de la hiérarchie des normes et même en surplomb de la Constitution de chaque État membre ». Cette jurisprudence dépossède les États-nations de leurs prérogatives.

1. Gerhard Bowering in *The Princeton Encyclopedia of Islamic Political Thought*, Princeton Universty Press, 2013.
2. Michalon, 2019.

Une approche idéologique de l'économie : le communisme à l'envers

Le paradigme postgaulliste organise la subordination du politique à l'économie. Conformément à la rengaine thatchérienne « *There is no alternative* », tout questionnement des dogmes néoclassiques est moquée et assimilée au Venezuela ou à la Corée du Nord. Les partisans du libéralisme économique sont parvenus à convaincre l'opinion que leur doctrine était scientifique et que ses contempteurs étaient des idéologues. Ainsi le modèle social français est-il présenté comme inadapté et dangereux, compte tenu du fonctionnement de la mondialisation, et les Français décrits comme des assistés. Le libre-échange est dépeint comme un principe dont tout le monde bénéficie, et la dépense publique serait un fardeau accablant les générations futures.

L'argument de la dette est systématiquement brandi comme un épouvantail justifiant l'austérité et le refus d'investir.

L'État n'a pas vocation à être géré comme une entreprise. Un pays peut avoir une économie prospère tout en étant endetté, comme l'est le Japon à hauteur de 238 % de son PIB, ou comme le sont les États-Unis, dont la dette publique mais aussi globale (celle des administrations, des entreprises et des ménages) est incomparablement plus élevée que la nôtre. Mais faire du désendettement public l'axe prioritaire de la politique économique française présente un formidable avantage : justifier le transfert au secteur privé de prérogatives relevant traditionnellement du domaine régalien.

Avec la réforme du marché du travail, les privatisations (à l'image du projet absurde de cession des parts détenues par l'État dans ADP !), l'adoption de nouveaux traités de libre-échange, la priorité accordée au désendettement témoignent d'une sorte d'emballement. Plus le modèle révèle ses failles (à travers des crises toujours plus rapprochées, un ralentissement de la croissance qui n'est enrayée que par une création monétaire d'autant plus folle qu'elle offre gratuitement toujours plus d'argent frais à ceux qui en ont déjà trop), plus nos dirigeants veulent approfondir sa mise en œuvre. Keynes disait des dirigeants politiques qu'ils étaient fatalement prisonniers de leur théorie économique élaborée des décennies avant mise en œuvre. Ce qu'il y a de saisissant dans cet acharnement thérapeutique, administrant à toute force des remèdes inspirés du néolibéralisme, c'est que les économistes les plus orthodoxes – ceux, par exemple, qui rédigent les notes qui donnent le ton dans les grandes organisations internationales ou dans les banques – ont, depuis longtemps, pris leur distance avec le dogme. Les experts de la Banque mondiale ont ainsi, dès 2016, émis de sérieux doutes à l'égard de la théorie du ruissellement. La même année, les experts du Fonds monétaire international s'interrogeaient sur la pertinence d'une trop grande ouverture d'une économie à l'égard des marchés financiers, admettant que recourir à l'épargne mondiale procurait plus d'inconvénients que d'avantages. Ignorant ces mises en garde, nos dirigeants se lancent dans une sorte de grand bond en avant. La politique de l'offre et ses avatars font depuis bientôt quarante ans office d'alpha et oméga. Quiconque s'aventure à questionner les bienfaits du marché mondial est aussitôt taxé de mécréant, d'où l'expression de « déconomie » qu'emploie Jacques Généreux[1].

Un tel aveuglement doctrinal n'est pas sans évoquer une sorte de « communisme inversé ». Face aux démentis cinglants opposés par le réel, le capitalisme financier mondialisé n'hésite pas à défendre le bien-fondé de sa théorie, par définition

1. Jacques Généreux, *La Déconomie*, Éditions du Seuil, 2018.

infaillible contre les faits, et à invalider, réinterpréter et parfois ignorer ces derniers. Communisme et turbo-libéralisme partagent cet autre trait caractéristique de dissoudre le politique dans l'économique. Un arrière-plan expliquerait la vie publique, les valeurs, les convictions et les ambitions de ses acteurs par les « rapports de production », dans le cas du marxisme, et par le calcul d'optimisation individuel sous contrainte, dans le cas du libéralisme. Marxisme et libéralisme : deux -ismes, deux économismes et deux jeux d'équations qui prétendent, l'un comme l'autre, livrer le code source de l'histoire humaine.

Cette représentation théorique tranche avec l'approche économique pragmatique d'un Deng Xiaoping. Celui à qui la Chine doit son grand retour sur la scène mondiale disait : « Peu importe que le chat soit gris ou noir, pourvu qu'il attrape les souris. » Seul le résultat compte, qu'importe les moyens employés pour l'atteindre. Cette vision était celle d'un Georges Clemenceau, qui conseillait : « Quand il y a le feu à la maison, on ne regarde pas qui passe les seaux d'eau. » Cette conception expérimentale était partagée par Charles de Gaulle, qui s'inspira autant de la rigueur ordo-libérale d'un Jacques Rueff que de l'interventionnisme de Keynes, ou encore du catholicisme social, avec sa géniale intuition de la participation comme instrument de réconciliation du capital et du travail.

Le fondateur de la Ve République partait du principe que, pour être prospère, l'économie supposait : « Une impulsion, une harmonisation, des règles, qui ne sauraient procéder que de l'État. Bref, il faut du dirigisme[1]. »

1. Cité par François Denord in *Le Néo-libéralisme à la française*, Agone, 2016, p. 312.

L'État-nation : une organisation politique dépassée et trop petite ?

Les élites européennes autoproclamées, et soutenues par une portion de plus en plus congrue de la population, entendent en finir avec les États-nations. Leurs arguments se situent avant tout sur le terrain de l'efficacité : sauf exceptions que forment les continents-pays, les États-nations seraient trop petits pour être compétitifs à l'ère de la globalisation. Le pouvoir étant dorénavant réparti entre de multiples acteurs (ONG, organisations internationales, multinationales, etc.), les États ne sont plus en mesure de se fixer un cap et de le suivre. Dans la guerre économique face à des puissances globales, comme la Chine ou les États-Unis, les autres acteurs seraient frappés d'impuissance. À cela s'ajoute une disqualification de la nation telle qu'elle fut formulée par François Mitterrand dans son testament politique, prononcé devant le Bundestag : « Le nationalisme, c'est la guerre. » La division du monde en pays serait un archaïsme empêchant l'unification de l'humanité. Les patries cristalliseraient les « passions tristes » de notre temps : l'égoïsme, l'indifférence à autrui, le repli sur soi, etc. L'identité serait une construction à détricoter, ainsi que l'explique Jean-François Bayart dans son ouvrage *L'Illusion identitaire* :

> Il n'est que des actes d'identification, politiquement construits, historiquement situés, socialement contradictoires, culturellement polémiques. La culture n'a jamais rien expliqué : elle n'est pas la cause de l'action des hommes mais son effet. Elle n'est pas une donnée, mais une production permanente[1].

---

1. Pluriel, 2018.

Dès lors que les identités sont décrites comme entremêlées, fluctuantes et historiquement friables, il n'est pas étonnant que l'historien Patrick Boucheron dirige une *Histoire mondiale de la France*[1]. Un ouvrage creux mais salué comme s'il s'agissait d'un chef-d'œuvre par la quasi-totalité de la presse française, des *Inrockuptibles* à *Télérama*, en passant par *L'Express*, *L'Obs*, *Le Monde des livres*, *Sciences humaines*, *La Croix*, etc.

Pour nos « élites », l'union ferait la force et la France aurait vocation à se fondre dans une Europe nouvelle, et à disparaître comme puissance. Impossible de ne pas songer à la célèbre prophétie de Mitterrand : « La France est notre patrie. L'Europe est notre avenir. » C'est une croyance naïve en la supériorité des grands ensembles qui a convaincu nos « élites » de transférer des pans entiers de notre souveraineté (monétaire, budgétaire, commerciale, migratoire, juridique, etc.) à une organisation dont les dirigeants n'ont aucun compte à nous rendre.

L'Union européenne, horizon indépassable de nos néo-aristocrates, témoigne de cette vision du monde où la puissance et la taille se confondent. Le projet d'unifier le Vieux Continent tourne pourtant le dos à toute idée de puissance. L'Union européenne ne compte pas dans les affaires du monde. L'expression même d'Union semble relever de l'oxymore. La tendance est à la divergence bien plus qu'à la convergence, au retour des identités nationales bien plus qu'à leur dilution. Le Centre de politique européenne, a montré[2] que le passage à la monnaie unique a eu des effets extrêmement contrastés

1. Éditions du Seuil, 2017.
2. http://premium.lefigaro.fr/conjoncture/2019/02/27/20002-20190227ARTFIG00101-selon-une-etude-allemande-l-euro-aurait-particulierement-nui-aux-francais.php

selon les pays. Les Pays-Bas et l'Allemagne en ont bénéficié (le PIB allemand aurait augmenté de 1893 milliards d'euros supplémentaires entre 1999 et 2017 !), le Portugal, la France et l'Italie en ont pâti (ils ont perdu respectivement 3591 et 4325 milliards d'euros sur vingt ans, soit 55996 euros par Français et 73605 euros par Italien). L'étude intitulée « Une vue d'ensemble sur les relations commerciales internationales », publiée par la Fondation Res Publica en 2018[1], souligne que des trajectoires commerciales au sein de la zone euro s'écartent de plus en plus :

> Le dynamisme commercial et le niveau colossal des excédents de l'Allemagne ne sont néanmoins absolument pas généralisables à l'échelle de l'Europe tout entière. Pour qu'un pays exporte autant, il est nécessaire que d'autres pays importent. Par conséquent, les excédents dégagés par l'Allemagne créent bien souvent des déficits ailleurs en Europe. Le déficit commercial de la France n'a par exemple pas cessé de s'accroître, passant entre 2001 et 2017 de 4,7 à 78,6 milliards d'euros (soit une multiplication par 17 en 16 ans).

À l'intérieur de ce que les spécialistes appellent une zone économique non optimale – c'est-à-dire un espace économique au sein duquel les facteurs de production sont peu mobiles, et où les transferts budgétaires ne compensent pas les écarts de prospérité qui, spontanément, se creusent –, l'existence d'une monnaie unique favorise les plus productifs et freine les autres. Pour une économie dont les produits à haute valeur ajoutée sont demandés même s'ils sont chers, l'existence d'une monnaie unique maintient artificiellement les prix en dessous d'un seuil dit d'équilibre, qui devrait être

1. https://www.fondation-res-publica.org/Une-vue-d-ensemble-sur-les-relations-commerciales-internationales_a1135.html/ (Joachim Imad, Baptiste Petitjean, Nathan Crespy.)

atteint en raison d'excédents commerciaux. Plus les Chinois achètent de Mercedes, plus ils demandent des euros (et donc apprécient le prix de cette devise). Les excédents commerciaux allemands tendent à élever le taux de change de l'euro par rapport au yuan. Mais l'euro augmente moins que n'augmenterait le mark si ce dernier existait encore. La balance commerciale de Berlin tend à provoquer une hausse de l'euro, mais celle déficitaire de Paris provoque l'effet inverse, abaissant l'euro face au yuan. Les Français vendent des euros pour régler leurs importations chinoises. Les déficits français, ainsi que les chômeurs qui en résultent, permettent donc de sponsoriser les exportations germaniques. Grâce à la monnaie unique, les berlines allemandes coûtent moins cher aux Chinois que ce qu'elles auraient coûté si l'euro n'existait pas. Le raisonnement inverse s'applique aux exportations hexagonales, plombées par une monnaie trop forte par rapport à notre compétitivité.

Les nations européennes présentent des structures économiques, des profils démographiques, des cultures, des modèles de formation, des systèmes fiscaux et sociaux extrêmement variés, d'où la dimension chimérique de l'Union européenne et l'erreur de nos gouvernants, pour qui les Européens ont vocation à être réunis. Comme disait de Gaulle en parlant des vieux États-nations européens : « On ne fait pas d'omelette avec des œufs durs. » L'histoire européenne, de Charles Quint à Hitler, de César à Napoléon, ne cessent de le répéter.

Le nouveau paradigme repose sur des considérations contestables à propos de la juste mesure en politique. Comme le montre brillamment Olivier Rey, dans *Une question de taille* – livre marqué du sceau de la pensée d'Ivan Illich –, il existe des seuils qui, une fois dépassés, deviennent contre-productifs pour les institutions et organisent leur paralysie : « Car lorsque les choses sont devenues trop grosses, elles s'autonomisent, échappent à tout contrôle et continuent de grossir sans qu'on n'y puisse rien[1]. »

Alors que nos « élites » estiment « qu'avec des unions sans cesse plus vastes, tout finira par s'arranger[2] », cette course au gigantisme engendre de nouveaux désordres. Valéry Giscard d'Estaing écrivait à Jean Monnet : « Vous avez compris que la France était désormais trop petite pour pouvoir résoudre toute seule ses problèmes[3] » ! Laissons Nietzsche répondre à cette idée toute faite, véritable pont aux ânes de ceux qui nous dirigent :

> Oriental ou moderne, asiatique ou européen : comparé au grec, tout cela se caractérise par l'énormité et le goût des grandes masses, comme langage du sublime, tandis qu'à Paestum, à Pompéi et à Athènes, et devant toute l'architecture grecque, on s'étonne de voir avec quelles petites masses les Grecs savaient exprimer quelque chose de sublime et aimaient à l'exprimer[4].

La devise adoptée par Charles Quint : « *Plus ultra* » est donc aux antipodes de la tempérance des Grecs, pour qui l'*hubris* représentait un péril mortel. Rey cite cette phrase de Leopold Kohr, qui s'applique parfaitement à l'Union européenne :

> À chaque nouvelle tentative vers une union internationale, c'est moins l'espoir que le désespoir qui nous envahit. Un sentiment rampant nous dit que nous allons dans la mauvaise direction ; que plus nous nous unirons, plus près nous serons de la masse et de la densité critiques qui, comme pour la

1. Olivier Rey, *Une question de taille*, Stock, 2014.
2. *Ibid.*
3. Philippe de Villiers, *Le moment est venu de dire ce que j'ai vu*, *op. cit.*
4. Friedrich Nietzsche, *Aurore* [1881], livre III.

bombe atomique, provoqueront l'explosion que nous essayons d'éviter[1].

Dans une conférence organisée par l'association Critique de la raison européenne en janvier 2019[2], Olivier Rey ajoutait :

> L'être humain ne s'accomplit pleinement que dans une entité qui a les dimensions de la cité. Cependant, la nation est aujourd'hui la seule échelle où subsiste quelque chose du politique. C'est pourquoi dans la conjoncture actuelle, elle mérite d'être ardemment défendue. La souveraineté politique perdue au niveau de la nation ne se retrouvera jamais au niveau supérieur, elle disparaîtra purement et simplement.

Cette analyse répond au scandaleux détournement sémantique que pratiquent Emmanuel Macron et ses disciples en parlant de « souveraineté européenne ». Hors de la cité, l'État-nation est la seule échelle où la démocratie puisse se déployer, car celle-ci suppose une « amitié politique » et une solidarité absente à l'échelle continentale. La nation doit demeurer l'échelle politique de référence pour préserver la liberté des citoyens mais aussi par souci d'efficacité. Ce ne sont pas nécessairement les grands ensembles qui triomphent dans la mondialisation, mais, souvent, de petits États agiles, sûrs d'eux et aux stratégies volontaristes. Singapour, Israël, la Corée du Sud, la Suisse, le Luxembourg, l'Irlande, la Nouvelle-Zélande ont su concilier ouverture au monde et défense de leurs intérêts nationaux, ce dont les soi-disant élites françaises se révèlent incapables. Tandis que le taux de croissance dans l'Union européenne est l'un des plus faibles de la planète, un pays comme Singapour peut se targuer d'un

1. Leopold Kohr, *The Breakdown of Nations* [1957], p. 23.
2. https://www.youtube.com/watch?v=MNLAcTu5T_k

quasi-plein emploi, d'un PIB par habitant considérable (90 531 dollars par habitant en 2017, soit le 3e au monde) et d'une croissance très supérieure à la nôtre[1]. L'argument de la taille comme indispensable facteur de puissance est tout simplement creux.

L'immigration comme enrichissement systématique : ferment d'une véritable guerre civile

Les mouvements massifs de population constituent un enjeu majeur du XXIe siècle. La phase la plus critique de la crise migratoire reste à venir, explique Stephen Smith dans *La Ruée vers l'Europe*[2]. Entre 150 et 200 millions d'Africains devraient essayer de rejoindre l'Europe d'ici à 2050, contre 9 millions actuellement. En France, le nombre de titres de séjour délivrés augmente constamment depuis 2007.

En 2007, 171 000 nouveaux titres étaient délivrés contre 250 000 dix ans plus tard. Depuis 2017, le flux augmente de 6 % par an. Au sein de ce flux, un peu moins de 100 000 personnes sont admises sur notre territoire au titre du regroupement familial. L'Office français de protection des réfugiés et apatrides (OFPRA) enregistrait 100 755 demandes d'asile en 2017 et 132 611 en 2019. Plus de 100 000 personnes acquièrent chaque année la nationalité française.

La dynamique démographique en Afrique, la déstabilisation du Moyen-Orient et la crise environnementale risquent « de provoquer des crues ». Si rien n'est fait, celles-ci auront des conséquences tragiques.

---

1. https://www.tresor.economie.gouv.fr/Pays/SG/situation-economique-et-financiere-de-singapour
2. Grasset, 2018.

Une démocratie ne fonctionne que si la minorité accepte de se ranger aux décisions de la majorité. La minorité dont il est ici question se situe aux antipodes des minorités ethniques, religieuses ou sexuelles, dont on nous vante constamment les mérites. C'est une minorité reliée par le sentiment d'un destin commun à la majorité. La minorité et la majorité doivent être attachées à la nation, convaincues de sa réalité, pénétrées de sa grandeur. La minorité et la majorité doivent constituer un peuple. Dans sa conférence *Qu'est-ce qu'une nation ?*, Renan précisait qu'elle supposait de partager des souvenirs, mais aussi des oublis en commun et, bien sûr, de se projeter dans l'avenir. Sans forcer le trait, on pourrait inverser l'injonction vaine de « vivre ensemble ». Une nation ne vit qu'autant que ceux qui la composent partagent des raisons de mourir ensemble pour la défendre. Le vivre-ensemble est ce qui reste lorsqu'un pays doit se forcer à faire peuple.

Dans un contexte marqué par un chômage important et par le renoncement à l'assimilation, l'arrivée constante de nouveaux arrivants engendre un sentiment d'insécurité culturelle (ne plus se sentir chez soi). Non seulement les enfants des immigrés font bande à part, mais l'injonction qui leur est faite de poursuivre l'histoire de leurs parents fracture la nation.

Nos compatriotes, comme leurs voisins, restent attachés à une continuité historique (ce qui se vérifie dans les nombreuses insurrections électorales des dernières années). Lors du référendum sur le Brexit quarante-sept pour cent des partisans du *Leave* ont fait ce choix afin de diminuer les flux migratoires en Grande-Bretagne[1]. Les Britanniques, à l'instar des autres Européens, ne veulent pas devenir exilés au sens

1. https://www.latribune.fr/economie/union-europeenne/brexit-les-motivations-de-ceux-qui-l-ont-vote-611575.html

d'Edgar Quinet : « Le véritable exil n'est pas d'être arraché à son pays, c'est d'y vivre et de n'y plus rien retrouver de ce qui le faisait aimer. » Les peuples du Vieux Continent se sentent trahis par des gouvernants, animés d'un sentiment de repentance outrancier (voir *L'Étrange suicide de l'Europe*[1], de Douglas Murray). Ces « élites » regardant l'accueil de l'Autre comme une condition nécessaire à leur salut. Rokhaya Diallo exprime bien cette résignation du sommet à renouveler le peuple :

> La France est un pays qui est en évolution depuis plusieurs décennies, elle change de visage, elle change de religion majoritaire, ce n'est pas grave, c'est arrivé de manière successive pendant plusieurs décennies[2].

En 2014, Jacques Attali ajoutait :

> Une nation n'est forte que si elle a envie de devenir elle-même et elle ne peut devenir elle-même que si elle est en permanent changement en accueillant les autres, en considérant le métissage comme positif et en s'inventant en permanence.

Et Emmanuel Macron de déclarer en février 2017 : « Il n'y a pas de culture française. » Dans un entretien à *L'Express*, la démographe Michèle Tribalat dénonce l'impossibilité de débattre sereinement des questions migratoires :

> En France, s'interroger sur les bienfaits annoncés comme inévitables de l'immigration, c'est déjà pécher. On fait alors immédiatement partie des « méchants » qui ne veulent pas accueillir des malheureux [...][3].

1. L'Artilleur, 2018.
2. Déclaration de Rokhaya Diallo sur Al Jazeera, 13 mai 2017.
3. https://www.lexpress.fr/actualite/societe/michele-tribalat-les-pouvoirs-publics-relativisent-l-immigration_855913.html

On ne peut balayer d'un revers de main ni les difficultés matérielles ni l'interrogation existentielle que soulève cette immigration. Un peuple ne peut se passer d'ancrages historiques. Pour fonctionner sans heurt, une communauté politique, *a fortiori* une nation démocratique, doit être enracinée, surtout si elle prétend accueillir des immigrés. « Pour donner il faut posséder, écrivait Simone Weil, et nous ne possédons d'autre vie, d'autre sève, que les trésors hérités du passé et digérés, assimilés, recréés par nous. De tous les besoins de l'âme humaine, il n'y en a pas de plus vital que le passé. » L'immigration de masse repose sur le postulat que les individus seraient nomades et interchangeables et qu'une coexistence pacifique est possible, indépendamment des héritages et des visions du monde dont chacun serait le dépositaire. La France était déjà et est une société pluriraciale et pluriconfessionnelle, elle ne peut le rester qu'à la condition de demeurer une nation uniculturelle. Comme l'explique Christophe Guilluy, personne ne souhaite être minoritaire là où il vit et la société multiculturaliste crée des violences qui aboutissent à la partition. Cela pose des problèmes très concrets tels que la place des femmes dans l'espace public, la tolérance vis-à-vis de l'homosexualité ou encore le droit au blasphème. Il faut prendre au sérieux les tentatives d'alerter l'opinion sur le climat de guerre civile larvée qui règne en France. C'était le propos du livre collectif *Les Territoires perdus de la République*[1], paru en 2002, ou plus récemment d'un ouvrage collectif intitulé *Une France soumise : les voix du refus*[2]. Ces textes montrent que des pans du territoire tendent à devenir de véritables États dans l'État, ce qui mène à la confrontation.

1. Emmanuel Brenner (pseudonyme) (dir.) Mille et une nuits, 2002.
2. Georges Bensoussan (dir), Albin Michel, 2017.

Ce déni des tensions engendrées par l'immigration hâte le processus de partition. Ceux qui dénoncent l'immigration sous l'angle de la race ou de l'ethnie se trompent. La nation française n'est pas une tribu. Ce que rappelait avec force Ernest Renan, au lendemain de la guerre de 1870 :

> L'homme n'est esclave ni de sa race, ni de sa langue, ni de sa religion, ni du cours des fleuves, ni de la direction des chaînes de montagnes. Une grande agrégation d'hommes, saine d'esprit et chaude de cœur, crée une conscience morale qui s'appelle une nation[1].

A contrario, le peuplement de notre pays est demeuré relativement homogène pendant neuf siècles. Certes des hommes et des femmes, parfois venus de loin, ont mêlé leur histoire à la nôtre conférant à notre patrimoine des richesses et des nuances supplémentaires, mais ils furent toujours motivés pour se fondre dans la nation. L'adhésion à la France tient plus à la force de la volonté, de l'intelligence et de l'esprit qu'au sang des ancêtres. Nos néoaristocrates, pour qui l'identité est une notion suspecte qui renvoie forcément aux années 1930, ne le comprennent pas.

La classe dirigeante descendante, dans sa fascination pour les États-Unis, n'a pas saisi que le continent nord-américain, qui était, sinon vide, du moins faiblement peuplé de tribus préhistoriques lorsqu'il s'est rempli de vagues d'immigration successives. Ces peuples premiers furent refoulés, acculés, parfois massacrés, avant de finir par devenir étrangers sur leur sol. Si la France a reçu au XXe siècle autant d'immigrants, en proportion, que les États-Unis, l'Hexagone était déjà peuplé de millions d'hommes qui mirent des siècles à constituer un peuple. Notre pays est une terre d'immigration, mais,

1. Ernest Renan, *Qu'est-ce qu'une nation ?*, [1887], *op. cit.*, chap. III.

chez nous, ce sont les Apaches qui assimilent, pas les primo-immigrants. Les États-Unis, nation de colons, exigent que les nouveaux venus l'aiment ou la quittent (*America, love it or leave it*). Pays d'immigration récente, la France n'exige plus des nouveaux venus qu'ils adoptent les mœurs et les valeurs des indigènes, mais qu'ils s'intègrent de manière neutre à la vie économique. Tout à leur passion pour l'Amérique, nos « élites » confondent la patrie de Voltaire et celle de Lincoln, mais oublient d'imiter le patriotisme de Jefferson. Nos dirigeants refoulent les affres de l'immigration de la fin du XIXe siècle et du début du XXe. Alors que les immigrés italiens ou polonais du siècle dernier étaient plus proches de nos aïeux que ne le sont de nous les migrants actuels, ils furent nombreux à repartir chez eux. Certains furent rejetés par la société française de l'époque, tandis que d'autres n'étaient pas disposés à accepter le deuil qu'implique l'immigration. Au total, près d'un Italien sur trois est rentré, rappelle Malika Sorel dans *Décomposition française*[1]. Sur les questions migratoires comme sur presque tous les grands enjeux qui nouent notre destin collectif, nous ne pouvons demeurer à l'intérieur du paradigme de la classe dirigeante sans rouler vers l'abîme.

Un nécessaire changement de paradigme

Une stratégie permettra de conserver l'héritage de nos pères, de projeter notre destin collectif dans le nouveau millénaire, de rendre une voix à la France dans le monde et d'éviter de sanglantes déchirures. Cette stratégie consiste à prendre le contre-pied systématique de ce que les élites descendantes présentent comme un horizon indépassable.

1. Fayard, 2015.

Sous peine de catastrophes, il ne faut ni rembourser la dette, ni faire l'Europe, ni accueillir la misère du monde, ni entériner le vieillissement de notre population, ni accompagner la désindustrialisation, ni se coucher aux pieds des maîtres chanteurs de l'intelligence artificielle et du numérique. C'est en rompant avec la résignation que nous nous redresserons.

La priorité absolue consiste à recouvrir notre entière souveraineté. À cet égard, il faut rompre avec les diktats imposés par la Commission européenne. La soumission aux textes et aux institutions européennes résulte de choix politiques sur lesquels le peuple français doit démocratiquement revenir. Comme le rappelait de Gaulle : « Les traités, voyez-vous, sont comme les jeunes filles et les roses : ça dure ce que ça dure ! » L'État doit assumer un rôle stratégique dans l'économie et cesser de capituler face aux forces qui laminent notre industrie, nos filières technologiques ou agricoles, inflamment notre tissu social. La paupérisation de la classe moyenne n'est pas une fatalité. Inverser cette tendance suppose de récupérer les instruments de pilotage de notre économie : maîtrise de la monnaie, politique commerciale et industrielle indépendante, souveraineté budgétaire, etc.

Les questions économiques ne sont pas les seules qui importent. La France doit être intransigeante sur l'immigration de masse à laquelle il faut opposer un rejet antiraciste et une critique non ethnique. La République, qui n'est que le corset juridique de la France contemporaine, doit dresser un bouclier mais aussi un glaive face à la menace islamiste. Il faut cesser de réduire « la République » à une simple politique déclamatoire, sous peine de la discréditer aux yeux des jeunes générations. La défense des valeurs inscrites au fronton de nos édifices publics implique une politique énergique pour barrer la route au séparatisme et au marché.

La France doit se ressaisir sur la scène internationale et renouer à la fois avec sa mission universelle et la défense de ses intérêts. Cela implique de rompre avec un atlantisme à courte vue. La vision proposée par de Gaulle dans ses *Mémoires d'espoir* reste parfaitement actuelle :

> Quelque chose vient de se transformer quant au rôle international de la France. Car ce rôle, tel que je le conçois, exclut la docilité atlantique que la République d'hier pratiquait pendant mon absence. Notre pays est, suivant moi, en mesure d'agir par lui-même en Europe et dans le monde, et il doit le faire parce que c'est là, moralement, un moteur indispensable à son effort. Cette indépendance implique, évidemment, qu'il possède pour sa sécurité les moyens modernes de la dissuasion. Eh bien ! Il faut qu'il se les donne[1] !

Comme le suggère l'ancien ministre des Affaires étrangères Hubert Védrine, Paris doit se comporter, avec Washington mais aussi avec les autres puissances – y compris à l'égard de Pékin et de Moscou –, comme un pays « ami, allié, mais pas aligné ». Notre suivisme systématique vis-à-vis de l'OTAN et notre idéalisme à géométrie variable ne font qu'ajouter aux malheurs du monde.

Sortir de la tête de l'aristocratie descendante

La religion de nos « élites » repose sur trois dogmes indissociables. Cette Sainte Trinité est composée du marché, de l'État de droit et de l'Europe. Ensemble, ces trois articles de foi forment un paradigme. La politique macroéconomique, le primat de la majorité populaire et la défense de l'intérêt

1. http://charles-de-gaulle.org/enseigner-de-gaulle/lindependance-francaise-selon-de-gaulle/

national sont, *a contrario*, objets d'une condamnation qui prend largement appui sur le souvenir cuisant laissé par les totalitarismes. Ce mécanisme, d'autant plus irrésistible qu'il est inconscient, d'hystérèse du volontarisme politique (systématiquement assimilé aux débordements du nazisme et du communisme), influence notre classe dirigeante. Il est temps de penser la singularité des enjeux du présent et de l'avenir. Quiconque consent à cet effort réalise que prolonger les *trends* actuels nous mène à la ruine.

L'exemple de la dette offre un parfait cas d'école. Alors qu'il correspondait à 25 % du PIB en 1983, le taux d'endettement atteignait 50 % en 1994, puis passait la barre des 60 % en 2002. En 2003, la dette atteignait 1 000 milliards. Onze ans plus tard, ce montant avait doublé. Selon les derniers chiffres publiés par l'INSEE, ce 26 mars, le ratio dette/PIB de la France est passé de 94,9 % en 2014 à 97 % en 2017. En raison des mesures de soutien à l'économie paralysée par le confinement, le taux d'endettement de la France devrait dépasser le 120 % en 2020. Moralité : plus nos dirigeants s'efforcent de rembourser la dette, moins il y parviennent.

Changer de paradigme, cela consiste à demander à ceux qui nous gouvernent comment ils comptent s'y prendre pour désendetter la France, en mettant en œuvre leur sempiternelle réduction de dépenses (essentiellement des prélèvements obligatoires) et leur pavlovienne augmentation des recettes (c'est-à-dire des impôts). Les deux méthodes mises en œuvre ensemble ou séparément aggravent l'endettement. Si les dépenses correspondant aux prélèvements ne baissent pas, la réduction de fiscalité alourdit l'endettement. Or, si les dépenses publiques baissent, la croissance se contracte et, avec elle, la capacité de remboursement. Diminuer les dépenses sociales, mais aussi les diverses dépenses publiques conduit, au moins à court terme, à creuser la dette. L'augmentation des impôts et de taxes destinées à davantage rembourser (contrairement aux impôts destinés à redistribuer ou aux cotisations sociales, qui constituent un revenu différé) les créanciers de l'État déprime l'activité, car les détenteurs d'obligation sont principalement des agents économiques étrangers ou âgés et consomment moins que les actifs, à qui l'État ponctionne une part de leurs revenus.

Bref, sortir de la tête des classes dirigeantes consiste à renverser la perspective : c'est en cessant de la rembourser que la dette finira par se résorber par la conjugaison de sa dépréciation, ainsi que de la diminution des dépenses, combinée à l'augmentation des recettes. Une part de cette dette résulte de la structure des dépenses publiques. Si la croissance est insuffisante, on tend au déficit. Si la croissance n'est pas assez vigoureuse, le chômage reste élevé, voire s'aggrave ; moins de cotisations sociales sont versées par les salariés, tandis que la prise en charge du sous-emploi (allocations, primes de retour à l'emploi et autres formations) alourdit les dépenses : le déficit se creuse. Peu d'argent rentre et beaucoup sort des caisses publiques : le système politico-financier entre dans une spirale de la dette. Comme une personne piégée dans les sables mouvants, plus vous vous débattez pour vous en sortir, plus vous vous enfoncez. Ce n'est pas en cherchant à la rembourser que la dette va diminuer, mais en stimulant la croissance.

Les conséquences économiques de la crise sanitaire semblent avoir fait voler en éclats le carcan mental de la classe dirigeante au sujet de l'endettement. Emmanuel Macron a annoncé que l'objectif des 3 % d'endettement annuel n'était plus d'actualité. La Commission européenne a suspendu le pacte de stabilité. La BCE a mis sur pied un Pandemic Emergency Purchasing Program. En réalité, rien n'a fondamentalement changé.

L'émission de coronabonds qui devait consacrer une véritable solidarité dans la réparation des dégâts causés par la crise sanitaire sur le Vieux Continent a été écartée par le Conseil européen. La BCE s'est fait taper sur les doigts par la Cour constitutionnelle allemande qui lui a interdit d'émettre imprudemment des liquidités pour soutenir les économies les plus fragiles de l'UE.

La reprise dans une version dégradée du plan de relance Macron-Merkel qui a été adopté par le conseil européen le 22 juillet va injecter 38,5 milliards d'euros dans l'économie française.

Le clergé médiatique a tenté de nous faire croire qu'il s'agissait d'un succès historique. C'est une antiphrase. Ces emprunts et ces subventions devront être financés et remboursés. Après les ristournes accordées aux pays frugaux du nord (sauf l'Allemagne qui a considéré qu'elle aurait plus à perdre à voir ses clients s'effondrer), Paris va contribuer à hauteur de 58,5 milliards d'euros aux futurs budgets européens alors que nous ne recevrons que 38,5 milliards. Soit un solde de 20 milliards en notre défaveur. Nos propres conditions d'accès aux marchés financiers ne sont pas moins bonnes que celles de la Commission européenne, nous n'allons donc pas bénéficier de son emprunt. Il n'en reste pas moins que nous nous sommes portés caution à hauteur de 54 milliards d'euros (en cas de défaut de nos partenaires). Sarkozy avait déjà entraîné la France dans un piège de ce genre lors de la crise de 2009 à hauteur de 42 milliards. Ces engagements pris en notre nom sans nous consulter nous enfoncent dans un fédéralisme qui ne dit pas son nom. L'explosion inévitable de la zone euro voire de l'UE risque de nous coûter cher. Le jour pas si lointain où l'UE s'écroulera comme s'est écroulé l'empire des tsars, les prêteurs se retrouveront dans la même situation que les Français qui avaient souscrit des emprunts russes dont ils ne virent jamais le premier kopeck.

La contradiction entre la volonté de relancer la croissance en Europe (dans des proportions très insuffisantes) et l'interdiction faite à la BCE de financer cette relance risque de devenir intenable pour les pays déjà très endettés et qui sont aussi ceux qui pâtissent d'une monnaie trop forte qui leste leur capacité de remboursement.

En application des traités, le seul moyen de financer des dépenses publiques nouvelles, c'est d'emprunter sur les marchés et donc de s'endetter. L'argent magique dont Emmanuel Macron s'était gaussé le 6 avril 2020, lors d'un échange assez vif avec des soignants, a pourtant existé.

Du temps où le trésor français déposait des obligations au guichet de la banque de France qui émettait, en contrepartie, de l'argent frais, la France courait un risque d'inflation (laquelle déprécie spontanément la dette) mais le pays se finançait lui-même. À présent, il faut emprunter pour soutenir une économie au bord de l'apoplexie.

Chômage partiel ou subventions européennes, ces dépenses sont conçues comme des avances à rembourser.

Certains rêvent déjà de faire payer les Français par de futures hausses d'impôts ou par des réductions de charges (qui affaibliront encore la croissance). Cette austérité pourrait s'avérer fatale pour l'économie française qui émergera de la crise sanitaire avec 500 000 à 1 million de chômeurs supplémentaires.

Si la puissance publique, garante de l'intérêt général, fait endosser aux producteurs (salariés, entreprises) le remboursement des dettes par de futurs impôts, elle sacrifie la richesse future sur l'autel de la préservation de la richesse passée. L'électorat et la politique de Macron étant ceux de la défense des bas de laine, l'apôtre de la start-up nation (qui est en réalité celui de l'EPHAD nation) a déjà choisi l'actionnaire au salarié, les marchés à l'intérêt général et l'Euro à la France.

Si les dépenses publiques ne sont pas remboursées, si les dettes sont effacées, à la manière de ce que recommande la Bible avec la tradition du Jubilé[1], on appauvrit les épargnants. L'effacement des dettes découle généralement de la création monétaire laquelle déprécie la richesse existante. On parle de « monétiser la dette » ou de « seigneuriage monétaire ». Le « jubilé », c'est « l'euthanasie de rentiers » (l'expression est de Keynes). C'est précisément ce qu'interdit l'UE.

Garant de l'ordre social, l'État devrait pourtant considérer que ruiner toute la société pour préserver les intérêts des seuls créanciers (en fait, les riches et les vieux) n'est pas un bon calcul. L'enrichissement des épargnants depuis trente ans n'a certes pas été sans cause : le maintien de taux d'intérêt élevés, la hausse des prix de l'immobilier et les sur-profits liés aux délocalisations forment des causes parfaitement identifiées mais des causes qui ont opéré au détriment de la collectivité nationale qui a été contrainte d'assumer les coûts de ces politiques (stagnation et parfois recul du niveau de vie, accroissement du chômage et augmentation des impôts, insécurité, etc.).

Pour y parvenir, la France pourrait faire défaut, transformer la dette en dette perpétuelle ou la monétiser.

La première solution comporte des risques financiers mais aussi politiques extrêmes. La deuxième est en réalité difficilement praticable. La création d'une dette perpétuelle consiste à ne jamais rembourser le principal (la durée extrêmement

1. Le jubilé prescrit, une fois tous les quarante-neuf ans, de passer en pertes toutes les créances (Lév 25, 8-17).

longue d'emprunt du dispositif prévu par le Conseil européen du 22 juillet semble aller dans ce sens) tout en remboursant les intérêts. Mais comme l'a justement relevé l'économiste Jacques Sapir : « qui accepterait de détenir des titres « perpétuels » alors que les taux d'intérêt sont aujourd'hui très bas ? »

Pour y parvenir, il faudrait donc remonter les taux et alourdir le fardeau de la dette (on perd le bénéfice de la solution) ou obliger les banques et les institutions financières à financer (à perte) le système. En réalité, la seule issue possible – déjà avant la pandémie de Covid et *a fortiori* depuis – consiste à monétiser une dette qui n'est plus remboursable.

Pour sortir de la nasse dans laquelle la néoaristocratie maastrichienne nous a enfermés, nous n'avons d'autres choix que de sortir de l'euro et de ré-autoriser la Banque de France à monétiser la dette.

Changer de paradigme, c'est changer de critères de décision : que vaut-il mieux faire ? Diminuer le niveau de vie de toute une population ou réduire la valeur de l'épargne de quelques millions de détenteurs du bon du Trésor ? Le même raisonnement s'applique au maintien du pays dans la zone euro. On s'exclamera avec Kant que si nous déprécions la valeur de notre dette, en remettant en cause la parole donnée, nous agirions contre la morale universelle. Précisément pas. Dévaloriser notre dette n'est pas très moral, mais étouffer l'économie française *ad vitam* l'est encore moins.

Nos entreprises qui continuent de produire dans l'Hexagone souffrent d'un déficit de compétitivité. Nos produits sont trop chers, notamment car le coût du travail est comparativement trop élevé. Ici encore, tant que nous recherchons des solutions à l'intérieur du carcan qu'impose la classe dirigeante, nous ne les trouverons pas.

Tant que nous nous situons à l'intérieur de la zone euro, la seule issue pour rétablir notre compétitivité, remettre le pays au travail en exportant plus que nous importons serait de baisser les charges sociales ou diminuer les salaires.

Diminuer les salaires : nos dirigeants en rêvent, mais la colère des Gilets jaunes les dissuade de recourir à cette solution inepte, tant le niveau de vie de nos citoyens est déjà comprimé au maximum. Quant à la fameuse baisse des charges sociales, cette diminution implique de retirer le filet de Sécurité sociale mis en place en 1945. Ou, à tout le moins, à en écarter sérieusement les mailles (c'est ce que nos dirigeants appellent « réformer » et qu'ils essayent de nous imposer depuis plusieurs décennies). Pour comprendre à quel point ces solutions sont impraticables, il faut prendre la mesure de la proportion dans laquelle cette improbable baisse se révélerait efficace. Les économistes sont nombreux à considérer que seule une baisse d'au moins 30 % des prix français permettrait de rétablir notre compétitivité. Qui est prêt à baisser de 30 % les salaires ou les charges sociales (c'est-à-dire le salaire différé) ? En vérité, le plan de nos « élites » se révèle fantaisiste. Et l'Espagne ? Après une baisse des salaires drastique, elle a à peine entamé son taux de chômage. Et l'Allemagne ? La structure de son économie (une compétitivité hors prix très forte avec des produits à haute valeur ajoutée, peu sensibles aux variations de prix) et de la société allemande (le faible taux de travail des femmes, un budget de défense et d'éducation très faible) invalide la comparaison.

Et la Grèce ? Les gourous de Bruxelles l'ont sûrement tuée. Il y a trente ans, ce petit pays n'était pas pauvre. À cause de la lâcheté du Premier ministre Tsípras, les bailleurs de fonds de l'UE ont littéralement vidé la Grèce de son sang.

Revenons dans l'Hexagone. Selon les rapports du FMI (External Sector Reports), l'euro aboutit à sous-évaluer la monnaie de l'Allemagne et à surévaluer celle de la France. La différence entre les deux mouvements, de 25 % à 43 %

en faveur de l'Allemagne, explique l'insolente santé de ce pays mais aussi pourquoi nous éprouvions tant de difficultés avant la crise du Covid, que ne pourrons jamais surmonter en restant dans l'euro.

En France, seule une forte dévaluation, comme celle mise en œuvre par Léon Blum en 1936[1] ou par de Gaulle en 1958, permettrait d'enrayer puis d'inverser la désindustrialisation. Une dévaluation qui pourrait s'opérer en une nuit, sans grève ni émeute, de manière indolore. Une solution efficace mais impensable tant que nos « élites » nous maintiennent dans leurs repères orthonormés.

L'acharnement des « élites » à rembourser la dette, quoi qu'il en coûte, est rendu plus absurde par leur détermination à ne sortir de l'euro sous aucun prétexte, et à maintenir un traitement social du chômage. Le modèle porté par la classe dirigeante repose sur le triptyque remboursement de la dette, préservation de l'euro et maintien de la protection sociale. Ce modèle est en bout de course.

Une vision condescendante à l'égard des chômeurs de longue durée, doublée d'un malthusianisme qui ne croit plus à une croissance soutenue, expliquent que nos « élites » pensent que le taux de chômage structurel très élevé est irréversible. Les salariés manquant de qualification, trop âgés ou n'ayant pas travaillé depuis longtemps ne trouvent plus d'emploi. À partir de ce postulat, notre classe dirigeante conçoit deux solutions.

La première consiste à baisser les salaires. Les exclus ne valent presque plus rien : si nous les payons à leur juste prix, ils retrouveront un job. La seconde solution revient à verser à

1. Sur les conditions d'efficacité des dévaluations, cf. Franck Dedieu, Frédéric Teulon, « Les leçons de la dévaluation Blum. Septembre 1936 et septembre 2016 », *Le Débat*, n° 192, décembre 2016.

ces gueules cassées de la mondialisation un revenu minimum. C'est ainsi que le traitement social du chômage a été conçu : comme une conséquence du caractère définitif de l'exclusion du monde du travail. Les revenus de solidarité, d'insertion, les revenus complémentaires, les aides se sont ainsi multipliés : ce qui coûte un « pognon de dingue », c'est de ne plus miser sur la capacité productive de nos concitoyens. Car il y a une différence majeure entre indemniser les salariés qui perdent leur emploi (et qui ont d'ailleurs cotisé, de sorte que cette indemnisation ne correspond pas du tout à de la mendicité) et développer des revenus minimums. Dans le premier cas, cette aide est conçue comme transitoire. Dans le second, on installe les bénéficiaires dans une précarité destinée à durer.

Rompre avec le paradigme dominant sur ce sujet, c'est reconnaître que le traitement social du chômage n'offre aucune issue. Plus on acceptera comme une fatalité que certains ne travaillent pas, et plus on les enfoncera dans la dépendance – ce qui est reconnu du bout des lèvres par la classe dirigeante –, plus on alourdira les charges de ceux qui continuent à produire. N'ayant pour interlocuteurs principaux que les grands patrons qui produisent pour exporter, nos gouvernants ne croient plus à la possibilité de relancer la production domestique. Cette conviction, qui possède les apparences du réalisme est pourtant une hérésie. Un pays qui ne produit plus est voué à s'appauvrir, et cet appauvrissement est dynamique. Comme les autres dogmes des classes dirigeantes, le traitement social du chômage nous projette à pleine vitesse contre un mur en béton. Les lois de la gravité économique que chante le clergé sont celles de la chute des corps.

La stratégie des classes dirigeantes consiste à tolérer la défiscalisation d'une part énorme de l'activité économique.

Alors que l'alerte est donnée pour débusquer les faux chômeurs, traquer la gabegie, baisser les charges et maîtriser les dépenses publiques, les autorités laissent les plus grandes entreprises exporter leurs bénéfices, et les plus grandes fortunes défiscaliser leurs revenus. À l'autre extrémité de l'échelle sociale, les élites tolèrent un trafic massif de stupéfiants. Si certaines études laissent entendre que le commerce de cannabis pourrait être légalisé, la plupart de nos dirigeants s'accordent pour considérer que cette légalisation déboucherait sur l'effondrement des prix et risquerait d'embraser les banlieues. Le même chantage au maintien de la fraude s'opère au sommet de la pyramide sociale : les multinationales expliquent qu'une lutte trop déterminée contre l'évasion et la délocalisation fiscale porterait un coup fatal à leur compétitivité. Ce même raisonnement correspond à une même préférence pour les intérêts de la minorité au détriment de la majorité, s'appliquent à propos du maintien dans l'euro et du remboursement de la dette. Tocqueville redoutait la tyrannie de la majorité, mais ce que nous devons subir, c'est le chantage des minorités. L'élite autoproclamée ne semble pas consciente de l'impasse dans laquelle elle nous enferme. Non seulement il n'est pas sain de faire payer, au sens propre comme au sens figuré, la majorité pour ménager la minorité, mais le fragile échafaudage politico-social ainsi créé menace ruine.

Le paradigme de la classe dirigeante recèle de multiples contradictions internes. La volonté de rembourser la dette et celle de maintenir un système d'aide sociale généreux sont incompatibles. L'ambition consistant à réindustrialiser la France, tout en la maintenant dans une zone monétaire surévaluée, forment des objectifs irréconciliables. Depuis la mise en œuvre de l'euro, un nombre d'emplois industriels équivalent à la population de Fontainebleau disparaît chaque année[1]. La construction européenne affaiblit le sentiment national. Or, nos élites continuent à faire venir de l'extérieur une main-d'œuvre abondante[2], ce qui suppose une politique d'assimilation puissante, donc un fort patriotisme.

La lutte contre l'homophobie (la charia prévoit la peine de mort pour les homosexuels) et celle contre l'islamophobie forment deux priorités contradictoires : notre classe dirigeante, que l'on continue à louer pour sa tenue intellectuelle, semble s'être affranchie du principe de non-contradiction.

Quant à cette « autre Europe », dotée d'un budget, d'une politique étrangère, d'une armée, et qui serait comme un hexagone en plus grand, elle n'est jamais venue et ne viendra jamais, car les traités imposent la règle de l'unanimité. Et quand bien même cette règle serait contournée, les autres États membres – l'Allemagne la première – ne veulent pas entendre parler de cette transformation de l'UE en levier d'Archimède d'une ambition géostratégique française.

La France ne pourra assimiler ses enfants issus de l'immigration et nationaliser la religion musulmane, qui a fait souche sur son sol, que si elle recouvre une confiance en elle qui lui fait défaut, et qui continuera à lui manquer, tant qu'elle éprouvera le besoin de s'apuyer sur cette béquille – psychologique et symbolique – qu'est la construction européenne. Tant que la France ne conçoit son avenir qu'à travers

---

1. Cf. la thèse de doctorat de Franck Dedieu, *La Valeur du Made in France*, soutenue à l'université de Toulon, sous la direction du professeur Michel Dimou.

2. L'immigration économique est officiellement interdite, mais la poursuite du regroupement familial, plus le détournement du droit d'asile et les arrivées clandestines font officieusement entrer plusieurs centaines de milliers de travailleurs, pour la plupart non déclarés, sur notre territoire.

cet EHPAD de l'histoire qu'est l'Union européenne, notre pays broiera du noir.

Nos voisins européens sont marqués par une démographie déclinante et par ce que nous pourrions appeler une ambition paradoxale d'antipuissance, un volontarisme antivolontariste. La neutralisation de toute politique macroéconomique par le droit confirme que le noyau dur des peuples européens, emmenés par Berlin, ne veut plus toucher à l'ordre économique et social. Ces nations fatiguées souhaitent gérer le *statu quo*. Leur intérêt correspond à leur pente naturelle, celle de pays vieillissants qui veillent à maintenir la valeur de leur épargne. Tenter de rembourser la dette, dans un contexte où la monnaie, le budget et la politique commerciale sont mis sous cloche par l'UE, revient à souscrire à une totale paralysie. À acter une capitulation définitive face aux marchés. Rembourser à toute force la dette aboutit en réalité à disqualifier toute stratégie de développement et d'investissement, qui requiert un budget en expansion, compte tenu du poids écrasant de ce que les spécialistes des finances publiques appellent les services votés, c'est-à-dire les dépenses incompressibles. Or, sans argent, pas de politique. Nos « élites » nous attachents à un lit de Procuste qui écartèle le corps social, en le soumettant à des injonctions contradictoires. Il est temps de nous en détacher. Pour commencer, ces changements de perspective doivent correspondre à un renouvellement de l'offre politique. Il faut rebattre les cartes du jeu électoral, sinon aucune majorité de remplacement ne parviendra jamais aux affaires.

À cet égard, l'aveu de Bernard-Henri Lévy est éloquente : « Ceux qui votent populiste ? Je pense qu'il faut leur dire : "On ne tiendra pas compte de ce que vous dites." » Le peuple français n'a pas vocation à demeurer spectateur d'une histoire que des élites autoproclamées écriraient en son nom, sans tenir compte de sa volonté. Le slogan des Indignados espagnols résume la situation exaspérante que ressentent la majorité de nos compatriotes : « Nous avons un vote mais nous n'avons pas de voix. » Et si les Français reprenaient la parole ? Ne pourraient-ils répondre à leurs classes dirigeantes désenchantées : « Nous ne tiendrons plus compte de ce que vous dites » ?

4

Le clivage droite-gauche et le nouveau tiers parti

L'absence de débouché politique à la colère du peuple

L'une des difficultés les plus sérieuses auxquelles la France est confrontée est de ne pas disposer d'offre électorale susceptible de transformer la colère du peuple en formule entraînante et crédible de redressement national.

En dépit de l'impopularité croissante des gouvernements successifs depuis quarante ans, nous demeurons piégés par ce que Jean-Claude Michéa nomme « l'alternance unique ».

In fine, l'arrimage à l'alliance atlantique ou les orientations macroéconomiques restent dictés par les traités et imposés par l'UE.

Les électeurs français, comme leurs voisins, ressemblent au *Prisonnier*. Lors de chaque épisode de ce feuilleton britannique des années 1960, le héros, enfermé dans un village trop paisible pour être honnête, tente de s'en échapper, mais finit toujours rattrapé par une bulle qui le ramène à son domicile. Cette volonté de barrer l'avenir et d'empêcher toute sortie du paradigme dominant se révèle particulièrement explicite dans la manière décomplexée dont les dirigeants européens font revoter les peuples lorsque leurs décisions leur déplaisent.

En 1993, les Danois furent invités à se prononcer une seconde fois, après avoir dit non au traité de Maastricht. Les Irlandais rejetèrent celui de Nice en 2001. L'année suivante, ils furent rappelés aux urnes. En 2008, l'électeur irlandais refusa le traité de Lisbonne. L'année suivante, il sera sommé de l'approuver.

Vox populi, vox nulli, la caste européiste n'est guère intimidée par le résultat des référendums. Le Traité constitutionnel européen fut rejeté par les Français à une large majorité (55 %), mais aussi par les Néerlandais (53 %). Qu'à cela ne tienne, les dispositions du traité pour l'Union européenne furent reprises quasiment *in extenso* dans celui de Lisbonne et adoptées.

La résistance farouche et presque ubuesque avec laquelle la technocratie bruxelloise appuyée par la classe dirigeante britannique s'est opposée pendant quatre années au Brexit révèle une forme d'autisme démocratique. Les honorables membres du Parlement de Westminster s'acharnèrent à rejeter les accords passés entre le 10, Downing Street et le Berlaymont, et allèrent jusqu'à s'opposer au principe d'élections anticipées, ou à les conditionner à un report du *Leave*. De son côté, l'EU mit tout en œuvre pour faire capoter les négociations, bien décidée à transformer cette insolente volonté de « filer à l'anglaise » en cuisante punition. Ce déni de démocratie était tel que les dirigeants du Royaume-Uni, en accord avec leurs homologues européens, ont fait comme si le Brexit n'avait pas déjà eu lieu. Encore une minute, monsieur le bourreau ! La démocratie ne vaut que si les peuples votent bien. S'ils votent en faveur de l'UE, leur choix est irrévocable. S'ils votent contre l'UE, aucun compte n'est tenu de leur suffrage. C'est la démocratie à choix limité qui permet de choisir entre oui et oui, entre d'accord et d'accord, entre plus d'Europe ou plus d'Europe. Le recours au suffrage populaire devient superfétatoire.

Partout sur le Vieux Continent, pour demeurer au pouvoir en dépit du mécontentement généralisé, les formations représentant la classe dirigeante doivent s'allier. Ce sont les stratégies de grande coalition que l'Allemagne a expérimentées par deux fois. En France, l'UMPS – qui était un slogan d'extrême droite, destiné à souligner la proximité entre l'UMP, l'ancien parti des Républicains, et le PS – est devenu réalité. L'UMPS, l'ex-Front national l'a fantasmé, Emmanuel Macron l'a réalisé en fondant La République en marche (LREM). Les analyses de Jean-Claude Michéa éclairent cette stratégie de verrouillage :

> Devant cette nouvelle situation, où ceux d'en bas apparaissent de moins en moins sensibles, expérience oblige, aux vertus de *l'alternance unique*, l'aile gauche et l'aile droite du château libéral (dont les ultimes différences tiennent surtout, désormais, aux ambitions personnelles de leurs dirigeants et aux particularités encore marquées de leur électorat historique) se retrouvent donc peu à peu contraintes de réfléchir en commun sur les différentes façons possibles de « gouverner autrement ». Autrement dit, de prolonger de quelques décennies encore la survie d'un système qui prend aujourd'hui l'eau de toute part[1].

Ce bloc libéral n'est pas invulnérable. À cet égard, les scrutins présidentiels depuis 1995 recèlent deux enseignements et permettent d'opérer deux constats.

Le premier, c'est qu'aucun président depuis François Mitterrand n'a été élu sans promettre de rompre avec ce que nous avons appelé le paradigme des classes dirigeantes.

1. https://comptoir.org/2016/02/24/jean-claude-michea-ceux-den-bas-apparaissent-de-moins-en-moins-sensibles-a-lalternance-unique-2/

Chaque fois, de petites formules, prononcées pendant la campagne, laissaient entendre qu'une fois à l'Élysée le candidat allait renouer avec l'indépendance nationale. Chaque fois, ces clins d'œil souverainistes ont permis de franchir le second tour. Jacques Chirac a promis de réduire la fracture sociale, Nicolas Sarkozy prétendait favoriser la France qui se lève tôt, François Hollande a désigné la finance comme son ennemi, Macron a promis une révolution. Sitôt en fonction, ces nouveaux présidents se sont empressés de se rendre à Berlin, puis à Bruxelles pour rassurer leurs interlocuteurs.

Le second constat que nous pouvons établir, c'est que la proportion des électeurs qui rejettent le paradigme ne cesse de croître. Lors d'un colloque consacré à la recomposition politique qui s'est tenu à la fondation Res Publica à l'automne 2019, son président Jean-Pierre Chevènement soulignait : « Ces partis de gouvernement [...] monopolisaient la représentation en 1981. Déjà, en 2002, Jospin et Chirac ne totalisaient plus que 36 % des suffrages exprimés. En 2017, ces 36 % étaient devenus 26 % et en 2019 14 %[1] ! » C'est particulièrement visible avec la montée en flèche du principal parti tribunicien, le RN qui, au fil des années, est devenu le premier parti d'opposition, avant de devenir le premier de France. L'extrême gauche, de même que les différentes expressions de l'écologie ou du souverainisme et, surtout, l'abstentionnisme, ne cessent, aussi, de progresser.

Le processus de décomposition politique, ainsi que la réduction en poudre du socle électoral dont bénéficiait la classe dirigeante semblent plus avancés que jamais, depuis l'avènement de LREM.

1. « Quelle recomposition politique pour la France ? » *Actes du colloque de la fondation Res Publica*, n° 128, 3 décembre 2019.

La base électorale d'Emmanuel Macron est friable et sa base populaire inexistante. Il est de plus en plus contesté, comme l'a montré le soutien aux Gilets jaunes[1]. Le pouvoir ne peut plus compter que sur l'absence de relève digne de ce nom. Si la classe dirigeante parvient à se maintenir *in extremis*, c'est que l'ire populaire n'a pas trouvé d'exutoire électoral pour se sublimer. Cette situation est préoccupante car cette « révolution citoyenne » entravée risque d'engendrer une confrontation violente. « Le vieux monde se meurt, le nouveau monde tarde à apparaître et dans ce clair-obscur surgissent les monstres », prévenait Gramsci en 1948 dans ses *Cahiers de prison*. Nous serions bien inspirés de ne pas nous attarder dans le clair-obscur. Le redressement national ne passe pas seulement par la rupture avec le paradigme des classes dirigeantes. Il passe aussi par le renouvellement de l'offre politique. Certains partis contestent le modèle en place. Mais leur opposition est, hélas, aussi vindicative que stérile.

La France insoumise

Pour ceux qui veulent rétablir la France, la candidature de Jean-Luc Mélenchon en 2017 avait quelque chose d'encourageant. Sa campagne a été intéressante en raison de la ligne populiste qui l'a caractérisée, sous l'influence de l'intellectuelle Chantal Mouffe. À rebours du discours de Marseille d'avril 2012, dans lequel le fondateur de La France insoumise faisait l'éloge de la France métissée, la campagne de 2017 s'est appuyée sur des valeurs patriotiques ; « La Marseillaise » a remplacé « L'Internationale », et le drapeau rouge a été rangé

1. https://francais.rt.com/france/55734-popularite-hausse-pres-80-francais-favorables-mouvement-gilets-jaunes

au profit du tricolore[1]. Cette rupture a suscité une espérance chez des couches marginalisées de l'électorat. Cette audace a permis à Jean-Luc Mélenchon de frôler l'accès au second tour (avec 19,58 % des voix, soit à 600 000 voix de Marine Le Pen). Et ce alors qu'au début de la campagne, avec un score estimé à 10 %, l'ancien sénateur socialiste ne figurait qu'en 5e position des intentions de vote, derrière Benoît Hamon. Si Jean-Luc Mélenchon avait su trouver les mots pour exprimer l'inquiétude du peuple français face à la réislamisation d'une partie de la jeunesse issue de l'immigration, sa présence au second tour aurait été acquise.

Depuis l'élection présidentielle, Jean-Luc Mélenchon a perdu toute crédibilité. Sa légitimité s'est effondrée. L'abandon de la stratégie de construction du peuple et de radicalisation de la démocratie, au profit d'une ligne d'union de la gauche, s'est soldé par un score famélique de 6,3 % aux européennes de mai 2019. Depuis 2017, la ligne de son parti est de plus en plus illisible. Le slogan « L'Europe, on la change ou on la quitte » (caractéristique de la stratégie du Plan A/Plan B telle que définie pendant la campagne) a été abandonné au profit d'une banale critique de la Commission européenne et de son « ultralibéralisme ». Le discours de la FI est de plus en plus empreint d'accents gauchisants, comme l'ont révélé son opposition à la loi « Asile et immigration », les discours antipoliciers récurrents ou encore le soutien à la régularisation des sans-papiers.

Ceux qui volent au secours des migrants au nom de la gauche entérinent un désordre mondial néolibéral dans lequel la libre circulation de la main-d'œuvre forme le corollaire de celle du capital.

---

1. https://www.buzzfeed.com/fr/davidperrotin/exit-linternationale-et-bonjour-le-drapeau-francais

La plupart des cadres défendant une ligne républicaine au sein de La France insoumise ont démissionné ou ont été purgés, que l'on pense à Charlotte Girard, Andréa Kotarac, François Cocq ou à Djordje Kuzmanovic. Au moment de son départ, ce dernier mettait en garde ses camarades sur les errements idéologiques de leur mouvement :

> Pire, le choix de ne s'appuyer, parmi les classes populaires, que sur « les quartiers » a amené la FI à laisser s'installer une approche quasi communautariste, proche du modèle anglo-saxon et profondément contraire au républicanisme français. La complaisance des segments gauchistes de la FI à l'égard des thèses indigénistes, le mépris affiché pour les forces de l'ordre, la négation du problème posé par l'islamisme et le refus de regarder en face les défis posés par l'immigration ont produit des ravages dans notre électorat potentiel, faisant apparaître la FI comme la vieille gauche à peine repeinte, coupable du même angélisme, incapable de réalisme et de fermeté[1].

Le fondateur de République souveraine a dénoncé la dérive autoritaire de son parti, ce qui est un comble au regard de l'attachement de La France insoumise à la participation citoyenne et au passage à une VIe République :

> La forme horizontale et gazeuse du mouvement, censée reposer sur les initiatives du terrain, recouvre, comme souvent, l'extrême concentration du pouvoir aux mains d'un petit groupe de nouveaux apparatchiks et bureaucrates, aux convictions mollement sociales-démocrates, qui, parce qu'ils n'ont jamais été élus, ne peuvent pas non plus être démis de leurs fonctions. L'absence apparente de hiérarchie assure un fonctionnement largement arbitraire : les décisions sont prises par cette petite nébuleuse, sans appliquer de règles (absentes) ni

---

1. https://www.marianne.net/debattons/tribunes/pourquoi-je-quitte-la-france-insoumise-djordje-kuzmanovic

consulter la base (dépourvue de structure et de moyens d'expression)[1].

Une tendance au sectarisme prévaut chez l'ancien ministre de Lionel Jospin. En septembre 2015, le premier Insoumis refusait l'invitation de Jean-Pierre Chevènement à un colloque réunissant les « républicains des deux rives », en raison de la possible présence de Nicolas Dupont-Aignan, considéré comme nationaliste. Rien n'a changé depuis. Pour toutes ces raisons, La France insoumise n'offre aucune alternative sérieuse à Emmanuel Macron, tout en endossant parfaitement le rôle-titre dont la néoaristocratie a besoin. La classe dirigeante, qui ne cesse de clamer que toute critique de sa politique d'offre exprime une nostalgie du communisme, ne peut que se frotter les mains d'avoir en face d'elle un *aficionado* de Hugo Chávez. L'« élite », qui prétend que discuter le moule intellectuel, c'est déjà perdre son sang-froid, se délecte des déclarations à l'emporte-pièce des Insoumis. Si Mélenchon n'existait pas, la classe dirigeante l'aurait inventé. Mieux que l'idiot utile de l'européisme et de la mondialisation, Jean-Luc Mélenchon propose un programme sur mesure pour conforter le paradigme en le faisant passer pour un moindre mal.

Le coup de sang de Mélenchon lors de la perquisition de son domicile avait révélé un aspect inquiétant de sa personnalité, confirmé par sa participation à la marche contre l'islamophobie, racisme imaginaire mais véritable opération d'agitprop des Frères musulmans. Depuis l'affaire Floyd-Traoré, la manière dont le leader de la France insoumise entraîne ses troupes dans une surenchère indigéniste, racialiste et décoloniale ne laisse pas de surprendre.

1. https://www.marianne.net/debattons/tribunes/pourquoi-je-quitte-la-france-insoumise-djordje-kuzmanovic

Il descend aux enfers, et ses lieutenants et électeurs avec lui, trahissant toutes les valeurs de la gauche mais aussi celles les plus sacrées de la République. Mélenchon appuiera le clan Traoré et sa manifestation place de la République où fusèrent des appels au meurtre des juifs. Au lendemain des graves événements de Dijon, il appellera à désarmer la police. Il se filmera sur le réseau social TikTok dans ce qui ressemble à une autoparodie destinée à faire de lui la risée de toute une génération.

Il y a dans l'autoeffondrement de Mélenchon un mécanisme d'implosion qui n'est pas sans rappeler l'autosabordage de Marine Le Pen dans son débat de l'entre-deux tours. Comme si une certaine génération n'y croyait plus et avait finalement peur de se retrouver aux affaires par incapacité à sortir d'une emprise intellectuelle et psychologique exercée par une classe dirigeante à laquelle elle appartient.

Le Rassemblement national

En dépit de sa contre-performance lors du débat présidentiel, Marine Le Pen a capté 11 millions de voix (ce qui représente un score historique et presque le double de celui de son père en 2002). Aux élections européennes de mai 2019, le RN a défait En Marche ! (ce que le pouvoir voulait à tout prix éviter) en recueillant 23,34 % des suffrages, confirmant ainsi sa position de premier parti en France. L'ex-FN réunit aujourd'hui le « bloc populaire » théorisé par Jérôme Sainte-Marie. La radicalité de la politique d'Emmanuel Macron et du bloc élitaire ne fait que le renforcer. Compte tenu du suicide de La France insoumise, le RN apparaît comme le débouché naturel des Gilets jaunes. Les européennes ont démontré que le

Rassemblement national était « le meilleur représentant électoral des catégories populaires[1] ».

Au regard des résultats qu'il engrange depuis 2012, il est naïf de considérer le vote RN comme une simple expression de colère. Mais cette formation ne parvient pas à déclencher une dynamique et un effet d'entraînement. Il s'agit désormais d'un vote d'adhésion et il faut l'accepter, que cela plaise ou non.

On peut questionner la détermination de Marine Le Pen, mais on ne peut plus douter de son incompétence, surtout depuis le débat présidentiel face à Emmanuel Macron au cours duquel elle s'est effondrée. À de rares exceptions près (Marion Maréchal et Jean Messiha, dont la première est en réserve et le second tenu à l'écart), les principaux cadres autour d'elle ne sont pas à la hauteur d'un parti de gouvernement. Enfin, le passé du Rassemblement national (les liens avec l'OAS, ceux avec la mouvance fasciste entretenus par Jean-Marie Le Pen, sans compter la présence de collaborateurs parmi les membres fondateurs) continue de rebuter nombre de Français. Marine Le Pen, à qui il faut reconnaître le talent d'une bretteuse hors normes, mais aussi le courage d'avoir tué un père politiquement indigne, reste lestée, entre autres, par son patronyme. Ici encore, le néoclergé ne pouvait rêver meilleur ennemi du paradigme. Son réflexe, plus ou moins conscient et plus ou moins cynique, consistant à projeter sur les enjeux politiques contemporains une grille de lecture en noir et blanc, empruntée aux années 1930, trouve dans l'ex-FN une formidable aubaine. Lorsque Marine Le Pen tonne contre les délocalisations ou la non-reconduction des clandestins aux frontières, les grands prêtres du paradigme

1. https://www.lemonde.fr/politique/article/2019/05/27/le-rassemblement-national-meilleur-representant-electoral-des-categories-populaires_5468260_823448.html

n'ont qu'à psalmodier « Durafour crématoire, détail de l'histoire » pour maintenir les fidèles dans le cercle de la raison. L'assimilation pure et simple de la fille au père relève d'une mauvaise foi caractéristique de la néonoblesse. Comme l'estime Raphaël Enthoven :

> Le RN, vieillissant et corrompu, est un épouvantable porte-parole du souverainisme français. Mais c'est le seul à faire jeu égal avec la majorité. Tant qu'un vrai parti politique républicain et souverainiste ne verra pas le jour, il faudra se contenter de ces gens-là[1].

Au-delà des origines douteuses du Front, un air d'amateurisme continue de flotter dans ce parti. Le côté clanique de cette formation (le père, la fille, la nièce : on nage en pleine névrose !) semble lui interdire d'incarner l'intérêt général et l'État. Le racisme et l'antisémitisme ainsi que la haine gaulliste de ses fondateurs appartiennent au passé ; en revanche, le manque de solidité intellectuelle, de sérieux et de souffle empêche le RN d'incarner la relève.

Avec l'ex-FN, nous sommes en présence d'un syndicat de la France en colère. Florian Philippot et Marine Le Pen ont su ressusciter le PCF. Jacques Sapir a raison : il sera impossible de renverser la table sans leur appui, mais il serait catastrophique qu'il y parvienne seul. Cette formation n'a ni l'équipe, ni le programme, ni le *hardware*, ni le *software* nécessaires pour rebâtir la nation. D'ailleurs, en dépit de sa nouvelle dénomination, ce parti peine à rassembler.

Certes, toute alternative à Emmanuel Macron articulant l'idée nationale, la reconquête de la souveraineté et l'engagement pour la justice sociale qui ne composerait pas avec

1. https://twitter.com/Enthoven_R/status/1130781756347637762

le Rassemblement national (ou, d'ailleurs, avec La France insoumise) serait vouée à demeurer minoritaire. La posture idéaliste ne doit pas l'emporter sur la volonté de renverser le paradigme, car l'essentiel est de pouvoir appliquer les idées que l'on défend. Comme disait Péguy, « le kantisme a les mains pures mais il n'a pas de main ». Il faut à tout prix éviter cet écueil et ne pas faire comme si le RN n'existait pas. Dans un autre contexte, le général de Gaulle n'a pas hésité à s'allier avec l'URSS. L'officier culturellement nourri par la droite savait que l'on ne choisit pas plus son ennemi que ses alliés. Ce fervent catholique répétait souvent : les Évangiles ne mènent pas à l'empire. On objectera que le péril de la guerre était mortel, que la France était occupée. On répondra qu'à l'horizon de quelques décennies le spectre odieux de la guerre civile commence à se dessiner. Une alliance avec Staline soulevait des problèmes éthiques autrement plus épineux qu'un accord électoral avec un parti aux origines tourbeuses. La question d'une alliance avec le Rassemblement national ne saurait se poser en termes moraux. L'enjeu est ailleurs. Si l'on forme l'hypothèse que ce parti ne doit pas arriver aux affaires en position prééminente, il devient inévitable de créer une alternative au RN, les chances de le subvertir de l'intérieur étant minces. À compter du moment où une large fraction de l'électorat populaire a été capté par le RN, la possibilité de renverser la table sans rallier cet électorat – déjà en main – est nulle. La question d'une alliance, officielle ou officieuse, avec cette formation ne doit pas être tabou. Ce qui serait cependant pire qu'un crime serait de s'allier au RN sans s'assurer que cette formation soit autre chose qu'un adjuvant et non le principal artisan du sursaut. De Gaulle a noué une alliance avec le PCF, mais il a aussi désarmé les maquis. Mitterrand a nommé des ministres communistes, mais le baiser qu'il a donné à Georges Marchais était si peu fraternel que ce dernier ne s'en relèvera pas. Une alliance avec le Rassemblement national ne saurait être conçue suivant des termes moins prudents.

L'ancien FN est l'ennemi rêvé du système : caricatural, douteux, voire sulfureux et isolé. Le RN n'est pas en mesure de l'emporter seul. Il peut toutefois conserver une rente électorale suffisante et s'assurer d'une place prééminente dans l'opposition.

Certaines évolutions du parti depuis l'élection présidentielle paraissent contre-productives. Échaudé par son échec, précipitamment imputé à la ligne Philippot, le Rassemblement a adouci sa position sur la question européenne, alors qu'il s'agit du nœud gordien que la nation doit trancher. La principale formation populiste française ne veut plus sortir de l'euro, mais réformer la zone euro, et créer une « autre Europe », éternel mantra des souverainistes en peau de lapin. En janvier 2019, Thierry Mariani expliquait : « Le FN du temps de Philippot, c'était la sortie de l'Europe, la sortie de l'euro. Maintenant, la position du RN, c'est très clair : on est dans l'Europe et dans l'euro. » De son côté, la députée Emmanuelle Ménard indiquait en juin 2019 : « Nous avons besoin d'un parti plus européen, plus libéral que le Rassemblement national[1]. » Ces déclarations révèlent l'existence d'une stratégie dite d'union des droites : l'accommodement avec le système économique tel qu'il « fonctionne » dans sa forme libérale, celui-ci s'accompagnant d'une forte dose d'atlantisme et d'une hystérisation des débats sur l'immigration, l'islam et l'identité nationale.

1. https://lincorrect.org/emmanuelle-menard-marion-marechal

L'union des droites ou le grand bond en arrière

Il serait temps que ceux qui croient au caractère indivisible de la souveraineté nationale, sans se reconnaître dans l'ex-FN, se comptent pour compter. Les patriotes demeurent divisés, victimes de ce que Freud appelait le narcissisme des petites différences.

Nicolas Dupont-Aignan, par exemple, peine à décoller et a échoué à attirer Florian Philippot, pourtant isolé, et à s'unir avec François Asselineau. Ce dernier joue désormais un rôle de pédagogue, en distillant des vérités sur la construction européenne. Cependant, ses propos l'exposent à rechercher des causalités là où il n'y a souvent que la conjugaison du hasard et de la bêtise (le fondateur de l'UPR – Union populaire républicaine – est un esprit rationnel, pour lequel tout ce qui arrive doit provenir d'une cause également rationnelle). Afin de maintenir la cohérence de son système, il sous-estime la capacité de nuisance de l'islamisme. À propos de ce brillant sujet, on pourrait dire ce que de Gaulle avait dit de Maurras : il est devenu fou à force d'avoir eu raison.

Les dirigeants de Debout la France et de l'UPR ressemblent à des versions contemporaines du général Lafayette vis-à-vis de l'aristocratie. Être énarque n'est pas une tare mais cette qualité doublée du label « vu à la télé » ne suffit pas à entraîner. Cela suffit d'autant moins que, même si Nicolas Dupont-Aignan est courageux et très estimable, il est aussi convaincu de cette billevesée qu'est l'union des droites.

Le véritable plafond de verre de Marion Maréchal ne réside pas dans son lien partisan et familial avec l'ex-FN, c'est celui qu'elle s'impose à travers sa volonté de faire gagner la droite. Il ne sera pas possible à celle qui fut la plus jeune députée de France de contribuer à rendre à la Grande Nation sa place (un noble dessein qu'elle semble caresser : «*Make France great again!*») tant qu'elle se trompera de lieu. Sur le Vieux Continent, le nouveau monde n'aura pas les mêmes coordonnées morales et religieuses que le trumpisme ou la révolution conservatrice américaine. Aux États-Unis, on jure sur la Bible. L'individualisme et le goût de la libre entreprise américain sont ceux de pionniers ayant édifié un pays en même temps qu'un marché, sur un continent vierge. Le projet de Marion Maréchal est d'empêcher que la France ne se fracture autour d'une ligne de partage sociale. D'éviter le retour de la lutte des classes, alors que l'enjeu principal est d'empêcher une guerre civile. La nièce de Marine Le Pen craint que les Gilets jaunes et le Medef demeurent irréconciliables. Et la thématique sur laquelle elle espère les rabibocher, c'est l'indispensable reconquête des territoires perdus de la République. Ou la stratégie du bouc émissaire. L'ennemi de mon ennemi peut ainsi devenir mon ami. Son projet n'est pas de crever l'abcès des banlieues livrées aux trafics et aux islamistes, mais de le retirer. Ce n'est pas de l'incision, mais de l'ablation. Il s'agit d'une stratégie dangereuse. La plausibilité d'un tel scénario est affaiblie par la prise en compte de l'ADN historique des Français, peuple dont la passion centrale est l'égalité et qui n'acceptera jamais d'aggraver les écarts de revenus comme l'impose la mondialisation libérale. Réconcilier la France d'en haut et celle d'en bas, en lui désignant un « mauvais objet » (la France récente) ne réunifiera pas la nation.

Pour rendre à notre patrie sa grandeur, il semble plus tactique d'unir la France de l'autre côté du périphérique et la France périphérique, que de se lancer dans une vaine imitation de la geste trumpienne. Foin de tout idéalisme, l'unité des Français issus de l'immigration et des Gilets jaunes contre l'élite déclinante ne ralliera pas tous les enfants de l'immigration. Certains, parce qu'ils refusent de se fondre dans la nation, devront partir. Même s'il est à craindre que des heurts déchirent le pays, le devoir de tout patriote est d'éviter la guerre civile.

La stratégie d'union des droites, telle que le talentueux député Julien Aubert semble vouloir la dessiner, est plus irréaliste encore. Elle fait penser à l'erreur des gauchistes qui s'acharnent à prendre l'appareil. Cette obsession a usé un autre Julien, socialiste celui-là. Souhaitons à Julien Aubert d'être mieux inspiré que Julien Dray, qui a usé sa carrière à se rendre maître d'un bâtiment électoral devenu un radeau de la *Méduse*. Les partis sont des instruments, et non des fins.

L'objectif n'est pas de rassembler la droite, mais de fédérer le peuple autour d'un projet de redressement. Les souverainistes sont-ils incapables de faire preuve de réalisme en s'alliant avec la droite européiste et libérale ? Ne peut-on lutter contre le communautarisme, rétablir l'ordre dans les quartiers, faire reculer l'islamisme, tout en acceptant des transferts de souveraineté à Bruxelles, ainsi que le maintien d'une politique libérale qui en découle ?

Hélas, l'ordre envisagé ne sera qu'apparent. Tant que nous demeurerons arrimés à l'UE, nous peinerons à assimiler. Nous n'aurons plus que le passé pour unir les Français. Or, les enfants de l'immigration ne s'approprieront le passé français – qui n'était pas celui de leurs ancêtres – qu'au nom d'un avenir commun. L'UE ne suscite aucun *affectio societatis* et ne prolonge aucune histoire. Spontanément multiculturelle, l'Europe de Bruxelles détache la loyauté politique de l'identité culturelle. Refuser de rompre avec la dimension économique et sociale du paradigme de la classe dominante, tout en prétendant rétablir la paix dans les quartiers, constitue un pari perdu d'avance. L'ordre public ne sera restauré qu'à condition de paraître juste. S'il est perçu comme celui des Français de souche et qu'il ne propose qu'un horizon d'expédients et de petits boulots, il n'a aucune chance de faire reculer l'islamisme et les trafics. Détacher la question de la justice sociale de celle de l'identité, c'est ramener cette dernière aux origines ethniques. C'est aviver les tensions et durcir les ghettos. L'union des droites relève d'une impasse qui se double d'un mirage. Ce projet suppose de ressusciter un clivage qui a vécu. Les acteurs politiques voulant prendre appui sur ce repère familier font songer aux personnages des dessins animés qui restent suspendus, le temps de réaliser qu'il y a le vide sous leurs pieds. C'est parce que le clivage droite-gauche était déjà ajouré qu'Emmanuel Macron a pu abattre la cloison.

Ni Maréchal, ni Aubert, ni aucun souverainiste ne sauvera la France en cherchant à sauver la droite. Le même raisonnement s'applique à la gauche. Le meilleur conseil à adresser à un patriote soucieux de redresser son pays dans ce premier tiers du XXIe siècle, ce serait d'imiter Alphonse de Lamartine. Ce dernier refusait d'opter entre la gauche et la droite, non par irrésolution, mais par patriotisme. En 1832, Lamartine[1] venait d'être élu à la Chambre des députés ; on l'interrogea :

« De quel parti serez-vous ?

— Du parti social.

— Social, qu'est-ce que cela signifie ? Ce n'est qu'un mot.

— Non, répondit Lamartine, c'est une idée.

— Mais encore, où siégerez-vous ? Il n'y a place pour vous sur aucun des bancs de la Chambre.

— Eh bien, répliqua-t-il avec un demi-sourire confiant et moqueur, je siégerai au plafond. »

Cette anecdote n'est pas sans lien avec la réaction de l'écrivain lorsque les révolutionnaires de 1848 voulurent remplacer le tricolore par le drapeau rouge. Cet homme de lettres, doublé d'un homme politique, leur lança : « Votre

1. https://www.espacefrancais.com/lamartine-quest-ce-que-lhistoire/

drapeau rouge n'a fait que le tour du Champ de Mars, tandis que le drapeau tricolore a fait le tour du monde. »

Si c'est la France qui a inventé le clivage droite-gauche, la France a préexisté à ce clivage. Elle lui survivra.

La nécessité de sortir du clivage gauche-droite

Le besoin de ne pas se perdre dans des querelles de chapelles découle du moment politique que nous vivons.

La pertinence historique du clivage gauche-droite

La naissance du clivage gauche-droite remonte au débat de septembre 1789 sur la nature du veto à accorder au roi. Il faut attendre la IIIe République pour que les notions de « droite » et de « gauche » revêtent une forte signification. À leurs débuts, les principales figures du mouvement ouvrier (Sorel, Blanqui, Proudhon, etc.) ne se revendiquaient pas de gauche, pas plus que Marx ou les communards.

En outre, une gauche et une droite n'ont jamais existé en tant qu'entités uniques et éternelles. Dans *Les Droites en France*[1], René Rémond distingue trois courants presque irréconciliables : bonapartiste, orléaniste et légitimiste. Zeev Sternhell ajouta à ce triptyque la droite révolutionnaire, expliquant que le fascisme était né à Paris. L'universitaire israélien a historiquement raison : le fascisme et le racisme, pseudo-scientifique, sont des inventions hexagonales (quelle théorie politique, d'ailleurs, n'est pas d'inspiration française ?), mais il a politiquement tort, la droite révolutionnaire n'a jamais pesé dans notre rapport de force électoral. L'éclipse

1. Aubier, 1954.

française qu'aura constituée Vichy le révèle avec force : alors même que les conditions favorables à son épanouissement étaient réunies, la droite fasciste, révolutionnaire, est restée minoritaire. Aujourd'hui elle demeure étrangère à la mentalité profonde du pays. De son côté, la gauche n'a jamais cessé d'évoluer. L'idée de nation naît à gauche, et cette dernière milite avec ferveur en faveur du colonialisme dans les années 1880.

Quelques décennies plus tard, une Chambre des députés de gauche votera les pleins pouvoirs à Pétain.

Tandis que la gauche incarnait jadis la lutte des classes, la majeure partie de la « gauche » contemporaine (notamment celle dite « sociale-démocrate ») s'est ralliée au marché.

La pertinence intellectuelle du clivage gauche-droite

Les catégories de gauche et de droite paraissent trop schématiques pour rendre compte de la complexité du monde et pour structurer les débats actuels. Ceux qui refusent de se définir comme étant de gauche ou de droite sont suspectés d'être de droite, voire d'extrême droite, à l'image du titre de l'ouvrage de Zeev Sternhell *Ni droite ni gauche : l'idéologie fasciste en France*[1] ou de cette citation d'Alain :

> Quand on me demande si la division entre partis de droite et de gauche, entre gens de gauche ou de droite, a encore une quelconque signification, la première chose qui me vient à l'esprit est que quiconque pose la question n'est certainement pas de la gauche.

Ce refus de réduire ses idées à des mots étiquettes prouve une manière de discernement. C'est ce que pensait Ortega y

1. Gallimard, 1983.

Gasset en déclarant : « Être de gauche ou être de droite, c'est choisir une des innombrables manières qui s'offrent à l'homme d'être un imbécile. Toutes deux sont des formes d'hémiplégie morale. » Hannah Arendt s'avouait agacée par ceux qui voulaient à tout prix faire rentrer sa pensée dans l'une de ces deux catégories :

> Je ne sais pas, je ne sais vraiment pas et je n'ai jamais su. La gauche pense que je suis conservatrice et la droite que je suis de gauche, anticonformiste ou Dieu sait quoi encore. Et, je dois le dire, cela m'est complètement indifférent[1].

Si l'on songe à l'ampleur de la tâche, on est déconcerté par le caractère dérisoire du clivage droite-gauche. Quiconque place la gauche ou la droite avant l'intérêt de la France oscille tel un culbuto entre l'idiotie ou la traîtrise.

On objectera que la vie démocratique est un tango qui se danse à deux : une majorité et une opposition. Mais, si l'opposition n'est animée que par des ambitions individuelles, des divergences techniques ou une volonté de dénigrement systématique, la mécanique démocratique s'en trouve grippée. Pour que le jeu électoral soit vivant, il doit y avoir des arrière-plans philosophiques et des héritages historiques. Pour qu'un clivage civique fonctionne, il doit faire s'affronter deux visions (ou plus) de la société. À l'origine, gauche et droite renvoyaient à la république et à la monarchie, puis à la lutte des classes. Depuis 1992, le parti de la France s'oppose à celui de Bruxelles, favorable à son dépassement. Toute autre ligne de partage des eaux politiques (l'insécurité, l'immigration, le chômage, la dette, la politique étrangère, la laïcité) découle de ce clivage.

---

1. Cité par Élisabeth Young-Bruehl, *Hannah Arendt*, Calmann-Lévy, 1999, p. 592.

Un clivage plus obsolète que jamais

Si l'on observe la situation politique actuelle en France, l'axe gauche-droite apparaît inopérant.

Cela est d'abord dû à l'indifférenciation des stratégies économiques suivies par tous les présidents depuis François Mitterrand, de gauche comme de droite. Philippe Séguin l'avait compris : « La droite et la gauche sont deux détaillants qui ont le même grossiste : l'Europe. » La dernière présidentielle, au cours de laquelle le bloc élitaire s'est rangé derrière Emmanuel Macron, a prouvé l'obsolescence de ce clivage. Trois des quatre candidats arrivés en tête à l'issue du premier tour tenaient plutôt à opposer le peuple au système que la droite à la gauche :

> Marine Le Pen, en opposant les « patriotes » aux « mondialistes » ; Jean-Luc Mélenchon, en instaurant une ligne de fracture entre le « peuple » et l'« oligarchie » ; Emmanuel Macron, en prétendant incarner le rassemblement des « progressistes » contre les « conservateurs » de tous bords[1].

L'axe gauche-droite a perdu la centralité dont il jouissait auparavant dans l'esprit des électeurs :

> Quand on se réfère aux sondages d'opinion, on s'aperçoit qu'aux yeux d'une majorité de Français, ce clivage est de plus en plus dépourvu de sens. En 1980, ils n'étaient encore que 30 % à considérer les notions de droite et de gauche comme dépassées. En mars 1981, ils étaient 33 %; en février 1986, 45 %; en mars 1988, 48 %; en novembre 1989, 56 %; en 2011, 58 %. Ils sont aujourd'hui 73 %! Progression extraordinairement significative[2].

---

1. https://lvsl.fr/rester-connecte-sens-commun-le-vent-se-leve/
2. https://www.breizh-info.com/2017/02/20/62496/alain-de-benoist-populisme-droite-gauche-fini-monde-moderne

Le dépassement de ce clivage est perceptible dans le débat d'idées. La majorité des essayistes et des intellectuels à succès – que l'on songe à Alain Finkielkraut, à Michel Onfray, à Christophe Guilluy ou à Marcel Gauchet – apparaissent inclassables au regard de cette dichotomie simpliste, même si les porte-voix du « gauchisme culturel » fustigent la droitisation des beaux esprits. Parmi les voix les plus influentes et les plus intéressantes qui continuent à se réclamer de la gauche (Jean-Claude Michéa, Laurent Bouvet, Jean-Pierre Le Goff, ou encore Emmanuel Todd ou Régis Debray), toutes s'expriment désormais dans les colonnes du *Figaro*. Régis Debray, ancien compagnon de lutte de Che Guevara et ex-conseiller spécial de François Mitterrand, est-il devenu un penseur conservateur ou *Le Figaro* est-il devenu un organe de gauche ? Une troisième explication s'impose : la dichotomie droite-gauche est en passe de devenir obsolète.

Le nouveau clivage

Au clivage horizontal droite-gauche se substitue progressivement un clivage vertical : ceux d'en haut *versus* ceux d'en bas. Les populistes suscitent d'autres lignes de fracture que le clivage gauche-droite : clivage entre gagnants et perdants de la mondialisation, entre les « quelque part » et les « nulle part », entre les Français des métropoles et ceux de la périphérie, entre les gens ordinaires et une surclasse, entre ceux qui s'estiment représentés et les invisibles, etc.

Le mouvement des Gilets jaunes traduit cette évolution : il s'agit moins d'un mouvement de droite ou de gauche que de la manifestation d'un peuple non délocalisable, qui rejette un horizon de plus en plus inquiétant. La lutte des classes que l'on croyait enterrée ressurgit indépendamment des notions de gauche et de droite, et celle-ci de se synchroniser avec une lutte identitaire (d'un côté, les partisans d'une identité fermée et délocalisable et, de l'autre, les défenseurs d'une identité ouverte et enracinée). Le bras de fer entre des communautés fermées compatibles avec une économie ouverte et des nations ouvertes et incompatibles avec la tyrannie des marchés a commencé.

On ne peut exclure que la traditionnelle ligne de forces électorales droite-gauche refasse surface, mais cette réapparition sera temporaire. Une telle hypothèse ne doit pas nous empêcher de proposer une nouvelle synthèse.

L'urgence est à l'édification d'une offre politique nouvelle, pas au massage cardiaque pour relancer une droite ou une gauche entrées dans un coma intellectuel définitif.

Sortir de l'impasse Macron-Le Pen

L'un des objectifs de ce renouveau consiste à permettre aux Français d'éviter, une énième fois, de voter par défaut. La présidentielle de 2022 devrait idéalement nous sortir de l'impasse que représente un second tour Macron *versus* Le Pen.

Moins marqués par la brutalité du scrutin majoritaire à deux tours, les deux derniers scrutins (européens et municipaux) furent propices à l'expression de votes contestataires. L'un comme l'autre se déroulèrent dans des conditions exceptionnelles, amplifiant une abstention déjà forte pour ce type d'élections. Il serait hasardeux de lire dans leurs résultats les prémices de la future présidentielle. Pour qui cherche à cerner les contours de la vie politique française, il est néanmoins difficile d'ignorer l'avènement d'une nouvelle forme de dégagisme verte, inclusive, europćiste et sociale. Les castors qui ne faisaient barrage qu'à l'extrême droite se sont cette fois mobilisés pour tenter d'enrayer la vague verte, notamment à Marseille, où seul le Rassemblement national a manqué à l'appel de ce retour des apparentements.

Plusieurs commentateurs se sont étonnés de voir des villes aussi bourgeoises que Lyon se donner un maire EELV. Lyon n'a pas changé de sociologie. Le vote écolo est un marqueur d'appartenance à des catégories sociales privilégiées et ayant fait des études supérieures. Le vote écologiste n'est pas du tout un vote antisystème. L'une des premières déclarations de Grégory Doucet, le nouveau maire de Lyon, fut pour rassurer les entreprises. Il n'est pas une seule multinationale qui ne soit pas engagée en faveur du respect de l'environnement et de la lutte contre le CO_2. Le green est une manne marketing.

Une entreprise comme L'Oréal qui ne supporte plus le mot blanc adore le mot vert. C'est ainsi que l'on nous explique qu'acheter du shampooing, c'est reboiser l'Amazonie.

Le vote écolo ressemble à une revendication de consommateurs bobos qui veulent améliorer leur qualité de vie.

L'électeur EELV explique qu'il ne faut plus manger de viande. On lui rétorquera : encore faut-il avoir le choix d'en manger. La gauche quinoa succède ainsi à la gauche caviar. Être favorable aux mobilités douces, au vélo ou à la trottinette, implique que l'on ait la chance d'habiter à côté de son lieu de travail. Beaucoup de périurbains habitent à plus de 50 kilomètres de leur boulot d'où la question qui fâche des 80 kilomètres/heure.

L'interdiction des centres-villes aux voitures, c'est une mesure d'apartheid social qui vise les smicards. Les bobos écolos qui confondent la nature avec des pistes cyclables végétalisées ignorent, par exemple, les dégâts causés par les sangliers et la nécessité de réguler leur population, comme ils ignorent que la chasse est une grande conquête de la Révolution française. Outre-Manche, seule l'aristocratie chasse tandis que les prolétaires défendent les animaux. Chez nous, Allain Bougrain-Dubourg défend les oiseaux tandis que monsieur Dupont tient à sa carabine.

Les électeurs écolo sont hostiles à la mondialisation des containers et des avions, mais favorables à celle des migrants. Ils veulent limiter les flux de marchandises et de capitaux, en faisant mine de ne pas comprendre que la libre circulation des personnes en est le corollaire.

Les Verts veulent les avantages de la globalisation sans ses inconvénients. Mais sont-ils autre chose que les idiots utiles de la mondialisation ?

Aujourd'hui, les taxes et les normes environnementales renchérissant nos coûts de fabrication sont en France alors la pollution est en Chine, aux États-Unis, en Inde, au Brésil et même en Allemagne, qui pollue notre atmosphère avec ses centrales à charbon. Pendant la guerre froide, les Allemands favorables à l'installation de missiles américains disaient : les pacifistes sont à l'ouest et les missiles – parlant des SS20 soviétiques installées de l'autre côté du mur – sont à l'est !

La France représente 0,8 % des émissions planétaires de CO_2 et son industrie est l'une des moins polluantes du monde.

Si nous sommes les seuls à taxer et à imposer des normes environnementales contraignantes, nous n'allons avoir aucun effet sur la pollution, mais nous ferons le jeu des multinationales chinoises et américaines.

Moins produire voire entrer en décroissance est une perspective pour les populations les plus modestes qui cherchent de l'emploi et pour les ouvriers qui ont perdu leurs usines.

Comment se prétendre de gauche et se laver les mains du sort des plus pauvres ?

La France a été frappée par une désindustrialisation massive et a raté le train de la révolution numérique, celle des biotechnologies et de l'intelligence artificielle.

Les écologistes sont en train de transformer notre défaite en victoire, en l'habillant de vert.

Pendant la guerre froide les pacifistes avaient un slogan assez brutal : mieux vaut être rouge que mort ! Aujourd'hui, les nouveaux bourgeois de Lyon-Strasbourg-Besançon nous expliquent qu'il vaut mieux être pauvres que pollués ; mais nous risquons tous de finir pollués et pauvres.

Il est vrai que l'on trouve dans le discours écologiste une critique parfois radicale du capitalisme.

Les Verts tombent à bras raccourcis sur les 1 % qui captent les richesses et polluent sans voir qu'ils font partie des 20 % qui prospèrent grâce à la mondialisation.

Ces 20 % sont aussi les électeurs de la République en Marche qui s'est réinventé en s'ancrant sur son centre droit. Cette droitisation montre qu'Emmanuel Macron est fin tacticien. Il sait que cet électorat-là ne votera jamais Rassemblent national et donc se reportera sur sa candidature. Et si un écologiste se qualifiait pour le second tour ? Ce scénario offrirait à Marine Le Pen d'accéder à l'Élysée. On peut aussi à rêver d'un meilleur destin pour notre pays. Par effet de symétrie, si Macron ne parvient pas jusqu'au second tour, il est tout sauf certain que la fille de Jean-Marie Le Pen y arrive. Examinons à quelles conditions le souverainisme pourrait changer enfin de visage, c'est-à-dire reprendre des couleurs.

Comme nous l'avons rappelé, toute opposition désireuse de gouverner devra composer avec le Rassemblement national, mais celui-ci ne doit pas être l'élément dominant d'une coalition. Elle doit réunir ceux que Jean-Pierre Chevènement qualifiait de « républicains des deux rives », c'est-à-dire ceux qui estiment que la France n'a pas à se soumettre aux règles de la mondialisation néolibérale. Il faut s'inspirer de ce qui a fonctionné en 1992 ou en 2005, où des électeurs de bords différents se sont rassemblés. Le lancement, par Michel Onfray, de la revue *Front populaire* offre une excellente occasion de renouer avec l'indispensable catalyse.

À l'inverse, il est essentiel de comprendre pourquoi certaines opportunités n'ont pas été saisies. On peut penser à la candidature de Jean-Pierre Chevènement en 2002. Autour de lui, nombre de personnalités talentueuses, à l'instar de Régis Debray, d'Élisabeth Lévy, de Max Gallo, de Paul-Marie Coûteaux s'étaient réunies. Alors que l'ancien ministre de l'Intérieur proposait des analyses et un programme robustes et avait atteint jusqu'à 17 % des intentions de vote, il n'a pas franchi le premier tour.

Cet échec s'explique à la fois par la difficulté de cet intellectuel à s'adresser aux couches populaires, par une mauvaise organisation de sa campagne (il est apparu seul dans les médias, et sur tous les fronts en même temps ; les comités locaux avaient du mal à renoncer à l'étiquette de gauche et à accepter de nouveaux visages, etc.) et, enfin, par un manque de clarté, voire de radicalité, notamment sur les enjeux migratoires (ce n'est pas un hasard si Jean-Marie Le Pen est arrivé au second tour de cette élection). Le groupe de jeunes formés autour de lui (Génération République) dont l'auteur fit partie, aux côtés de David Martin-Castelnau, d'Emmanuel Pierrat, d'Apolline de Malherbe, de Natacha Polony, de Sébastien Gros, de Sébastien Lapaque, de Gaël Brustier, de Jean Lebat, de John Palacin et de bien d'autres talents n'eut de cesse de tancer cet homme, qui incarnait l'exigence morale du serviteur de l'État, mais aussi son conformisme. Jean-Pierre Chevènement n'a pas osé ou pas voulu – c'est tout comme – rompre avec l'aristocratie descendante. « Que pensent de nous les Athéniens ? » se demandaient les premiers Romains. Le Che n'a jamais cessé de s'interroger sur ce que pensaient de lui ses anciens camarades socialistes : « Suis-je toujours "de gauche" ? » Le regretté Max Gallo l'a confié à sa façon :

Jean-Pierre aime claquer les portes, mais il met toujours son pied dans l'embrasure pour l'arrêter au dernier moment. Sa candidature de témoignage – comme l'exemple qu'a donné le ministre de la Défense de François Mitterrand, en démissionnant pour protester contre la première guerre d'Irak – a permis à toute une génération de prendre date.

En dehors de l'indomptable Philippe Séguin qui avait la carrure, l'audace et le verbe, mais dont le caractère était trop dur dans ce qu'il avait de mou (les colères homériques, l'art de dramatiser des enjeux secondaires en enjeux vitaux) et trop mou dans ce qu'il avait de dur (la fidélité pour Jacques Chirac, la déférence pour François Mitterrand), un homme aurait pu prendre en main les destinées du pays. Dans cette galerie des personnalités qui auraient pu forcer le destin, il faut compter avec Charles Pasqua. Mélange détonant entre Machiavel et Fernandel, ce truculent Corse de Marseille avait le courage, physique et moral. Des trois hérauts de l'idée française du début du XXIe siècle, Charles Pasqua est celui qui avait le plus la fibre populaire. C'était aussi le plus rusé. Hélas, il demeurait fasciné par la supériorité de la classe dirigeante. Ici encore, le panache, le charme, l'allant exceptionnels d'un Jacques Chirac, auquel la vie avait – semble-t-il – tout donné, tenaient Pasqua en respect. Chirac était devenu un « grand seigneur » de la France pompidolienne. Sorti dans la botte à l'ENA, il avait épousé une Chodron de Courcel, était devenu le poulain de Serge Dassault et avait capitalisé sur ses réseaux familiaux, administratifs et financiers pour prendre son élan… D'ailleurs, Charles Pasqua s'est allié à deux énarques, Philippe Séguin et Édouard Balladur, lorsqu'il s'est affranchi de Chirac. Le destin de Pasqua est éclairant à plus d'un titre. Le meilleur des trois, le plus doué et le plus combatif se révélait aussi le moins sûr de lui. Le complexe de Pasqua est celui d'un homme du peuple qui pense ne pas être à la hauteur, alors qu'il surclassait ceux à qui il conservera sa fidélité.

Chevènement ne voulait pas trahir la gauche. Pasqua et Séguin ne voulurent pas abandonner la droite. Chevènement était trop pur, Pasqua ne l'était pas assez. Séguin fut trop émotif, Chevènement trop cérébral. Chacun à sa manière, ces mousquetaires de la nation ont laissé derrière eux une trace inspirante.

Nous nous retrouvons dans une situation inverse par rapport à celle d'il y a vingt ans. La ligne idéologique à proposer est devenue claire et s'impose d'elle-même, contrairement à l'identité de la personnalité qui doit prendre la tête de ce combat. L'aversion des Français pour la classe politique actuelle, conjuguée à la facilité avec laquelle le système pourra étiqueter quiconque viendra d'un parti politique doivent nous inciter à faire émerger une personnalité hors des partis. Emmanuel Macron s'était présenté comme le candidat de la société civile. À nous de lui opposer celui de la nation. On l'a déjà évoqué dans ces pages, un entrepreneur patriote aurait de sérieux atouts à faire valoir. Une personnalité peut surgir du monde associatif. Il est aussi envisageable qu'un leader charismatique sorte d'un rond-point ou d'une gare, car on y croise des gens qui, car ils ne sont rien, pourraient bien devenir tout.

Au regard de la popularité des figures intellectuelles du camp souverainiste (que traduisent leurs succès en librairies ou leur audience médiatique), on peut subodorer qu'une personnalité issue de cette mouvance parvienne à unir ce que Malraux nommait le « bloc Michelet ». Ce candidat serait plus réfléchi, cultivé et meilleur débatteur que les politiciens à l'ancienne. Il faut quelqu'un dont le bloc populaire puisse être fier, non un porte-parole qui lui ferait honte par sa médiocrité, à l'instar de Marine Le Pen en 2017. Cette personne devra bouleverser les clivages, assumer une certaine radicalité (c'est la transgressivité du discours qui fait le succès d'un Salvini ou d'un Trump) et remettre à leur place les chiens de garde du système. Si ce rassemblement s'opère derrière la personne adéquate, celle-ci aura tout pour dominer le premier tour et triompher au second. Il faudra saisir ce que les Grecs appelaient le *kairos*. À nous de faire en sorte que 2002 n'ait plus jamais lieu !

Il est important d'insister sur les conditions d'émergence de cette alliance des deux rives et, pour cela, revenir sur le concept d'hégémonie culturelle d'Antonio Gramsci. Le penseur italien avait développé cette notion afin d'expliquer pourquoi les révolutions prolétariennes ne sont pas advenues. Selon lui, Marx aurait surestimé l'influence des déterminants socio-économiques. La misère ne provoque pas automatiquement la conscience de classe. Car l'idéologie bourgeoise est profondément ancrée dans la mentalité des classes populaires. C'est cet ancrage que Gramsci appelle l'hégémonie culturelle. Ainsi, avant d'organiser une révolution sociale concrète, il importe de changer les mentalités. Pour reprendre les termes de Gramsci, il faut mener une « guerre de position » avant de lancer une « guerre de mouvement ».

Ce combat essentiel doit être conduit par les intellectuels « organiques » des classes populaires. La bataille culturelle doit s'opérer par infiltration des médias de masse et mener à l'instauration d'une nouvelle hégémonie. Reprenant l'analyse gramscienne, il faut travailler à une alliance des classes populaires et de la classe moyenne en voie de paupérisation, mais aussi favoriser l'union entre classes populaires et bourgeois lucides. Le tiers état doit trouver des appuis hors de son sein : tiers du Tiers, bas ou haut clergé ou encore noblesse décidée à se retourner contre sa caste. Il faut encourager les rassemblements d'« intellectuels organiques » : à cet égard, la Fondation Marc-Bloch, le Comité Orwell, Critique de la raison européenne, ou des médias tels que Thinkerview, Le Vent Se Lève ou Front populaire doivent être considérés comme des signes avant-coureurs.

Conclusion

La France seule… Le monde nous attend

Changer de paradigme et remplacer la classe dirigeante ne formeront qu'un seul et même mouvement. Seule une nouvelle génération peut refaire la France.

L'interruption de la transmission culturelle entre les générations rend cette relève délicate. La jeunesse tend à se détacher de ses aînés, mais aussi d'un pays qu'on ne lui a pas proposé en héritage. C'est davantage l'indifférence que la révolte (qui est toujours un retournement des valeurs et des idées héritées contre leurs légateurs) qui domine parmi les moins de quarante ans. En apparence, les affres que la France s'apprête à traverser ne sont rien comparées aux tragédies déjà surmontées dans notre histoire. Mais cet effacement du patriotisme chez les plus jeunes révèle que la France risque de disparaître. Notre nation repose entièrement sur une croyance en un destin. Si cette croyance n'est plus partagée, la France s'évanouira comme un songe. La prochaine décennie sera celle du redressement ou d'un effacement irrémédiable.

Dans le choix de leurs gouvernants, nos compatriotes seraient bien inspirés d'imiter Talleyrand, à qui l'on reprochait d'avoir successivement servi l'Ancien Régime, la République, l'Empire et la Restauration. À ceux qui doutaient de sa loyauté, l'évêque d'Autun répondait : « Je n'ai jamais abandonné un régime avant qu'il ne se fût abandonné lui-même. » Lorsque les Français se détachèrent des banquiers et des industriels du Second Empire pour se rallier aux avocats, aux médecins et aux professeurs, avant de promouvoir, deux générations plus tard, les énarques, ils ne firent que tirer les conséquences de l'inconséquence de leurs ex-élites. À nous, désormais, de les imiter si nous voulons nous réapproprier notre destin.

Renouveler les cadres, changer les hommes ne sera pas le plus difficile. Lorsque les circonstances le permettent voire l'exigent, des ambitieux surgissent sur le devant de la scène. Le plus délicat consistera, pour ceux qui seront chargés de redresser le pays, de faire montre de la forme la plus rare et la plus exigeante de courage : le courage moral. Ce type de bravoure n'est stimulé par aucune adrénaline, il réclame calme et sang-froid. Cette témérité-là n'est excitée par aucun instinct grégaire et s'exerce dans la solitude d'une conscience. L'être humain est un mammifère de meute. Penser seul contre la quasi-unanimité des dirigeants d'un groupe requiert une force d'âme peu commune. Relancer la France alors que notre classe dirigeante l'estime dépassée exige de déceler ce qui doit advenir derrière les brumes du présent. De Gaulle était à Londres depuis quelques semaines lorsque Hitler y déclencha le *Blitz*. Entouré d'une poignée de fidèles, l'homme du 18 Juin essuyait les bombardements dans un abri. Entre deux explosions, il s'adressa à ses compagnons : « Je vous admire d'être ici. » Aussitôt, ces derniers se récrièrent : « Vous avez autant de mérite que nous ! », ce à quoi le Général répondit : « Moi, je n'ai aucun mérite car je sais que nous allons gagner. » C'est de cette extralucidité que certains tirent la force de résister au découragement.

Une dose exceptionnelle de discernement mais aussi d'opiniâtreté sera réclamée à ceux qui arriveront aux affaires. Ils devront ignorer les chantages à l'apocalypse, les cris d'orfraie et les hurlements d'épouvante des sortants. Le chantage à l'État de droit, qui traitera de fascistes ceux qui libéreront les territoires perdus. Le chantage à l'islamophobie, qui stigmatisera les dirigeants qui feront rentrer les jusqu'auboutistes de la deuxième religion de France dans le giron de la République. Le chantage aux marchés, supposés s'abattre sur nous comme le ciel sur la tête des Gaulois, sera sans doute le plus fort. Les dirigeants, qui devront monétiser notre dette, sortir de l'euro, donc déprécier la valeur de l'épargne pour redonner une chance à l'avenir, subiront un assourdissant chantage à la ruine. Celui-là même qui fit plier Tsípras en Grèce. La bourgeoisie et la presse, coalisées, hurleront à la mort pour préserver leurs valeurs... mobilières. Le chantage au repli sur soi, au nationalisme belliciste ne s'exprimera pas de manière moins virulente lorsque nous tirerons des conséquences de l'impossibilité de relancer l'Europe, faute de partenaires motivés pour tenir tête à la Chine et aux États-Unis.

La France seule ne peut rien... C'est l'éternelle rengaine qu'entonnent nos élites chaque fois que le pays se remet sur pied. En 1792 et jusqu'à Waterloo, en 1830 (à la veille des Trois Glorieuses), en 1848 (lors de la révolution de Février), en 1870 (au moment de la Commune), en 1915 (lorsque la pression pour demander la paix devint presque intenable), en 1938 (à la veille de Munich) et en 1966 (lorsque de Gaulle décide de quitter l'organisation militaire intégrée), la même antienne fut reprise. Demain, à n'en pas douter, nous aurons droit aux mêmes couplets adaptés au goût du jour : la France seule ne peut rien à l'heure de la mondialisation.

La croyance que la France « seule » ne compte plus et que l'Europe constitue notre horizon indépassable nous empêche de concevoir un effet *reset*, comme le fit de Gaulle en 1958, les Jules en 1877, Bonaparte en 1799, etc.

La maladie de langueur qui nous ronge depuis le début des années 1980 est telle que nous avons peine à imaginer les voies et moyens de notre redressement. Lorsque la classe dirigeante actuelle aura été remplacée, nous pourrions pourtant assister à la renaissance d'une grande nation, comme entre 1880 et 1910, où Paris retrouva sa place de capitale des arts et des sciences.

Avant de tordre le cou à cette vieille mystification de l'impuissance d'une France indépendante, rappelons le rôle majeur que Paris a joué dans la promotion de la mondialisation néolibérale.

La mondialisation n'a pas seulement été décidée par la Maison Blanche et le 10, Downing Street, et propagée par Wall Street et la City. Les élites administratives françaises ont grandement contribué à sa mise en œuvre, et même joué un rôle supérieur aux Anglo-Saxons. Dans un article de 2007 intitulé « Mondialisation : la French Touch[1] », Rawi Abdelal et Sophie Meunier mettent en évidence le rôle décisif de la classe dirigeante française dans sa conception :

> Les fondations institutionnelles de l'ère présente de la mondialisation, ces règles qui ont permis aux biens et à l'argent de circuler de plus en plus vite, ont été posées plus par les Français eux-mêmes que par qui que ce soit d'autre.

Depuis la fin des années 1960, les Français sont surreprésentés dans les institutions économiques et financières internationales. De nombreux Français ont dirigé le FMI : Pierre-Paul Schweitzer (1963-1973), Jacques de Larosière (1979-1987), Michel Camdessus (1987-2000), Dominique Strauss-Kahn (2007-2011) ou encore Christine Lagarde (2011-

1. https://www.telos-eu.com/fr/politique-francaise-et-internationale/finance-mondiale/mondialisation-la-french-touch.html

2019). À cela s'ajoutent le passage à la direction générale de l'OMC de Pascal Lamy (2005-2013) et celui de Jean-Claude Trichet à la tête de la Banque centrale européenne (2003-2011), dans les pas duquel s'inscrit Christine Lagarde.

À la tête de ces institutions, les Français ont cherché à réguler la globalisation, nos énarques et polytechniciens ont contribué à élaborer un modèle plus structuré, qui a systématisé la dérégulation empirique des Anglo-Saxons. Rawi Abdelal et Sophie Meunier soulignent les effets de notre esprit cartésien sur la diffusion du paradigme de la mondialisation :

> Certes, les règles globales ont été codifiées et les institutions ont vu leurs pouvoirs renforcés. Mais le contenu de ces règles a été libéral, et les organisations ont utilisé leurs pouvoirs ainsi renforcés pour encourager la libéralisation des marchés de biens, services, et capitaux. L'européanisation des marchés de capitaux, par exemple, est basée sur l'architecture financière la plus libérale jamais codifiée. Les négociations entre la France et l'Allemagne sur les règles européennes dans les années 1980 ont donné lieu à des obligations profondes pour les États membres de libéraliser – pas seulement entre les pays européens, mais aussi avec les pays tiers. Le « Code de libéralisation des mouvements de capitaux » de l'OCDE s'en-suivit, et sur le même modèle : sous impulsion française et avec des négociations intra-européennes[1].

En s'efforçant de contrôler la mondialisation selon la vieille tradition française de dirigisme, nos élites administratives ont abouti au résultat inverse, la mondialisation étant désorganisée et décentralisée par essence :

> Ces fonctionnaires français ont emmené dans leurs bagages l'idée que la mondialisation pouvait être maîtrisée, ainsi que les instruments de cette maîtrise. Et pourtant, paradoxale-

1. *Ibid.*

> ment, en permettant aux organisations internationales de maîtriser la mondialisation au lieu de la libérer et de la débrider, ils ont contribué à forger un monde plus libéral et plus mondialisé. « Mondialisation maîtrisée » : voilà qui sonne bureaucratique, et à juste titre. Mais c'est aussi un processus éminemment politique : le simple fait de réécrire les règles, codifier les normes et donner plus de pouvoirs aux organisations internationales a étendu l'emprise de la mondialisation[1].

Cet échec montre que « la mondialisation maîtrisée » ou « l'Europe sociale » n'est guère plus convaincante que « le socialisme à visage humain ». Cet échec de la technocratie française à domestiquer les marchés rappelle paradoxalement l'influence considérable d'un pays dont le génie consiste à concevoir des idées claires et concises, et d'en tirer des concepts universels. Que l'on s'en gausse ou que l'on s'en félicite, force est de constater que, lorsque la patrie de Coubertin, de Lesseps ou de Briand pense et agit, elle tend spontanément à le faire pour le monde. Ce que la France a fait, à cette échelle, elle pourra le défaire demain.

L'Hexagone n'a pas été le premier pays à se convertir aux vertus du marché mondial; la Grande-Bretagne et les États-Unis l'ont précédé. Il est donc logique que nous ne sortions pas les premiers de la globalisation. Alors qu'Emmanuel Macron s'efforce toujours de nous adapter aux diktats des marchés mondiaux, les Américains commencent à leur résister. Les Chinois n'ont jamais fait qu'utiliser la mondialisation quand celle-ci les arrangeait, maintenant un contrôle de fer sur l'Internet, sur leur monnaie ou leurs actifs stratégiques. Donald Trump élève les droits de douane contre la Chine, tandis que l'État de Californie requalifie les contrats des chauffeurs Uber en contrats de travail. L'histoire du XXe siècle montre que

1. *Ibid.*

nous sommes davantage suivistes qu'initiateurs des grands cycles et modes économiques. Lorsque nous romprons avec le culte des marchés, nous ne manquerons pas, comme à notre habitude, de théoriser ce geste et de le transformer en modèle exportable. Rapatrier le pouvoir à l'échelon national nous permettrait de renouer avec notre tradition d'un État fort.

Les nations peuvent-elles exister à l'heure de la mondialisation ? Il faut être français, à tout le moins européen, pour poser cette question. Les nations n'ont jamais disparu. Plus d'une vingtaine de patries sont nées depuis 1990.

A contrario, le possible dépassement des États par une organisation internationale (l'Union européenne) constitue une idée étrange. C'est cette vision anachronique qui a pu faire croire aux Européens que les nations s'effaçaient. L'UE est un oxymore historique, dont la légitimité (plus ou moins consciente) était d'empêcher le retour des deux totalitarismes. Au moment où nazisme et communisme avaient définitivement cessé de menacer le Vieux Continent (1991), la France proposa à l'Allemagne de se ligoter avec elle et d'autres pays pour ne plus fauter (1992). Un peu comme des alcooliques casseraient leur bouteille. Il était pourtant manifeste que la réunification ne remettrait pas en selle le nationalisme germanique : la démographie des deux Allemagnes le garantissait. À travers le suicide de la nation organisé par Maastricht, Paris s'est mis à faire du luddisme, à casser ses outils de souveraineté. De même, l'Allemagne était, elle, définitivement vaccinée contre le socialisme, dont ses ex-ressortissants de l'Est avaient fait l'expérience blafarde. Mais la chouette de Minerve prend toujours son envol à la tombée de la nuit.

Vis-à-vis de la globalisation et de ses dérives, il ne s'agit pas encore de célébrer le début de la fin, mais plutôt la fin du début d'un processus qui était bien parti pour déposséder les peuples de leurs prérogatives, au profit de l'argent et au nom du sacro-saint bon plaisir individuel. Réaffirmer le primat du politique, c'est accepter celui du commun sur le particulier et de la nation contre les ethnies ou les cultes. Finalement, qui fait l'ange fait la bête, qui veut nier les frontières récolte le communautarisme, les fractures identitaires, voire la guerre.

L'irruption fracassante d'une mondialisation violente et religieuse (avec le 11 septembre 2001) a fini par réactiver le politique. Tout a commencé en hédonisme et tout se termine en mystique, pour paraphraser Péguy. Le doux commerce cher à Montesquieu n'a pas évacué la question la plus épineuse et la plus grave qui soit : la question politique. Comment faire vivre ensemble ce mammifère déprogrammé qu'est l'être humain ? Le profit ne saurait y suffire. L'homme ne vit pas que de pain. L'*Homo sapiens sapiens* peut se révéler pire qu'un loup pour ses congénères. Le théâtre change. La parenthèse libérale ouverte avec Thatcher-Reagan se referme. L'alliance générationnelle de Woodstock et de l'université de Chicago qui célébrait la liberté de « profiter » sans entrave, s'est rompue sous nos yeux.

Ce processus a commencé à être enrayé par le Brexit qui constitua l'acte I de ce sauvetage de la démocratie par elle-même. Le peuple anglais a décidé, contre ses élites, de couper le pilotage automatique de Bruxelles et de reprendre en main les commandes. L'acte II a débuté avec l'élection de Trump contre les excommunications rabâchées des marchés et des médias. S'il est trop tôt pour se réjouir de futurs *Sherman Acts* qui viendraient opportunément rappeler qu'en démocratie le principe n'est pas *One dollar, one vote* mais *One citizen, one vote*, Donald Trump reste pour l'heure un provocateur démagogue et impulsif, dont le peuple américain s'est servi pour exprimer qu'il entendait rester le maître. Londres et Washington, chacun à leur manière, ont contribué à stopper la dérive vers un soft totalitarisme[1] postétatique et postdémocratique. Ni l'un ni l'autre n'offrent la moindre vision engageante ou optimiste. Bref, aucun espoir ni chez eux ni au-delà de leurs frontières. Finalement, l'un et l'autre restent prisonniers d'une vision individualiste et économique de l'histoire. La France est donc plus que jamais attendue.

La globalisation, qui semblait avoir mis les nations en pointillé, date de 1991. Cette croyance en une pacification et une unification du monde au nom des valeurs occidentales offre un second paradoxe historique : au moment précis où, pour la première fois depuis la Renaissance, des peuples non occidentaux accédaient à la puissance (Inde, Chine) ou contestaient de manière redoutable l'ordre occidental (le 11 Septembre), l'Occident se racontait à lui-même une fable, celle de son triomphe sans partage[2].

À présent, ce qui mine les nations menace aussi la paix. Des forces centrifuges et centripètes fragilisent les États : communautarismes, tribalismes, guerres de religion, mais aussi le pouvoir exorbitant que les multinationales se sont arrogé. La technologie qui se joue des frontières favorise et Facebook, et Daech. Là réside le péril que l'ordre public pacificateur à l'échelle d'un territoire et d'un peuple soit balayé. Ceux qui rêvent que les multinationales se chargent elles-mêmes de l'ordre public ne sont pas moins dangereux que ne l'étaient les communistes. Si les États vacillent, les digues de la civilisation seront emportées.

Dans ce contexte, la France joue un rôle crucial, car c'est elle qui a inventé l'État-nation. Si l'ordre international s'effondre sous les coups de boutoir conjugués des marchés financiers,

1. Cf. à ce sujet le livre collectif du Comité Orwell, *Bienvenue dans le pire des mondes*, Plon, 2017.
2. Cf. Guillaume Bigot, *Le Zombie et le Fanatique*, Flammarion, 2002.

des GAFA, des islamistes, des diasporas, des mafias et des divers courants postnationaux, nous n'aboutirons pas à un équilibre autorégulé ou à un califat, mais au chaos. Des temps barbares à échelle planétaire. C'est pourquoi le retour de Paris sur la scène mondiale ne concerne pas que les Français (qui sont actuellement les derniers à le croire et à l'espérer). Au XXe siècle, c'est la toute-puissance de l'État qui a tué. Au XXIe, son impuissance et son débordement par le religieux (islamisme) ou l'économique (libéralisme) tuent déjà et tueront de plus en plus. L'État peut être hypertrophié et menaçant, mais il sert aussi à abaisser au maximum le niveau de violence. L'absence d'État peut massacrer à plus grande échelle que les totalitarismes. C'est la leçon de ténèbres refoulée des temps barbares[1]. Le politique constitue un rempart essentiel. Sans État, pas de droits de l'homme. Jamais, nulle part.

La grave menace que représente la montée de l'islamisme comme idéologie de rupture avec l'ordre mondial désigne, pour de nombreuses nations, la voie spécifiquement française de la laïcité comme seule issue. Le grand retour de la Chine – État volontariste, mais dédaigneux des droits de l'homme –, ainsi que la rivalité qui s'annonce avec l'hyperpuissance ultralibérale américaine ouvrent un boulevard à une France redevenue elle-même. Paris et son État centralisateur, mais respectueux des droits de l'homme, offrent un juste milieu entre l'exaltation de la volonté collective chinoise et celle de la volonté individuelle américaine. Du vieillissement de la population mondiale, en passant par les relations égalitaires mais fondées sur la séduction réciproque entre les sexes, mille et un déséquilibres du XXIe siècle pourraient être corrigés par la voie française. Il faut appartenir à ce que nous

1. Cf. Jean-Claude Barreau, Guillaume Bigot, *Toute l'histoire du monde*, Fayard, 2005.

avons appelé la néonoblesse ou le néoclergé pour refuser de voir que la France a désormais plus à perdre qu'à gagner en s'adaptant à la mondialisation. Mais il est une autre vérité, pour l'instant, c'est que le monde a de plus en plus besoin de la France.

Qu'on le reconnaisse ou non importe peu, l'Hexagone dispose de plusieurs des clés de l'avenir. La généralisation de la transition démographique, par exemple, qui emporte un vieillissement de la population mondiale à laquelle la politique de natalité française offre une solution viable. On peut aussi songer à notre conception de la laïcité, capable de sortir des peuples des guerres confessionnelles. La présence de l'islam sur notre sol, à condition de briser net ses velléités conquérantes voire séparatistes, pourrait offrir un puissant vecteur d'influence.

La France ne peut assumer ses responsabilités qu'en reprenant confiance en elle et en renouant avec une politique de puissance (« Faire que ce qui est juste soit fort », prêchait Pascal). Il ne saurait être question de se lancer dans des interventions tous azimuts, encore moins de verser dans une politique déclamatoire. Au contraire. La France doit faire, non dire.

L'Hexagone doit renouer avec une stratégie mondiale. Au cœur de cette *Weltpolitik*, l'Afrique pourrait offrir plus qu'une base arrière. Les nations africaines manquent d'eau potable, de sécurité, d'infrastructures, de moyens de transport. Nous manquons de matières premières et de débouchés pour nos entreprises. Proposons aux nations du continent un contrat. Dépassons le stade infantile de la culpabilité à l'égard de nos anciennes colonies, cessons de prétendre faire le bien des Africains à leur place et offrons-leur de servir leurs intérêts et le nôtre. Les Français sont les cousins des Maliens, alors qu'ils n'ont aucun intérêt commun avec les Lettons. Ce n'est pas parce que les Européens sont blancs que nous avons des intérêts à partager avec eux. Au fond, l'UE est un projet inconsciemment raciste.

Notre classe dirigeante ne croit pas que la France ait un avenir hors de l'Europe. Elle se trompe en raison d'une double illusion d'optique. D'abord, elle ne cesse de nous comparer à la Chine et aux États-Unis, qui sont des colosses. Mais se comparer aux 180 autres nations dans le monde (qui ne sont ni Pékin ni Washington), c'est se consoler. Cette obsession de la taille correspond à une grave confusion entre quantité et qualité. Ce n'est pas parce que l'on pèse 300 kilos que l'on est nécessairement vigoureux.

Pendant des siècles, Londres ou Venise, deux petites thalassocraties commerciales, ont dominé le monde. L'exemple de la Russie (3 % du PIB mondial, armée qui pèse plus que la nôtre en quantité, mais moins en qualité) ou d'Israël (un dixième de la population française) montre que là où existe un patriotisme, une fierté collective, la taille ne représente aucun obstacle.

Nos handicaps sont au nombre de deux : l'un est subjectif, c'est notre manque de confiance en nous et il est lié à une classe dirigeante qui distille son défaitisme (pour ne pas dire son « vichysme ») dans tout le corps social, et l'autre est objectif, c'est notre absence de matières premières (même si une coopération renouvelée avec l'Afrique et le développement des énergies alternatives, dont le nucléaire, desserreront la contrainte). Les atouts, quant à eux, sont nombreux.

Nous ne pesons plus sans l'Europe, ce calcul qui semble dicté par une froide analyse tourne en réalité le dos aux poids et aux mesures.

La France, c'est le 43e territoire du monde et le 2e domaine maritime du globe.

L'Hexagone est, par exemple, deux fois plus étendu que la Grande-Bretagne et notre surface utile plus importante que celle du Canada (2e État le plus vaste du monde). Notre territoire est fertile, tempéré et splendide dans sa variété.

Démographiquement équilibrée et en croissance (500 000 chaque année), la population française est la 20e du monde (sur 180, en éliminant les micro-États). L'Allemagne, dont il ne viendrait à l'esprit de personne de considérer qu'elle est un pays négligeable, perd 500 000 âmes chaque année. À ce rythme, dans vingt ans, nous serons plus nombreux que nos voisins d'outre-Rhin.

La *doxa* de l'élite considère que la domination linguistique de l'anglais sur le monde constitue un fait incontournable. Prisonnière de l'impérialisme culturel américain, elle tient cette victoire du *globish* pour définitive. À les lire et à les entendre, l'ère du français serait passée. Rappelons-nous ce cri du cœur, si caractéristique, poussé par Jean-Claude Trichet, lorsqu'il fut nommé à la tête de la BCE : «*I am not a French man!*» Tout était dit. La langue de Voltaire reste pourtant le 5e idiome au monde derrière le chinois, l'anglais, l'espagnol et l'arabe. La langue d'Aimé Césaire compte 300 millions de locuteurs. En 2050, on en dénombrera 700 millions.

Sur le plan économique, si nous avons perdu du terrain, nous demeurons la 6e puissance mondiale en parité de pouvoir d'achat. *In fine*, la force économique d'un État dépend de la combinaison de trois facteurs : sa croissance démographique, son niveau d'investissement et son «progrès technique».

On nous rebat les oreilles avec la dette, mais l'endettement d'une nation doit être apprécié globalement, en tenant compte de la dette des ménages. Or, l'épargne des Français est colossale (peu exposée aux risques des marchés), et il suffirait qu'un pouvoir fort draine cette manne pour que le taux d'investissement français s'envole.

Nos « élites » ressortent les classements Pisa ou Shanghai pour souligner que notre capacité à former de la matière grise s'affaisse. Restons sérieux. Retirons les Français de la Silicon Valley ou de la City, et tout s'arrête, on le répète. Seule la ville de Shanghai figure dans le classement Pisa, mais ne retenons que le VIe arrondissement de Paris, et l'on verra notre juste place ! Si le niveau scolaire français baisse en raison des effets conjugués de l'immigration, de la crise économique et de la réforme permanente lancée par les « casseurs » de la rue de Grenelle (la folie réformatrice des pédagogistes n'est pas sans rappeler la révolution permanente de Mao), nous restons mieux classés que les ÉUA, ce qui relativise notre chute. Le niveau des étudiants de la rue d'Ulm n'a rien à envier à ceux de Cambridge, Massachusetts. Un agrégé français du secondaire est cent coudées au-dessus d'un universitaire nord-américain moyen. Si nous offrions à nos élites des carrières à la hauteur de leurs ambitions et si nous cherchions à attirer les cerveaux du monde entier, plutôt que de condamner les nôtres à l'exil, l'effet de détonation sur la puissance hexagonale serait considérable.

La force demeure l'*ultima ratio*, comme le gravaient nos rois sur leur canon. Notre capacité technologique et industrielle militaire reste majeure. Avec les États-Unis et la Russie, nous maîtrisons cette arme absolue qu'est le sous-marin nucléaire lanceur d'engins. Nos forces armées sont sous-financées, mais aguerries (nos soldats n'ont jamais cessé de combattre depuis la fin de la guerre d'Algérie). Nous avons une longue tradition militaire.

Finalement, notre main est formée de l'ensemble de ces cartes. C'est parce que fort peu de nations réunissent toutes les dimensions de la puissance que nous pouvons revenir au centre du jeu. Si nous détachons les boulets qui nous entravent, imaginons le potentiel d'une nation redynamisée de bientôt 70 millions d'habitants ?

Paris doit d'abord défendre ses intérêts mais, ce faisant, nous serions en mesure de devenir le chef de file des pays qui refusent les ingérences américaines ou chinoises. De Gaulle avait trouvé un équilibre entre l'Est et l'Ouest. C'est une politique de non-alignement vis-à-vis des deux géants chinois et américain que nous devrions promouvoir. À cet égard, la Russie sera un allié de choix. L'Iran et l'Inde peuvent le devenir. Israël et la Grande-Bretagne pourraient se rapprocher d'une France repartie. Et si l'élection de Trump confirme le retour de Washington à son traditionnel isolationnisme, les États-Unis eux-mêmes pourraient être un partenaire au service de la défense de l'ordre westphalien. Imaginons un alignement des planètes : Washington-Londres-Paris-Moscou. L'islamisme et une Chine agressive n'auraient qu'à bien se tenir.

Redevenue elle-même, la France serait en mesure de jouer un rôle de médiation dans cette tension sino-américaine, à condition de ne pas prendre trop ouvertement parti. Inquiétante est la fragilité du régime à Pékin. Plus il se sentira menacé, plus il se montrera agressif. Taïwan peut devenir les Malouines du PCC.

La France doit demeurer fidèle à sa doctrine de reconnaissance des États et non des régimes. Ce que deviendra la Chine doit demeurer l'affaire des Chinois et de personne d'autre. Nous devrions garder à l'esprit que le gouvernement de Pékin peut s'effondrer. C'est une hypothèse, ce n'est pas la seule. À certains égards, l'empire du Milieu paraît plus vigoureux que les États-Unis. Les routes chinoises sont mieux entretenues que les *highways* et les dirigeants chinois semblent moins naïfs à l'égard des marchés que leurs homologues occidentaux. Or, le pays dominant finit toujours par donner le *la*. Du capitalisme, les membres du Parti communiste chinois pourraient dire ce que Flaubert disait de son héroïne : « Madame Bovary, c'est moi ! ». À une question posée à des caciques du PCC : « Comment un pays qui compte autant de milliardaires fait-il pour rester communiste ? », l'un d'eux répondra à l'auteur : « Dès que vous devenez très riche, vous êtes obligé d'adhérer au parti ! » Gare à une Chine qui assurerait la promotion du slogan inversé de Karl Marx (« Milliardaires de tous pays, unissez-vous ! »), ce pays-là nous fera rapidement regretter la *pax americana*. Si la France de demain est habile, elle saura proposer un juste équilibre entre un modèle trop collectiviste et un autre trop individualiste.

Paris est attendu comme l'un des membres du Conseil de sécurité et l'une des premières puissances militaires mondiales. Mais aussi comme cet étrange pays qui a su accoucher des Tables de la Loi moderne, transformer la physionomie de la planète et dont les façons de voir et de faire deviennent parfois universelles.

Depuis le XVIIe siècle, la France n'a cessé de s'adresser aux hommes les plus vulnérables comme aux plus cultivés. Notre pays est à la fois égalitariste et élitiste, culturellement aristocratique et politiquement populaire. La France est une nation à la fois unique et universelle. Unique dans sa manière d'articuler l'État et la nation, dans sa recherche d'élégance et sa quête de gloire. Et universelle dans cette manière d'exprimer logiquement et en termes simples des convictions justes.

Le monde tel qu'il est a largement été façonné par des mains, des armes et des idées françaises. De la fondation du Royaume-Uni à la création des États-Unis et de la plupart des nations sud-américaines, en passant par les unités allemande, italienne, au percement des canaux de Suez et de Panama, la géographie humaine de la planète telle que nous la connaissons ne serait pas ce qu'elle est sans la France.

Sans la prise de la Bastille, sans les répliques de la grande Révolution, sans la Commune, ni Manin, ni Bolívar, ni Mazzini, ni Lénine, ni Atatürk, ni Mao, ni Hô Chi Minh, ni Fidel Castro, ni Nasser n'auraient soulevé leur peuple. Des Nations unies aux JO, en passant par « L'Internationale », la machine à rêve hollywoodienne ou bollywoodienne, le monde d'aujourd'hui n'existerait pas sans nous.

Avec notre laïcité et notre Marianne au sein nu, nous sommes le diable pour les djihadistes. Notre culture de la galanterie fait de nous le cauchemar du féminisme agressif. Nous étions, avec le judaïsme, l'ennemi juré de Hitler. Israël invente le monothéisme et la morale. Avec la Déclaration des droits de l'homme et du citoyen, la grande nation a offert au monde les Tables de la Loi modernes. À côté de la Déclaration de 1789, la Constitution américaine respire le provincialisme, tandis que le communisme était un populisme. Même dans ce premier quart du XXIe siècle, ce texte conserve une portée révolutionnaire.

Notre pays continue d'incarner l'art de vivre, le chic, le glamour, mais aussi la révolution, l'égalité et l'espoir. L'Amérique produit des superhéros (Superman, la princesse Leïla, John Snow), la France enfante des légendes vraies (de Gaulle, Bonaparte ou Jeanne d'Arc). L'image, le capital de sympathie du pays, sa signature nous offrent un atout décisif car non reproductible. Les peuples, comme les individus qui les composent, possèdent plus ou moins de charme. La France reste magnétique. Pour reprendre la formule de Woody Allen : « Si la France n'existait pas, il faudrait l'inventer ! » Plutôt que de parler de *soft power* comme le font les américanouillards qui nous gouvernent, parlons de puissance onirique. Mais alors que la machine à rêve de l'Amérique bat son plein, celle de la France a été stoppée net par ses dirigeants, qui prennent des selfies à la Maison Blanche !

Nous avons refoulé l'identité profonde de notre pays, celle d'une patrie incandescente à portée œcuménique, celle qu'exprime Hugo, décrivant l'effet de contagion de la révolution :

> Ces peuples ont eu le vague ébranlement des profonds tremblements de la terre de France. Ils ont, de proche en proche, reçu le contrecoup de nos luttes, de nos secousses, de nos livres. Ils sont en communion mystérieuse avec la conscience française[1].

Charles de Gaulle est le dernier chef d'État à avoir tradition d'indépendance. La IVe République a été marquée par l'atlantisme. À son retour en 1958, de Gaulle s'efforce de prendre la tête des non-alignés. Le discours de Phnom Penh, prononcé le 1er septembre 1966 dans un stade de 100 000 personnes, illustre avec éloquence la rébellion tricolore contre l'influence américaine. Le Général y condamne l'intervention américaine au Vietnam et invoque le droit des peuples à disposer d'eux-mêmes. Et il le fait au nom de « l'expérience de la France ». Président depuis quelques jours du Gouvernement provisoire de la République française, le Général, le 6 juin 1944, avait déclaré à la BBC :

> La bataille suprême est engagée. Après tant de combats, de fureurs, de douleurs, voici venu le choc décisif, le choc tant espéré. Bien entendu, c'est la bataille de France et c'est la bataille de la France !

Face à l'ampleur prise par les événements de Mai 1968, l'homme du 18 Juin dira également : « Une fois de plus, c'est la France qui montre l'exemple. »

Le rappel gaullien de ce « pacte vingt fois séculaire entre la grandeur de la France et la liberté du monde » réveille des

1. Victor Hugo, « Paris », in *Œuvres complètes*, Ollendorf, 1913, p. 26.

souvenirs glorieux autant que l'instinct du panache. Au fond de lui, chaque Français sait qu'un tel pacte existe et qu'il oblige notre pays à être plus grand que lui-même en se hissant à la hauteur de son histoire. Cette certitude refoulée se heurte aussi aux préjugés d'une classe dirigeante, qui présente son renoncement sous les traits affables et mensongers du réalisme.

En vérité, si nous nous défilons, si nous refusons de prolonger la légende de la France, nous ne décevrons pas que nous. Peut-être plus qu'à aucun autre moment de notre longue histoire, le monde nous attend.

À la fin du XIXe siècle, le dramaturge Henri de Bornier faisait dire à l'un des personnages de sa pièce *La Fille de Roland* : « Tout homme a deux pays, le sien et puis la France[1] ! » Phrase qui avait été prononcée, un siècle plus tôt, par le premier ambassadeur des États-Unis à Paris, Thomas Jefferson : « Tout homme libre a deux patries, la sienne et la France. » Formule qui sera reprise par Joséphine Baker (« J'ai deux amours, mon pays et Paris »), l'artiste noire américaine qui deviendra une grande résistante et la mère courage de nombreux orphelins.

Le discours prononcé par Clemenceau, le 11 novembre 1918, sous l'Arc de triomphe exprimait cette même conviction : « Combattante du droit, combattante de la liberté, la France sera toujours le soldat de l'idéal. »

Cette responsabilité est d'autant plus difficile à assumer qu'il faut, hélas, compter avec d'autres caractéristiques du tempérament national : hantée par l'autodénigrement, la France peut aussi être mesquine, rabougrie et prétentieuse (défauts qui peuvent fort bien se cumuler, comme le montre

---

1. Henri de Bornier, *La Fille de Roland* [1875].

notre classe dirigeante). Peuple de géants qui se laisse trop souvent guidés par des nains.

Seule une France redevenue elle-même, donc maîtresse de son destin aurait assez d'imagination et d'audace pour offrir au monde une vision plus séduisante et plus heureuse de la postmodernité. La France n'est plus la France. Aux Français de jouer !

> Le jour où, se souvenant qu'elle fut et doit être le salut du genre humain, la France s'entourera de ses enfants et leur enseignera la France, comme foi et comme religion, elle se retrouvera vivante, et solide comme le globe[1].

1. Jules Michelet, *Le Peuple* [1846], *op. cit.*

Table

Troisième partie
L'avenir – Que doit-il se passer ?
La leçon de Chateaubriand

FSC
www.fsc.org
MIXTE
Papier issu de sources responsables
FSC® C003309

L'Éditeur de cet ouvrage s'engage
pour la préservation de l'environnement
et utilise du papier issu de forêts gérées
de manière responsable.

CET OUVRAGE
A ÉTÉ ACHEVÉ D'IMPRIMER
SUR ROTO-PAGE
PAR L'IMPRIMERIE FLOCH
À MAYENNE EN OCTOBRE 2020

N° d'impression : 96935
Imprimé en France